文明的步伐

中外文明发展简明进程

郭伯南 包倩怡 编著

*

五洲传播出版社

图书在版编目（CIP）数据

文明的步伐 / 郭伯南, 包倩怡著. -- 北京 : 五洲传播出版社, 2023.1

ISBN 978-7-5085-4953-8

Ⅰ. ①文… Ⅱ. ①郭… ②包… Ⅲ. ①文化史－对比研究－中国、外国 Ⅳ. ①K203②K103

中国版本图书馆CIP数据核字(2022)第222880号

文明的步伐

——中外文明发展简明进程

编　　著：郭伯南　包倩怡
参与撰稿：孙红旗　李成燕　梁敏玲　王　峰
文稿汇编：宋坚之
史学顾问：彭小瑜
特约编审：商　传　吴　芬
审　　稿：静瑞彬
图片提供：CFP视觉中国　人民美术出版社
装帧设计：曲晓华　韩　宇
设计指导：宁成春
电脑制作：平衡面 | 工作室
责任编辑：黄金敏
出版发行：五洲传播出版社
地　　址：北京市海淀区北三环中路 31 号生产力大楼 B 座 6 层
邮　　编：100088
发行电话：010-82005927　010-82007837
网　　址：http://www.cicc.org.cn　http://www.thatsbooks.com
印　　刷：北京市房山腾龙印刷厂
版　　次：2023 年 3 月第 1 版第 1 次印刷
开　　本：720 × 965 mm　1/16
印　　张：24
字　　数：250 千字
定　　价：98.00 元

目　录

出版前言

这是一部介绍中外文明史上重要史事的简明工具书。

中国是世界文明古国之一，有着数千年延续不断的文明史，创造了独特且灿烂的中华文明。然而，在很长一段历史时期里，由于交通的阻隔和语言、文化等差异，中华文明主要是在东亚地区传播和发展的，虽与其他国家、地区的文明之间的联系从未中断，但交流毕竟有限。由此，西方人多习惯于孤立地看待中华文明，而较少从人类文明的发展过程来认识其地位，于世界多个文明中心的比较中来识别其特点。世界历史研究体系，又是长期由西方主导话语权，用以衡量人类文明发展水平的往往是欧美制式的标尺。因此，在国际图书市场上，一般的文明史著作都比较重视西方人的创造和贡献，而中华文明的地位及影响却往往被忽视或者低估；间或有一些记载，也多只是个别人物、某项成果的片鳞半爪，作为一个整体的中华文明是缺席的。这使我们萌生了编写这部书的想法。

本书虽以说明中华文明为出发点，其着眼点却在于记录人类对文明的贡献。我们将之名为“文明的步伐”，一是想综合性地展现世界各国家、各地区文明发展的进程；二是想为读者提供一个视角，便于他们在这一进程中考察中华文明的价值和影响。本书试图通过介绍中外历史上有关的事件和人物，勾勒人类文明发展的大致脉络，并以编年记事的形式，展现在同一历史阶段，中国与世界其他国家、地区文明发展道路的异同。希望这本读物，有助于读者从世界中“读”中国，从人类文明发展的过程中了解中华文明，并对此作出自己的判断。

人类文明史是一个涉及政治、经济、社会、文艺、军事、宗教、教育等众多领域的大文化范畴，以有限的篇幅表现如此浩瀚的内容，取舍之难可想而知。限于编者的见识，本书肯定会有不尽人意之处；但我们以最大的诚意，努力做到如下几点：

一、宽选材、多信息。全书近1500个词条，溯自远古，止于20世纪初叶，涉及各主要国家和地区的文明史，力求不遗漏主要的事件、人物，能梳理出人类文明体系形成和发展演变的粗略线索。

二、表述客观、严谨。本书的作者与编者，阅读和参考了中外大量历史文献、学术专著和工具书，所述史实，皆有据可依；书中的文字，求实客观，不添加主观色彩。

三、小条目，大历史。书中每一词条的释文虽然都很简短，但力求交代清楚其来龙去脉，使读者对历史事件的背景、过程与结果能有所了解，对人物的时代、作为与影响可留下印象。词条按照年序排列，由此，通过这一本简明的工具书，可了解中华文明与人类文明的大历史。

本书的编写、审稿和翻译工作得到了各方的大力支持。中国史和世界史的主要文稿分别由郭伯南先生和包倩怡女士担纲撰写；孙红旗先生撰写了世界史中有关亚洲和非洲部分的条目；王峰先生、李成燕女士、梁敏玲女士分别参与了宋代、明代和清代历史词条的编写。北京大学的彭小瑜教授拨冗指导本书世界史部分的写作；中国社会科学院历史研究所的商传研究员和对外经济贸易大学的吴芬教授分别审改了中国史和世界史部分篇章的书稿。为将本书翻译为英文，新华社的王平兴先生和美国作家艾梅霞（Martha Avery）女士等人付出了辛勤劳动。在此，谨表示衷心感谢。

凡　例

一、本书以词条形式，介绍自远古的旧石器时期到20世纪初叶人类文明史上的重要史事。

二、全书按照历史发展的标志性时期划分篇章；史前部分以考古年代（旧石器时代、新石器时代）分期，其余部分以中国历史上的王朝年代（夏朝、商朝、周朝、秦朝、汉朝等）分期。书中中外内容的词条，均依据其背景年代列入相应时期的篇章中。

中国远古史中有一段“传说时代”，虽无确切的纪年依据，却是中华民族史前文明的一个阶段，本书将这一时代的词条作为附篇，集中列于新石器时代之后，以兹参考。这一时代，参照翦伯赞主编的《中外历史年表》，按黄帝、颛顼、帝喾、尧、舜五帝分段标示年代和记事。

三、全书词条以历史进程为序、以年代为目次排列。年代的表述，除旧石器时代为“距今约××年”之外，其余用公元纪年表述。中国历史自公元前 841年（西周共和元年）起始有确切的文字纪年，此前的上古史各朝代的纪年尚无统一的标准，本书中的“古史传说时代”、夏代和商代前期（公元前1300年盘庚迁殷之前）的历史，主要参照翦伯赞的《中外历史年表》系年和记事；商后期（盘庚迁殷之后）的历史，则参照“夏商周断代工程”公布的《夏商周年表》断代和系年。外国部分，各个国家和地区进入有确切文字纪年的年代先后不一，且文献资料对部分历史事件的发生时间记载互有出入，本书统一以《大不列颠百科全书》2000年英文版为依据系年。

四、书中年代目次之下设“中国”和“世界”两个类别，分别编列中外内容的词条。我们意识到，此处“中国”和“世界”的概念和分界不尽周延和准确，之所以仍作如此划分，一是因为本书是以中华文明为重点而溯及世界其他国家和地区文明的，在版面安排上也希望能突出有关中国的内容；二是考虑将中外词条分开排列，便于读者对中外文明的发展进程作横向比较。

“世界”类别之下设有一级子目，即具体词条所涉的国家或地区（事件的发生地、人物的国籍等）的名称。需要说明的是，这些国名或地区名大多是历史上的称谓，它们中有的今天已不复存在；有的虽与今天的国家和地区名称相同，但其所辖疆域、领土面积、宗教信仰、人口规模等诸方面已发生变化，因此不能视同于现代意义的该国家和地区。

“中国”类别下的词条年代，均在公历之后加注王朝纪年，如该史事系年于旧历，释文中年、月、日用汉字而不是用阿拉伯数字表示。

五、书中所有词条都依据其背景年代系年。若不知其准确年份而知其大概时期，如某世纪、某年代、某王朝，一般采用从始法系年，即系在该世纪、年代、朝代的最早一年。若词条的年代是一个跨年度的持续时期，如战争、工程、科学发明、典籍编纂等，则以其开始或完成时间系年，或标注整个过程的起止年。介绍人物的词条，知道人物生卒年的，以卒年系年；卒年不详而只知生年的，以生年系年；生卒年均不详的，以其在世的大致年代或活动时期系年。本书人物专条，原则上只选入1911年前去世的人物。

六、本书有中、英两种文版。在中文版中，外来专有名词，包括地名、人名、历史事件及文献著作的名称等，在书中第一次出现时一般都注有外文拼写。拼写文字主要依据《大不列颠百科全书》2000年英文版。在英文版中，删略了一些内容比较冷僻、外国读者不易理解的中国史条目，在年代表述中也隐去了一些帝王年号的称谓而直接代之以公元纪年。这些技术性的编辑处理，仅为便于中外读者阅读和理解。

七、书后附有全书词条的分类索引、编写本书的主要参考书目，以及中国帝王世系与历史年代表，以备检索。

旧石器时代

距今约250万年—约1.25万年前

距今约250万—150万年前

世界

非洲

能人 在坦桑尼亚的奥杜瓦伊峡谷（Olduvai Gorge）陆续发现的一些人类化石，被定名为“能人”。其脑量约为680毫升，能制造工具，主要是砍砸器。在库彼弗拉（Kooba Fora），以及埃塞俄比亚、南非等地，也陆续发现“能人”的化石。

距今约200万年前

巫山人 生息在四川东部，今长江三峡的巫山县。会打制石器，所开创的龙骨坡文化是目前东方已知的人类最古老的文化。

距今约190万—160万年前

世界

非洲

奥杜韦文化（Oldowan industry） 主要分布于非洲坦桑尼亚、埃塞俄比亚和肯尼亚。遗址中存在类似窝棚的住处。其最具代表性的工具是用砾石打制的砍砸器，可用于砍砸和刮削。

距今约180万年前

中国

西侯度文化 山西省芮城县西侯度文化遗址中，发现经火烧过的动物骨、角。这是迄今为止人类最早的用火记录之一。是怕火，还是用火，是人类与动物相区别的根本文化标志。

距今约170万年前

中国

元谋人 在云南元谋盆地生息。已能直立行走，会打制石器和用火，其门齿呈铲型。不同人种皆有铲型门齿，但以蒙古人种的比例最高。

距今约150万—30万年前

世界

亚、非、欧各洲

直立人（Homo erectus） 中国习惯上

称之为“猿人”。具有猿的特征，但腿骨似人，适于直立行走，脑容量为775—1400毫升。活动范围遍及亚、非、欧三洲，其广泛分布说明其有较强的生存适应力。

阿舍利文化（Acheulian industry）分布于欧洲、非洲、亚洲。代表性的石器是手斧，其器身在长期演变中趋于规范——呈杏仁状，长约20—25厘米，较轻薄，可用于砍砸、刮削，甚至穿刺。

距今约70万—20万年前

中国

北京人　在北京周口店龙骨山生息，营穴居，烤食，会保存火种。北京人的发现第一次为从猿到人的生物进化论找到了确证。

距今约40万年前

世界

亚、非、欧各洲

克拉克当文化（Clactonian industry）最早发现于英国。巴基斯坦、东非、南非、法国和以色列也有类似遗址。代表石器是由石片加工成的刮削器和刀具。英国克拉克当地区还出土了木矛。

距今约30万—10万年前

世界

亚、非、欧各洲

早期智人（Homo Sapiens）直立人逐渐被智人取代。早期智人的体质形态已接近现代人，但仍保留了部分原始人的特点，脑容量达到1300—1750毫升，脑组织也更复杂。其遗址在亚、非、欧三大洲都有发现，有70多处。

距今约20万—4万年前

世界

欧洲、西亚、北非

莫斯特文化（Mousterian industry）旧石器中期文化，分布于欧洲、西亚和北非。石器精致、多样，以石片工具为主，典型石器是单边刮削器和三角形尖状器。

距今约12万—10万年前

中国

丁村人　在晋南，今襄汾县丁村生息。文化遗址中发现有多种形状的石器，说明丁村人已经能对天然石器进行二次加工。他们在古人类学上属于早期智人，中国古史传说中称之为“伏羲氏”，即打猎人。

距今约10万年前

中国

许家窑人　在晋北古大同湖畔，今阳高县许家窑村生息。他们会将打制的石球制成飞石索狩猎野马，考古学家称之为“猎马人”。当地遗址出土的石球有上千个、野马遗骨数万斤。

距今约10万—3万年前

世界

欧洲、地中海等地区

尼安德特人（Neanderthal）早期智人的一种类型，主要分布在欧洲、地中海地区，在中东、北非和亚洲西部、中部也有发现。集体狩猎，会搭建窝棚，用兽皮制衣，应能使用语言，有墓葬。

距今约8.2万—3.5万年前

世界

欧洲

欧洲骨笛　在斯洛文尼亚（Slovenia）一处尼人遗址（Davje Babe）发现一四孔骨器，状似骨笛，距今约8.2万—4.3万年，有学者考证，这是世界上已知最早的乐器。也有学者认为，在今德国南部乌尔姆地区（Ulm）发现的一支长约18.7厘米的三孔猛犸象牙笛是迄今发现最早的乐器，距今约3.5万年。

距今约5万年前

世界

亚、非、欧、美、澳各洲

晚期智人（Homo Sapiens Sapiens）晚期智人出现在约5万年前。其体质形态与现代人类已无多大差别，脑容量大于现代人均值。所发现的化石分布于亚、非、欧、美、澳各大洲，说明当时世界上绝大部分地区已有人居住。

距今约4万—1万年前

世界

欧洲

旧石器晚期文化　以石叶工具（blade flake tools）为代表，骨角制品增多，发明合成工具，工具多样并逐步专门化。人工取火普及，集体狩猎，氏族制度形成。著名的有欧洲的佩里戈尔文化（Perigordian）、奥瑞纳文化（Aurignacian）、梭鲁特文化（Solutrean）、马格德林文化（Magdalenian）。

距今4万—2万年前

中国

小孤山文化　辽宁海城小孤山洞穴文化遗存中，发现以兽骨和象牙制成的骨针，打磨光滑，对钻针孔，保存完好。另还发现倒刺鱼叉、脱柄鱼镖等物。有考古学家认为，中国渔业、服饰史由此开端。

距今约3.4万—2.3万年前

中国

山顶洞人　在北京周口店山顶洞生息。他们佩项饰，会用矿物颜料染色、埋葬死者、撒珠辟邪、在骨管上刻记号计数、磨制器物。

距今约3万—2万年前

中国

左镇人　在台湾岛今台南左镇乡生息。据研究，左镇人是由大陆迁入台湾的，是至今已知的最早开发台湾的先民。

距今约3万—1万年前

世界

法国、西班牙

欧洲早期洞穴艺术　始于大约3万年前，在距今1.5—1万年间达到创作高峰，主要见于法国西南和西班牙北部。洞穴艺术包括洞壁岩画、石雕和浮雕，主角是动物群。以法国的拉斯科洞穴（Lascaux cave）、西班牙的阿尔塔米拉（Altamira cave）洞壁岩画为代表。

非洲

非洲岩画岩雕 非洲广大地区发现的大量石器时代的岩画和岩雕。撒哈拉最古老的作品已有1.2万年以上的历史；南部非洲最古老的作品则有2.8万年的历史。这些作品的主题为各种动物、人物、车马、狩猎、战争等，在一定程度上反映了当时的社会情况。虽然经过漫长的岁月，许多岩画至今仍然色彩鲜艳，说明非洲先民在颜色的调配方面有独到之处。

距今约2.8万年前

中国

峙峪文化的弓箭 山西峙峪文化遗址发掘的石器中，有一种用燧石制成的石镞，加工精细，可见当时已开始使用弓箭，开中国射猎史先河。

峙峪文化取火遗存 山西峙峪文化遗址中，出土一经过磨制、钻孔的扁平石制装饰品。这是钻木取火的旁证。大概就因有了人工取火，距今5万年以来，人类遗址中没有找到使用篝火的遗存。这一时代被称为“燧人氏时代”。

距今约2.7万—1万年前

世界

奥地利、法国

维纳斯诸像 欧洲早期人像以女性居多，又以裸像为主，人称“丰产女神”。距今2.7万—1万年前见于欧洲的维纳斯诸像，著名的有奥地利的雕塑“维伦多夫的维纳斯”、法国的浮雕“拉塞尔的维纳斯”。

距今约2.3万—1.6万年前

中国

下川文化石器 山西沁水县下川文化遗址中发现大量细石器，其中有石磨盘和石磨棒。这一发现标志着新石器时代的开端，也是农耕时代到来的先声。

距今约1.7万—1.2万年前

世界

欧洲

最早的猎捕工具 约1.7万—1.5万年前，欧洲克鲁马农人（Cro-Magnon）使用梭镖投射器和倒刺鱼叉。约1.5万年前，开始使用捕鱼的矛、钓钩和渔网。约1.2万年前，他们又发明了弓箭。

距今约1.25万年前

世界

日本

最早的陶器 日本九州西北部的福井洞穴出土的粗陶碎片，显示距今约1.25万年前该地就出产粗陶。器物的种类和饰纹都很单调，为灰黄色、有圆底的深钵，纹样以绳状压痕为主，烧制温度不高（600—800°C左右）。这是世界上最早的陶器，通常被归入绳纹文化（约前7500—约前250）。绳纹文化即日本新石器文化，因其陶器上的图纹而得名。因为福井洞穴缺乏作物栽种的证据，也被称为前绳纹文化。

新石器时代

公元前10000年—前2000年

附篇：中国古史传说时代（约公元前2550年—约前2140年）

约公元前10000—前2000年

中国

中华文明的滥觞 考古学上的新石器时代，中国古史上称“神农氏时代”，即农耕时代。自从有了农耕，一些野生植物开始改良为农作物（稻、粟等），一些野生动物开始转化为家畜（狗、猪、牛、鸡等），人类不再只是大自然的掠夺者，而开始向自食其力的生产者转化。

以农耕为基础，中国人创造出独具特色的中华文化：创立了汉字，历经数千年，不同地区、民族的人仍然可以借此交流，汉字也将历史典籍上记载的很多文明成果成功地传诸后世、保留至今；发明了造纸术、火药、指南针和印刷术，它们同瓷器、丝绸、茶等一起传播世界各地，活跃了1000多年的丝绸之路留下了中西文化交流的足迹；以孔子学说为核心的儒学，一度成为社会的正统思想，奠定了2000多年中国文化学术的基础，并对中国人的道德、价值观产生重要的影响；传统的中国建筑如都城宫殿、坛庙寺观、民居、园林，还有以草药和针灸为特色的中医药文化，以水墨为特色的绘画艺术，以京剧为代表的戏曲艺术等等，这一切构成了在世界文明中独树一帜的中华文明。

约公元前10000年

中国

石锄石镰 在山西怀仁鹅毛口原始打石场（前10000年），发现了经粗糙磨制的石镰、石锄和其他石制农具数百件。它们是中国北方农耕文化的标志，也留下了从旧石器时代向新石器时代过渡的痕迹。

约公元前8000年

中国

稻耕文化 以稻谷耕作为主的农耕文化，主要分布于长江流域。典型的文化遗存有：湖南玉蟾岩洞穴、浙江上山遗址的稻谷（前8000年），浙江跨湖的稻谷（前6000年），浙江河姆渡的稻和粳稻（前

5000年）等，还有石磨盘、粮窖、陶器、干栏建筑（前8000年）、石杵、骨镞（前7000年）、骨耜、鱼镖（前7000年）、船桨、网梭（前6000年）等生产和生活用具。

陶器起源 制陶伴随农耕而起源，约在上下一万年间。确证北方最早制陶的依据是河北省徐水县南庄头出土的陶片，南方的则是浙江浦江上山和湖南玉蟾岩遗址出土的大口陶盆、陶釜等，其年代均在约公元前8000年。烧陶，是人类改变物质内在结构的尝试，由此创造出了自然界中这一从来没有的东西。

家畜饲养 考古研究证实，新石器时代早期，已有家养的狗、猪、牛、鸡，有史约1万年；中期养羊，有史约7500年；晚期始养鸭，有史约4500年。

世界

中亚

耶利哥古城（Jericho） 位于约旦河东岸，最早出现的城市雏形之一。建有城墙和巨大的石塔，很可能已经有灌溉设施，城中居民有两三千人。

约公元前7000—前5000年

世界

农业的出现 以谷物栽培和牲畜饲养为标志。最早出现在安纳托利亚东部、叙利亚、伊拉克和伊朗。各地出现农业的时间不一，源头也不尽相同。如：公元前7000年，西亚始栽培大麦、小麦；前6500年，中南美洲始栽培玉米、豆类和南瓜；前5000年，东南亚始栽种水稻；而在约公元前9000—前7000年间的前农业时期，西亚人已经开始驯养绵羊、山羊和猪等等。

约公元前6500—前5500年

中国

龟甲占卜 河南舞阳贾湖遗址（前6500—前5500）出土的卜甲，说明以甲骨占卜的活动已有8000年左右的历史。商时（约前1711—前1046）占卜多用烧灼法：在甲骨上面挖出一些不穿透的圆窝和凹槽，然后用烧红的木棍烤炙圆窝，使甲骨爆裂，再根据甲骨裂痕作为判断吉凶祸福的兆象，并将验证情况刻在甲骨上，这就是卜辞。此前也有用比较原始的冷卜法，即不经烧炙，直接观察龟甲裂纹卜吉凶。龟甲占卜的内容多是祭祀、气象和战争。

龟甲上的字符 河南舞阳贾湖遗址（前6500—前5500）出土的龟甲上刻有字符。其中有的字的写法与商代甲骨文已极为相似。它表明中国汉字早在8000年前已然肇端。之后有半坡数字（前5000年）、大汶口陶文（前3000年）、丁公村陶文（前2600年）、陶寺朱书文字（前2300年）等。迄今已发现的中国甲骨文单字约有4500多个。

中国骨笛 河南舞阳贾湖遗址出土一批骨笛，七孔，具有五声音阶，也符合七声音阶，至今仍可吹奏乐曲。这是中国已知的最古老的乐器。

最早的雕塑 古代中国最早的一批雕

刻艺术品出现在农耕时代，各地的考古发掘中发现有木雕、玉雕、煤雕、石雕等。此外，还有大批的陶塑，如：山东章丘西河遗址（前6000年）出土的陶质人面像，长不足6厘米，可五官俱全，质朴喜人。

世界

安纳托利亚高原

铜的最早使用　约公元前6500年，安纳托利亚高原的人们开始使用铜器，人类进入铜石并用时代。

约公元前6000年

中国

粟耕文化　中国北方农耕文明的标志。新石器时代中期，粟、黍等在黄河流域以及东北已经广泛种植。河北武安磁山遗址（前5400—前5100）发现地下粮窖300多个，有80个窖内堆积着粟谷，总计有数万斤之多。还有房址、磨盘磨棒，以及狗、猪、牛、鸡的遗骨和多种陶器。这说明当时北方的农业文明已步入了成熟的发展期。

约公元前5200—前3500年

世界

美索不达米亚地区

欧贝德陶器　出现于乌尔地区（Ur，当时底格里斯河和幼发拉底河的入海口，今伊拉克境内）的欧贝德时期的彩绘陶器。暗黄或黄褐色，绘有黑色的几何和鸟兽图案，是目前发现的世界上最早带有拎环和壶嘴的陶器。以陶器为代表的欧贝德文化，是苏美尔文明的前身。

约公元前5000年

中国

河姆渡文化（前5000—前3300）因最先在浙江省余姚县河姆渡新石器时代遗址发现而得名。最典型的是古老的稻作遗存，以及黑陶陶器、磨制石器、骨器、木质工具和木构干栏式建筑。它们的发现，证明了中国不仅在黄河流域，而且在长江流域也有发达的原始文化。

仰韶文化（前5000—前3000）因最早在河南省渑池县仰韶村发现而得名。广泛分布于黄河流域，在河南、陕西、山西、河北、甘肃、内蒙古等地发现遗址千余处，前后跨度约2000多年。其遗存中以彩陶最为典型，故又称“彩陶文化”。一些出土陶器上刻有多种符号，有学者认为是中国最原始的文字和数字。遗址中有集中的大村落、公共墓地，墓中出土有陶器、石器等随葬品。

约公元前4500年

中国

墓葬中的龙虎形象　在河南省濮阳县西水坡墓葬（约前4500年）中，墓主尸骨两旁分别放置着用蚌壳摆嵌的青龙、白虎形象。古人将天上星宿划分为四象，即东方青龙、西方白虎、南方朱雀、北方玄武。该墓的龙虎正是东西相对的。它说明当时以四象表征天文方位的观念已在民间形成。

约公元前4500—前3100年

世界

北非

古埃及前王朝文化 埃及是世界古代文明的重要发祥地之一，前王朝时期是古代埃及文明的萌芽时期。该时期上下埃及分别出现各自独立的文化群落。其中，约公元前4500年出现于上埃及的塔萨文化（Tasian culture）和巴达里文化（Badarian culture）属于铜石并用文化。出现于约公元前3600年、以位于尼罗河西岸的涅迦达为中心的涅迦达文化（Naqadah culture）由巴达里文化发展而来，前期以小型村落群，泥砖建筑，陶器、石瓶、象牙雕刻等精美随葬品为主要特征；其后期，聚居规模扩大，贫富和社会地位的差距扩大，人们能够使用管型钻加磨料进行石刻，有比较进步的冶金术，并且出现文字的雏形。涅迦达文化后期传播到古埃及全境。

约公元前4400年

中国

大溪文化（前4400—前3300） 以稻作经济为主的原始文化，因最先在四川省巫山县瞿塘峡大溪遗址发现而得名，分布在长江中游西部，川鄂三峡、鄂西南和湘北一带。出土陶器以红陶为主；石器多为打制，其中具有代表性的是一串有千余颗小蚌片的项圈，磨制精致，为中国目前发现的年代最早的饰品之一。

约公元前4300年

中国

大汶口文化（前4300—前2500） 形成于黄河下游，因遗址位于山东省泰安县大汶口一带而得名。出土的代表器物是陶背壶、杯和大镂孔豆，装饰技法有彩绘、镂孔、刻划等。

约公元前4000年

中国

城池出现 新石器时代中晚期,江河流域沿岸出现了城池。如在长江流域，湖南省澧县车溪乡南岳村的城头山古城遗址（前4000—前2800），城呈圆形，夯土筑成，城内面积约7.65万平方米，城外有护城河，这座古城至少使用了1000多年；在黄河流域，山东省邹平县的丁公村古城（前2600—前2000），城墙宽20米，残高2米，城址占地约10万多平方米。它们是中国已发现的最古老的城址。

世界

美索不达米亚地区

人工沟渠 两河流域的人们已开始挖掘沟渠，引水灌溉。灌溉工程的兴建和维护，对组织管理提出要求，由此逐渐引起社会结构的变化。

约公元前4千纪初

世界

美索不达米亚地区

埃利都（Eridu）神庙 位于今伊拉克境内。筑于泥砖搭建的高台上，庙堂呈长方形，亦为泥砖建筑。以埃利都神庙为中心产生了最早的城市。这种建庙方式也被美索不达米亚其他地区广泛采用。

祭司　美索不达米亚地区出现祭司，即神职人员，他们不仅有宗教方面的权力，还有财政管理权。

约公元前3500年

中国

红山文化（前3500—前3000）　因首次发现于辽宁赤峰红山而得名，分布于辽宁西部一带。主要文化遗存有祭坛、女神庙、积石冢、玉猪龙等。石砌祭坛，筑坛时以人为牲奠基。女神庙的彩塑女神头与真人的大小相当，施胭脂，涂红唇，眼睛以黑玉嵌镶。积石冢是以上百方石块堆成的一座座陵墓，陵内多随葬有大量玉器，以吻部似猪的玉龙最多，人称“玉猪龙”，为古老的图腾形象。红山文化现象说明当时原始宗教已颇具影响力。

约公元前3500—前2004年

世界

美索不达米亚地区

苏美尔文明　苏美尔位于两河流域美索不达米亚平原地区的最南端（今伊拉克巴格达至波斯湾地区）。约公元前3500年，苏美尔人在此地欧贝德文化的基础上创立了人类最早的文明，其标志为城市、公共建筑、等级社会和书面文字的产生。

公元前2004年，闪米特人的一支亚摩利人（Amorites）征服美索不达米亚地区，苏美尔人作为独立族群从此退出历史舞台。苏美尔人发明了车轮、太阴历、楔形文字，留下了最早的成文法典，建立了最早的城邦，为两河流域文明发展作出了重要贡献。

车轮的发明　苏美尔人发明了陶轮，随之出现了使用轮子的运输工具，包括战车和货车。

约公元前3300年

中国

马家窑文化（前3300—前2050）　分布于甘肃、青海一带，是黄河上游的一支牧羊人的原始文化，因最先在甘肃省临洮县马家窑遗址发现而得名。马家窑文化以丰富、绚丽的彩陶著称，在随葬的陶器中彩陶约占80%。

舞蹈纹陶盆　青海大通县上孙家寨遗址和青海西宁市宗日遗址分别出土绘有舞蹈图纹的陶盆（前3300—前2050）。图案中的舞蹈者都是手拉手同步起舞，动作和谐，摆向划一。这是中国舞蹈艺术最早的形象记录。

良渚文化（前3300—前2200）　分布于长江下游太湖流域的稻作文化，因在浙江省杭州市余杭县良渚遗址最先发现而得名。制陶技术已相当进步，普遍采用轮制，陶器造型精致，胎薄而匀称。竹器、木器制作，丝麻纺织，制玉等都达到较高的工艺水平。良渚文化后期，出现了大型祭坛，以人殉葬、以玉殓葬，以及庞大的陵墓，说明贫富差距已显明。

玉器中的天圆地方　良渚文化以制玉工艺精湛而著称。随葬品多用玉琮、玉璧。琮为方形，古人用以礼地；璧为圆形，用以礼天。良渚文化中还有琮璧合体的玉器，侧视如琮，俯视如璧。这表明中国古代天圆地方的宇宙观及与之相应的礼制已形成。

约公元前3200年

世界

美索不达米亚地区

太阴历　苏美尔人根据月亮的盈亏制定该历，将一年分为12个月，每月各有29或30天，每年354天。约公元前21世纪，苏美尔人始用闰月，但闰月的添加较为随意。至公元前18世纪，古巴比伦人进一步改进太阴历，在每19年中设置了7个闰月，较好地解决了该历和太阳年间的误差。

楔形文字　世界上最古老的文字之一，由图画演化而成，由于笔划的形状颇像木楔，故称。苏美尔人的楔形文字由表意符号、表音符号和限定符号组成，在古代西亚广泛使用。

约公元前3000年

世界

美索不达米亚地区

制陶手工业出现　乌尔地区开始批量生产陶器，陶器数量大，无彩绘，工艺较为粗糙。此为制陶手工业的开端。

乘除法运算　生活在美索不达米亚地区的人很早就会在记数中用不同的数位来表示不同的数值。这十分有利于他们进行乘除运算。他们在当时数学领域处于世界领先地位。

北非、南亚

早期的织布制衣　埃及人栽种亚麻，织成亚麻布用于制衣；同期，印度地区也出现棉布。

北非

象形文字　由图画演变而来，一般由表意符号、表音符号和部首符号三部分组成。至公元三四世纪始为科普特语（Coptic）所取代，并最终随着基督教取代埃及传统宗教而消失。

约公元前3000—前1100年

世界

爱琴海地区

克里特文明　又称米诺斯文明（源于古希腊神话中克里特王米诺斯的名字），是欧洲最古老的人类文明，属于青铜文化。克里特岛是爱琴海的主要岛屿之一，爱琴文明的发祥地。克里特人能制作精美的印章，绘制卡马雷斯彩陶（Kamáres ware），黑色瓶身，红、黄、橙色底调上以白色线条勾绘出动植物或抽象图案。克里特文明集中体现在宫殿建筑上，尤以克诺索斯（Knossos）宫殿最宏伟，宫殿不仅有生动的壁画装点，还有排水管道、卫生洗浴等生活设施；同时出现了类似表音文字的线形文字A。该岛通过海路，与叙利亚、爱琴海沿岸、西西里岛、埃及等地都有商品交换。约公元前1580年，克里特文明开始传播到爱琴海的其他岛屿和希腊半岛。约公元前15世纪中期，克里特岛遭到外族入侵；公元前1400年后，它在爱琴文明中的中心地位为迈锡尼所取代。

约公元前2925年

世界

古埃及

美尼斯统一埃及 美尼斯（Menes，活动时期约前2925年）是埃及统一后的第一位国王。人们将统一埃及和后来建都孟菲斯（Memphis）的功劳都归于他。统一促进了农业的进步，并使尼罗河成为南北方的交通纽带，对埃及的发展极为重要。

约公元前2770年

世界

古埃及

埃及金字塔 古埃及的金字塔是巨型的墓葬建筑。最早的约建于公元前2770年；规模最大的是位于吉萨的胡夫金字塔（公元前25世纪），高146.91米，是世界七大奇观中最古老，也是唯一留存至今的景观。金字塔是古埃及建筑艺术的瑰宝，也是法老权力和财富的体现。

约公元前2700年

中国

青铜用具的出现 甘肃东乡县林家遗址（前2700年）出土一青铜刀，通长12.5厘米，用两范浇铸而成。另在一个灰坑中出土有铜渣。这表明在新石器时代晚期已开始出现青铜用具。

约公元前2700—前2334年

世界

美索不达米亚地区

苏美尔的城邦 苏美尔人在两河流域建立的城邦。以乌尔（Ur）、乌鲁克（Uruk）、拉迦什（Lagash）和埃利都（Eridu）为代表，面积约300平方公里，居民分为贵族、农民、奴隶、自由民等等级。城邦间因争夺水源和领地，战争不断，兼并时有发生。

约公元前2600年

中国

龙山文化（前2600—前2000年） 文化遗址分布于黄河中下游，因首次发现于山东省历城县龙山镇，故名。出土的陶器多为轮制，质细而薄，色黑而光，故有“黑陶文化”之称。

石灰应用于建筑 龙山文化时期，石灰已在黄河中下游广泛用于建筑。居室内有石灰地面、石灰墙。山西省襄汾县陶寺出土的石灰墙皮上还刻有几何纹。河南省汤阴县白营遗址出土有石灰坑，坑内存有未用完的石灰膏。

约公元前2600—约前1700年

世界

印度河流域

印度河流域文明（Civilization of Indus River Valley） 青铜时代的城市文化，分

布于印度河流域，其范围西北到巴基斯坦旁遮普省（Punjab）西部，东南到印度旁遮普邦和哈里亚那邦（Haryana）。因其主要城市遗址哈拉帕，又称哈拉帕文明（Harappan Civilization）。以哈拉帕和摩亨佐-达罗（Mohenjo-Daro）两座城市的规模为最大，另有一批小城市。印度河流域是人类文明的发祥地之一，其城市布局、建筑结构、度量衡、印章篆刻、手工艺品，以及先进的地下排水排污系统，都显示该文明有很强的统一性和稳定性。当时人们已掌握金属的冶炼、锻造技术，能制造铜和青铜的工具、武器；制陶、纺织业也比较发达；已出现商业贸易活动。大约从公元前1750年以后，印度河文明逐渐消亡，城市衰落，文字失传，有的地区出现了不同类型的文化。其原因史界尚无定论。

约公元前2575—约前2130年

世界

古埃及

埃及古王国时期 埃及形成统一的国家，政权机构加强，确立了以官僚体制为基础、君主独裁的专制统治。国王集君主和神为一体，逐渐拥有无上权力。埃及人的多神崇拜中，太阳神拉（Re）逐渐成为主神。

约公元前2500年

世界

古埃及

纸草书卷 纸草是古埃及用于书写的材料，取材于尼罗河三角洲一带生长的纸莎草（cyperus papyrus）。古王国时埃及人将纸莎草的茎切片压平制成纸草。纸草长期被使用，至公元八九世纪始被替代。现存最古老的纸草书卷制作于约公元前2500年。近代为研究和翻译古代书写在纸草上的文献，曾兴起一门专门学科——纸莎草纸文献学（Papyrology）。

约公元前2334—前2279年

世界

阿卡德

萨尔贡建立王权 定居于今伊拉克中部的闪米特人（Semitic）在其首领萨尔贡（Sargon，前2334—前2279在位）的率领下征服其南邻苏美尔人，统一苏美尔和阿卡德地区，确立王权，建立起两河流域第一个真正意义上的国家。因其定都阿盖德（Agade），故国名为阿卡德（Akkad）。有军队5000多人，一度征战至波斯湾和地中海。

公元前2112—前2095年

世界

乌尔

乌尔纳姆法典（Code of Ur-Nammu） 乌尔第三王朝（前2112—前2004）的统治者乌尔纳姆（Ur-Nammu，前2112—前2095在位）颁布，其内容是对滥用巫术、奴隶逃跑和人身伤害罪的裁判，是最早的成文法典。

约公元前2000年

中国

齐家文化（前2000—前1900） 已发现的遗址有350多处，分布在黄河上游，甘肃洮河、大夏河、渭河上游以及青海湟水流域，因在甘肃广河齐家坪首先发现而得名。齐家文化已进入铜石并用时代，出现冶铜业，已进入父系氏族社会。

最古老的青铜镜　甘肃省广河县齐家坪遗址和青海省贵南县尕马台遗址均出土了青铜镜。前者圆形，直径6厘米，厚约0.3厘米；后者为七角星纹镜，直径8.9厘米，厚约0.3厘米。年代均为公元前2000年前后。这是在中国发现的最古老的铜镜。

世界

西亚

铁器的广泛使用　最早的铁器出现在约公元前3500年的埃及，最早的经过熔炼的铁器出现在公元前28世纪的美索不达米亚。但直到公元前2000年，铁才在安纳托利亚地区得到广泛使用。

古埃及

埃及阳历　设一年为365又1/4天，每年12个月，每月3周，每周10天；另外加在年末的有5个附加日。全年的日子基本等于一个太阳年。这是目前所知的世界上第一个以365天为一年的历法。

爱琴海

克里特石路　米利都人在克里特岛上用石块铺路，长约50公里，宽约3.6米，中间行人，两边走动物和车。这是世界上现存最古老的人工铺筑的道路。

附篇：中国古史传说时代
（约公元前2550年—约前2140年）

约公元前2550—前2450年

黄帝时代 黄帝，姬姓，名轩辕，号有熊氏，在位百年，为古史传说中“五帝”之一。中国第一部通史《史记》开篇首列《黄帝本纪》，将黄帝尊为中华民族的始祖。历史传说中的很多发明创造，如养蚕、舟车、宫室、文字、历法、音律、医学、算术等，都起于黄帝时期，故黄帝又被尊为“人文初祖”。

涿鹿之战 九黎族首领蚩尤与黄帝大战于涿鹿（今河北省涿鹿）之野。黄帝与炎帝联盟，大败蚩尤，擒而杀之。蚩尤后被尊为“兵主”（战神）。九黎族战败，从黄河流域南迁长江中游。今苗、瑶、黎、畲族等族均奉蚩尤为先祖。

华夏族形成 黄帝族、炎帝族与部分九黎人融合，形成“华夏族”。这是中国历史上的第一次民族大融合。至汉朝（前206—公元220）称为“汉族”。中国人常自称“炎黄子孙”，尊黄帝、炎帝为先祖，即源于此。

“巫咸作筮” “筮”为巫师占卦的蓍草，形如竹棍。“巫咸作筮”，意为黄帝时巫师咸创造出筮占。筮占与龟卜不同。龟卜是灼龟甲看裂纹，观兆以断吉凶；筮占是将一把蓍草分开数数，最后根据所余是奇数还是偶数来判定卦画的阴阳。龟卜的典型遗存有商周的甲骨卜辞，筮占的典型遗存是《三易》（连山、归藏、周易），今称《易经》。

至今，当人们有事难以决断时，常用掷钱、抓阄等办法，以偶然为神意进行决断。此类行为可溯源于龟卜蓍占。

“巫彭作医” 古代巫医不分。“巫彭作医”，意为黄帝时巫师彭开创了中医疗法。古老的医术是以“矢”为刀，割治外伤，以酒为药，疗治内疾，故“医”的繁体字“醫”，从矢从酉（酒坛的象形字）。直到战国（前475—前256），医术与巫术、医生与巫师方区分开来。

“仓颉造字” 相传仓颉为黄帝史官。文字是社会的交际工具，不可能是一人一世的创造。仓颉或许曾经整理过文字，后世尊之为“文字之祖”。

“伶伦制乐” 相传伶伦为黄帝乐官，他伐竹制成十二枚竹笛，可吹奏出十二个乐音，六音似凤叫六音似凰鸣，分别称为“六律”和“六吕”，合称“十二律吕”，此为中国音乐史的开端。其实，考古发现，早在公元前6000年左右先民已制成七孔骨笛。

史官始立 相传黄帝始立史官，有“左史”和“右史”，左史记言，右史记事。从此，史官制确立。自西汉（前206—公元25）司马迁修第一部通史《史记》以来至清朝（1644—1911），代代修史，所修撰的从史前到明朝（1368—1644）各代上下4000多年的“正史”共24部。“二十四史”成为后人了解和研究古代中国的珍贵资料。

“隶首作算术”　相传黄帝命隶首作算术。其实，在远古先民建造房屋、制作陶器、制乐和渔猎等生活和生产活动中，算术早已得到应用。这一传说记录了中国第一位数学家的名字“隶首”。

“大挠作甲子”　甲子为中国传统用作表示次序的符号，“甲”指天干，有甲、乙、丙、丁、戊、己、庚、辛、壬、癸十干；“子”指地支，有子、丑、寅、卯、辰、巳、午、未、申、酉、戌、亥十二支。相传大挠为黄帝之臣，他以十干与十二支相配记录年、月、日、时。至今中国农历纪年仍沿用这一方法。

“夙沙氏煮海制盐”　黄帝时，夙沙氏部落始以海水煮煎成盐。该部落位于今山东省胶东地区。后世，夙沙氏被奉为“盐宗”，即盐业之神。

约公元前2450—前2372年

颛顼时代　颛顼，号高阳氏，黄帝之孙，传说中的“五帝”之一。继黄帝之后为部落联盟首领，在位78年。

“颛顼绝地天通”　颛顼之先各氏族、部落的巫师都自称可以通天，传达天神的意志和命令。颛顼命其孙重为南正之官，掌管祭祀天神，管天；又命其孙黎为北正之官，统一发布政令，管地。由此结束了政出多门的混乱局势，史称“绝地天通”。

约公元前2372—前2297年

帝喾时代　帝喾，号高辛氏，黄帝之曾孙，传说中的“五帝”之一，在位75年。相传挚、尧、弃（周人祖先）、契（商人祖先），都是帝喾的儿子。史称帝喾治民，如水之灌溉，平等而中正。

约公元前2297—前2179年

唐尧时代　尧，名放勋，号陶唐氏，帝喾之子，为古史传说中的“五帝”之一，在位28年。在位时曾命羲和观天象，制历法；委任弃（周人祖先）为农师，教民耕种；任命鲧（夏人祖先）为水官，治理洪水。

“羲和占日”　神话里，“羲和”是给太阳神驾车的一位驭手。古史上，“羲和”是尧时天官羲仲、羲叔与地官和仲、和叔的统称。“占日”，即观察太阳出没的周期，以定四时。当时已知一个太阳年为366天，并置闰月以正四时。

“常仪占月”　常仪为帝喾之女，汉代改称“嫦娥”。占月，意为观察月亮运动的周期。中国神话传说中将嫦娥奉为月神，中国的第一颗探月卫星因之名为“嫦娥号”。

“尧造围棋”　《博物志》载：尧造围棋。先秦时围棋已相当流行。考古发现的最早围棋是汉代（前206—公元220）的，棋盘纵横各为17道，而不是今天的19道。

约公元前2179—前2140年

虞舜时代 舜，名重华，号有虞氏，传说中的“五帝”之一，在位39年。

“皋陶制刑” 相传皋陶为舜臣，负责制定刑法，可以说是中国历史上第一位法官，后世尊之为“刑法之祖”。

大禹治水 尧舜时代，洪水为患。尧命鲧治水，鲧采取“围堵”的办法，历时九年无果。舜继位，命鲧的儿子禹为水官。禹采取“疏导”方针治洪，兢兢业业，13年中“三过家门而不入”，终于治水成功。后受舜禅让即帝位。

禹征三苗 涿鹿之战后，华夏族在黄河中游强大起来，三苗族在长江中游也发展起来，南北屡有冲突。禹奉舜命，征伐三苗。三苗人战败，大批被俘沦为奴隶。中国奴隶制的发生，史家多追溯到这一次战争。

乐曲《九韶》问世 《韶乐》相传为舜所作，有九个段落，故称《九韶》。春秋（前770—前476）时，孔子在齐国欣赏到《韶乐》，韵律典雅优美，兴奋得“三月不知肉味”，他认为《韶乐》达到了尽善尽美的境界。《九韶》是中国音乐史上最古老的大型乐章之一。

虞舜作《卿云歌》 “卿云”即彩云，古人视为祥瑞之气。相传舜见卿云现而作此歌。歌咏：“卿云烂兮，纠缦缦兮。日月光华，旦复旦兮。”意为卿云出现，光辉灿烂，日月交替，顺行自然。这首古歌歌词流传后世，影响颇广。

夏

约公元前2140年—约前1711年

约公元前2140年

中国

禹

夏朝开端　夏朝历时430年，共传14世，17后*，是中国历史上的第一个王朝。

（*古史上，不同时代对最高首领的称谓有所不同，夏称“后”，商称“帝”，周称“王”，秦始称“皇帝”。“后”的称谓尚有母系社会的痕迹。）

禹朝诸侯　禹继舜位后，朝四方诸侯于会稽（今浙江绍兴），“执玉帛者万国”。防风氏迟到，禹下令将之处死。这事标志禹已不再是部落社会的天然尊长，而是握有权柄的一国之王，王权已形成。

禹都阳城　《竹书纪年》载“禹都阳城”。河南省登封县告城镇发现古阳城遗址，相去不远，发现王城岗古城大城遗址，总面积30多万平方米，出土有青铜、白陶、玉琮等器物，城内有建筑基址，年代距今约4000多年。有学者认为，此处即大禹所都的中华第一古都阳城遗址。

禹划天下为九州　禹为治理洪水，划天下为九州。以地域行政和划分居民，标志原始部落的纽带松弛，国家雏形出现。“九州”指冀、兖、青、徐、扬、荆、豫、梁、雍，也是“全国”的代称。

禹铸九鼎　《后汉书》载：“禹收九牧（九州的长官）之金（铜料），铸九鼎，象九州。”鼎本为炊具，按大小成序排列的九鼎，象征九州，是国家权力的象征。所以汉语“问鼎”一词，是图谋王权的同义语。

夏代青铜器　禹铸九鼎，古有传说，今有佐证。河南偃师二里头遗址（约前21世纪—前17世纪）出土有青铜鼎，还有爵、盉、斝等青铜酒器，戈、戚、箭镞等兵器，凿、锛、锥、钻、刀、刻刀、鱼钩等工具，及铜铃、铜饰牌等物。甘肃玉门火烧沟古墓（约前19世纪—前17世纪）出土有铜斧、铜镰、铜镢等青铜农具。这表明夏朝青铜铸造已具规模，进入了青铜时代。

夏代宫殿　河南省偃师二里头遗址（约前21世纪—前17世纪）发现大型夯土基址。其中一处的面积约1万平方米。台基中部是一座面阔八间、进深三间的大型宫殿，周围有廊庑环绕。这座宫殿的年代相当于夏的纪代。

夏代贝币 《盐铁论》曰：“夏后以玄贝，……后世或金币、刀布。”玄贝，即黑色贝壳。夏人崇尚黑颜色，天然玄贝珍贵，不是玄色的贝，就把它染黑。夏文化遗存中多次发现海贝，确有些是染成黑色的。

夏易《连山》 相传《周易》前的古易为《连山》，成于夏代，是中国最古老的占卜书，也是最早体现中国人阴阳宇宙观的古籍。

物候历《夏小正》 《竹书纪年》载：帝禹元年“颁夏时于邦国”。发现于春秋（前770—前476）战国（前475—前256）间的《夏小正》，相传是夏代历书。它依月记载物候和天象，以及应进行的农事等活动。这是现存世界上最早的物候历。今天中国农历称“夏历”，其名盖源于此。

“奚仲造车” 《世本》曰：“奚仲作车”。奚仲当是夏代负责造车的官员。河南偃师二里头遗址宫殿区发现有夏代的车辙痕迹。

“仪狄作酒” 《战国策》载：“帝女仪狄作酒而美，进之禹，禹饮而甘之。”仪狄善酿甜酒，所作的酒，即今米酒，也称醪糟。仪狄被后世尊为中国的女酒神。

约公元前2095年

中国

启

启称夏后 大禹死，其子启夺得最高首领的权位，始称“后”。启在位十年。为夏朝的第二位首领。

约公元前2056—2016年

中国

仲康

仲康为夏后 启之后，子太康嗣位（约前2085年），在位29年，无道失国。有穷氏首领羿立太康弟仲康为夏后。仲康在位13年，为夏代第四位后。

相

无王之世 仲康之后，子相嗣位（约前2043年）。相在位28年，其间夏政动荡不宁。相死后，羿的部下寒浞篡位，夏祀中绝，这段时期史称“无王之世”。

约公元前2015年

中国

少康

少康中兴 寒浞杀羿取代夏政，后来，夏后太康的遗臣伯靡消灭寒浞，拥立相的儿子少康为后。少康回到故都阳翟（今河南禹县），重建夏朝。史称“少康中兴”。少康在位21年，为夏代第六位后。

“杜康造酒” 《世本》曰：“少康作秫酒”。少康即杜康。秫，是一种黏性高粱。秫酒即未经蒸馏的高粱酒，今日白酒的前身。杜康因之被尊为中国男酒神。

约公元前1977年

中国

槐

监狱始建 《竹书纪年》载：第八位夏后芬三十六年“作圜土（狱城）”。据《水经注》，古代监狱名称，“夏曰夏台（在今河南省禹县），殷曰羑里

（在今河南省汤阴县），周曰图圄，皆圜土也。"

这是中国有关监狱的最早记载。

约公元前1953年

中国

槐

"五星连珠"　据公元前2世纪成书的《孝经钩命决》记载，夏朝初年天空曾现"五星如连珠，明如合璧。"即木、金、水、火、土五颗行星连成一串在天空出现。据天文学家测知，"五星连珠"当出现在公元前1953年2月23日，在夏都阳城（在今河南省登封县境）可见。

约公元前1938—前1600年

世界

古埃及

古埃及中王国时期　阿蒙涅姆赫特一世（Amenemhet I，前1938—前1908在位）重新统一埃及，开创中王国时期。社会经济有了较大的发展，统治者鼓励贸易，把埃及的影响扩大到巴勒斯坦和埃塞俄比亚。宗教上，阿蒙神（Amon）和拉神（Re）结合成阿蒙–拉（Amon-Re），高于众神；人死后，灵魂都要受传说中的冥界之王奥西里斯（Osiris）的审判：或入奥西里斯国度，或被怪兽所食。

约公元前1900年

世界

西亚

希伯来人　美索不达米亚地区的闪米特半游牧民族离开原住地，一支曾到达埃及。至公元前2千纪晚期占据迦南（Canaan，古代巴勒斯坦地区）。他们被称为希伯来人，意为"流浪者"。

美索不达米亚

吉尔伽美什史诗（*The Gilgarmesh Epic*）最早的史诗，讲述美索不达米亚一带的英雄、亦人亦神的国王吉尔伽美什寻求永生的历程。约公元前1900年开始有书面形式。其中大洪水的情节，类似诺亚方舟。

约公元前1894—前1595年

世界

古巴比伦

古巴比伦王国　两河流域西部闪米特人的一支亚摩利人（Amorites）建立王国，定都巴比伦，史称"古巴比伦王国"。国王汉谟拉比（前1792—前1750在位）统一美索不达米亚平原，王国达到鼎盛。公元前1595年被赫梯人所灭。

普林顿322号泥板　泥板书，上载古巴比伦时期的数学表格，曾为名叫普林顿的人收藏，编号322，故名。泥板记有四列十五行60进制的数字，此数字表格表明，当时古巴比伦人已经发现了勾股定理和素毕氏三数（Primitive Pythagorean triple）的一般参数表达。现存古巴比伦数学泥板近400块，包括计算倒数、平方根、立方根，解二次方程，把圆周分360度，以及探讨三次方程和含多个未知量的线性方程组等问题，显示当时极高的数学成就。

约公元前1876年

中国

不降

书经日食 史载夏代曾发生日食，“辰不集于房，瞽（乐师）奏鼓，啬夫（乡村官员）驰，庶人（老百姓）走”（《左传》），人们一片惊慌失措。因这一记载最早见于《尚书·胤征篇》，故称“书经日食”。据推算，它发生在公元前1876年10月16日。也有公元前2165年、前1948年两说。这是世界上有关日食的最早记录。

约公元前1758年

世界

古巴比伦

汉谟拉比法典 现存最完整的古巴比伦法律的汇编，由巴比伦第一个王朝的国王汉谟拉比颁布。共有282条案例法，包括经济条款、家庭法、民法以及刑法。刑罚的轻重根据犯罪人的身份和犯罪情节而有所不同。法典的基础是当时两河流域的通行法规，尽管带有一些复仇的原始残余，但比部落习惯要进步得多，在一定程度上反映了当时两河流域的社会关系。

约公元前1768年

中国

发

泰山地震 《竹书纪年》载：帝发七年“泰山震。”发为夏代第十六位后，之后为桀。中国古籍中记录中有关地震的资料达 1.5万多条，其中确切无疑的有8000多条，这一记录是世界上最早的地震记录。

约公元前1763年

中国

桀

桀为夏后 桀，又名履癸，在位52年，为夏朝的末代君主。夏桀与商纣并称“桀纣”，是中国历史上有名的暴君。

约公元前1754年

中国

桀

陨星雨的最早记录 《竹书纪年》载：桀十年，“夜中，星陨如雨。”这是世界上有关流星雨的最早记载。

约公元前1751年

中国

桀

辇创制 《竹书纪年》载：夏桀十三年“初作辇”。时已有马车，桀令制辇，辇是人拉的车。夏辇，挽辇用20人，商辇用18人，周辇用15人。后世帝王有以象挽辇的，称“象辇”。

约公元前1734年

中国

桀

隧道工程的最早记录 《竹书纪年》载：夏桀二十九年，“凿山穿陵以通于河”。河，是黄河的古称。这是中国最早的开凿水利隧道的记录。

最早的金银饰品　甘肃玉门火烧沟古墓（约前17世纪）分别出土金耳环、金鼻环以及银耳环、银鼻环。北京昌平雪山和内蒙古敖汉旗大甸子也都在古墓中发现金耳环。以上文化遗存的时代约相当于夏代纪年，是中国已知最早的金银饰品。

夏文书档案见载　《吕氏春秋》记载，夏末，“太史令终古执图法奔商”。可见夏代既有管理档案的长官“太史令”，又有典册档案“图法”。夏文化遗存发掘的陶器上发现有20多种陶文或刻符。夏代已有成熟的文字、文书当无疑。

约公元前1711年

中国

桀

商汤作《汤誓》　《汤誓》为商伐夏的誓师之辞。大意是：我们誓师伐夏，不是我敢作乱，而是夏王无道，危害百姓，已经天怒人怨；我要代天行罚，所有人等，都要服从命令，完成上天的这一使命，否则严惩不贷。这是上古的一篇著名文献，载于《书经》。

鸣条之役　夏桀无道，商汤起兵伐之，战于鸣条（在今山西省安邑县境）。桀败走，被擒后流放于南巢（今安徽省巢县西南）。夏朝亡。

商

约公元前1711年—约前1046年

约公元前1711年

中国

汤

商朝建立 商始祖名契，相传是帝喾后裔。契佐大禹治水有功。其子昭明受封于商（今河南商丘南），后人以地名商为族名。

从契至汤历14代。汤灭夏，建立商朝。商初都亳(在今河南商丘北)，后八次迁都。共历17代、30位王。商的地域，开始主要在黄河中下游地带，其后，北抵燕山，南逾长江，西达陕西，东至大海，总面积约达168多万平方公里。

汤称帝 汤，子姓，名履，又称成汤、武王、天乙等，甲骨文作成唐。原为商族领袖，后率兵兼并夏朝多个小诸侯国，使商成为强国，历17年而灭夏，之后建立商朝称帝，在位13年。

汤刑制定 《左传》载："商有乱政而作汤刑"。汤刑中有黥额、割鼻、锯足等，据《韩非子》载，商时在街上弃灰土者要斩手，其刑法之严酷可见一斑。

商易《归藏》 湖北江陵王家台文化遗址出土的秦简中有《归藏》。该书与《连山》、《周易》合称为"三易"，是中国最古老的占卜书。

商筑都城 郑州发掘的商代古城遗址，总面积约25平方公里。城内有宫殿基址，城外有铸造铜器、制作骨器、烧制陶器等遗址，其规模、气势等均可比王都。古城的年代测定约相当商朝开国之初。其名称一说为第十代商王仲丁的新都"隞"，一说为第一代商王汤至第十代商王仲丁的都城"亳"，至今尚无定论。

原始青瓷 郑州商城出土原始瓷尊，以高岭土制坯，经约1200℃高温焙烧而成，为迄今为止发现的世界上最早的瓷器之一。历史上各古文明国都曾烧有陶器，但在3000多年前就烧出瓷器的，只有中国。

约公元前1700—前1500年

世界

美索不达米亚地区

北闪米特字母 北闪米特人发明的

由辅音字母组成的书写体系。北闪米特字母衍生出腓尼基字母和阿拉姆（Aramaic）字母，后又发展成现代闪米特语系、印度和欧洲的各种字母文字，被认为是几乎所有字母文字直接或间接的祖先。

约公元前1692年

中国

大甲

大甲 汤之长孙，又写作太甲，第四位商王，在位33年。《史记》载：大甲称帝后，暴虐不明，被辅政宰相伊尹流放到桐宫(今河南偃师附近)。三年后，大甲悔过从善，伊尹还政于他，百姓以宁。大甲是一代盛君，伊尹也因之被称颂为中国历史上第一位贤明宰相。

《竹书纪年》对此有另说：伊尹流放大甲是为拥权自立，七年后，太甲潜出于桐宫杀伊尹，夺回王位。

约公元前1600年

世界

古埃及

《史密斯纸草》（*Edwin Smith Papyrus*）古埃及医书，外科案例教材，系统讲述如何处理外伤，反映当时埃及极高的医学成就。据研究是写于公元前3000年医书的抄本。

约公元前1600—前1100年

世界

爱琴海地区

迈锡尼文明 爱琴海地区晚期的青铜文化，深受克里特文明影响，出现于希腊大陆和爱琴海诸岛。因希腊当时最强的王国迈锡尼而得名。该文化以王宫为中心，宫址围有石头城墙，形成坚固的城堡；宫址中发现线形文字B泥版文书，有规模宏大并带大量精美葬品的圆顶墓。公元前1400到前1200年，迈锡尼继克里特岛之后成为爱琴海文明新的中心，其贸易西至亚平宁半岛、东至小亚细亚、南抵埃及。迈锡尼文明盛极一时，约公元前1100年突然消失，其原因不明。

约公元前1557年

中国

大戊

大戊 第九位商王，在位75年。其前任商王雍己当政时，商朝衰落，诸侯不朝。大戊即位，修德补阙，国势日强，诸侯归之，商王朝又呈复兴之势。

约公元前1550年

世界

古埃及

《艾贝尔斯纸草》（*Ebers Papyrus*）古埃及医书，罗列700多个处方，涉及多种病痛的治疗。医书显示古埃及医学的发展水平，尤是对人体循环系统的深入了解。

约公元前1550—前1069年

世界

古埃及

古埃及新王国时期 来自底比斯（今埃及卢克索附近）的一个王朝重新

统一埃及，史称新王国。但埃及人通常把统一归功于新王国第二任国王，在埃及本土出生的阿赫摩斯一世（Ahmose I，约前1539—前1514在位）。新王国通过对叙利亚、巴勒斯坦和努比亚的征战，把埃及扩张为一个地跨西亚北非的帝国。

约公元前1500年

世界

中东欧

安伯尔商路（Amber Routes） 居住欧洲的人们修筑了贯通东部和中部欧洲的道路，形成了一个通商的道路网。这条路史称“安伯尔商路”。

约公元前1500—前500年

世界

南亚

吠陀经（*the Vedas*） 吠陀经是亚利安人（Aryans）的圣书，指的是四部吠陀经和用以阐释它们的经文。四部吠陀经包括《梨俱吠陀》（*Rigveda*）、《耶柔吠陀》（*Yajurveda*）、《娑摩吠陀》（*Samaveda*）和《阿闼婆吠陀》（*Atharvaveda*）。其中最古老的《梨俱吠陀》收录了1028首称颂诸神的诗歌，最晚的成诗于约公元前1000年，最早的可能出自前1700—1200年。前三部吠陀经收集的都是祭祀时或背或吟的颂歌；《阿闼婆吠陀》形成最晚，除了收录颂歌，还有咒语和符咒。对于吠陀经的形成时间，学界尚无定论，但多数学者接受公元前1500—前500年这个大致年代范围。吠陀经是研究亚利安时期印度社会的最好资料，也有相当高的文学价值。

吠陀时期 因吠陀经而得名。这一时期的印度社会，从以畜牧业为主发展为以农业为主，铁器已普遍使用，国家逐渐形成，王位开始形成世系，城市重新兴起，婆罗门教逐渐发展。后期社会分解为四个瓦尔纳（varna，等级），成为由婆罗门、刹帝利、吠舍和首陀罗四个种姓构成的等级森严的社会。

约公元前1447年

中国

祖乙

祖乙 名胜，第11位商王，在位约19年。任用贤臣，善治国事，商朝再次兴盛。祖乙与商汤、大甲、武丁齐名，并称商朝“天下之盛君”。

约公元前1400—前1300年

中国

盘庚迁殷前

双面铜鼓 鼓在史前多用以号令、集众，是权力的象征。商朝前期铸铜鼓，现存于世的有两面，一为人面饰饕餮纹鸟纽四足双面铜鼓，藏日本；一为崇阳铜鼓，藏中国。两面铜鼓均仿皮鼓状铸造，是中国已知最早的青铜鼓。

铁刃铜钺 河北藁城、北京昌平的文化遗址都出土有商代的铁刃铜钺。钺形似大斧，是兵权的象征。铜钺刃部的铁，经化验属陨铁，即自天空陨落的天然铁。陨铁是人类使用铁的初始材料，铁刃铜钺标志中国铁器史的开端。

酒曲酿酒 河北省藁城发现有商代酿酒作坊遗址，出土大量酒曲。《尚书·商书》有以曲酿酒的记载。遗址中的酒曲比史载还早200多年。

谷物成酒，要经过糖化和酒化两个过程。以曲酿酒是同时进行这两个过程，称为“复式发酵法”。这种方法19世纪从中国传到欧洲，广泛应用于酒精工业，称为“淀粉发酵法”。这是世界酿酒史上的一项发明。

约公元前1400—前1200年

世界

赫梯帝国

赫梯帝国 赫梯人（Hittites）来自黑海沿岸，公元前2千纪初进入安纳托利亚高原，并于公元前17世纪在当地建立赫梯国。公元前1400年前后，赫梯人利用武器上的优势不断对外扩张，建立起强大的赫梯帝国，疆域包括安纳托利亚大部、地中海东岸、叙利亚、黎巴嫩和美索不达米亚地区。

公元前1379年

世界

古埃及

埃赫纳吞的宗教改革 阿蒙荷特普四世（Amenhotep IV，前1353—前1336在位）继位后进行宗教改革，信奉太阳神阿吞神为宇宙间唯一的神，废除其他一切神的崇拜。他改名埃赫纳吞（Akhenaton），意为“有益于阿吞神者”；以新的一神教代替传统的多神教，削弱原神职人员的势力，加强君主专制统治。但改革不具备良好的社会基础，他死后埃及又恢复了传统宗教。

约公元前1340—前612年

世界

亚述帝国

亚述帝国 原为两河流域巴比伦和米坦尼（Mitanni Kingdom）的属国，依靠纪律严明的军队和尚武强悍的文化建立帝国，一度控制美索不达米亚平原、叙利亚、巴勒斯坦、埃及和大部分小亚细亚。亚述人以残暴和勇敢著称，对其属地的统治手段包括征敛贡赋、驻军和流放整个民族等。考古证明，他们在尼尼微（Nineveh）、亚述（Ashur）、尼姆鲁德（Nimrud）等地曾营建很多宏大的工程。

约公元前1300年

中国

盘庚

盘庚迁殷 盘庚名旬，第19位商王，公元前1324年即位，在位28年。是年，盘庚迁都于殷（今河南安阳）。迁都前，士民多怨，盘庚为此有三次训话（见《尚书》中的《盘庚》三篇）。盘庚时期，殷商复兴，诸侯来朝。商都遗址“殷墟”，现为中国考古圣地。

甲骨文 占卜后刻在龟甲兽骨上的文字，也叫“契文”，是中国最古老的成体系的文字。其内容是卜辞及与占卜有关的记事。商甲骨文发现于殷墟，后在陕西周原等地又发现西周（约前1046—前

771）甲骨文。迄今已发现的甲骨文约有4500余单字，其中已释读的约有1700余字。“甲骨学”现已成为世界性的学科。

甲骨文是刻划的，也有写好未及刻划的。每字结构以及整篇布局都有一种均衡、对称的美，堪称中国书法之祖。

天文四象 古人观察星辰，按东西南北四个方向的星宿组合，将之想象为动物形状，称之为“四象”，即东方青龙、西方白虎、南方朱雀、北方玄武。每一象表示七个星宿，共称二十八宿。四象和星宿名称在商甲骨卜辞里始见记载，后世长期沿用，是中国古代天文学的一大特色。

风力分级 甲骨卜辞中发现有对风力分级的最早记载：风分为小风、大风、大骤风、大狂风，还有对雨、雪、雹、云、雷、虹等气象的描述。至2000多年后的唐代（618—907），天文学家李淳风方对风力作了较为科学的分级。

十进制 萌芽于史前，商代见于记录。甲骨文里不仅有从一到十的数字，也有百、千、万等数字，其中最大数是“三万”。世界有的古文明地区或国家，也创造了各自的进位制，如玛雅文明的20进制，巴比伦的60进制，还有12、16进制等。英国科学家李约瑟（Joseph Needham，1900—1995）在《中国古代科学技术史》一书中指出：当西方开始使用“印度数字”的时候，10进制在中国已使用了2000多年。

商尺和尺度制起源 殷墟出土有象牙尺，长15.8厘米。尺上刻度，一尺分为十寸，一寸分为十分。这是商代10进制的物证。中国的尺，起源于人手的拇指和食指伸开的长度，俗称“一拃”，正与商尺的长度相吻合。这说明中国传统的尺度制在商时已得到应用。

圆规矩尺的最早记载 规是画圆的，矩是画方的。规矩早在商代以前就用于造车轮、建宫殿，有关规矩使用的文字记载最早见于甲骨文。

治疗龋齿的最早记载 世界有关龋齿的记载，古埃及约公元前400年，印度约前600年，中国《黄帝内经》的记载约前200年。殷墟出土的甲骨卜辞中关于龋齿及拔除方法的记载约公元前1200年，为世界上最早的治疗龋齿的记录。

约公元前1290—前586年

世界

西亚

古典希伯来宗教 从摩西到“巴比伦之囚”（Babylonian Captivity）时期，希伯来人（Hebrews）的宗教以耶路撒冷的神庙和祭司为中心。希伯来人信奉耶和华为唯一神，耶和华通过启示向他的“选民”希伯来人展现他的善意和道德要求。

约公元前1250—前1192年

中国

武丁

武丁称帝 武丁名昭，第22位商王，在位59年。史载他少时久劳于外，知道百姓生活的艰难，即位后重民心、勤政务、用贤才，商朝兴旺，史称“高宗中兴”。“高宗”是武丁在宗庙里的称号，即庙号。

女将军妇好　妇好是武丁王妃，是一位善于用兵的女将军。河南安阳小屯殷墟妇好墓是中国重要的考古发现，出土了大批青铜器、玉器、宝石器和武器。其中有一象征兵权的大铜钺，重达九公斤。

金属冶炼　河南安阳殷墟出土有大批青铜器，还有锡器，铅器。青铜铸造使用铜锡、铜铅、铜铅锡三种合金。这在一定程度上反映了当时金属冶炼水平。

编钟编磬　中国乐律有着8000年的发展史，商代是其中的一个重要阶段。妇好墓出土有成套的钟、磬及铙等打击乐器。这些乐器已具十二音律中的九律，并已基本达到五声音阶谐和。

绞经多综织机　商代丝织已用绞经机，并应用多综提花技术。考古发现的丝织物中有平纹纨缟、轻盈的纱、绉粟似的縠、双经双纬的缣、绞经的罗，以及技术复杂的回纹绮。大麻也用于纺织。这表明商代纺织业发展已达较高水平。

青铜冰穿　“冰穿”是取冰的工具。河南罗山出土商代诸侯国息国的青铜冰穿，上面有尖锥并带有钩子，用锥来穿透河湖里的冰层、采冰，剖冰，用钩子在冰上拉动冰块。这表明距今约3200多年前已采用冰窖藏冰。

青铜犁铧　中国畜耕之始，据文献考证为春秋时代，春秋的青铜牺尊，穿鼻戴环，可为佐证。江西新干商墓出土的青铜犁铧证实，中国畜耕史至少已有3000多年。

约公元前1200年

中国

古蜀国

三星堆文化　在中国西南部的川西平原上，分布有30多处商周时期的古城遗址，还有祭祀时埋放祭品的祭祀坑、蜀人居住的房屋遗址、古墓葬，出土器物里有大批造型独特、制作精美的青铜器、金器、玉器、陶器，以及海贝、象牙、虎牙等。这是距今约4800—2800年前古蜀国的文化遗存。由于其遗存主要发现于四川广汉三星堆和成都金沙一带，人们将之称为“三星堆文化”和“金沙文化”。

约公元前1200—公元140年

世界

圣经　犹太教和基督教的经文都称“圣经”。通常说的圣经指基督教圣经，包括《旧约》和《新约》。《旧约》又称《希伯来圣经》，即犹太教圣经，成文于约公元前1200—前100年；《新约》成文于约公元45—140年。圣经对欧美文化的形成和发展有重要的影响。

约公元前1191—前1148年

中国

祖庚、祖甲、廪辛、康丁

周人迁居周原　周人姬姓，始祖名弃，善农耕，称后稷，为中国的农神。

其后传至十三世古公亶父迁居周原（今陕西宝鸡境），由此有周人之称和周国之名。周朝建都丰镐（今西安西南）后，周人宗庙仍在周原。此地发现的周人青铜器甚多，有“中国青铜器之乡”之称。先后发现于此的宫殿基址、宗庙遗址及周王室的甲骨档案等，确证这里是周朝发祥地。

约公元前1150年—公元400年

世界

美洲

奥尔梅克文明 美洲最早的文明，为此后中美洲文明发展的基础。奥尔梅克人（Olmecs）主要居住在今墨西哥南部，其文化以圣劳伦索（San Lorenzo）和拉文塔（La Venta）两地为代表。前者有人工湖和与之相通的接水渠，后者有高110英尺的大金字塔土台。奥尔梅克人最主要的艺术成就是由玄武石雕刻而成的13个巨石头像，最重达20多吨。其他艺术形式还有小型玉雕、陶器等。常见的半人半豹的形象，很可能是阿兹特克神的前身。

约公元前1147—前1143年

中国

武乙

季历朝殷 周王季历为古公亶父的幼子，赴殷朝见商王。商王武乙按公爵的礼数，赐予季历土地、美玉、良马，并授予他征伐大权，从而确立了商周的宗主和藩属的关系。周国由此兴起。

约公元前1112—前1102年

中国

司母戊鼎 河南安阳武官村出土的司母戊鼎，重875公斤，高133厘米。鼎腹内有“司母戊”三字铭文，故名。有说这是商代第28位王文丁为其母亲所铸的。该鼎的重量为中国青铜器之最，被誉为“青铜器之王”。现存中国国家博物馆。

约公元前1101－前1076年

中国

帝乙

骨刻干支表 中国的传统历法以干支纪日。殷墟出土的《骨刻干支表》，刻于公元前1101年—前1046年，有三旬式和六旬式两种。由此确证商时已用干支纪日。干支纪日法在中国相沿使用长达3200年未曾中断，堪称是世界上使用最长久的纪日法。

约公元前1100年—前750年

世界

爱琴海地区

希腊黑暗时代 随着迈锡尼文明的消亡，希腊的宫殿、艺术、贸易衰微，故称“黑暗时代”。该时期多利亚人和爱奥尼亚人入侵希腊。

约公元前1075—前1046年

中国

纣

纣行暴政 纣（约前1075—前1046），

名受，或受辛，史称帝辛，第30位商王，在位30年。死后人称纣王，意思是残酷凶恶的国王。史载纣王见闻广博，机智过人，但自恃聪敏，视重臣如草芥，视黎民如粪土，荒于酒色，统治暴虐。后为周武王讨伐，兵败自焚，商亡。

周文王治周 季历死，其子姬昌立。时诸侯归附，又得政治家吕尚相佐，国内政和讼平，民心大定。姬昌自称“文王”，势力日增，筑丰邑（今西安西南）为国都。称王九年，未及灭商而死去。

羑里演易 相传姬昌曾被纣王囚羑里（今河南汤阴北）七年，其间深研八卦，将八卦推衍为六十四卦，而后有《周易》。（《周易》中有六十四卦，以此来占卜自然和社会变化的吉凶。）明代（1368—1644）在羑里城建文王演易石坊，至今犹存。

约公元前1046年

中国

纣

牧野之战 周文王死，其子姬发即位，是为周武王。武王四年，起兵伐纣。两军会战于牧野（今河南淇县境）。商兵虽众，却军心动摇，武王率师入纣王别都朝歌（在今河南淇县），纣王跳火自焚。商朝灭亡。

周

公元前1046年—前256年

西　周

（前1046—前771年）

公元前1046年

中国

周武王四年

周王朝始建　是年，周武王建都镐京（今西安西北）。王都所在，为诸侯宗仰之地，故称“宗周”。

周王朝历800多年，传34王。前期都于镐，后期都于洛阳。镐京在西，史称西周（前1046—前771）；洛阳在东，史称东周（前770—前256）。

青铜利簋　簋是一种食具，也是礼器。陕西临潼遗址发现的簋为一名叫利的人所铸，故名利簋。簋内底有铭文32字，记录的是武王伐纣那天，岁星当头，“甲子昧爽”，遂发起总攻。此说与文献记载相吻合。这一文物成为商周历史分界年代的重要物证。

《周易》　中国最古老的占卜书，分为《易经》和《易传》两部分。《易经》主要是讲占卜所用的八卦，卦辞即为经文。《易传》是指十篇文章，是后世哲人对《周易》中哲理与精髓的提示。

什么是“易”？古代哲人曰：“生生谓之易”。含义有三：一为简易，万事万物，生生不息，简朴而平易；二为不易，事物发展是自然而然的，这是永远不变的道理；三为变易，事物是不断新陈代谢的，处于变易中。这是中国古代的一种哲学观。

贵族学校辟雍　西周在镐京（今西安西北）设立五学。中为“辟雍”，环之以水；水南为“成均”；水北为“上庠”；水东为“东序”；水西为“瞽宗”。此五学名称均取自于历史上知名学宫之名——“成均”为五帝年代的，“上庠”为有虞氏年代的，“东序”为夏朝的，“瞽宗”为商朝的，“辟雍”即为当时周朝的。

此后，中国历史上的一些王朝也沿用“辟雍”作为皇家学府之名。今北京成贤街国子监内的辟雍，始建于元代

（1271—1368），至今保存完好。

金文与甲骨文 商朝文字主要是甲骨文，西周主要是金文，即青铜器上的铭文。已发现的西周有铭文的铜器数以千计。西周也有甲骨文，陕西岐山凤雏村文化遗址中发现的西周甲骨窖藏，有甲骨1.7万余片，刻字卜甲292片，总计有600余字。

伯夷、叔齐和《采薇歌》 《史记》载：周武王灭商后，商朝属国孤竹国的王子伯夷、叔齐流亡到首阳山。哀于亡国，他们耻食周粟，只采野菜充饥，最终饿死。所赋《采薇歌》有句曰："以暴易暴兮，不知其非矣；神农虞夏忽焉没兮，我适安归矣！"意思是，这是以暴易暴啊，还不知道是错误；神农、虞、夏的太平盛世转眼消失了，哪里是我们的归宿啊？伯夷和叔齐为后人视为有气节的先贤。

公元前1045年

中国

周武王五年

第一次分封诸侯 周王朝建立后，天下未定，武王大封功臣亲戚，"以藩屏周"。封岳父姜尚于齐，封弟弟周公旦于鲁，封开国勋臣召公于燕，封弟弟振铎于曹；另还封有陈、杞、吴、虞诸国。这是第一次分封。周公东征（前1040年）后，又行第二次分封。

相扑见载 相扑，西周时是军事训练项目，称"角力"，每年十月，天子下令讲武，让将士"司射御、角力"；秦汉时（前221—公元220）成为宫廷文化节目；魏晋（220—420）称之为"相扑"；至宋代（960—1279），不仅有男子相扑，还有女子相扑登场，争胜夺赏。相扑后传入日本，发展为国技。

圭表测影 周人用圭表观测日影，以确定历法。表是直立的杆，圭是测表影的尺，亦称"量天尺"。今河南省登封县告城镇有"周公测景台"，相传周公曾于此地测日影。现存石表，乃唐代（618—907）所建。

珠算子陶丸 陕西周原出土3000多年前的陶丸90粒，浑圆而有光泽，有青、黄两色。这些陶丸的数目、比例，与东汉（25—220）徐岳、北周（557—581）甄鸾等数学家的有关记述相吻合，它们是上古用于计算的珠算子。

铜绿山铜矿 在湖北大冶发现该矿遗址，残存有竖井、斜井数百条，平巷百条，以及开采工具、冶炼遗址等。据考古测定，该矿开采始于西周，终于东汉（25—220），历近千年，先后冶炼的铜约8万到10万吨。遗址处今建有博物馆。

中医分科 西周时朝廷设医师，总管医药行政。医生中有食医（营养卫生）、疾医（内科）、疡医（外科）和兽医之分。这是中医分科的开始。

菊花栽培 《礼记·月令》载："季秋之月，鞠有黄华"。鞠，即菊。古代菊花多为黄色，故菊花又叫"黄花"。历经3000多年人工培育，菊花现有3000多个品种。中国人自古认为，菊花品格高洁、文雅，与梅、兰、竹并称"四君子"，此为中国花卉文化一大特色。

公元前1040年

中国

周成王三年

周公东征 周公名旦，周武王之弟，西周初期杰出的政治家、军事家和思想家。武王开国，采取“以商治商”政策，立纣之子武庚为首领，管理殷人。并封三个弟弟在管（今河南郑州）、蔡（今河南上蔡西南）、霍（今山西霍县西）三地，监督武庚。武王死，年幼的成王继位，武庚联合管、蔡、霍三叔发动叛乱。是年，周公东征，历三年平定叛乱。

公元前1039年

中国

周成王四年

第二次分封诸侯 成王即位时尚年幼，周公摄政。平定武庚叛乱后，周公实行封邦建国的方针，将武王的兄弟和朝中功臣分封各国去做诸侯，以作为捍卫周王室的屏藩。相传，武王、周公、成王先后建置了71个封国。

公元前1036年

中国

周成王七年

东都洛邑 周公平定武庚叛乱以后，为了加强对东土的控制，建议成王把国都迁到洛邑（今洛阳）。成王七年，始营建新都“成周”。成周原名洛，筑于涧水东岸，又兴建“王城”于水西岸（今河南洛阳王城公园）。“成周”与“王城”总称“洛邑”，为西周王朝的东都。

约公元前1021年

世界

西亚

以色列人建王国 以色列人进入迦南，为对抗外族，建立王国。据《圣经》记载，第一任王为扫罗（约前1021—约前1000在位），其子大卫王（约前1000—前962在位）定都耶路撒冷，其孙所罗门在位时（前10世纪中叶）王国最强大。公元前922年，王国分裂，北部十个部族组成的王国史称北国以色列王国（前922—前722），南部则称南国犹大。

约公元前1000—前500年

世界

古印度

婆罗门教形成 后吠陀时期，以自然崇拜为主的吠陀教演变为婆罗门教（Brahmanism）。它以“梵天（Brahma）”为最高神，强调祭祀。主持祭祀和向神传送祭品的婆罗门成为社会的中心。约公元前7—前6世纪时，婆罗门教大规模宰杀动物祭神的做法引起非议，婆罗门的权威地位也备受质疑，婆罗门教一度衰弱。公元4世纪后又得到复兴。

约公元前10世纪—公元350年

世界

非洲

库施王国（Cush Kingdom） 非洲东部古代王国。约公元前10世纪出现在尼罗河第二瀑布以南地域，古名努比亚（Nubia），又名麦罗埃（Meroe）王国。公元前8世纪王国进入强盛期，前751年征服埃及，建立埃及第25王朝。亚述人入侵颠覆了第25王朝。之后，库施人在埃及以南、尼罗河第六瀑布以北的麦罗埃独立地发展了自己的文明。全盛时期，库施王国的统治地域扩展至今苏丹共和国一部分和埃及尼罗河瀑布间的大片地区，其农业、炼铁业和纺织业都比较繁荣。公元350年，阿克苏姆王国摧毁麦罗埃城，库施王国灭亡。

公元前10世纪—公元7世纪

世界

非洲

阿克苏姆王国（Aksumite Kingdom）　非洲东北部古代王国。公元前10世纪兴起于今埃塞俄比亚境内，公元初年成为独立国家，最盛时包括红海两岸的大片地区。公元4世纪中叶，灭库施王国。阿克苏姆的国王改信基督教，因此该国在政治和宗教上与拜占廷帝国统治下的埃及结合在一起，教会在政治、经济、文化中有着重要影响。沿用至今的埃塞俄比亚文字也创建于这一时期。公元7世纪，由于阿拉伯人的入侵，王国逐渐衰亡。

公元前926年

中国

周穆王五十一年

周制吕刑　吕刑因由吕国（在今河南南阳西）国君吕侯制定而得名，为中国现存最早的刑法文献，共3000条。其主要刑罚有：墨刑（在脸上刺字涂青）；劓刑（割鼻）；剕刑（断足）；宫刑（对生殖器官施刑）；大辟（斩首），同时制定有赎刑（以罚铜代刑）等。吕刑严酷，但也强调勤政慎刑，对后世各代的刑律制定有一定的影响。

公元前922—前900年

中国

周共王元年—二十三年

史墙盘　西周微氏家族为纪念先祖铸的铜盘，铸器人为史官墙，故名。1976年在陕西扶风发现，盘内有铭284字，记述西周文、武、成、康、昭、穆六王的重要史迹及制器者家世，是研究古史的珍贵文物。

公元前864年

中国

周厉王十四年

厉王弥谤　周厉王（前877—前841），名胡，在位37年。他与民争利，强占山川林泽，引至民怨沸腾。他派密探监视民间，非议朝廷者一被告发，立遭杀戮，百姓一时噤若寒蝉。厉王得意地夸口说：我能“弥谤”（禁绝诽谤）了。大臣召公劝导说：“防民之口，甚于防川。川壅而溃，伤人必多，民亦如之。是故为川者决之使导，为民者宣之使言。”厉王不听。

公元前841年

中国

共和元年

国人暴动 厉王推行苛政，百姓忍无可忍，终在公元前841年发起暴动，史称“国人暴动”。这是中国历史上第一次人民起义，周王朝从此走向衰落。

共和行政 “国人暴动”赶跑了周厉王，王朝无王，由周定公和召穆公共掌政权，史称“周召共和”或“共和行政”（前841—前828），共历14年。公元前841年是共和行政元年。此前的中国史虽有传说和文献记载，但没有确切纪年；从此年起，始有确切的文字纪年。

公元前828—前782年

中国

共和十四年—周宣王四十六年

周室中兴 “国人暴动”时，太子静隐藏于召公虎家中。国人闻而包围了召公家，迫令交出太子。召公无奈，采用偷梁换柱的办法，把自己儿子冒充太子交出；太子静幸免于难，在召公家长大。是年，周厉王死，太子静继位，是为周宣王。宣王在位46年（前828—前782）。早年励精图治，西北攘逐猃狁，东南开拓荆楚徐淮，时号“周室中兴”。后来国势渐衰。

公元前827年

中国

周宣王元年

毛公鼎 清朝道光（1821—1850）末年在陕西岐山出土，无确切铸造年代。从铭文看，周宣王即位初，亟思振兴朝政，乃请叔父毛公为其处理国家大小政务，并令毛公族人担任禁卫军，保护王室。据以推断当铸于周宣王初年。该鼎有铭文497字，为现存青铜器中铭文最长的。现藏台北故宫博物院。

公元前823年

中国

周宣王五年

周师北伐猃狁 宋代（960—1279）出土兮甲盘，有铭133字，记述周宣王北伐猃狁等事。“猃狁”是北方的一个少数民族，东周（前770—前256）时称“狄”、“胡”，秦汉时（前221—公元220）始称“匈奴”。自周至汉，它一直是中原王国的强敌。

公元前816年

中国

周宣王十二年

虢季子白盘 清道光年间出土，盘中铭文记载虢季子白奉王命征伐猃狁事。它长130.2厘米、宽82.7厘米、高41.3厘米，为西周青铜器中体积最大的。该盘与散氏盘、毛公鼎并称西周宣王时的三大青铜器。现藏中国国家博物馆。

约公元前800年

中国

周宣王二十八年

虢季玉柄铁剑 河南虢国君主虢

季墓出土一柄玉柄铜芯铁剑，柄为玉质，中含铜芯，剑身是铁的，长34厘米。这铁是块炼铁，就是将铁矿石烧红锻打而成的，属人工冶铁。它揭示中国人工冶铁最迟在西周晚期已开始，距今约2800年。

公元前8世纪早期

世界

古希腊

希腊城邦　出现于公元前8世纪早期，至中叶普及。城邦源自用于避难的卫城，后包括含卫城和广场的城市及附近农村。城邦内享有公民权的成员通过公民大会行使集体治权。

公元前800年—前6世纪

世界

意大利半岛

伊特鲁西亚人建城邦联盟　约公元前800年，伊特鲁西亚人（Etruscans）开始建立城邦。至约公元前6世纪，他们在意大利半岛中北部形成了松散的城邦联盟。

约公元前800—前400年

世界

意大利半岛

伊特鲁西亚文化　伊特鲁西亚人是古代意大利半岛的古老民族，其文化属于早期铁器时代文化。使用希腊语演变而来的字母文字，善用金属，喜爱艺术，信仰神灵，女性享有很高的社会地位。罗马人深受该文化影响，并从中继承了拱门和穹顶、占卜术，以及角斗表演等。

公元前781年

中国

周幽王元年

周幽王继位　宣王死，子宫涅立，是为幽王（前781—前771在位）。他是西周王朝的末代帝王，在历史上以宠爱妃子褒姒导致亡国而闻名。

公元前780年

中国

周幽王二年

镐京大地震　镐京在今陕西长安县西北，为西周首都。《诗经·十月之交》记载了这次引起山崩及地壳变化的地震："高岸为谷，深谷为陵"；同时记载了地震发生时的地光，若"烨烨震电"。这是有关地震及地光最早的史籍记述。

公元前779年

中国

周幽王三年

烽火狼烟　烽火，是古代的军事警报信号。国都四周，以及重镇、要塞间，每相隔20—30里设一烽火台，有将士日夜守候。若有紧急军情，夜间举火，曰烽；白日举烟，曰燧。举火用柴，举烟用狼粪，故又名"狼烟。"烽火狼烟，是十万火急的军令。

相传，幽王为博宠妃褒姒一笑而举烽火狼烟；各地诸侯率军日夜兼程前来勤王，到后方知受骗。史称“烽火戏诸侯”。今陕西临潼骊山顶峰有烽火台遗址。

公元前776年

中国

周幽王六年

诗经月食 《诗经·小雅》载：“日月告凶”，“彼月而食”。据推定这次月食发生在公元前776年8月21日，是一次月偏食。史称“《诗经》月食”。这是世界上可确知的最早的一次月食记录。

诗经日食 《诗经·十月》记载：“十月之交，朔月辛卯，日有食之。”史称“《诗经》日食”。据推算，这次日食发生在公元前776年9月6日。

青铜风向仪 风向仪，古称相风鸟，起源于史前。1989年，山西闻喜出土一驾青铜挽车，车顶上造有四只相风鸟。鸟腹内有顶针装置，旋转灵活。它铸于西周末或春秋初，距今2700余年。出土后，以口气吹动，小鸟仍可旋转。这是上古以鸟测风的佐证。

世界

古希腊

古代奥林匹克赛会 是年，在奥林匹亚举行了第一届奥林匹克赛会，该年被认为是古希腊最早的确切纪年。此后赛会每四年举行一次，留存有公元前776—公元217年间的冠军记录。公元393年，奥林匹克赛会被罗马皇帝取消。

公元前771年

中国

周幽王十一年

西周灭亡 幽王前曾派兵伐申国。是年，申侯联兵犬戎等攻周。幽王举烽火召诸侯相救，救兵不至。联兵破镐京，幽王及太子伯服被杀于骊山（在今陕西临潼）下。西周亡。

东　周

（前770—前256年）

公元前770—前476年

中国

周平王元年—周敬王四十四年

春秋时代 前771年，周幽王被杀，太子宜臼继位，是为周平王。翌年，平王由镐京东迁洛阳，由此开始了东周时代（前770—前256）。东周分为前后两段时期，前段295年称“春秋”（前770—前476），后段220年称“战国”（前475—前256）。

约公元前753—前509年

世界

古罗马

罗马王政时期（the Regal Period）罗马进入王政时期，王位虽非世袭，国王却集最高统帅、最高祭司、最高法官为一身；主要的机构包括氏族首领组成的长老议事会和全体公民分成30组参加的库里亚大会。

约公元前750—前600年

世界

地中海、黑海地区

希腊海外殖民扩张　希腊约44个城邦在地中海和黑海沿岸建立139个殖民地子邦。子邦是独立个体，与母邦平等。殖民缓解了希腊的人口压力，促进了海外贸易。

约公元前725年

世界

古希腊

希腊字母表　希腊人给北闪米特语加上元音，创造了最早的字母表。很多字母文字，包括拉丁字母，都由希腊字母演变而来。

荷马史诗　包括《伊里亚特》（*Iliad*）和《奥德赛》（*Odyssey*），是古代民歌、神话和英雄传说诸方面的集合，据传由盲诗人荷马（Homer，生卒年不详）汇编而成。它反映公元前11—前10世纪时的希腊社会，表现英雄主义和追求荣耀的价值观。荷马史诗的价值不仅体现在文学方面，希腊人还通过它和赫希俄德的作品了解希腊诸神、汲取智慧、寻找行为参照。荷马史诗对希腊文化和以希腊—罗马文化为源头的西方文化产生了深远影响。

约公元前725—前710年

世界

古希腊

第一次美赛尼亚战争　斯巴达对其西邻美赛尼亚城邦发动的战争。通过这次战争，斯巴达初步征服了美赛尼亚，美赛尼亚人从此沦为斯巴达人的奴隶，即希洛人。

公元前722年

中国

周平王四十九年

《春秋》　鲁国史书，记述公元前722年至前481年鲁国的大事，经孔子（约前551—前479）修订而名。这一段相应的历史时代也从此书名而称为“春秋”。这是中国第一部编年体史书。

阳燧取火　《周礼·秋官》载：掌管火的官员司氏负责“以夫遂取明火于日”。“夫“为语气词，“遂”，即阳燧，一种青铜凹镜。古代风俗，一年中要五次改火，即灭掉已有火种，由王家官员用阳隧从太阳获取天火，再传给千家万户。天火被认为是圣洁的真火。现代奥运圣火火种的获取方式，仍沿袭这一古老风俗。

考古发现西周和春秋时代用于取火的阳燧有十多枚，是中国人利用太阳能的最早物证。

约公元前700年

世界

古希腊

赫希俄德　（Hesiod，活动时期约公元前700年前后）诗人，创作史诗《工作与时日》（*Works and Days*）和《神谱》（*Theogony*）。前者具有史诗的体裁，讲述了若干希腊神话故事，但实际上是一部道德劝谕诗和农业历书，主要探讨公正、勤勉和巧用天时的必要性；后者主要描写宇宙的形成和希腊诸神的世系与斗争。

约公元前691年

世界

亚述帝国

尼尼微引水渠的修建　亚述人用约200万块石灰岩，建成高10米长300米的引水渠，引水经过山谷，入尼尼微城。

公元前679年

中国

周僖王三年

春秋诸侯称霸　春秋时代，诸侯各据一方，竞相称霸。齐桓公（前685—前643在位）是第一个霸主。是年春天，他邀集数国诸侯于鄄（今山东鄄城北旧城），以“尊王攘夷”为号召，得到众人拥戴，史称“齐桓称霸”。此后，晋文公、宋襄公、秦穆公、楚庄王、吴王夫差、越王勾践等先后争霸。史上有春秋五霸之说（谁是五霸则说法不一），说明当时周天子势力已衰，王权旁落，群雄竞起操纵国政。

公元前678年

中国

周僖王四年

楚始筑长城　长城是中国古代军事防御工程。从春秋至明（1368—1644）末2000多年间，共有十余个王朝都曾修筑过长城。楚国长城西起今湖北竹山，东至今河南泌阳，翻山跨水，蜿蜒千里，是中国历史上最早修筑的一段长城。

公元前668—约前627年

世界

亚述帝国

亚述巴尼拔图书馆　亚述末代国王亚述巴尼拔（Ashurbanipal，前668—约前627在位）生前极尽所能地收藏美索不达米亚地区的古文献。他在尼尼微的王宫建立图书馆，馆藏的大量泥板书，是珍贵的历史资料。

约公元前650—前625年

世界

古希腊

第二次美赛亚战争　希洛人起义，最终被斯巴达人镇压。这场战争给斯巴达带来巨大影响。为控制人数愈已近10倍的希洛人，斯巴达内部开始实行极为严格的军事制度。男性公民要接受几近严酷的军事训练，其社会制度也全面为军事服务。

公元前643年

中国

周襄王十年

“九九歌”见于史载　“九九歌”是乘法口诀歌。《韩诗外传》载：齐桓公招贤纳士，有个只会“九九歌”的人也来了。桓公不嫌其技能低下而以礼相待，于是四方贤能相导而至。这故事说明2600多年前乘法口诀已流行于民间。2002年，湖南省龙山县出土《乘法表》木牍，以战国篆书写着“四八三十二、五八四十”等口诀。这是“九九歌”在先秦已流行的物证。

公元前633年

中国

周襄王二十年

城濮之战　当时，东方齐势已衰，西方秦势兴起，北方的晋国和南方的楚国成为中原逐鹿的敌手。楚欲攻宋，晋联合齐、秦救宋，双方会战于城濮（今河南范县西南）。楚军心骄气傲，晋军故意避其前锋，击其两翼。结果楚兵大败，晋获全胜。

秦穆公作《秦誓》　秦穆公欲伐郑，老臣蹇叔等谏止，不听，结果战败。穆公作《秦誓》，向国人作公开检讨。其中有句曰：“责人斯无难，惟受责俾如流，是惟艰哉！”意思是：别人犯了错误，我们去责备他，这是不难做到的；当我们自己犯了错误受到谴责而又能从善如流，这才是难之又难的呀！

秦穆公的自责，言辞恳切，《秦誓》成为古典文学名篇。

伯乐相马　秦穆公之臣伯乐善相马，年老，荐举九方堙。九方堙挑出了千里马，却说不清楚马的雌雄和颜色。穆公很不高兴。伯乐说，相千里马应是“得其精而忘其粗，在其内而忘其外”。实际一试，果非凡马。人们后来将知人善任者称为“伯乐”。

公元前613年

中国

周顷王六年

哈雷彗星的最早记录　《春秋·鲁文公十四年》中留有彗星回归的记载：“秋七月，有星孛入于北斗”。中国古文献中，留下了从公元前613年到公元1910年间彗星出现的31次记载，以这次为最早。2300多年后的1705年，英国天文学家哈雷（Halley，1656—1742）发表了他对彗星回归现象的发现，并准确推算出其回归周期及轨道。后世将此彗星命名为“哈雷彗星”。《春秋》这一记载是世界上关于哈雷彗星的最早观测记录。

约公元前612—前539年

世界

新巴比伦

新巴比伦王国　居住在两河流域南部的迦勒底人（Chaldeans）联合米提亚人（Medes）灭亚述帝国，定都巴比伦，史称新巴比伦王国。王国疆域最大时曾囊括苏伊士、红海、叙利亚、美索不达米亚和埃兰古国。公元前539年亡于波斯帝国。

约公元前600年

世界

古印度

奥义书（*the Upanishads*）　约公元前1000—前600年间，尤其是在公元前600年前后，涌现一批智者对吠陀经进行新的阐释，其中包括耆那教（Jainism）和佛教的创始人。他们的想法超越了吠陀—婆罗门传统，这些哲思录被统称为“奥义书”。其新思想包括“梵我同一”、轮回及解脱等。奥义书的译本对19世纪德国思想家有深刻影响。

公元前6世纪早期

世界

古希腊

米利都派　在爱琴海沿岸小亚细亚的米利都城邦产生了人类第一批哲学家，著名的包括泰利斯（Thales of Miletus，约前624—前545）、阿那克西曼德（Anaximander of Miletus，约前610—前564/545）、阿那克西美尼（Anaximenes of Miletus，生于前546）、阿那克萨戈拉（Anaxagoras of Clazomenae，约前500—前428）等。米利都派哲学家都试图通过观察，用物质来解读世界，被视为最早的哲学家。其中泰利斯是欧洲第一位哲学家，他提出了“什么是世界本原”的哲学命题。

约公元前6世纪

世界

古希腊

希腊戏剧　希腊戏剧包括悲剧和喜剧，都起源于民间祭祀酒神的庆典。悲剧多取材神话、英雄传说和史诗，喜剧则取材自日常生活，常引发人们关于宗教、政治、道德伦理方面的思考。希腊悲剧在公元前5世纪登峰造极，产生了大批悲剧诗人和大量剧作，其中包括三大悲剧家埃斯库罗斯、索福克勒斯和欧里庇德斯；而喜剧家中只有阿里斯托芬传下一些完整的作品。

《伊索寓言》　寓言集。相传是公元前6世纪上半叶的伊索所作，通过动物故事寄寓道德教育。关于伊索的生平有多种版本，不少学者认为他多半是传说人物。已知第一部名为“伊索”的寓言集为公元前4世纪的作家整理，已佚；现有寓言多为公元前4世纪到公元2世纪间的作家整理而成。伊索寓言短小精悍、形象生动，对后来的寓言文学影响很大。

波斯

琐罗亚斯德教（Zoroastrianism）伊斯兰教诞生之前中东西亚地区最具影响力的宗教，公元前6世纪，琐罗亚斯德（Zoroaster，前628—前551）在改革伊朗地区多神教的基础上创立。该教属于二元宗教，认为世界存在光明与黑暗之神。其伦理教义主要讲人要维持生命以与邪恶作斗争；为了维持生命，人须从事畜牧业和农业，须繁衍后代。7—8世纪时，伊斯兰人入侵伊朗地区，琐罗亚斯德教被取缔。

迦太基的扩张　公元前9世纪晚期，腓尼基人在北非地中海边建立殖民地迦太基城（今突尼斯境内）。约公元前6世纪迦太基独立，并延北非海岸线扩张，西至直布罗陀海峡、东至今突尼斯，在地中海西部建立了贸易霸权。

公元前594年

中国

周定王十三年

鲁国行初税亩　西周时期实行“井田制”，土地只属天子所有。随着奴隶制经济的解体，昔日“王土”很多已成为个人拥有的私田。鲁行初税亩，即开始对土地的实际所有者实行计亩征税。这表明私田的合法性已得到官方承认。

世界

雅典

梭伦改革　是年，梭伦（Solon，约前630—前560）成为雅典执政官，进行改革。主要内容为：“解负令”，即废除所有债务，因欠债而沦为奴隶的公民重获土地和自由，禁止以人身或土地作为债务抵押；以财产取代出身，重新把公民划分等级，各等级有相应的权利和义务；所有公民都有权参加公民大会；设立公民大会的常设机构四百人议事会；制定新法典等等。梭伦改革缓解了社会矛盾，奠定了雅典民主政治的基础。

公元前591年

中国

周定王十六年

优孟衣冠　楚相孙叔敖死后，其子家贫如洗，难以度日。一次，楚王宴会，艺人优孟身穿孙叔敖衣冠，上前祝酒。楚王以为孙叔敖复生，十分惊喜，遂请其再任楚相。优孟说：“楚相不能当，孙叔敖那样忠心，使楚国富强，死后，儿子活不下去，也没人管。”楚王深受触动，立即给孙叔敖之子封赐土地和奴隶。这故事叫“优孟衣冠”，在中国艺术史上被看作为中国戏剧的滥觞。

公元前586—前538年

世界

西亚

巴比伦之囚　新巴比伦王尼布甲尼撒二世（Nebuchadrezzar II，前605—前562在位）攻下耶路撒冷，亡犹大王国，焚掠城池和犹太教圣殿，并将大批犹太人迁往巴比伦，史称“巴比伦之囚”。公元前538年，波斯国王居鲁士（Cyrus II，约前558—前529在位）灭新巴比伦王国，允许犹太人返回耶路撒冷。

公元前581年

中国

周简王五年

针灸见载　《左传》载：晋景公（前599—前581）病，求医于秦。秦派医缓往治。缓至曰：“疾不可为也，在肓（隔膜）之上，膏之下（心脏以下）。攻（针灸）之不可，达之不及，药不至焉，不可为也。”后世称不治之病为“病入膏肓”，典即出此。此典说明2600年前中医已用针灸疗病。

约公元前571年

中国

周灵王元年

老子（生卒年不详）　李耳，字伯

阳，世称老子，谥号聃，故亦称老聃。曾任周朝守藏室之史，即王家图书馆馆长。晚年退隐，讲道论德。老子语录，战国时整理成《道德经》。老子以“道”说明万物的演变，其学说中有朴素的辩证法。他是先秦道家学派的创始人。

后世，道教将老子神化，尊老子为宗祖，称“太上老君”，《道德经》被奉为道教经典。

约公元前550年

中国

周灵王二十二年

《诗经》 约辑成于公元前6世纪中叶，收入诗歌305篇。全书分风、雅、颂三部分。“风”为地方乐歌，有160篇；“雅”为王室乐歌，105篇；“颂”为祭祀时的颂歌，40篇。《诗经》是中国第一部诗歌总集，在中国文学史上有深远影响。

公元前546—前527年

世界

雅典

皮西特拉图僭主统治 皮西特拉图（Peisistratus，？—前527）是雅典第一位僭主。他削弱贵族势力，设立巡回法庭，发展雅典公共文化。其温和的施政事实上促进了雅典民主。

公元前541年

中国

周景王四年

中医病因说 《左传》载：医和论述病因，认为阴、阳、风、雨、晦、明为六气，六气太过，会引起各种不同的疾病。这是最早见于史载的传统中医朴素的病因说。

公元前539年

世界

波斯帝国

波斯帝国 伊朗高原西南部的阿黑门尼德人（Achaemenians）迅速崛起，其国王居鲁士二世（Cyrus II，前550—前529在位）击败米提亚人、亚述人，吞并吕底亚和新巴比伦，建立波斯帝国（前539—前330）。

公元前538年

世界

西亚

犹太教的形成 “巴比伦之囚”促成了“古典希伯来宗教”到犹太教的转变。前者以神庙和祭司为中心，而犹太教则以《律法书》的研读和犹太会堂组织为中心。也有学者为强调“古典希伯来宗教”和“犹太教”的连续性而将二者统称为犹太教。犹太教的“一神论”，对另两大一神教基督教和伊斯兰教有直接的影响。

公元前536年

中国

周景王九年

郑铸刑鼎 政治家子产在郑国执政，整顿户籍、赋税，并制定刑法。是年，将“刑书”（法律文书）铸在鼎上，公之于众。郑国铸刑鼎，说明当时中国已有成文法。

公元前522年

世界

波斯帝国

大流士的帝国制度　波斯国王大流士（Darius I，前522—前486在位）在全国统一币制和度量衡，划分行省，设立总督；各省向中央纳税，总督有很大的自主权；帝国设常规军，驻扎各战略要地，精兵由国王直接控制。这一统治模式为此后其他帝国提供了借鉴。

公元前518年

世界

波斯帝国

波斯波利斯王宫　是年，波斯国王大流士在波斯波利斯［Persepolis，今伊朗设拉子（Shiraz）东北约51公里］兴建王宫，至阿塔泽克西兹一世（Artaxerxes I，前465—前425在位）统治时期建成。王宫建筑汇集了各地不同风格：宫门有亚述的巨石门神，宫殿使用埃及的石柱，其柱顶是希腊风格，内部装饰有爱奥尼亚的雕塑和美索不达米亚的琉璃砖等。它反映了波斯帝国时期的多元文化。

约公元前515年

世界

古希腊

巴门尼德　（Parmenides of Elea，前515—？）哲学家。其哲学诗残篇是少有的得以留存的前苏格拉底时期哲学文稿。他在《真理之路》（*Way of Truth*）中率先对“是者”（Being）进行探讨，认为变化只是感官的产物；事实上只有一个永恒不变的存在，即“是者”。因其深信逻辑演绎，被认为是欧洲第一位形而上学哲学家。

公元前512年

中国

周敬王八年

《孙子兵法》　是年，孙武著成《兵法十三篇》，献给吴王阖闾。这是中国最古老的兵书，世称《孙子兵法》。该书主要是讲战略的，提出了一系列用兵的重要原则：如“不战而屈人之兵，善之善者也”，认为如果不通过打仗而取胜，是用兵的上策；又如“攻其不备，出其不意”、“知己知彼，百战不殆”等。《孙子兵法》流传很广，在世界上有多种文字译本。

公元前509年

世界

古罗马

罗马共和国建立　罗马人驱逐由伊特鲁西亚人担任的国王，建立共和国。两位执政官继承原国王的行政、军事和司法权，任期一年。长老议事会由元老院取代，元老院成为监督机构，同时设立最高祭司。罗马的共和时代由此开端。

公元前508年

世界

雅典

克里斯提尼改革 雅典政治家克里斯提尼（Cleisthenes，约前570—前508）实行的政治改革。改革的最大成就是改变原来氏族部落的划分，代之以地区部落。每个部落包括3个不相连的“三一区”（tritty），下辖若干个自然村，即“德莫”（Demos）。“德莫”构成公民政治、社会、经济和宗教活动的基层单位。四百人议事会扩大到五百人，按“德莫”的大小分配名额。克里斯提尼改革削弱了贵族势力，促进了公民参与国家管理，因而他被称为“雅典民主之父”。

约公元前500年

世界

古希腊

毕达哥拉斯（Pythagoras，约前580—前500） 哲学家和神秘主义者，其弟子围绕他形成了带宗教性质的团体。他通过丈量一弦琴，发现音阶可以用1、2、3、4四个数字组成的比例来解释，因此认为“一切皆数”。作为哲学家，他开启了西方哲学的数学传统，是现代自然科学最重要的先驱。此外，他还发现了勾股定理。

公元前500—公元200年

世界

非洲

诺克文化（Nok culture） 尼日利亚中部乔斯高原（Jos Plateau）及其周围地区的石器时代过渡到铁器时代的文化，是撒哈拉以南非洲迄今发现的最早的铁器文化。20世纪30年代初因在乔斯城西南的诺克村发现其遗址而得名。诺克文化分布在今尼日尔河中游和贝努埃河下游的广大地区，其繁盛期约在公元前500—前200年，以许多精致的人和动物的赤陶雕塑为代表。

公元前5世纪

世界

印度

摩诃婆罗多（*Mahabharata*） 古代印度著名叙事史诗。起源于民间口头创作，公元前5世纪已初具规模，笈多王朝时以梵文编汇成书。全诗18篇，附录1篇，共10万余颂。主要叙述公元前900年雅利安的两个大家族争夺王位的故事，反映了雅利安人入侵后向东部恒河流域迁徙和奴隶制国家形成时期的历史。史诗的部分内容后成为印度教的重要经典之一。

古希腊

原子论的开创 原子论认为物质是由原子构成的，它由公元前5世纪的哲学家留基波（Leucippus，生卒年不详）和其弟子德谟克利特（Democritus，约前460—前370）创立。古典原子论者认为原子不可再分，它有体积、形状和质量，但不具备色、味、温度等属性；与它一脉相承的现代物理学的一支通过不断探求物质构成的最基本微粒来解释物质现象。

公元前5世纪—前4世纪

世界

古希腊

智者运动　这一时期，古希腊的一些演讲者和教师周游各地，讲授多门类的知识。他们靠传授智慧谋生，故被称为“智者”。他们批判传统的思维模式，质疑旧观点，提倡理性论辩，教人在公众场合讲话和辩论的技巧。言论较为自由的雅典成为智者活动的中心。可以说，智者是雅典民主化进程的产物，智者运动又推进了雅典民主。

公元前494年

世界

古罗马

罗马设保民官　罗马贵族把持共和国的政权，占有大量土地；平民苦于兵役、赋税和债务，为争取权利进行了旷日持久的斗争。保民官的设置是这一斗争的早期成果。平民选举的保民官可对执政官的立法提案实施否决权，为维护平民利益而对立法活动施加影响。

公元前490—前449年

世界

古希腊、波斯

希波战争　波斯国王大流士一世率军进攻希腊本土，对曾支持小亚叛乱（前500—前494）的雅典等国实施报复。著名战役有马拉松战役（前490）、温泉关战役（前480）和萨拉米斯海战（前480）。希腊人在这场战争中以少胜多，阻止了波斯的扩张。战争的过程和结局极大地提升了希腊人的自信，并加强了他们的民族意识，对希腊政治、经济、文化的发展有深远的影响。

公元前488或487年

世界

雅典

陶片放逐法　雅典对危害城邦者实施放逐。因通常将被放逐者的名字写在废陶片上进行投票表决而得名。被放逐者流亡10年，但其个人财产予以保留。陶片放逐法是雅典人维护民主的一项重要制度。

公元前486年

中国

周敬王三十四年

邗沟开凿　吴王夫差欲北上争锋中原，故开邗沟。邗沟在今江苏省境内，从扬州市西北，至淮安县北入淮，为沟通长江、淮河两大水系的运河。这是中国最早开凿的人工运河，也是著名的京杭大运河的早期工程。

世界

古印度

释迦牟尼（约前566—前486）　佛教创始人，原名乔答摩·悉达多，古印度加毗罗卫城净饭王之子。29岁出家，苦修六年未果。35岁在菩提树下通过冥想得道成佛。其后45年带弟子行走讲学布道。通过多年传教，形成了一整套包括四谛、十二因缘在内的早期教义，其言行说教经其弟子整理，终成经、律、论“三藏”。所创立的佛教广为流传，逐渐成为世界性宗教，尤其在亚洲地区有深远影响。

公元前481年

中国

周敬王三十九年

春秋日蚀 《春秋》载：鲁哀公“十有四年”，“五月，庚申，朔，日有食之”。这次日食发生在是年五月初一。

《春秋》从公元前722年到前481年，共记载了36次日食。经现代科学推算，其中32次是可靠的。这是上古时期最完整的一份日食记录。

约公元前480年

世界

古希腊

赫拉克利特（Heraclitus of Ephesus，约前540—前480） 哲学家，认为万物处在不断的变化中，而逻各斯（logos）又使变化中的万物呈现有序性。此外，他还提出火是构成世界的最基本元素。

公元前479年

中国

周敬王四十一年

孔子（前551—前479） 名丘，字仲尼，陬邑（在今山东曲阜）人。曾出仕鲁国，后率弟子周游列国传播学说，晚年返鲁，讲学不辍。曾整理《诗》、《书》等古籍，将鲁史改编为《春秋》。他是中国历史上伟大的思想家和教育家，所创儒家学说，在中国乃至世界都有重要影响，被尊之为东方圣人。

《论语》 记录孔子言论的语录体著作，共20篇，孔子辞世后由其弟子整理而成。其中有很多充满哲理的见解和人生感悟，被视为儒家经典。南宋（1127—1279）时，《论语》和《大学》、《中庸》、《孟子》合称“四书”，是南宋至清代（1644—1911）800年间学生必读的教科书。《论语》在世界上传播颇广，有多种语言译本。

公元前478年

世界

古希腊

提洛同盟成立 希腊、小亚、爱琴海诸岛的城邦组成同盟，共同组建海军对抗波斯。同盟鼎盛时期，加入的城邦有150多个。波斯败退后，同盟成为雅典行驶海上霸权的工具。

约公元前476年

中国

周敬王四十四年

《考工记》 齐国人有关手工工艺的著作，也是中国最早的一部科学技术文献，约成书于战国时代。全书记述了木工、金工、皮革、染色、刮磨、陶瓷六大类共三十个工种的工艺，蕴含着数学、地理学、建筑学、力学等多方面的知识和经验总结，对研究当时的科技和工艺发展情况有重要的价值。

《山海经》　富有神话色彩的最古老的地理书。全书18卷，约3.1万字，内含有关山脉、河流、矿产以及风土人情的丰富信息。其中提及的矿产有70多种，金属矿物产地170多处，是研究中国古代地理的宝贵资料。书中有大量的神话传说，对研究古代历史、文化、民俗、社会风情、医学、科技等有重要的参考价值。

该书作者不详，据推测为春秋（前770—前476）至西汉（前206—公元23）初年陆续写成，后经西汉刘向、刘歆父子校刊成书。

公元前475—前256年

中国

周元王元年—秦赧王五十九年

战国时代　东周时代的后半期。因各诸侯国兼并战争剧烈，西汉（前206—公元25）末年刘向编写《战国策》记录这段历史而得名。当时实力最强的是齐、楚、燕、赵、韩、魏、秦七国，史称“战国七雄”。

公元前456或前455年

世界

古希腊

埃斯库罗斯（Aeschylus，前525/524—前456/455）　悲剧家，创作悲剧80—90部，现存7部，包括《被缚的普罗米修斯》（*Prometheus Bound*）和三部曲《奥勒斯特亚》（*Oresteia*）。他不仅把第二个演员引入戏剧表演，打破了此前希腊戏剧只有一名演员和合唱队共同表演的传统，还创编独白，奠定戏剧形式，被誉为“悲剧之父”。

公元前453年

中国

周贞定王十六年

三家分晋　春秋末期，晋国的君权日渐衰微，卿大夫的势力增强。是年，韩、赵、魏三氏瓜分了晋国公室的领土，分别建立起三个国家。50年之后的公元前403年，周王朝始承认韩、赵、魏三国为诸侯国。这一事件表明，周王朝的势力已日益衰败，正层层走向瓦解。

《国语》　中国古代史官分左史和右史，左史司职记事，右史司职记言。《国语》是记言的史书，共21卷，传为左丘明所作。它记载西周和春秋500多年间（约前967—约前453）周、鲁、楚、晋、齐、郑、吴、越等八国贵族的言论，可与《左传》相参证，故有“春秋外传”之称。

公元前451—前450年

世界

古罗马

十二铜表法（*Lex XII tabularum*）古罗马共和时代制定的最早的成文法，因传说刻在十二块铜表上而得名。其内容包括民事、刑事和诉讼程序，基本上是习惯法的汇编。它对贵族滥用权力、随意解释习惯法的行为有所限制，为罗马平民与贵族斗争的成果之一。

公元前5世纪中期

中国

周定王元年—二十八年

鲁班（活动时期约前5世纪中期） 公输班，鲁国人，故又称鲁班，是善于制造新器械的能工巧匠。相传他有许多发明，如木匠工具、车弩和攻城用的云梯等。后世尊之为木匠和建筑匠之祖师。

公元前448年

世界

雅典

雅典卫城扩建 卫城是古希腊城邦兼有防卫性质的中心地区，是城市建设的基本元素。雅典卫城是其中最著名的卫城。伯利克里对卫城的重修和扩建始于公元前448年。扩建后，雅典卫城的主要建筑有帕提农神庙、厄瑞克提翁神庙、雅典娜胜利神庙和卫城山门等，结合了多利斯风格和爱奥尼亚风格，是古希腊建筑艺术的瑰宝。

公元前445年

世界

古罗马

《卡努雷阿法案》（*Lex Canuleia*） 该法案取消了《十二铜表法》中禁止贵族与平民通婚的条文，为古罗马平民与贵族斗争的成果之一。

公元前443—前429年

世界

雅典

雅典民主制 雅典民主制几经改革，到伯利克里（约前495—前429）时期公民享受到较充分的权利。表现在：公职几乎都由投票产生；所有男性成年公民有权参与公民大会这一最高权力机构的决策；建立陪审制度和公职人员津贴制度等。但其民主仅限于男性公民享有。

公元前440年

世界

古希腊

米隆（Myron，约前480—前440） 青铜雕塑家，以展现运动中人之力量美、谐调美而著称。主要作品有“掷铁饼者”（*Discobolos*）和雅典卫城的“雅典娜和玛息阿”（*Athena and Marsyas*）。

公元前433年

中国

周考王八年

曾侯乙编钟 编钟是铜制打击乐器，由许多枚独立的小钟编排并悬挂在一起，多在祭典或古乐演奏时使用。1978年湖北曾侯乙墓出土了一套战国编钟，共64枚，以大小和音调为序悬挂在三层钟架上。整套编钟的音阶结构在基本音列上和现代的 C 大调七声音阶相一致，音律准确，虽在地下埋葬了2000多年仍能演奏乐曲。钟上所刻铭文记载着春秋战国之际各国的音律、音阶名称之间的变化和对照情况，是极有价值的乐律学文献。

曾侯乙簧笙　曾侯乙墓中还发现了多种弹拨和吹奏乐器，其中有十四簧笙。古代制笙用的簧叫竹簧，即竹笋的皮（后用薄铜片），簧的作用与机械中的活门原理相似，气流通过，震颤而发音。

公元前431—前404年

世界

古希腊

伯罗奔尼撒战争　以雅典为首的提洛同盟和以斯巴达为首的伯罗奔尼撒同盟之间的战争，是古代希腊史上的一场大战。战争时断时续，几乎卷入所有城邦，以雅典无条件投降告终。战争削弱了交战双方，希腊文明由盛转衰。

公元前430年

世界

古希腊

菲迪亚斯（Phidias，约前490—前430）　雕塑家，伯利克里重建雅典卫城工程的艺术总监。雅典卫城雕刻的三尊雅典娜神像是其传世名作，奥林匹亚宙斯神庙的宙斯坐像被列为古代世界七大奇迹之一。

约公元前425年

世界

古希腊

希罗多德（Herodotus，约前484—前425）　史学家，被誉为"历史之父"。所著《历史》（*History*）一书，共九卷，不仅记述希腊和波斯数十年间的战争，也记录了当时希腊及西亚、北非诸地区的历史、地理和民族风俗。

约公元前406年

中国

周威烈王二十年

李悝著《法经》　魏文侯任用李悝（前455—前395）主持变法。李悝著《法经》，全书分盗法、贼法、囚法、捕法、杂法、具法（类似刑法总则与量刑原则）六部分，汇集了战国初各国法律的成果，是研究中国法制史的重要文献。

世界

古希腊

索福克勒斯（Sophocles，约前496—约406）　悲剧家，创作悲剧120多部，现存7部，代表作是《俄狄浦斯王》（*Oedipus the King*）和《安提戈涅》（*Antigone*）。擅长刻画人与命运抗争中所表现的内心冲突和高贵品质。

欧里庇得斯（Euripides，约前480—前406）　悲剧家，创作悲剧92部，现存19部。代表作是《美提亚》（*Medea*）和《阿尔克斯提斯》（*Alcestis*）。作品真实表现生活中普通人的困惑和弱点，具有很强的现实主义色彩。

约公元前404年

世界

古希腊

修昔底德（Thucydides，约前460—

前404） 古希腊最杰出的史学家。他用30余年时间，著成《伯罗奔尼撒战争史》（*History of the Peloponnesian War*），共八卷。他深受当时哲学思想的影响，治史严谨，注意广泛收集资料，以严格批判的态度对之去伪存真；力求用不偏不倚的态度记录事件和人物，解读历史的发展规律。这种批判精神使《伯罗奔尼撒战争史》成为史料可靠、思想深刻的传世名著。

公元前402年

中国

周威烈王二十四年

中庸之道 孔子之孙子思（约前483—前402），将儒家的道德观念“诚”说成是世界的本原，以“中庸”为其学说的核心，“中”即不偏，“庸”即不变。中庸之道作为为人处世的道德标准，对中国人的思维方法和道德观念有重要的影响。

公元前4世纪—公元7世纪

世界

朝鲜半岛

三韩（Samhan） 朝鲜半岛南部古代部落的总称，包括马韩、辰韩和弁韩三支。后分别发展为百济、新罗和以金官伽耶为主的联盟。进入5世纪后，联盟的领土被百济、新罗所瓜分；660年，新罗又征服了百济，原三韩之地纳入统一的新罗王朝。

古希腊

犬儒派 希腊哲学学派之一。由苏格拉底的学生安提西尼（Antisthenes，约前445—前365）创立，但代表人物却是第欧根尼（Diogenes, 约前320卒）。主张远离奢侈，摒弃所有社会常规（包括家庭生活），返回简单自然的生活，以便关注自身的道德和灵魂。

约公元前4世纪—前3世纪

世界

印度

罗摩衍那（*Rmyana*） 古代印度著名叙事史诗，与《摩诃婆罗多》并称为印度两大史诗。原为民间口头创作，约公元前4世纪至前3世纪成书。共7篇，约24000颂，主要是关于英雄罗摩及其远征锡兰的故事。

约公元前4世纪—公元16世纪

世界

中美洲

玛雅文明 美洲最璀璨的古文明之一，以印第安玛雅人而得名，主要分布于中美洲今墨西哥南部、危地马拉和伯利兹北部的热带雨林地区。玛雅人在公元前1500年前后开始在此定居，他们是奥尔梅克文化最直接的继承者，创造了象形文字，会造纸，创立了复杂而准确的天文历法系统，采用20进位制并有“0”的概念。玛雅人笃信宗教，崇拜太阳神、雨神、五谷神、死神、战神、风神等神祇，其建筑艺术突出体现在宗教建筑上，每个城市的礼神地都有神庙、金字塔、坟墓和祭神殿。在玛雅文明鼎盛的6世纪，共形成了40多个拥有

5000—5万人口规模的城市。由于自然灾害、瘟疫、城邦间的混战，15世纪，玛雅文明迅速衰落。16世纪，西班牙殖民者入侵，玛雅文明逐渐消亡。

公元前399年

世界

古希腊

苏格拉底（Socrates，约前470—前399年）　古希腊三大哲人之一，与柏拉图和亚历士多德共同奠定西方文化的哲学基础。苏格拉底没有直接的著述，后人只能通过柏拉图、色诺芬和阿里斯托芬的作品了解他的理念和哲学。苏格拉底使哲学由研究自然转变为对人自身的思考。他主张人要关注和完善自己的灵魂，因为灵魂才是人真正的自我，灵魂的好坏与人的幸福休戚相关。他认为理性思考能引领人走向真理和智慧。他的一生都在孜孜不倦地寻求真理，为此不惜献出生命，为无数后人所敬仰。

公元前4世纪初年

中国

周安王元年—二十六年

扁鹊　传说中黄帝时的神医，生卒年不详。《史记》载，战国时民医秦越人，鄚（今属河北省任丘市）人，擅长各科，行医如神，人们将他尊称为“扁鹊”。他能综合运用“切脉、望色、听声、问诊”四种方法来诊断病情。这种中医独特的诊断方法一直延续下来，至今已有2000多年的历史。

约公元前388年

世界

古希腊

阿里斯托芬（Aristophanes，约前450—前388）　喜剧家，创作44部喜剧，现存11部。代表作《阿卡奈人》（*Acharnians*），以对白诙谐睿智、讽喻精辟、想象力丰富而著称。

约公元前377年

世界

古希腊

希波克拉底（Hippocrates，约前460—前377）　被尊为“医学之父”，但其生平资料甚少。归于他名下的著述有六七十篇，但明显为不同时期不同人所著。内容涉及解剖、临床、预后、药物疗法和食疗、妇儿疾病、外科手术、医学道德等。这显示当时西方医学已发展到相当水平。其中“希波克拉底誓言”作为从医行为守则，至今仍被很多医学院用作毕业生的誓言。

前公元376年

中国

周安王二十六年

墨子（约前468—前376）　名翟，宋国人，战国时思想家，墨家学派的创始人。墨家反对儒家爱有差等的仁爱，主张“兼相爱，交相利”；反对儒学有命在天的天命说，提出非命观；反对儒家繁饰礼乐，主张“非乐”、“节葬”、“节用”。现存《墨子》53篇，是研究墨家学说的重要资料。

公元前367年

世界

古罗马

李锡尼—赛克斯法案（*Leges Liciniae Sextiae*） 该法案规定执政官中必须有一人为平民，祭司也须有平民的名额。此为古罗马平民争取政治权力斗争的成果之一。

约公元前360年

中国

周显王九年

鸿沟始凿 鸿沟是魏国开凿的人工运河，在今河南省境内，全长约500多里。它的开通，沟通了黄河、淮河两大水系。汉初，楚汉相争时，曾以鸿沟划界，东楚西汉。今人以“鸿沟”一词喻明显的界线和距离。

木星卫星见载 木星卫星三号的直径为5200公里，是太阳系中一颗最大的卫星。战国时，天文学家甘德观察木星时曾记载：木星“若有小赤星附于其侧，是谓同盟。”2000多年前甘德的这一记录，已为后世天文学家所确认。

《石氏星经》 战国时石申著有占星学著作《天文》，后人将之称为《石氏星经》。原著已佚，但唐代《开元占经》对此书有大量节录，其中最重要的是关于121颗恒星位置的记载。《天文》是中国最早的天文学专著，书中有世界上最早的恒星表。

公元前357年

中国

周显王十二年

稷下学宫 位于齐国都城临淄（今山东省内）城门稷门附近，因而被称为“稷下学宫”。为齐国的最高学府，也是战国时代的学术文化中心。当时儒家、道家、墨家、法家、名家、阴阳五行家、纵横家、兵家等各种学术流派的代表人物，都曾在此地聚徒讲学、著书立说、各抒学见、自由辩论。稷下学宫的学术活动前后延续约一个半世纪，对战国时代“百家争鸣”学术气氛的形成有重要的影响。

公元前356年

中国

周显王十三年

商鞅变法 秦孝公用政治家商鞅主持变法，先后有两次（前356年和前350年）。主要内容是废止土地只属于王室所有的井田制，承认土地私有；奖励农耕和军功，生产粮食布帛多者可以免徭役，有军功者可以授爵位，无军功的旧贵族不能享受特权；实行郡县制，由秦王直接委任官吏等。变法获得成功，由此奠定了秦国富强的基础；但因触犯贵族的利益招致怨愤。公元前338年，孝公死，商鞅被车裂。

商鞅方升 战国时期，各诸侯国并立，使用的度量衡制各不相同。商鞅方升是商鞅变法后统一秦国度量衡制的标准量器，容积约为202.15毫升。它是中国度量衡制走向全国统一的开始，而最终的统一至公元前221年秦始皇建立全国政权后方告完成。

约公元前350年

世界

古希腊

色诺芬（Xenophon，前431—约前350）史学家，年轻时曾师从苏格拉底。其代表作《远征记》（*Anabasis*）记叙他服役希腊雇佣军时，深入波斯所亲历的一次军事撤退。他还撰写了《伯罗奔尼撒战争史》的续篇，叙述了公元前411年到前363年之间的史事。他的文章多说教，较平庸，但用语简朴雅致，思路清晰，对拉丁文学影响很大。

约公元前348或347年

世界

古希腊

柏拉图（Plato，约前428—前348/347）　古希腊三大哲学家之一，苏格拉底的学生。著述丰厚，大多以对话形式写成。在对话集中，柏拉图通过记录苏格拉底的生平和思想，建立起一个博大精深的哲学体系。柏拉图哲学思想的核心是"理念论（Forms/Ideas）"，即认为在可感知的变幻的世界之上还有一个超验的永恒不变的理念世界；人只有通过理性思考才能获知理念世界，而对于理念的认知才是真正的知识。公元前386年，柏拉图在雅典郊外的阿卡德开办学园，收授学生。

公元前342年

中国

周显王二十七年

马陵之战　魏国攻打韩国，韩国求救兵于齐国。齐军在交战中佯败，诱魏军至马陵（今河南省境内）狭谷，一举歼灭了魏军主力。魏统帅庞涓兵败自杀。这是中国历史上由军事家孙膑指挥的著名战例。

《孙膑兵法》　孙膑（生卒年不详），战国时军事家，曾任齐国军师。善用兵，其兵法是对孙子兵法的继承和发展。他认为取胜须有五个条件：将帅有指挥权，掌握与战争相关的各方面情况，得人心，左右和，对敌情和地形有正确判断。他主张激励士气，团结士众，采用各种方法使敌骄傲、疲劳、迷惑、分散，然后集中优势兵力歼之。

1972年，在山东临沂银雀山古墓中发现《孙膑兵法》竹简，使这一自汉后就失传的重要著作重见天日。

公元前338年

世界

马其顿

马其顿称霸　腓力二世（前359—前336在位）统治下的马其顿迅速崛起。是年发动喀罗尼亚之战，击败了雅典和底比斯为首组成的希腊联军，组建科林斯联盟，事实上终结了希腊城邦的自治。马其顿成为希腊诸城邦的主宰。

公元前334年

世界

古罗马

罗马路网建设 罗马人认识到道路建设对军事、经济、政治的意义，是年，开始大规模筑路。到帝国鼎盛时期，共筑路约8.5万公里，连接首都罗马同帝国各边境，故有“条条道路通罗马”一说。道路建设有严格的工程要求，如铺路共需 4 道工序、道路双向通行、中心道路宽 4.57米、路基高出地面0.9米等。

公元前334—前323年

世界

马其顿帝国

亚历山大大帝东征 腓力二世之后，其子亚历山大（前 336—前 323在位）以向曾入侵希腊的波斯帝国进行报复为名东征，一路经小亚、叙利亚、腓尼基、埃及、中亚，到印度河流域。其军队战无不胜，于公元前330年灭波斯帝国，之后建立起一个地跨欧亚非三洲的庞大的马其顿帝国。东征客观上促进了希腊和东方的经济文化交流。

公元前323—前30年

世界

东南欧、中西亚、北非

希腊化时代 希腊文化与东方文化相互传播交融的时期。通常指公元前323年马其顿国王亚历山大病逝，到公元前30年罗马征服托勒密王朝所统治的埃及这段时期的历史。

公元前322年

世界

古希腊

亚里士多德（Aristotle，前384—前322） 古希腊三大哲学家之一，柏拉图的学生。他留存下来的著述涉及许多学科。在逻辑学上，他提出“三段论”，并在此基础上探讨形式逻辑和科学逻辑；在形而上学上，他批评柏拉图的理念论，并提出宇宙中必然存在着一个不变的推动者（the unmoved mover）；在自然科学上，他的研究领域涉及物理学、天体学、动物学、生物学；他结合自然哲学、形而上学和认识论，提出了自己的灵魂学说；在伦理学上，他承认人以追求幸福为目标，并教人如何追求幸福；在政治学上，他提出人是政治动物，并探讨了理想的政体；在文学方面，他论及修辞学，而他的《诗学》（*Poetics*）更是文学批评的经典之作。

公元前321年

世界

古印度

孔雀王朝（前321—前185） 旃陀罗笈多（Candra Gupta Maurya，约前321—前297在位）征服摩揭陀（Magadha）王国，自立为王，赶走塞琉古驻军，统一北印度，建立孔雀王朝（Maurya Dynasty），定都华氏城（Patna）。此为古代印度摩揭陀国最著名的奴隶制王朝。

经过开国三代帝王的征战，孔雀王朝几乎统治了整个印度次大陆和今阿富汗的部分地区，是南亚的第一个帝国。

约公元前321—前296年

世界

古印度

《政事论》（*Arthashastra*）　相传为孔雀王朝的开国大臣考底利耶（Kautilya，生卒年不详）所著，梵文意为“国王利益的手册”。这是古代印度的一部重要著作，系统论述有关君主如何统治国家的问题，内含丰富的政治、经济、法律、外交和军事见解。

公元前318年

中国

周慎靓王三年

古代足球“蹋鞠”　据《战国策》载，苏秦谈及齐国临淄的富庶，言人人“蹋鞠”，即踢球。这是原始足球最早的记述。最古老的皮球，远在夏代已经出现，是以皮包米，名“鞠”；汉代（前206—公元220）充之以毛，又称“毱”；唐（618—907）时改充气，称“毬”。宋（960—1279）时用六角形皮块拼接成球，已与今制相似。

公元前312—公元226年

世界

古罗马

古罗马引水渠的修建　仅罗马城就建有11条引水渠，从92公里外引水入城，部分引水渠至今仍在使用。古罗马的引水渠主要走地下管道，山谷处则建多孔石拱的高架引水桥。这种极具特色的引水桥在帝国境内建有多处，部分存留至今。

约公元前310年

中国

周赧王五年

惠施（约前370—约前310）　战国哲学家，名家学派的代表人物，宋国人。惠施认为一切事物都在变动之中，从时间上说，太阳正中时也正是开始偏斜时，生物开始生长时也是走向死亡时；从空间说，与“至大”比，天地为小，与“至小”比，毫末为大，因而世界上一切事物的差别、对立，都是相对而不是绝对的。其学说对中国古代逻辑学的发展有重要影响。

世界

古希腊

赫拉克利德斯（Heracleides of Pontus，约前390—前310）　哲学家和天文学家，柏拉图的学生，提出地球转动说的第一人。率先提出水星和金星的明显移动是由于它们绕太阳运转，此为欧洲最早的“日心说”。

公元前307年

中国

周赧王八年

胡服骑射　中原自古习车兵，穿长袍裙。北方胡人习骑兵，多穿紧衣长裤。战国时赵国与强敌中山为邻，赵武灵王欲强国，首先改车兵为骑兵，提倡脱下长袍，学习“胡服骑射”。“胡服骑射”标志中原始有骑兵。

公元前4世纪末

世界

东南欧、中西亚、北非

亚历山大帝国分裂 亚历山大病逝后，帝国分裂，主要的三个王国为埃及的托勒密王国（前305—前30）、美索不达米亚的塞琉古王国（前312—前64）和马其顿王国。

古希腊

伊壁鸠鲁派 希腊化时期希腊新兴的哲学流派，由希腊哲学家伊壁鸠鲁（Epicurus，前341—前270）创立。伊壁鸠鲁认为哲学的目的是通过理性的生活实现幸福。他深受原子论的影响，他理解的快乐和幸福是静态快乐，即身体不受痛苦、心灵不受干扰。

约公元前300年

中国

周赧王十五年

地理学著作《禹贡》 《禹贡》见载于先秦时代的文献汇编《尚书》，著者、成书时代不详。因假托为大禹时代成书，故名。该书将中国划分为九州，分述各州的山川、湖海、地势，土壤、植被、物产、贡赋、交通及民族等概况。中国别称“九州”，即源于此。

世界

北非

欧几里得（Euclid，活动时期约公元前300年） 数学家，以《几何原本》（*Elements*）而闻名。该书总结此前两个世纪以来的基础几何和算术成就。在19世纪中叶欧洲出现“非欧几里得运动”之前，它一直是几何的推理、定理和方法的主要源泉，对人类活动起着重大影响。

公元前3世纪

世界

古希腊

斯多葛派（Stoicism） 古希腊后期由芝诺（Zeno of Citium，约前335—前263）创立。认为世界是有序的整体，人应遵循自然法则生活；重视社会参与，强调道德、责任和公义；主张一定程度的不动心。这一重要哲学流派在西方思想史中有经久的影响。

斯里兰卡

阿努拉达普拉（Anurdhapura） 斯里兰卡古都和佛教圣地。位于斯里兰卡中北部。公元前3世纪至公元10世纪一直是阿努拉达普拉王国的都城，历史上曾繁盛一时。历代国王信奉佛教，兴建大量寺庙和佛塔，使之成为斯里兰卡最早的佛教圣地；后逐渐荒废。19世纪重新整修，现为佛教朝礼中心及游览胜地。

彩绘鹳鱼石斧图陶缸

（高47厘米，口径32厘米，底径20.1厘米）

公元前4700—前3600年

河南省临汝县阎村遗址出土　中国国家博物馆藏

苏美尔楔形文字泥版

约公元前3000年　美索不达米亚地区

哈夫拉金字塔和狮身人面像

埃及　古王国时期（约公元前2520—前2494年）

马家窑文化舞蹈纹彩陶盆
（高12.5厘米，口径22.8厘米，底径9.9厘米）
公元前3300—前2050年
青海省同德县宗日遗址出土　青海省博物馆藏

马家窑文化彩陶瓮
公元前3300—前2050年
甘肃省临洮县出土

金面罩铜人头像

（通宽19.6厘米，通高42.5厘米）

公元前1300—前1046年

四川省广汉市三星堆遗址出土　三星堆博物馆藏

跨越栅栏的山羊
亚述彩釉陶器
亚述帝国时期（约公元前1500）

商代甲骨文
公元前1300—前1046年
河南省安阳市殷墟遗址出土

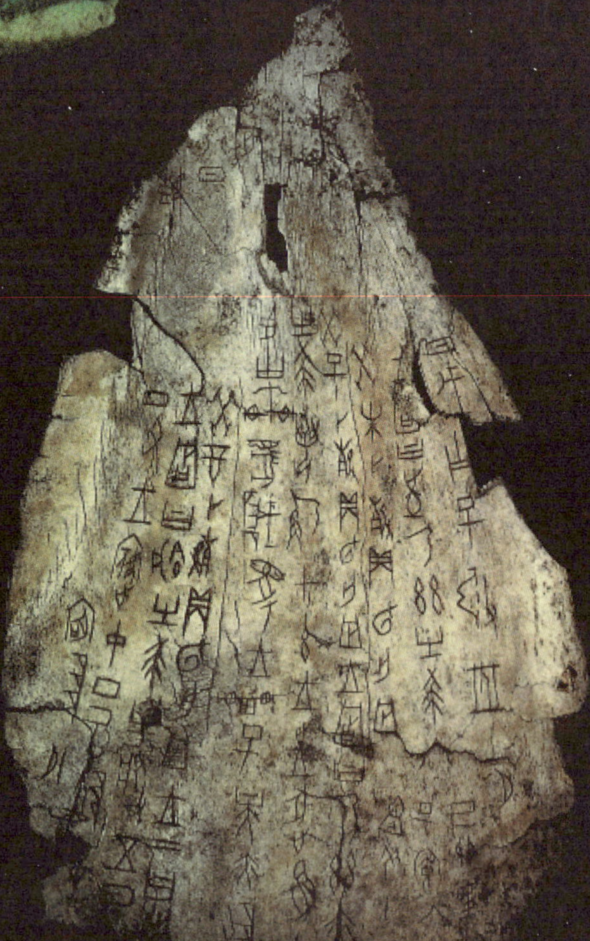

兽面乳钉纹方鼎

（通高100厘米，口长62.5厘米，口宽60.8厘米）

青铜礼器　公元前1590—前1300年

河南省郑州市出土　中国国家博物馆藏

埃及国王拉美西斯四世
（约公元前1156—前1150年在位）
石雕　埃及新王国时期
伦敦大英博物馆藏

太阳神鸟

（直径12.5厘米，厚0.02厘米，重20克）

公元前1300—前922年

四川省成都市金沙遗址出土

金沙博物馆藏

玉琮

（高16.5厘米，宽11厘米，孔径6.94厘米）

礼器　公元前1300—前922年

四川省成都市金沙遗址出土

金沙博物馆藏

史墙盘
（通高16.2厘米，口径47.3厘米；
盘中有铭文284字）
青铜礼器　公元前922—前900年
陕西省扶风县庄白村遗址出土
陕西省周原博物馆藏

微氏青铜壶
（通高66.2厘米，腹径40厘米；
壶的颈部有铭文12行60字）
青铜礼器　公元前922—前900年
陕西省扶风县庄白村遗址出土
陕西省周原博物馆藏

底比斯的木棺
（长196厘米　木雕着色）
埃及王朝时代 第22—15王朝（前9—前8世纪）
埃及·底比斯出土　伦敦大英博物馆藏

迪克亨斯·攸凡克之棺（棺盖）
（长约160厘米　木雕着色）
埃及新王朝时代 第26王朝（约前660—前525）
巴黎卢浮宫藏

西汉长信宫铜灯

（高48厘米　鎏金铜）

西汉中期　约公元前104年

河北省博物馆藏

秦始皇兵马俑
秦晚期（约公元前210年）
陕西省西安市临潼出土
秦始皇兵马俑博物馆

石雕卧马

（高168厘米，长190厘米）

霍去病墓前石雕

西汉中期 约公元前115年

陕西省兴平县茂陵

古罗马

古罗马的税行（Roman publicani）　税行的组织类似现代股份公司，有法人资格，大股东负责经营，所有股东共担风险。税行从政府获取合约，承包收税，并承包公共工程和国有矿山的开发。帝国晚期，税行不再使用。

约公元前299年

中国

周赧王十六年

屈原赋《离骚》　《离骚》是战国时代大诗人屈原的代表作，作于他被楚廷放逐时期。全诗共373句、2490字。前半篇，诗人反复倾诉对楚国命运的关注，后半篇描述其神游天上、追求理想的实现，及失败后欲以身殉的决心。《离骚》开创了一种新的诗体，世称"骚体"，与《诗经》并称"风骚"，对中国后世文学和诗歌的发展有深远的影响。

约公元前292年

世界

雅典

米南德（Menander，约前342—前292）　新喜剧的先驱和代表作家。新喜剧不谈政治，通过表现爱情家庭反映社会风俗，强调情节的曲折和风格的雅致，以娱乐为主要目的。米南德的作品对白合理、人物性格鲜明、剧情曲折紧凑，表现日常生活的复杂纠葛，主要代表作《恨世者》(*Dyscolus*)、《萨摩斯女子》(*Girl from Samos*)。

公元前289年

中国

周赧王二十六年

孟子（前372—前289）　名轲，鲁国人，战国时思想家。一生以继承孔子学说为志。他推崇周朝的传统制度，主张"法先王"、"行仁政"。提出"民为贵，社稷次之，君为轻"，主张以民为本。他认为人性本来是善的，人有天赋的"良知"、"良能"，又提出人有"先知先觉"和"后知后觉"的理论。唐（618—907）之后，孟子地位日彰，成为儒学中仅次于孔子的第二位圣人。

公元前287年

世界

古罗马

霍滕西阿法案（*Lex Hortensia*）　法案规定平民大会所通过的决议和全体公民大会决议一样有效。罗马平民与贵族长期不懈的斗争，至此获得胜利。它扩大了共和国的基础，增强了罗马的军事实力；平民上层取得和贵族相当的权利，两者逐步融合成新贵族。

公元前286年

中国

周赧王二十九年

庄子（约前369—前286）　名周，楚国人，战国时哲学家。继承道家创始人老子的思想，将"道"看作是世界的本原；认为事物是自生自化和自然发展的，否认有神的主宰；否定事物之间的差别，认为“万物皆一”。庄子在中国思想史上有重要地位，其著作有《庄子》。

儒学“六经” 孔子编辑整理过的六种儒学典籍：中国的第一部诗歌总集《诗》、夏商周三代的文献汇编《书》、典章制度集成《礼》、音乐书籍《乐》、筮卜用书《易》和鲁国编年体史书《春秋》。“六经”之名始于战国中叶（见《庄子·天运》），长期以来被视为儒学经典。

公元前283年

中国

周赧王三十二年

完璧归赵 《史记》记载，秦闻赵王得楚之瑰宝和氏璧，请以15座城邑相换。赵国蔺相如自请持璧赴秦。秦王得璧大喜，却无偿城之意。蔺相如假借璧有瑕要示秦王，取回璧后表示如秦王无诚意偿城，自己宁与璧俱碎于王庭之上。是夜，他设法将璧送回赵国。蔺相如不辱使命，后世传为佳话。成语“完璧归赵”源于此典。

以右为尊 中国古风以右为尊，故右是上位，左是下位。《史记》载：蔺相如受封为上卿，位于大将军廉颇之右，引起廉颇不满。这是上古以右为尊的记录。这种尚右风俗源于史前，商甲骨文对此有所记载。

约公元前280年

世界

北非

赫罗菲鲁斯（Herophilus，约前335—前280） 医学家，被称为解剖学之父，是所知第一个对人体进行解剖的人。他试图了解大脑结构，把中枢神经同肌腱、血管分开。

公元前279年

中国

周赧王三十六年

渑池之会 秦昭王与赵惠文王会盟于渑池（今河南省渑池县）。宴会间，秦王欲当众奚落赵王，令其为自己鼓瑟，之后令史官记：“秦王令赵王鼓瑟”。赵国的上大夫蔺相如不畏强秦，愤然拿起一个瓦盆，古称“缶”，强令秦王击盆，亦令史官记：“赵王令秦王击缶”。秦强赵弱，然秦终不能屈赵。

十二生肖见载 十二生肖，今指子鼠、丑牛、寅虎、卯兔、辰龙、巳蛇、午马、未羊、申猴、酉鸡、戌狗、亥猪。东汉（25—220）时，王充《论衡》一书对此已有记载。湖北出土的战国秦简《日书》上发现有关十二生肖的文字，据此可推断十二生肖民俗至今已有2000多年的历史。

公元前278年

中国

周赧王三十七年

屈原（约前340—前278） 名平，字原，楚国人，中国史上留名的第一位伟大诗人。出身贵族，学识渊博，娴于辞令，著有抒情长诗《离骚》、《天问》、《九歌》等。曾受楚王重用，后遭谗去职，继而被放逐；秦兵破楚都后，满怀忧愤投江自沉。屈原的思想和作品对后世有很大的影响。中国农历五月初五的端午节是民间纪念屈原的传统节日。

公元前269年

世界

古罗马

罗马币制　罗马采用青铜制造钱币，最早的钱币分大小币值，正面是神的头像，背面为船锚像；同期出现的还有银币。

公元前264—前146年

世界

古罗马、迦太基

布匿战争　公元前3世纪罗马和迦太基在地中海地区持续扩张，引发冲突。双方在一个多世纪中断断续续进行了三次大规模的战争，史称“布匿战争”。（“布匿”，意“腓尼基人”，是罗马人对迦太基人的称呼）虽然罗马通过第一、二次战争（前264—前241、前218—前201）取代了迦太基在地中海的霸权，但始终视迦太基为最大隐患。公元前149年，罗马军队大举围攻迦太基城；终于在公元前146年，摧毁迦太基城池，并在城址撒下盐，象征将其夷为不毛之地。迦太基亡后，成为罗马的非洲行省，战后仅存的5万城民均沦为奴隶。战争的胜利使罗马赢得地中海的霸权、北非的产粮区和西班牙的银矿。

公元前260年

中国

周赧王五十五年

长平之战　强秦攻赵，赵将廉颇坚守长平（今山西高平西北），长达三年。秦兵畏廉颇，于是施用反间计。赵王中计，误以为廉颇无能，改用只知空谈兵法的赵括。赵括领军后，冒然出击，大败，40万赵兵被俘后遭活埋。成语“纸上谈兵”即源于这一故事。

公元前256年

中国

周赧王五十九年

公孙龙（约前325—约前256）　赵国人，战国时思想家，名家学派代表人物，以善辩为名。其著名的辩论命题是“白马非马”：认为“马”说的是形态，“白”说的是颜色，所以“白马”不能等同于“马”。其学说对古代逻辑学的发展有一定的贡献，但过分夸大同一事物的差异性，易于陷于诡辩。著作有《公孙龙子》。

周亡于秦　是年，秦灭周。末代帝王周赧王卒。周王朝（约前1046—前256）历时近800年的统治告终。

公元前251年

中国

秦昭王五十六年

都江堰　战国秦昭王时期（前304—前251在位）蜀郡守李冰主持修建，位于四川泯江上游。其主要工程是在江心建分水堤，将泯江水一分为二，外江用于航行，内江用于灌溉，内外江之间建有低堰水坝，可根据季节和生产需要调节水量，起到防洪与灌溉的作用。工程建成后，成都平原成为“水旱由人，不知饥馑”的“天府之国”。这一古老的水利灌溉工程至今仍发挥着作用。

公元前250年

中国

秦孝文王元年

《学记》 《礼记》中的一篇，阐述了教育的作用和目的，教学制度、原则和方法，教师的地位和作用，师生和学生关系等，还记录了教学相长、循序渐进等教育经验，是中国历史上最早的一部体系严整的教育学专著。有学者考证，该书为孟子的学生乐正克所著。

世界

北非

厄拉西斯特拉图斯（Erasistratus of Ceos，活动时期约前3世纪中叶） 解剖学家和医学家，以研究循环系统和神经系统而著名。已能区分运动神经和感觉神经，正确描述会厌和心脏瓣膜的功能；认同当时有关精气的学说，认为人体的健康、疾病，乃至生命的本质都与精气有关。

公元前250年—公元8世纪

世界

中亚

巴克特里亚（Bactria） 中亚细亚古国，中国史书称之为“大夏”。领土大致包括今阿富汗和阿姆河中上游地区。居民属印欧语系伊朗语族的一支。公元前6世纪后期起为波斯帝国一行省。公元前329年被马其顿王亚历山大占领。约公元前250年，总督狄奥多德（Diodotus）称王建国，定都巴克特拉（Bactra，今阿富汗境内）。巴克特里亚地区是古代中亚、南亚、西亚的交通枢纽。公元前175年王国分裂，公元8世纪为阿拉伯人所灭。

公元前247—公元226年

世界

西亚

帕提亚（Parthia） 亚洲西部古国，中国古籍称安息国，位于里海东南，相当于今伊朗东北部和土库曼南部。居民属印欧语系伊朗语族的一支。原为波斯帝国的行省。公元前247年，首领阿萨息斯一世（Arsaces I）自立为王。此后，其国土不断扩张，至公元前2世纪中叶国势最盛时，囊括整个伊朗高原和两河流域。帕提亚地处交通要冲，其商路北至高加索、东到中国和印度洋沿岸，商业和对外贸易发达。公元226年为波斯萨珊王朝所灭。

公元前241年

世界

古罗马

罗马行省制 罗马在西西里设立行省。这是罗马设立的第一个行省。行省制成为罗马控制和管理其在意大利半岛以外的征服地区的基本制度。罗马向行省派驻总督，全权代表罗马政府行使军事、司法和行政权力。

公元前240年

中国

秦王政七年

邹衍　齐国人，战国时哲学家，阴阳家代表人物。先秦时，人们以金、木、水、火、土五种物质说明世界的本原。邹衍加以总结，提出了这五种元素相生相剋的五行观，又以之附会到社会历史，提出“五德终始”的理论，以解释王朝的兴衰与更替。他还认为中国是天下八十一州中之一州，每九州又组成“大九州”；大九州共有九个，其外有大海环绕，再往外是天地的边际。这种地理观对当时以中国为天下中心的古老观念是一个很大的突破。

约公元前239年

中国

秦王政八年

《吕氏春秋》　由秦相吕不韦（？—前235）主持、集合门客共同编撰。全书26卷、160篇，选取儒、法、阴阳各家的部分学说，加以综合，以假人之长，补己之短，为秦国治理国家、统一天下提供参考。书中引用了许多古史资料和有关天文、地理、政治、经济、伦理、音律等方面的知识，阐释得民心者得天下、失民心者失天下的思想。因融合先秦各派学说，该书有“杂家”之称。

木版拼绘地图　甘肃省天水市放马滩秦墓出土有战国时以今甘肃邽丘为中心的地图。该图绘于四块木板之上，拼合而成全图。图上标有河流、山脉、居民点、县治所、关隘、森林等。在绘制手法上，已能表现出各标示点的方位、距离，以及地势起伏、倾斜角度、河流道路的曲直等差异。它表明先秦时已有较高的制图水平。

公元前238年

中国

秦王政九年

秦王嬴政亲政　是年，秦王嬴政22岁，举行加冕礼，开始亲理秦国朝政。17年后，秦统一全国，他成为中国历史上第一位皇帝——秦始皇。

荀子（约前313—前238）　名况，赵国人，战国时思想家、教育家。他在总结先秦诸子学说的基础上，发展了古代唯物主义学说，提出“天行有常，不为尧存，不为桀亡”，认为自然规律是不以人的意志为转移的；并提出了“制天命而用之”的思想，认为人可以利用自然。他认定人性生来是恶的，必须以礼义进行教化，才可以为善。主要著作有《荀子》。

世界

古印度

阿育王（Ashoka，前273/265—前232/238在位）　孔雀王朝最著名的国王。在征服了南印度的强国羯陵伽后，皈依佛教，以引领人们奉行达磨（dhamma，梵文，意为道德、虔敬、德行、社会秩序）为己任。他尊重宗教自由，关注民生，派官员考察民意，兴建包括医院、收容所在内的公共服务设施，被印度教和佛教视为君王的典范。

公元前237年

中国

秦王政十年

《谏逐客书》 秦国政治家李斯谏止秦朝逐客政策的奏议。奏议以秦国的历史事实说明，秦曾利用六国之客卿以强秦，今不当驱逐六国客卿以弱秦。其中有句曰“夫物不产于秦，可宝者多；士不产于秦，而愿忠者众。今逐客以资敌国，求国不危，不可得也。”奏议得到秦始皇采纳。它是流传后世的散文名篇。

郑国渠 自中山西瓠口（今陕西泾阳）引泾水东流入洛水的灌渠。因由水利专家郑国主持修建，故名。渠干故道宽24.5米，堤高3米，深约1.2米，全长300余里（约120多公里）。建成后，灌田4万余顷（约合今280万亩）。从此，“关中为沃野，无凶年，秦以富强”（见《史记》）。郑国渠为先秦最长的一条引水灌渠。

公元前233年

中国

秦王政十四年

韩非（约前280—前233） 韩国人，战国哲学家，法家代表人物。先秦早期法家有三派：一派主用“法”，即以法治国，统治臣民；一派主用“术”，即讲究君王的统治权术；一派主用“势”，认为君王要有至高无上的权势。韩非集法、术、势为一体，形成自己的政治思想学说，强调君王的集权主义。这一学说对后世中国两千余年的封建专制有重要影响。

公元前230年

世界

古希腊

亚里斯托库斯（Aristarchus of Samos，约前310—前230） 天文学家，其学说认为：太阳和其它恒星不动，而地球按圆形轨道绕太阳运行，同时绕轴自转。

公元前227年

中国

秦王政二十年

荆轲刺秦王 秦师灭韩、破赵后，兵锋直指燕国。燕无力与之争锋，遂派出刺客去咸阳刺杀秦王。刺客荆轲以奉献燕国地图为名至秦，夹带匕首晋见秦王。当秦王展开地图，荆轲乘机行刺，未遂，被杀。“图穷匕首见”一语即出于此。

公元前221年

中国

秦王政二十六年

《黄帝内经》 约成书于战国末期，书中分别讲述针灸和医学基础理论。各有81篇论文，涉及人体解剖、生理、病理、诊断、经络、血液循环和保健等方面的知识。它是中国最古老的医书，也是中医学奠基性的经典著作。

秦统一中国　自公元前230年起，共历九年，秦先后灭亡韩、魏、楚、燕、赵、齐六国。是年，建立了中国历史上第一个统一的王朝——秦朝。

秦

公元前221年—前206年

公元前221年

中国

秦始皇帝二十六年

秦朝建立　是年，秦统一六国，建立秦王朝。自此，中国结束了诸侯割据的年代，成为统一的中央集权制国家。秦以咸阳（今陕西省内）为国都，其疆域东到东海、南到南海、西到陇西、北到内蒙古阴山，人口达2000多万。秦是中国历史上第一个统一的封建王朝，历二世，首尾15年。

秦王称皇帝　秦王嬴政（前246—前210在位）希望秦王朝的统治能传之万世，故自称“始皇帝”。历史上称之为秦始皇。

“皇帝”是秦始皇新创的名号，之后为历朝君主所沿用，直到公元1911年辛亥革命结束帝制，凡2000多年。

秦建立中央集权制　秦始皇以周为鉴，废止了传统的裂土分封制度，强化中央集权。政事不论大小，全由皇帝一人裁决；划天下为36郡（后增至40郡），郡下设县；中央和地方的重要官吏由皇帝直接任免，随时可以调动。

此后中国持续2000多年的封建王朝体制，基本上是秦制的演变和发展。

统一度量衡　战国时期，各国的度量衡不一，币制不同，车轨宽窄也不同。秦始皇按秦制统一全国度量衡，使计算长度、容量、重量等有了统一的标准；规定货币为两等，黄金称上币，铜钱称下币，分别制定了单位重量；统一车宽为六尺（约1.38米），一车可通行全国；规定二百四十方步为一亩（约461平方米），等等。这些措施有力地促进了全国经济的发展。

统一文字　战国时诸侯割据，“言语异声，文字异形”。秦始皇诏令“书同文”，由丞相李斯选定“小篆”体作为标准字体，在全国使用；后来又出现了书写更加简便的文字——隶书。文字的统一，促进了文化交流和社会进步。

颛顼历颁行　在古代中国，历法是王权的象征，凡改朝换代多更改历法。颛顼历是在周朝末年问世的古历，秦王朝建立后在全国颁行。从公元前221到前104年，该历共行117年。

公元前220年

中国

秦始皇帝二十七年

秦朝的驰道修筑　战国时各国利用险要地形修筑了不少城廓工事。秦统一全国后，下令拆除这些交通障碍物，以京城咸阳为中心，全国修筑驰道（行车大道）。驰道一律宽五十步（约69米）；驰道中间为皇帝专用道，宽三丈（约6.9米），以青松为界线，其他人不能进入专道行走。驰道修成，大大便利了全国交通。

公元前219年

中国

秦始皇帝二十八年

徐福入海求仙药　秦始皇欲长生不老，方士徐福奏称东海神山有仙人，可求延年益寿之药。秦皇遣其率童男女数千人，乘船入海求之，结果一去不复返。

公元前216年

世界

意大利半岛

坎尼之战（Battle of Cannae）　第二次布匿战争中，迦太基名将汉尼拔（前247—约前183）在意大利半岛东南部坎尼以损失6000人的代价，歼罗马军队5.4万，俘1.8万。此为著名的以少胜多的战役，也是罗马战争史上最为惨重的一场败仗。

公元前215—前148年

世界

古罗马、马其顿

马其顿战争　罗马先后四次征讨马其顿，史称“马其顿战争”。战争源于双方在希腊和巴尔干地区的利益冲突，以及罗马报复马其顿国王腓力五世（前221—前179在位）在罗马与迦太基的对抗中对罗马宿敌迦太基的支持。四次战争均是罗马获胜。公元前168年，罗马将马其顿一分为四，并规定彼此间不得有任何交往。公元前146年，马其顿成为罗马的行省。战争中罗马逐步介入希腊事务。罗马对希腊的控制，客观上促进了希腊—罗马文化传统的形成。

公元前214年

中国

秦始皇帝三十三年

秦长城　匈奴为秦北方游牧民族，强悍善战。战国时，秦、赵、燕三国曾分别在各自的北部边界上筑起高大城墙以防匈奴。是年，秦始皇下令将三国城墙联接起来，重新加固。工程历十年，最终形成西起临洮（今甘肃岷县）、东至辽东（今辽宁辽阳北），横贯中国北部的长城。

秦长城奠定了现存长城的规模，之后历代又加以修葺和改建，至明代（1368—1644），长城长达6700公里，跨越中国北部今七个省区，人称“万里长城”。为世界最伟大的建筑之一。

史禄开凿灵渠　史禄是秦国的水利

工程师，受秦始皇命开运粮水道。他在湘江上游江中筑石堤（位于今广西兴安县附近），分江水为南北两渠，北渠向北通湘江，南渠向西与桂江合流。南渠是越山渠，用人工开凿，长33公里。渠中设若干梯级斗门，南北来往船只可随斗上升和下降，安然过山，运输上大省人力物力。此渠成为秦朝开发岭南地域（今广东、广西）的重要航道，由于设计灵巧，史称“灵渠”，也叫“湘桂运河”。

史禄在2000年前的设计原理——在落差大的地段筑梯级船闸以便通航，为当代许多水利工程所采用，如巴拿马运河、长江的葛洲坝工程等。

隶书始行 秦统一文字之初用小篆为标准字体，书写较繁难。传说狱吏程邈，获罪被拘，狱中新创出简化篆书，笔画径直，便于书写，是为隶书。从后来出土的秦简可知，秦代书吏和民间抄写文书渐由篆趋隶。秦汉隶书又称秦隶，流传至今，为中国书法的一种重要字体。

公元前213年

中国

秦始皇帝三十四年

秦始皇焚书 在秦廷的一次宴会上，博士淳于越倡议效法古制，分封皇子功臣。丞相李斯严加驳斥，并指责儒生办私学以古非今，惑乱人心，建议焚书禁私学。秦始皇采纳了他的建议，下令焚毁私人所藏儒家经典、诸子书籍，以及除秦国史书之外的各国史书，只有医、卜、农书不禁；禁绝私学；凡聚谈儒家学说者处死，以古非今者灭族。

公元前212年

中国

秦始皇帝三十五年

秦始皇坑儒 是年，有儒生私下议论皇帝专任狱吏，贪于权势，残暴成性。秦始皇得报大怒，下令把有牵连的儒生共460人一起活埋。焚书坑儒，是后世抨击秦始皇暴政的两个典型事件。

阿房宫 秦始皇时期营造的皇宫，因其前殿所在地名为阿房，故名。据《史记》载，阿房宫规模恢宏，仅其前殿，东西宽五百步（约690米），南北长五十丈（约115米），庭中可坐万人，殿内可竖五丈（约11.5米）高的大旗。该工程征调了70万人服劳役，分工营造。阿房宫尚未建成，秦亡。今西安古城村尚存阿房宫夯土残基，高约七米，长约千米。

约公元前212或前211年

世界

叙拉古

阿基米德（Archimedes of Syracuse，约前290/280—前212/211） 欧洲古代最杰出的数学家、发明家和力学家。在数学上的最大贡献是对几何的研究，发展了前人的穷歇法，用来求物体的面积和体积。在力学方面，发现浮力定理（阿基米德定理）和杠杆定理。他还有多项发明，制作出多种精巧的机械。

公元前210年

中国

秦始皇帝三十七年

秦兵马俑　是年，秦始皇卒。

1974年，在陕西省临潼秦皇陵东侧，发现了大型的秦始皇兵马俑陪葬坑。坑内有数千个与真人大小相仿的陶俑武士，身披铠甲，或手执弓箭，或紧握戈矛，其表情、姿态各不相同，按军阵排列，手持的兵器皆为实物；另有陶马600多匹、战车百余乘。它们再现了2000多年前秦军的强大阵容。在秦皇陵西侧还出土了秦始皇铜车马，车、马、人都相当真的一半大小，铸工极精。秦始皇兵马俑的发现震惊世界，被誉为“世界第八大奇迹”。

公元前209年

中国

秦二世一年

陈胜、吴广起义　秦始皇病逝，其子胡亥袭位，为二世皇帝。秦二世残暴，百姓多怨，社会动荡不安。是年，陈胜、吴广等900多名农民在被征防守边境的途中，因遇雨受阻误期，按秦法律这是死罪。他们遂合谋杀死押送的秦军官，率众起义。陈胜称王，建号“张楚”。起义军得到各地响应而迅速壮大，坚持近半年，后被秦军镇压。此为中国历史上第一次大规模的农民起义。

刘邦起兵于沛　刘邦（前256—前195）为泗水（江苏沛县所属）亭长，见天下反秦，遂聚众起兵，杀沛县令，自称沛公。此后，刘邦称帝，建立汉王朝（前206—公元220），是为汉高祖。

公元前208年

中国

秦二世二年

李斯（？—前208）　楚国人，初入秦为客卿，官至丞相，为秦统一六国、确立新王朝制度策划颇多。秦二世即位后，宦官赵高专权，诬李斯欲裂土而王。秦二世斩李斯于咸阳，并诛灭三族。李斯工书法，尤善小篆，被称为“小篆之父”。

公元前207年

中国

秦二世三年

钜鹿之战　项羽军在钜鹿（今河北省平乡县）隔河与秦军主力章邯对垒。项羽率全军渡河，下令破釜沉舟，以示誓死决战。与秦军相遇，无不一以当十，终获大胜。成语“破釜沉舟”即源于此。

公元前206年

中国

秦嬴子婴一年

秦亡　刘邦乘秦朝内讧、秦军崩溃的机会，率军攻入关中，直逼咸阳。刚刚登位46天的秦王子婴乘坐素车白马至灞上（今陕西西安市东）向刘邦投降。秦王朝亡。

汉

公元前206年—公元220年

公元前206年

中国

汉王刘邦元年

汉朝建立 汉朝（前206—公元220）历426年，包括西汉、东汉两个朝代。公元前202年，汉高祖刘邦建立汉朝，定都长安（今西安），史称“西汉”。西汉末年，王莽篡政称帝，建立新朝（9—23）。公元25年，西汉皇族刘秀乘农民起义之机重建汉朝，定都洛阳，史称“东汉”。

汉人的称谓 汉族的古称是“华夏族”。华夏族是黄河中下游的夏人、商人、周人和其他部落长期相处融合，逐渐形成的。至秦代，形成以华夏族为主体的统一的中央集权制国家，国人被称为“秦人”；汉朝建立，国人始被称为“汉人”，华夏族也渐称为汉族。

鸿门宴 刘邦入咸阳接受秦王子婴投降后，自度羽翼未丰，遂退出咸阳，还军灞上（今陕西省西安市东），以待时机。项羽率40万大军进入关中，驻军鸿门（今陕西临潼东鸿门堡），准备消灭刘邦。项羽在鸿门设宴请刘邦，预谋于席间杀之。刘邦赴宴，屈躬卑词，表示愿听命于项羽，将处理降秦的权力交出。项羽最终没有下手。

后来，人们将不怀好意的款待称为“鸿门宴”。

项羽称霸 项羽（前232—前202），秦末随叔父项梁起兵于会稽（今江苏吴县），势力日盛。是年引兵进咸阳，杀秦王子婴，都彭城（今江苏省徐州），自号“西楚霸王”。分封刘邦为汉王，都南郑（今属陕西）；同时又分封了17个王于各地；霸王自都彭城（今江苏省徐州）。此后，又出现诸王争雄、兵连祸结的混乱局面。

公元前205年

中国

汉王刘邦二年

楚汉战争 项羽起兵之初，曾立楚王之孙为怀王，后尊为义帝。公元前205年项羽杀义帝。翌年，刘邦借为义帝发丧之名，遣使告各路诸侯共讨项羽。由此开始了历时四年相互争夺王位的战争——楚汉战争。最终，项羽兵败垓下（今属安徽省灵璧县），自刎而死。

公元前204—前111年

中国

汉王刘邦三年—汉元鼎六年

南越王国　秦末，秦将赵佗乘战乱据有岭南三郡（桂林、南海、象），建立南越国，自号“南越武帝”。他推广中原先进的文化和生产技术，使当地原始落后的社会、经济得到迅速发展，奠定了以后岭南文明的基础。南越国一度臣服于汉，时叛时降。从公元前204年立国至公元前111年汉平南越，历五代、93年。

约公元前204年

世界

古罗马

李维乌斯·安德罗尼库斯（Lucius Livius Andronicus，约前280—前204）希腊奴隶出身，将《奥德赛》译成拉丁文，并用拉丁语翻译大量希腊戏剧，被称为“拉丁文学之父”。

约公元前201年

世界

古罗马

尼维乌斯（Gnaeus Naevius，约前270—前201）　诗人。所著有关第一次布匿战争的史诗，是第一部重要的拉丁语原创作品。另有希腊戏剧的拉丁译作。

公元前2世纪初—前108年

世界

朝鲜半岛

卫氏朝鲜　朝鲜半岛上的古代王国。公元前2世纪初，燕人卫满率中国移民进入朝鲜半岛西北部，建立卫氏朝鲜。因为与中国内地的渊源关系，卫氏朝鲜深受大陆文化影响，其社会发展进程较半岛南部三韩为快。公元前108年，该国与中国西汉王朝发生战争，战败国亡，汉朝把朝鲜改为直属地，设四个郡加以管辖。

公元前2世纪

世界

帕加玛

发明羊皮纸　在古希腊城邦帕加玛（Pergamum，位于今土耳其），人们发明了新工艺，将牛皮或羊皮去毛、清洁和延展，处理后的牛皮或羊皮可以双面书写，人称“羊皮纸”，曾是中世纪欧洲的主要书写材料。

公元前198年

中国

汉高帝九年

汉匈和亲　公元前200年，北方游牧部族匈奴引兵40万犯太原，之后匈奴屡犯边境。为求边境的安宁。朝廷对之采取和亲政策。从公元前198年始选宫女嫁与匈奴首领，至公元前33年昭君出塞，165年间共嫁出10名汉家女子。

约公元前194年

世界

北非

埃拉托色尼（Eratosthenes of Cyrene，约前276—前194） 地理学家，著有《地理学》（*Geographica*），准确计算出地球的周长。他绘制的世界地图，最早出现类似经纬线的标注。

公元前188年

世界

小亚

马格尼西亚之战（Battle of Magnesia） 罗马军队在小亚细亚的马格尼西亚击败塞琉古国王安提奥库斯三世（Antiochus III，前223—前187在位）统率的军队。次年的和约保证了罗马对小亚和希腊的控制。

公元前187年

中国

汉高皇后元年

吕后称制 吕后（前241—前180），名雉，汉高祖刘邦皇后。其子惠帝即皇位后，被尊为皇太后，掌握实权。惠帝死，无子嗣，吕后临朝称制。她前后当政16年，重用吕姓亲族，分封诸吕子侄，势力日盛。她死后，诸吕谋划叛乱，被平定。

公元前179年

中国

汉文帝元年

汉文帝与养老令 刘邦之子刘恒（前179—前157在位）即皇位，是为汉文帝。文帝以节俭爱民著称。他曾颁养老令，规定年逾八旬老人，每月赐给米一石、肉二十斤、酒五斗；九旬以上者，加赐帛二匹、絮三斤。并制定具体措施以保证养老令的执行。

汉文帝废“连坐法” 秦行连坐法，一人犯罪，株连家室。汉初袭秦律。文帝即位后，诏令废除连坐律令。

约公元前168年

中国

汉文帝十二年

《五星占》 研究五大行星的专门著作，原书已佚，1973年在长沙马王堆汉墓出土的帛书中，发现有经过整理的《五星占》约8000字。整理者把书中内容分为木星、金星、火星、土星、水星、五星总论、木星行度、土星行度和金星行度共九章。书中对五星的运行周期已有测值，其中记载的金星会合周期为584.4日，五星会合周期恰好是8年，比现代所测值只多出0.48日；土星会合周期是377日，比现代的测值只少1.09日。

彗星图 长沙马王堆汉墓出土的帛书《天文气象杂占》中，绘有29幅形态各异的彗星图像。此为中国记录彗星形态的最早文献之一。

约公元前160年

世界

古罗马

《农业志》（*De Agricultura*） 由罗

马政治家、演说家、罗马最早的散文体作家迦图（Marcus Porcius Cato，前234—前149）所作，是最早的被完整保留下来的拉丁文散文集。书中讲述如何经营农庄、养殖家畜、管理奴隶，以获得最大利润的方法。它提供了当时罗马农业由小农经济向大农庄转变的翔实史料。

公元前179—前141年

中国

汉文帝元年—汉景帝十六年

文景之治 文、景两代皇帝在位39年间，实行与民休息政策，重视农业生产，减轻赋税徭役，经济有所发展，社会呈现安定兴旺景象，史称“文景之治”。

公元前141年

中国

汉景帝后三年

最早的纸绘地图 1986年，甘肃天水放马滩汉墓出土西汉初年的纸质地图。该图纸质薄而软，光滑平整，图上用细墨线绘出山川、河流、道路等图形。经考证地图年代为汉文帝至汉景帝时期（前179—前141），学界将此地图用纸命名为“放马滩纸”。这是迄今为止所发现的世界上最早的纤维植物纸，也是最早的纸绘地图。

公元前140年

中国

汉武帝建元元年

汉武帝即位 汉景帝卒，其子刘彻继位称帝，是为武帝（前140—前87在位）。他是中国历史上的一位杰出帝王，在位54年，为汉王朝的鼎盛时期。

年号纪年始 汉代之前，中国历朝均以帝王称号加上其在位年数纪年。公元前122年，武帝得一角兽白麟，群臣认为这是一个值得纪念的“符瑞”，应作纪年，遂立年号为“元狩”；并溯前18年，将武帝即位之年（前140年）补称年号为“建元”。这是中国历史用年号纪年的开始。至公元1911年帝制结束，年号纪年法共施行2051年。

董仲舒献策独尊儒术 董仲舒（前179—前104），广川（今河北枣强东）人，西汉思想家。是年，汉武帝诏举贤良方正，他献策“罢黜百家，独尊儒术”，为武帝采纳。从此确立了儒家思想在中国两千余年王朝历史中的正统地位。

二十四节气 古人将一年365天分成二十四等份，用来表示不同季节的更替和气候的变化。它们分别名为：立春、雨水、惊蛰、春分、清明、谷雨、立夏、小满、芒种、夏至、小暑、大暑、立秋、处暑、白露、秋分、寒露、霜降、立冬、小雪、大雪、冬至、小寒、大寒。汉武帝时成书的《淮南子》已有完整的二十四节气的记载。

公元前138年

中国

汉武帝建元三年

张骞通西域 张骞（？—前114），汉中成固（今陕西城固）人。曾于前138

年（建元三年）和前115年（元鼎二年）奉汉武帝命先后两次出使西域。分别到达大宛（今中亚费尔干纳地区）、康居（今撒马尔罕附近）、大月氏（河西走廊张掖至敦煌一带）、大夏（今阿富汗北部），以及乌孙诸国（新疆伊犁河流域）。张骞出使西域，开辟了中西交流的“丝绸之路”。这条路东起长安，西到地中海东岸，转至罗马帝国。此后相当长一段历史时期，以丝绸为主的中西交流大多通过“丝绸之路”进行。

约公元前135—前132年

世界

古罗马

西西里奴隶起义　罗马行省西西里，由于奴隶主的压迫激起奴隶反抗，起义人数达七万人。起义军控制了西西里岛中东部大部分地区，并在公元前134年击败由一名执政官亲率的军队。公元前132年起义被镇压。

约公元前133—前121年

世界

古罗马

格拉古兄弟改革　罗马扩张使士兵需求增加，而农民的大量破产又加剧了兵源短缺。在此背景下，保民官提比略·格拉古（Tiberius Sempronius Gracchus，约前169—前133）和盖约·格拉古（Gaius Sempronius Gracchus，约前160—前121）兄弟在罗马骑士等级的支持下先后提出并施行以土地问题为中心的改革方案，包括土地法案，平抑谷物价格等。经过激烈斗争，反对改革的元老贵族杀害了格拉古兄弟及其支持者。格拉古兄弟改革的失败，说明罗马统治阶级已无法通过改革稳定扩大贵族共和国的社会基础。

约公元前127年

世界

尼西亚

希帕库斯（Hipparchus，约前190—前127）　天文学家，绘制了以“地心说”为依据的复杂的天体图。在此基础上产生了以埃及天文学家托勒密（Ptolemy of Alexandria，活动时期公元127—145）命名的“托勒密地心说”，对欧洲中世纪产生了深刻影响。此外，希帕库斯还发现二分点，计算出较为精确的“年长”。

公元前124年

中国

汉武帝元朔五年

太学始设　是年，朝廷设“五经”（儒家学说的五部经典《诗》、《书》、《礼》、《易》、《春秋》）博士，收弟子50人。此为西汉建太学之始。此后历朝基本沿袭汉制，或设太学，或设国子学（国子监），或两者并设，均为传授儒家经典的最高学府。

约公元前122年

中国

汉武帝元狩元年

《淮南子》　武帝时，淮南王刘安

（前179—前122）聚集多门学派人士，仿秦代吕不韦著《吕氏春秋》的做法，主编《淮南子》一书。该书以道家学说为主，同时糅合法家、阴阳五行诸家见解，被认为是杂家著作。书中还记录了当时自然科学方面的成果和有关见解，具有相当的资料价值。

公元前118年

中国

汉武帝元狩五年

五铢钱 古铜币名，最早铸于汉武帝元狩年间，因币上铸有“五铢”两字，故称。币为圆形，中有方孔，重约四克左右。此后直至隋代（581—618）的700多年间，各朝代多有铸币，其形制大小有变而样式基本相沿，被称为中国货币中的“长寿钱”。

世界

古希腊

波利比奥斯（Polybius，约前200—前118） 古希腊历史学家，所著《通史》（*The Histories*）记叙了古罗马从公元前264至前146年间的历史。书中把罗马的崛起主要归功于它独特的体制。

公元前117年

中国

汉武帝元狩六年

霍去病墓前石雕 霍去病（前140—前117）是西汉名将，曾四次远征匈奴，立下战功。死后葬于茂陵（汉武帝墓，位于今陕西兴平县）西南。霍去病墓前有“马踏匈奴”以及卧马、跃马、卧象、伏虎等14件大型石雕，均运用循石造形的手法雕成，其风格古朴、气势宏大，形象生动，是中国早期石雕艺术的佳作。

公元前113年

中国

汉武帝元鼎四年

金缕玉衣 1968年河北省满城考古发掘的西汉中山王刘胜（前154—前113在位）与其王妃的陵墓中，发现墓主人尸身上所穿的玉衣。两套玉衣各由2000多片玉片用金丝编缀而成，工艺精巧。古人迷信玉能够保持尸骨不朽，更把玉作为高贵身份的象征，玉衣是汉代皇帝和贵族死后穿的殓服。

计时漏壶 漏壶是古代的一种计时仪器，春秋时已普遍使用。早期是用铜壶盛水，壶底穿一小孔，壶中插一刻有度数的标杆，随着壶中的水缓慢滴出，标杆的刻度陆续显现，据此来表示时辰。漏壶历代相传，制法不断改进。河北满城汉墓曾出土一西汉漏壶，是至今发现的年代最早的一个计时漏壶。

公元前111—公元905年

世界

越南

越南北属时期 公元前111年汉武帝平定赵氏南越王国，在其地设立了10个郡。自此越南正式纳入中国中央王朝的版图，史称“越南北属时期”。该时期中国的文化和生产技术传入越南，促进了今河内平原一带的经济发展和社会进步。

公元前109年

世界

古罗马

帕奈提乌（Panaetius，约前180—前109） 古罗马斯多葛派的奠基人。他强调宽厚和善良的美德，将源于古希腊的斯多葛派哲学和罗马公民精神相结合，促进了该派哲学在罗马的传播。代表作有《论责任》（*On the Appropriate*）。

公元前107年

世界

古罗马

马略的军事改革 罗马将军马略（Gaius Marius，约前157—前86）任执政官时实施的军事改革。主要内容是取消当兵的财产资格，允许穷苦公民服役。改革解决了当时的兵源问题，增强了军队战斗力，但是乡村无产者入伍后只忠于他们追随的将军，为军事将领争夺政权提供了机会。

公元前104年

中国

汉武帝太初元年

太初历 汉代从公元前104年到公元85年（汉元和二年）实施的历法。以天体运行的实测资料和多年的天文记录为依据，在旧历基础上修改而成。该历首次将古人记录气象变化规律的二十四节气订入历法，并记有日食和月食周期，是中国历史上第一部比较完整的历法。

司马迁著《史记》 司马迁（约前145—？），夏阳（今陕西韩城南）人，西汉史学家、文学家。汉武帝时为朝廷太史令，掌管撰文修史。公元前104年开始写《史记》，其间曾获罪下狱被判重刑，出狱后以极大的毅力坚持完成写作。全书共130篇，记载了从传说年代的黄帝到汉武帝首尾三千年的历史，为中国最早的通史。该书开创了纪传体史书的形式，书中人物形象鲜明，叙事客观，语言优美，在中国文学史上有极高的地位。

公元前100年

中国

汉武帝天汉元年

苏武牧羊 苏武（？—前60），汉武帝时期奉命出使匈奴，被扣留。他拒降匈奴，后被流放于北海（今贝加尔湖一带）牧羊。匈奴方面声称除非公羊产羔，才能将他放回。苏武持汉节牧羊，坚持不屈，19年后方归汉，时已须发皆白。他是中国人景仰的有民族气节的英雄。

公元前1世纪—公元660年

世界

朝鲜半岛

百济 朝鲜半岛古国。公元前1世纪由马韩百济部所建，统治范围在朝鲜半岛西南部。历史上与高句丽、新罗战争频繁。660年被唐朝和新罗联军所灭，领土被新罗吞并。

公元前1世纪—公元668年

世界

朝鲜半岛

高句丽 跨越今中、朝两国国境的古国。早期定都今中国东北境内，在其全盛时期，统治朝鲜半岛整个北半部、中国的辽东半岛以及东北地区相当大的一片土地。公元427年迁都平壤，与半岛南部的百济、新罗形成三足鼎立的局面，长期纷争不已。高句丽在文化上受中国影响很深，通用汉字，流行儒学，信仰佛教。公元667年，中国唐朝和新罗联军进攻高句丽，次年陷平壤，高句丽亡。

公元前1世纪—公元7世纪

世界

印度

阿旃陀石窟（Ajantā） 印度佛教石窟，位于马哈拉斯特拉邦（Maharashtra）境内一个新月形的悬崖上，长约550米，先后凿成于公元前1世纪至公元7世纪之间。现存30窟（包括一未完成窟）。石窟保存了大量的佛教题材的雕刻和绘画，内容为佛的生平故事、印度古代宫廷生活以及人们生产劳动的情景。它是古代印度佛教的圣地，也是集建筑、雕刻、绘画三种艺术于一体的印度佛教艺术的典型代表。

公元前87年

中国

汉武帝后元二年

龙首渠工程 龙首渠是中国历史上第一条地下井渠，为引洛水（今陕西洛水）往东南浇灌重泉（今陕西蒲城县东南）的盐碱地而开凿。渠经商颜山（今铁镰山）下，因土质松软渠壁易崩，乃凿井在井下开渠，引水从地下通过大山。这是中国古代水利史上的创造。该工程发卒万人，历时十余年完成。今新疆仍采用这种井渠开发利用水源，人们称之为“坎儿井。”

汉乐府与《孔雀东南飞》 “乐府”是中国古代的音乐官署名称，负责采风、整理民歌等事宜，后演变成一种带有音乐性的诗体名称。汉乐府包括文人创作的诗歌和从民间采集来的歌谣，其内容多反映百姓的疾苦，表现他们对剥削、战争、徭役、旧礼教等社会现实的不满。汉乐府的叙事性强，语言朴素自然，句子长短不齐，但以五言为多。《孔雀东南飞》全诗350句，1700多字，描写一对夫妻为封建礼教迫害致死的悲剧，是中国最早的叙事长诗。

公元前82—前79年

世界

古罗马

苏拉的独裁统治 罗马政治家、军事家苏拉（Lucius Cornelius Sulla，前138—前78）在公元前82年领军占领罗马后，迫使元老院选举他为无限期的独裁官，集立宪、立法、司法和军事权于一身。苏拉任独裁官期间推行了一系列旨在恢复元老院权威、维护共和国政体的改革，并在公元前79年主动引退。但是他开创了罗马历史上军事独裁的先例，共和体制的颓势已不可逆转。

公元前73—前71年

世界

古罗马

斯巴达克斯起义 由角斗士斯巴达克斯（Spartacus，？—前71）领导的奴隶起义，起义人数最多时达9万人，几次打败罗马军队。克拉苏（Marcus Licinius Crassus, 约前115—前53）镇压了这次起义，并沿亚壁古道（the Appian Way）设十字架处死6000人示众。

公元前70—公元18年

世界

古罗马

拉丁文学的“黄金时代” 这一时代分为以西塞罗为代表的西塞罗时期和奥古斯都时期这两个阶段。至第二个阶段，文人得到奥古斯都及其官员的赞助，生活安定，作品描写细腻、语言优美，产生了维吉尔、贺拉斯和奥维德三大诗人和史学家李维。

约公元前54年

世界

古罗马

卡图卢斯（Gaius Valerius Catullus，约前84—前54） 罗马最优秀的抒情诗人，尤以献给莉斯比亚（Lesbia）的情诗著名。

公元前51年

中国

汉宣帝甘露二年

匈奴呼韩邪单于归汉 匈奴诸王争峰，一度分裂为南北两部。郅支单于所部为北匈奴，呼韩邪单于所部为南匈奴。是年，呼韩邪单于率部归顺于汉。15年后，公元前36年，汉朝出兵打败了郅支单于统治的北匈奴，呼韩邪统一了全匈奴部族。

公元前44年

世界

古罗马

恺撒（Julius Caesar，约前100—前44） 罗马军事家、政治家。于公元前58年率军出征高卢，经过8年厮杀，将高卢并入罗马版图。在公元前49年至前46年的内战中战胜政敌庞培后，恺撒事实上拥有了独断专行的君主权力。他为巩固政权、稳定社会秩序推行的改革危及了元老院贵族的利益。公元前44年，他在迫使元老院任命自己为终身独裁官后不久，被元老贵族设计谋杀。恺撒曾修订历法，新历一年365天，每四年加一天，史称儒略历，是现用的格列高里年历的基础。

公元前43年

世界

古罗马

西塞罗（Marcus Tullius Cicero，前106—前43） 罗马共和国时期的杰出文人、

政治家、演说家。他近乎完美的演讲术，促成了斯多葛派哲学在罗马的传播。在政治上，他力图挽救共和国，遭遇失败。所著涉及修辞学、演讲术、哲学和政论。

公元前33年

中国

汉元帝竟宁元年

昭君出塞 匈奴呼韩邪单于入觐汉廷，自请愿为汉婿，实现“和亲”。元帝将宫女王嫱（昭君）配他为后。单于号昭君为“宁胡阏氏”。其后六七十年间，汉与匈汉之间经济文化交流频繁，长期以来边患不断的中国北方边境出现了和平安定的景象。

公元前31年

世界

爱奥尼亚海

亚克兴之战（Battle of Actium） 罗马共和国后期的权力斗争逐渐演变成控制共和国西部的屋大维和控制东部的恺撒旧部安东尼（约前81—前30）之间的对决。屋大维利用安东尼与埃及女王克里奥帕特拉七世（前69—前30）的婚姻，以安东尼欲称帝并欲以埃及亚历山大城为都与埃及女王共同统治整个罗马世界为借口，成功说服元老院，向埃及克里奥帕特拉七世宣战。是年，克里奥帕特拉七世同安东尼率舰队与屋大维的军队会战于亚克兴，战败。后两人双双自杀。此战终结了罗马共和国晚期的多年内战，埃及被并入罗马版图。

公元前27年

世界

古罗马

罗马帝国始建 屋大维宣布将内战期间自己享有的非常权力退还给“元老院和罗马人民”，但保留了实际的军事和政治统治权，自任“元首”（意为“第一公民”）；元老院授予屋大维“奥古斯都”（意为“神圣”、“伟大”）的尊号。这通常被认为是罗马帝国的开始。

公元前27—公元180年

世界

古罗马

“罗马和平” 罗马帝国广大疆域，包括北非、西亚、西班牙、高卢、南部不列颠，在一个政府、一套政治和社会制度管理下，经历了约两个世纪的和平和繁荣，史称“罗马和平”。

公元前27—公元284年

世界

古罗马

罗马帝国的行政体制 屋大维建立的元首制实际上是君主制，不过形式上保留了共和国的一些重要制度，体现了他高超的统治艺术，从而开创了罗马200多年相对稳定的政治局面。帝国以行省和其下属的城市为基本行政单位，雇佣各级官吏负责国防和审理重大刑事案件，以及征收相关赋税；对行省的控制较前加强，但城市有较大的自治权；建立起常规军，包括禁卫军、军团、后勤部队和海军。

公元前19年

世界

古罗马

维吉尔（Virgil，前70—前19） 奥古斯都时期最重要的诗人。代表作史诗《埃涅阿斯纪》（*Aeneid*），把罗马历史追溯到特洛伊战争。诗中除了赞美传统希腊美德，还称颂帝国的行政能力，歌颂和平和繁荣。维吉尔被誉为罗马人的荷马。

约公元前8年

中国

汉成帝绥和元年

《氾胜之书》 氾胜之是汉成帝（前32—前8在位）时期的农学家，曾被朝廷派往关中地区管理农业生产。他将当地农民种植技术，包括犁田、选种、种麦、种瓜等方法，用文字记录整理成书，被称为《氾胜之书》。书中所叙及的区种法（深耕、合理密植的方法）、穗选法、嫁接法等，都是当时比较先进的农业技术。这是中国第一部系统的农学著作。

世界

古罗马

贺拉斯（Horace，前65—前8） 奥古斯都时期最主要的讽刺诗人、抒情诗人和文艺批评家。他把希腊诗歌格律和拉丁文的韵律有机结合，他的抒情诗语言优美、典雅庄重、融哲理与感性与一体，主要收录于他的作品集《颂诗集》（*Odes*）中。

公元前6年

中国

汉哀帝建平元年

《战国策》 刘向（约前77—前6），西汉文学家、目录学家。他根据流传的《国策》、《事语》、《修书》等资料，将战国时期游说四方为各国出谋划策的谋士的言论，按国别汇编成《战国策》一书，共33篇。该书对战国历史研究有重要价值；其文辞优美，富于雄辩和运筹的机智，在文学史上也有很高的地位。中国历史上的“战国”时代，即因此书而得名。

《楚辞》 西汉刘向收辑，录有战国时屈原、宋玉、景差，以及汉代贾谊、东方朔、刘向等人的辞赋作品，共16卷，其中以屈原的作品为多。这些作品富有楚国文学特色，故名《楚辞》。后人将屈原采用楚国方言，以民间歌谣形式创造出的诗歌体裁称为“楚辞”体。《楚辞》是继中国最早的诗歌总集《诗经》之后出现的又一部诗集，为古代文学的传世杰作。

约公元1世纪

中国

汉平帝元始元年

《九章算术》 现存中国古代最早的算学著作，作者不详，估计出于众人之手。约成书于公元1世纪，共收有246个问题，分为九章，分别是：方田、粟米、衰分、少广、商功、均输、盈不足、方程、勾股，其内容涉及分数、比例、开方、体积、正负数、联立一次方程和勾股定理等。尤在分数运算方面卓有建树。

世界

印度

犍陀罗艺术（Gāndhāra art）　古印度具有独特风格的佛教雕刻艺术。约出现于公元1世纪前后，5世纪后衰微。它是古代东西方文化交流的结果，兼有印度和希腊风格，故又有“希腊式佛教艺术”之称。其特点是以希腊的艺术手法雕刻佛陀和诸菩萨的石像，对南亚次大陆及周边地区的佛教艺术风格有重大影响。

公元1—5世纪

世界

中亚

贵霜帝国（Kushan Empire）　公元1至5世纪统治中亚地区及印度北部的帝国。约公元1世纪初，大月氏人贵霜部落首领丘就却（Kujula Kadphises）所建。都城富楼沙（今巴基斯坦境内）。帝国极盛时期，曾一度控制印度大陆中北部并与中国在中亚接壤，是当时欧亚四大国之一。帝国地处横贯中亚的“丝绸之路”必经之地，商品经济发达，其文化融合了古代印度、伊朗、希腊文化的特点。公元5世纪为匈奴人所灭。

公元9年

中国

新始建国元年

王莽建新朝　王莽为汉元帝皇后王政君的侄子，在汉廷身居要位。公元前1年，哀帝死，九岁的平帝继位，王政君作为太皇太后临朝，王莽为大司马，总揽朝政。是年，王莽取代汉朝，即天子位，定国号为“新”，都长安（今陕西西安），史称“新莽”，历时15年。公元23年，农民起义军绿林军攻破都城，杀王莽，新朝（9—23）亡。

公元14年

世界

古罗马

屋大维（Gaius Julius Caesar Octavianus，前63—公元14）　又名奥古斯都，恺撒的侄子和养子，凭借恺撒的声望和部分旧部的支持，他与雷必达（约前13卒）和安东尼形成“后三头政治”。此后，他先后剥夺雷必达的兵权、击败安东尼，结束罗马共和时期的内战，成为罗马的唯一主宰。公元前27年自任“元首”，实为罗马帝国第一任皇帝，被元老院“封”为奥古斯都。他重建罗马政治、军事、经济、社会生活各个方面，开创了“罗马和平”（Pax Romana）时代。

公元17年

世界

古罗马

李维（Livy，约前59—公元17）　奥古斯都时期罗马史学家。著《罗马史》（*History of Rome*），记述罗马建城到公元前9年的历史。他从个人和道德的角度出发解读历史，其写作风格和史学理念多为其后的史学家仿效，影响一直持续到18世纪。

公元18年

世界

古罗马

奥维德（Ovid，前48—公元18）诗人，其诗作以描写爱情心理见长。因诗作《爱的艺术》（*Ars amatoria*）讲解求爱的艺术而遭奥古斯都放逐。而其代表作是有“神话词典”之称的神话长诗《变形记》（*Metamorphoses*）。全诗15卷，包括250多个故事，集希腊、罗马神话之大成，为后世文学家提供了重要素材和创作灵感。

公元18—133年

世界

古罗马

拉丁文学的“白银时代” 拉丁文学是继“黄金时代”之后的又一重要阶段，该时期作品多批评和讽刺内容，代表作家小塞涅卡（Lucius Annaeus Seneca，前4—公元65）、讽刺诗人尤维那尔（Juvenal，60—140）、史学家塔西佗（Tacitus，56—约120）。

公元23年

中国

汉更始元年

《七略》 汉代官府藏书目录，目录学家刘歆（约前50—公元23）摘取其父刘向辑录的《别录》一书内容编成，比较简略，有七方面的内容，故称“七略”。分别为：辑略（学术总论）、六艺略（儒家经典）、诸子略（先秦各学派典籍）、诗赋略（文学作品）、兵书略（军事著作）、数术略（数学、天文、星象、历法、占卜）、方技略（医药、巫术），全书目录分为6类、38目、603子目，编录图书共13219卷。原书已佚，但其主要内容保存在东汉班固的《汉书·艺文志》中。《七略》是中国最早的综合性图书分类目录，对其后图书分类学、目录学的建立有深远影响。

公元25年

中国

汉光武帝建武元年

刘秀建东汉王朝 刘秀（前6—公元57），南阳蔡阳（今湖北枣阳西南）人，汉家宗室，东汉王朝的建立者。新莽末年，他乘农民大起义之机起兵，率七八千人加入绿林起义军，之后积聚力量，先借起义军的力量击败王莽主力，后又逼降了农民起义军。是年，刘秀称帝（25—57在位），为汉光武帝，重建汉朝，定都洛阳，史称“东汉”。

约公元30年

世界

古代巴勒斯坦地区

耶稣（约前6—约公元30） 基督教所信奉的救世主，其生平见《圣经·新约全书》的四部《福音书》。他对犹太教救世观进行重新阐释，其宗教思想以

"上帝之国"为核心，认为人的存在是为了实践上帝的旨意。

公元56年

中国

汉光武帝建武中元元年

桓谭（约前 24—公元 56） 字君山，沛国相（今安徽濉溪县西北）人，东汉哲学家。当时谶讳迷信极盛，桓谭斥之为欺惑之谈，认为人的生、老、死是自然规律，所谓长生不老之术是异道邪说。他以烛与火比喻形体与精神的关系，认为精神居于形体中，就像火点燃蜡烛一样，有烛才有火，"形具而神在"。桓谭的"形神论"在中国思想史上有重要地位。

公元57年

中国

汉光武帝建武中元二年

日使朝汉 是年，日本倭奴国王遣使朝汉。汉光武帝刘秀赐以金印紫绶。1784年，在日本博多湾志贺岛（今属福冈市）上出土一枚"汉委奴国王"印，确认即汉赐金印。金印现藏福冈市美术馆。

约公元67年

世界

古罗马

圣徒保罗（约 10—67） 被称为基督教神学之父，《新约》中收录了他阐述基督教教义的 14 封书信。他认为上帝的恩宠把人们从犹太律法的束缚中解放出来，给他们力量去爱神和爱邻人。这使非犹太人皈依基督教成为可能。

公元68年

中国

汉明帝永平十一年

佛教祖庭白马寺 相传汉明帝遣使者蔡愔等人往西域取经，途遇正携经东来的天竺僧人迦叶摩愔腾及其弟子竺法兰，于是他们用白马驮着经书，一同来到洛阳。次年，朝廷在洛阳建立白马寺翻译佛经。白马寺由此成为中国佛教的"祖庭"。

公元72年

世界

古罗马

罗马圆形剧场（Colosseum） 始建于公元 72年，至公元 80年建成。椭圆形，共四层，内设上至皇帝、下至平民各式人等的座位，可容纳五万观众。

公元78年

中国

汉章帝建初三年

张衡 字平子，南阳西鄂（今河南南阳）人，东汉杰出的科学家和天文学家。曾任朝廷太史令，掌管历法和观测天文气象。他认为宇宙是无限的，天体的运行是有规律的；月光是日光的反射，月蚀是由于地球遮住了太阳。根据多年对天象的观察和研究，他研制了可比较准确表现天文气象的“浑天仪”，又根据对地震的研究，研制成功了世界上第一台能够测定地震方向的“地动仪”。张衡学识广博，著有科学、哲学、文学著作数十篇，其天文学著作《灵宪》，在中国科学史上具有重要影响。

公元85年

中国

汉章帝元和二年

四分历 该历法将实测到的地球绕太阳运行四周的总时日分为四等份，得出一回归年的平均时日长度，故名《四分历》。它从公元85年至263年（曹魏景元四年）前后使用了151年。它设一回归年为365又1/4日，一朔望月为29又499/940日，在19年中插入7个闰月。其推算方法严谨，尤其是有关金、木、水、火、土五大行星的会合周期的推算比较精确，其中水星的数据已非常接近现代的观测结果。

公元89年

中国

汉章帝永和元年

匈奴西迁 汉时，匈奴分为南北两支，南下归汉的史称南匈奴，仍留在蒙古北漠的称北匈奴。是年，汉军大破北匈奴于金微山（今阿尔泰山）。北匈奴一部分西迁，渐转中亚及东欧；其余部分留居额尔浑河流域，后与另一个游牧民族鲜卑族相融合。

公元92年

中国

汉章帝永和四年

班固（32—92） 字孟坚，扶风安陵（今陕西咸阳东北）人，东汉史学家、文学家。曾为兰台令史（皇家图书馆长）。他以20余年之功编著《汉书》，记载上起公元前206年（汉高祖元年），下迄公元23年（王莽新地黄四年）的西汉一代历史，为中国第一部纪传体断代史，中国“二十四史”之一。全书共120卷，叙事结构严谨，文字生动，对后世史学和文学有深远的影响。

公元96年

中国

汉和帝永元八年

王充（27—约96） 字仲任，会稽上虞（今属浙江）人，东汉哲学家，中国历史上有名的无神论者。他反对当时已成为正宗官方学说的谶讳神学，认为宇宙的根本是“元气”，“天地合气，万物自生”，这是人不能主宰的自然规律；反对“圣人生而知之”的说法，认为知识的获取须自眼见、耳闻、口问、思维。其著作《论衡》，对董仲舒及其“天人感应”论，旁及孔孟及先秦诸子学说，都提出了不同的见解。

公元96—180年

世界

古罗马

罗马五贤帝 罗马帝国在此期间的

五位皇帝：涅尔瓦（Nerva，96—98在位）、图拉真（Trajan，98—117在位）、哈德良（Hadrian，117—138在位）、安敦尼·庇护（Antoninus Pius，138—161在位）、马可·奥里略（Marcus Aurelius，161—180在位）。前四位元首无子，收认元老院中之有为者为义子继承帝位，实现了政权的顺利交接。五贤帝时期是罗马帝国的黄金时代。

公元97年

中国

汉和帝永元九年

缅中通好　掸国是缅甸的古国。是年，掸国使团来洛阳奉献珍宝，汉和帝赐掸王金印紫绶。这是中缅第一次友好交往。

公元2世纪

世界

古罗马

罗马帝国的城市　帝国时代，城市发展迅速，各城的建设风格均以罗马城为原型，城中多有广场、神庙、圆形剧场和公共浴场，是帝国一体化的体现。至公元2世纪帝国兴盛时期，此类城市，西班牙和北非有600多座，高卢和意大利有约1200座，东部亚洲行省有约5000座。

公元105年

中国

汉和帝永元十七年

印中通好　印度，西汉时称“身毒”，东汉时称“天竺”。《后汉书》载：公元89年到105年，天竺“数遣使贡献”。后因西域隔绝，交往中断。公元159年，天竺遣使从日南郡（今越南顺化）来中国。公元161年，再度从海路遣使来中国。这是中印关系史上早期的几次交往。

蔡伦造纸　古人书写文字，或用简牍，或用缣帛。简重帛贵，难于普及。西汉时虽已出现麻造纸，但质地粗糙，不便书写。东汉和帝（89—105在位）时，宦官蔡伦用树皮、麻头、旧布和废鱼网等为原料造纸，纸质坚韧，造价低廉，很快就得到推广，被称为“蔡侯纸”。3—4世纪，纸逐渐取代竹简和丝帛成为主要的书写材料。

造纸术是古代中国的一大发明。

公元110年

中国

汉安帝永初四年

东观校书　洛阳皇宫中有一宫殿名“东观”，为皇家藏书之所。是年，皇帝诏令一批学者对所藏图书进行校勘文字、编核脱误的工作，史称“东观校书”。这是中国史上第一次大规模整理、校订图书典籍的举措。

公元117年

中国

汉安帝元初四年

浑天仪　中国古代测量天体位置的仪器，类似现代的天球仪，天文学家张衡创制。方法是铸铜成球，将所知道的重要的天文现象如赤道、南极、北极、星座等，按精算的位置和比例刻于球体上，然后用一套转动机械把它和漏壶连带起来，漏壶不断流出的水带动齿轮使球体旋转，据此可观察天象的运行变化。这是世界上最早的以水为动力运转的天象仪。

公元118—128年

世界

古罗马

万神殿（Pantheon） 初建的罗马万神殿是献给诸神的神庙，庙堂呈长方形，人字屋顶。后毁于大火。现存万神殿，主要建于118至128年间。圆形殿堂由混凝土浇筑而成，外饰罗马砖，内饰大理石；上部覆盖巨大的混凝土穹顶，直径长约 43.3米，最高处离地也约为 43.3米，穹顶中心是直径约 8米的巨大“窗洞”；入口处的门廊采用希腊神殿的造型。万神殿是保留至今的西方最宏伟的古代圆形建筑之一。

约公元120年

世界

古罗马

塔西佗（Tacitus，56—约120） 史学家，著有《日耳曼人志》（*Germania*），以日耳曼人的英勇美德昭示罗马文化的衰败。他的《编年史》（*Annals*）和《历史》（*Historiae*）解读了罗马帝国公元14—96年的历史。

约公元121年

中国

汉安帝永宁二年

《说文解字》 许慎（约58—147）著，是中国古代文字学的第一部系统著作，也是中国最早的一部汉语字典。全书共收字9353个，分别对每字解释字义、分析字形、说明读音，为后世研究古汉语文字保存了大量的语言语汇方面的资料。在体例上，根据汉字的字形结构分部首编排，便于查找。这也成为后世编写汉语字典辞书的主要体例。

公元122年

世界

古罗马

哈德良长城（Hadrian’s Wall） 罗马为抵御北部蛮族对不列颠行省的进犯修筑的石墙，横贯英格兰北部，长 118公里，约4.5米高、2.5—3米宽，城墙上每隔一定距离设有塔楼和堡垒。

公元132年

中国

汉顺帝永建七年

地震仪 东汉时多地震，天文学家张衡根据对地震现象的观测，发明了“候风地动仪”。该仪器安放于都城洛阳的灵台，即古天文台。公元138年2月29日陇西大地震，震波影响及洛阳，即被该地震仪测到并准确判断震中方位。这是人类历史上第一次用仪器探测地震方位。

公元142年

中国

汉顺帝汉安元年

炼丹术 古人相信服用仙丹可以长生不死，一度盛行炼丹之风。炼丹人将硫磺、硝石、木炭放在一起烧炼，引起燃烧和化学反应，这无意中增加了人们对化学的认识。东汉魏伯阳撰成《周易参同契》，书中根据《周易》阐述炼丹的理论、方法及服食丹药的作用，并记载了炼丹过程中硫和汞两种物质化合成硫化汞的反应。这是已知的世界上有关两种元素合成化合物的最早记载。

公元144年

中国

汉顺帝汉安三年

五斗米道 早期道教的一派，道士张道陵在四川鹤鸣山（今四川大邑县内）创立，因入道者须交五斗米而得名。该派奉老子为教祖，以老子的《道德经》为主要经典，在四川西北和陕西南部流传较广。汉末，曾在汉中建立政教合一的地方政权达30年。东晋（317—420）时曾被作为旗帜发动农民起义。

公元161年

世界

古罗马

《法学阶梯》（*The Institutes*） 古罗马法学家盖尤斯（Gaius，活动时期130—180）著。全书分四卷，涉及个人的法律地位、财产权、执法的方式等，是现存最系统可靠的罗马法古典时期的著作。

公元166年

中国

汉桓帝延熹九年

大秦和中国通使 公元97年，中国曾遣使臣甘英出使大秦，即罗马帝国。甘英至条支（今伊拉克境内），临西海（今波斯湾），未抵大秦而还。166年，大秦人经日南（今越南顺化）来中国，在洛阳晋谒皇帝，馈赠象牙、犀角、玳瑁等物。这是当时东西方两个帝国之间的第一次通使往来。

公元170年

中国

汉灵帝建宁三年

《四民月令》 农事著作，东汉学者崔寔（？—170）著。书中以拥有一定田产的农家为考察对象，详细记录了田庄从正月到十二月间每个月的农事活动安排，内容涉及当时人们的生产和生活活动，以及谷物、瓜菜的种植时令和栽种方法等，对农学和农村社会经济史的研究提供了第一手资料。书中述及大麻如在雌株开花前拔去雄株，雌株即不能结实，这是中国现存文献中有关植物雌雄属性与繁育关系的最早记录。

约公元175年

中国

汉灵帝熹平四年

熹平石经 中国历史上奉儒家经典

为经。是年，皇帝诏令诸儒订正五经文字，学者蔡邕用当时流行的隶体字书之，刻在石碑上立于太学门外。共刻《周易》、《尚书》、《鲁诗》、《仪礼》、《春秋》、《公羊传》、《论语》等七书，共46块石碑，历时9年，至光和六年（183年）完成，史称“熹平石经”。此为中国历史上最早的官定儒家经本。

石经刻成后，吸引了各地学子来洛阳参观及摹写。中国摹拓碑帖之风从此兴起。碑刻文字拓印于纸上装订成卷册流传，堪称中国印刷之滥觞。

张角创太平道　“太平”意为“极大公平”。太平道是早期道教一派，奉《太平经》为经典，创教者为张角。他反对剥削敛财，主张救穷周急，并以画符诵咒治病传道，颇得百姓信仰。十年间号称信徒达数十万众。东汉末年举行起义，史称“黄巾起义”。

世界

古罗马

阿普列尤斯和《金驴记》　阿普列尤斯（Lucius Apuleius，约124—175）是哲学家、修辞学家和作家，以小说《金驴记》（*Metamorphose*，原名《变形记》）留名后世。书中用第一人称讲述青年鲁奇乌斯（Lucius）误用魔法把自己变成一头驴子，后得女神拯救重获人形的故事。该书以主人公的际遇为主线，真实而广泛地描写了罗马外省（罗马帝国除意大利以外的地区）的生活，对后世文学产生过很大影响，阿普列尤斯由此被称为“小说之父”。

公元178年

中国

汉灵帝熹平七年

鸿都门学　汉灵帝（168—189在位）时创设的词赋书画学校，校址在京都洛阳宫的鸿都门。学生由州郡选送，多达千人，业满而成绩优异者可步入仕途。它打破了以往皇家太学专习儒家经典的惯例，是一座培养文学与艺术人才的学府。

公元180年

世界

古罗马

马可·奥里略（Marcus Aurelius，161—180在位）　“罗马五贤帝”之一，也是罗马最后一位重要的斯多葛派哲人，其代表作是以希腊语写就的《沉思录》（*Meditations*），被称为“哲学家皇帝”。但是他把元首之位传于其能力不济的儿子，终结了“罗马和平”时代。

公元184年

中国

汉灵帝光和七年

黄巾起义　东汉末年赋税繁重，豪强地主兼并土地，农民破产逃亡，社会矛盾激化。是年，以张角等为首的30多万农民起义，起义者头缠黄巾，故称“黄巾起义”。义军主力坚持了九个月的战斗，终被朝廷重兵镇压。之后，各地豪强分裂割据，汉朝统治名存实亡。

公元192年

中国

汉献帝初平三年

蔡邕（132—192）　陈留圉（今河南省杞县南）人，东汉著名学者。精经史，通音律，善书法，长于辞赋，文笔典雅。代表作有《述行赋》。

公元192—1697年

世界

东南亚

占婆国（Champa Kingdom）　由源自印度尼西亚的占族人建立的东南亚古国，位于中南半岛东南沿海地带。1697年为越南割据南部的阮王政权所吞并。占婆国深受印度文化影响，使用南部印度文字，崇拜印度教主神湿婆（Siva）和毗湿奴神（Visnu），并采用该教的种姓制度。历史上占人擅长海外贸易，同中国屡有贸易往来和文化交流。

约公元199年

中国

汉献帝建安四年

《神农本草经》　古代传说中，农业和医药的发明者是神农氏，本草则是中药药物的总称。《神农本草经》约成书于1—2世纪，收载了植物、动物、矿物药物共365种，并对药物的产地、功效等作了简要的解说。书中所述药物绝大部分沿用至今，确证疗效；所论及的有关药物配置、剂量以及服法等原则，为后世中医药理学的研究奠定了基础。这是中国现存最早的药物学专著，被誉为中医本草学的经典著作之一。

公元200年

中国

汉献帝建安五年

官渡之战　曹操挟天子，据中原，政治上颇有号召力；袁绍据有北方幽、并等四州（相当今河北、山西、及山东北部），为诸侯雄长，难容曹操坐大。两军会战于官渡（今河南省中牟县东北）。袁强曹弱，曹坚壁不出，以疲袁军；之后夜袭袁军屯粮之地，尽烧之。袁绍不战自溃，曹军大胜。这是中国军事史上以弱胜强的著名战例。

公元3世纪

世界

古罗马

隶农出现　自由的小农随着地位逐渐衰落，成为大地主的佃农，被迫依附于土地，人身自由受到限制，成为隶农；同时，部分奴隶也开始成为隶农。这是农奴制的前身。

新柏拉图主义　普罗提诺（Plotinus, 约204—270）及其追随者改造柏拉图主义，现代人称其为“新柏拉图主义”。它认为存在是分高低等级的：感官可知的物质世界是最低等的存在；最高的存在是“太一”（the One），又称“至善”（the Good），这是一切的源头。新柏拉图主义对早期基督教神学有重大影响。

波斯

摩尼教（Manichaeism） 3世纪兴起于波斯的二元宗教，由伊朗人摩尼（Mani，约216—276）创始，故名。该教在琐罗亚斯德教光明、黑暗两神的二元论教义的基础上，吸收了基督教、佛教的某些思想，形成独特的教义。它认为精神为善，物质为恶，两者混合而成世界；人的魂在性质上与上帝相同，是上帝在世上的一部分；上帝一定不会舍去自己的这一部分，因此上帝救人也就是自救；人也同样，是被拯救的拯救者。公元3—15世纪，该教曾在亚、非、欧洲的许多地区流行。

公元3—7世纪

世界

阿富汗

巴米扬石窟 位于阿富汗兴都库什山脉巴米扬山谷的佛教遗迹。开凿年代约为公元3—7世纪。岩壁共凿有大小石窟约750个。其洞窟样式有佛龛窟、僧房窟、会堂窟。主窟群左右两端各有一巨大的石雕立佛，分别高53米和35米。壁画和雕像的风格均受波斯萨珊王朝艺术的影响，也可看到印度和西方艺术的痕迹。8世纪初,随着当地的伊斯兰化，巴米扬石窟遭到极大破坏。

公元3世纪—1240年

世界

非洲

加纳王国（Ghana kingdom） 非洲西部古国。“加纳”一词原为统治者的称号，后传作国名。一般认为兴起时间为公元3—4世纪，全盛时期约在8—11世纪，统治地域大体在尼日尔河北岸和塞内加尔河上游。1240年为马里帝国所吞并。加纳王国以生产黄金著称，历史上曾控制穿越撒哈拉沙漠的贸易。

公元207年

中国

汉献帝建安十二年

三顾茅庐 刘备（161—223）是三国（220—280）时蜀汉国的建立者，曾为曹操所败，之后驻荆州（今属湖北）八年，积聚力量，广招人才。他闻隆中（今湖北襄阳西）名士诸葛亮胸怀大志，富有韬略，亲自登门拜访。一连两次，诸葛亮都避而不见，第三次再访，终于感动了诸葛亮，应允出山辅其成就大业。成语“三顾茅庐”出于此典。

公元208年

中国

汉献帝建安十三年

赤壁之战 曹操统一北方后，进而欲鲸吞江南，夺取全国，遂挥师南下，与据湖北一带的刘备、据长江一带的孙权会战于赤壁（即今湖北省蒲圻）。结果，力量较小的孙刘联军大败曹兵。从此，曹军无力南下争锋，全国形成了曹操（魏）、刘备（蜀）、孙权（吴）三国鼎立的格局。

华佗（约141—208）　沛国谯（今安徽亳县）人，东汉名医，精于内、外、妇、儿等科医术。他用中草药研制了一种叫“麻沸散”的麻醉药，在为病人施行切除阑尾手术时成功使用，是世界上第一位应用全身麻醉术的医生。他还模仿鹿、虎、猿、熊、鸟五种动物的动作，独创了一套名为“五禽戏”的体操，用以增强体魄。

公元212年

世界

古罗马

安托尼亚纳敕令（Constitution Antoniniana）　罗马皇帝卡拉卡拉（198—217在位）颁布，给予帝国几乎所有的自由民以罗马公民权。罗马公民权原为罗马人享有的特权，也是罗马笼络盟国和被征服地区贵族的工具。该敕令颁布前已有大量外省人获得了罗马公民权，敕令的颁布反映了整个帝国罗马化深入的程度。

公元219年

中国

汉献帝建安二十四年

张仲景（约150—219）　南阳郡（今河南南阳）人，东汉名医。当时瘟疫流行，夺去不少生命，他苦心研究古代医学，收集民间秘方，著成《伤寒杂病论》16卷。书中不仅有大量的内服药方，还阐述了相关的中医理论，比如辨证施治，即根据病人的种种状况，综合判断病症，进而采取有针对性的治疗方案。这些理论和原则奠定了中医治疗学的基础，张仲景被奉为中国的“医圣”。

关羽（？—219）　字云长，河东解县（今山西临猗西南）人，三国时蜀汉国大将。东汉末从刘备起兵，后镇守荆州。是年，东吴军队袭荆州，关羽兵败被杀。关羽以忠义闻名，后世又加以渲染、神化，被尊为“关公”、“武圣”，成为民间的一尊护法神。

约公元220年

中国

汉献帝延康元年

《古诗十九首》　流行于东汉的五言诗合集，作者不确，非一人一时所作。作品大多抒写夫妇朋友间的离情别绪和士人失意的苦闷忧愤，语言清新朴素，是早期抒情诗的典范。

曹操（155—220）　沛国谯（今安徽亳县）人，东汉末年政治家、军事家，三国时魏国的建立者。在镇压农民起义中，建立起一支强大的军队。一度控制汉献帝（190—220在位），使诸侯听从他的调遣。长于用兵，先后破袁术、杀吕布、败袁绍，消灭北方各军阀势力，进而统一中国北方。实行“屯田制”，促进了社会经济的恢复。知人善任，主张唯才是举。善诗歌、散文，后人将其著作辑为《魏武帝集》。

三 国

公元220年—280年

公元220—280年

中国

魏文帝黄初元年—晋太康元年

三国时代 指公元220至280年中国历史上出现的魏、蜀、吴三国鼎立的时代。魏国（220—265），都洛阳，历五帝、46年。蜀国（221—263），都成都，历二帝、43年。吴国（222—280），都建业（今南京），历四帝、59年。三国鼎立的局面，直至公元280年西晋（265—317）灭吴才告结束。

曹丕称帝 魏王曹操病故，子曹丕（220—225在位）迫使汉献帝让位，自己做了皇帝，即魏文帝。改国号魏，建都洛阳。

类书《皇览》 “类书”，就是分类辑录资料，按照一定的方法编排，以备检索的工具书。魏文帝时编辑《皇览》，意为皇帝御览的书，是中国最早的类书。自公元220年至1911年的1600多年间，总计编纂的类书有600多种，存留至今的有200多种。著名的有唐朝的《艺文类聚》、宋朝的《太平御览》、明朝的《永乐大典》和清朝的《古今图书集成》等。《皇览》为中国类书之祖。

公元221年

中国

魏文帝黄初二年

刘备称帝 曹丕称帝后，蜀主刘备（161—223）也于成都称帝，是为汉昭烈帝。刘备是汉朝皇族的后裔，故仍打出汉家的旗号，国号为“汉”，史称“蜀”，也称“蜀汉”。

孙权称王 孙权（约182—252），字仲谋，吴郡富春（今浙江富阳）人。三国时吴国的建立者。东汉末年，继其兄孙策据有长江中下游一带。魏、蜀称帝后，孙权迁都于鄂，改鄂为武昌（即今湖北省鄂城）。不久，他称臣于魏，魏封之为吴王，孙权始称王。

曹植赋“七步诗” 南朝（420—589）刘义庆小说《世说新语》载：魏文帝曹丕嫉妒其弟曹植的才华，欲加害于他，命他在七步之内作成一首诗，否则杀头。曹植应声便曰："煮豆持作羹，漉豉以为汁。其在釜下燃，豆在釜中泣。本是同根生，相煎何太急！"魏文帝听了深有惭色。

此诗借烧豆秸煮豆暗喻同室操戈、兄弟相残，贴切而生动，一直流传至今。

公元222年

中国

魏文帝黄初三年

彝陵之战　蜀主刘备因大将关羽被东吴杀害，是年倾全国之兵伐吴。蜀军自建平（今四川巫山东）至彝陵（今湖北宜昌），连绵扎营数百里，声势浩大。吴国大将陆逊初时坚守不出，待蜀军疲惫后纵火攻蜀，烧了其数百里连营，大获全胜。此战史称"彝陵之战"，为中国战争史上以弱胜强的战例。

公元224—651年

世界

波斯

萨珊王朝（Sassan Dynasty）　古代波斯的最后一个王朝。224年，帕提亚王国属下的波斯侯阿尔达希尔一世（Ardashir Ⅰ，224—241在位）建立，并以其祖父的名字萨珊命名，建都泰西封。王朝统治时期，重新统一伊朗，实行中央集权，以琐罗亚斯德教为国教。曾长期与罗马、拜占廷帝国作战。国势最强时，其疆域西抵幼发拉底河、南临波斯湾、北达高加索、东至帕米尔高原。公元637年，阿拉伯人入侵，651年王朝覆亡。

公元227年

中国

魏明帝太和元年

《出师表》　诸葛亮上书蜀后主刘禅，建议出兵伐魏，以免其坐大难除。曾先后两次上表，史称"前后出师表"。《出师表》表现了诸葛亮北伐的决心和他对蜀主的耿耿忠心，文辞感人，传诵至今。

公元229年

中国

魏明帝太和三年

东吴建都建业　是年，吴王孙权（182—252）称帝，是为吴大帝。随后将都城从武昌（今湖北鄂城）迁至建业（今南京市）。吴国（229—280）史称"东吴"，据有今长江中下游及以南地区，与魏、蜀形成三足鼎立之势。建业自此成为帝王都城，历吴、东晋、宋、齐、梁、陈，共360年，故南京有"六朝古都"之称。

公元230年

中国

魏明帝太和四年

钟繇（151—230）　字元常，颍川长社（今河南长葛东）人，三国时魏大臣，善书法，尤精于楷书。他的书法，对汉字字体由秦汉时代流行的隶书向楷书转变有重要影响。其真迹无存，代表作《宣示表》、《贺捷表》、《荐季直表》等均出于后人临摹，为历代学习小楷的临摹范本。

公元234年

中国

魏明帝青龙二年

诸葛亮（181—234） 字孔明，琅邪阳都（今山东沂南南）人，三国时杰出的政治家、军事家。曾隐居隆中（今湖北襄阳西），人称“卧龙”。207年，刘备三顾茅庐请他出山辅佐，遂成为蜀国军师。刘备依其战略联吴抗魏，使蜀国由弱转强。刘备死后，他全心辅佐新蜀主刘禅，励精图治，任用贤能，改善与西南各族关系，巩固蜀国基业。为争夺中原，曾五次出兵攻魏，最终积劳成疾，病逝五丈原（在今陕西省眉县）军中。在中国民间，诸葛亮是智慧的化身，家喻户晓。

公元235—284年

世界

古罗马

罗马三世纪危机 被视为罗马帝国政治、经济和社会发展的分水岭。危机表现为王权争夺、政权迅速更迭、内战不断、边境告危、银币币制的崩溃等。

公元248年

中国

魏齐王正始九年

正始石经 中国历史上将刻在石碑上的儒家经典称为“石经”。魏石经刻于正始年间（240—249），故名《正始石经》。内容为古文经传《尚书》、《春秋》、《左传》。共刻35块碑石，立于洛阳太学门外的汉熹平石经之西。因以古文、小篆、汉隶三种字体书写，又称“三体石经”。

公元249年

中国

魏齐王正始十年

玄学 玄学是魏晋时代的哲学思潮，因奉《周易》、《老子》、《庄子》为“三玄”，用道家思想解释儒家经典，故名。玄学的早期代表是魏正始年间的何晏（190—249）和王弼（226—249）。他们认为宇宙万物的本体是“无”，因而崇尚“无为”、“自然”，主张国君要“无为而治”。玄学家尚空谈，不务实事，当时就遭到一些名士的批评。南北朝（420—589）之后，随着佛教的兴起，玄学逐渐衰落。

公元260年

中国

魏高贵乡公甘露五年

司马昭专权 司马昭（211—265），三国时魏国大将军，跋扈专权。他逼魏帝曹髦（241—260）封他为晋公，按古制给以最尊崇的礼遇。曹髦曾说：“司马昭之心，路人皆知。”是年，曹髦亲率宫中卫兵等人讨司马昭，未成，反被司马昭所杀。

“司马昭之心，路人皆知”一语流

传至今，比喻某人心怀歹意又暴露无遗。

朱士行（生卒年不详）　三国时魏嘉平年间（249—254）的僧人。他依天竺和尚昙摩迦罗所传授的出家仪轨受戒，故佛教界认为他是中国的第一个和尚。是年，为找到佛经的梵文原本，他从长安西行到佛教经典集中的于阗（今新疆境内），果然得到大乘经典的梵文原本，共90章、60余万字。该经本在公元282年（太康三年）由其弟子送回洛阳，朱士行本人则终老于西域。他是中国第一个往西域求法的僧人。

公元262年

中国

魏元帝景元三年

嵇康（224—262）　谯郡（今安徽宿县西南）人，三国时魏国著名的文学家、思想家、音乐家。他崇尚老庄学说，厌恶礼教，拒走仕途。认为传统的儒家学说违背人的愿望，因而“非汤武而薄周礼”，主张摆脱其束缚而回归自然。他擅长散文、诗歌、弹琴，曾作《琴赋》论述琴的奏法，一曲《广陵散》留名千古。著作有《嵇中散集》。

竹林七贤　司马氏专权把持朝政，引起一些名士的不满。他们或以蔑视礼法、或以纵酒玩乐、或以高谈阔论，拒绝与朝廷合作。嵇康、阮籍（210—263）、山涛（205—283）、向秀（227—272）、阮咸（生卒年不详）、王戎（234—305）、刘伶（生卒年不详）等为当时名士的代表。他们常宴集于村野竹林，时人号之“竹林七贤”。

公元263年

中国

魏元帝景元四年

刘徽与《九章算术注》　刘徽是三国时魏国数学家。是年，他完成《九章算术注》九卷。他首创割圆术，即用不断增加圆的内接正多边形的边数的方法，来计算圆周率，将圆周率值的精度提高到3.14159。这在当时世界上堪称最佳数据。《九章算术注》原为十卷，后将第十卷冠以《海岛算经》之名单独成书。书中列有测望海岛、测望松高、俯测深谷、登山望楼等九个问题，并给出了测量的基本方法。这是中国有关测量学的最早著作。

晋

公元265年—420年

公元265年

中国

晋武帝泰始元年

西晋王朝建立 晋王司马昭死，其子司马炎（236—290）继晋王位。司马炎迫使魏元帝曹奂退位，自称皇帝，是为晋武帝，晋朝（265—420）建立。晋朝先后历25帝、156年：前期都洛阳，史称西晋（265—316）；后期都建康（今南京），史称东晋（317—420）。

李密上《陈情表》 晋武帝下旨召蜀人李密入京师洛阳为官。李密因祖母年老，上表陈情，以辞征召。文中言词恳切动人，其中“茕茕孑立，形影相吊”、“日薄西山，气息奄奄”等句一直流传至今，为中国历史上的散文名篇。

公元270年

中国

晋武帝泰始六年

王叔和著《脉经》 中医常通过脉诊，即检查病人的脉位、脉动次数、节律、强弱等来诊断病情。魏晋时医学家王叔和（180—270）在总结医界前人有关脉学知识的基础上，著成《脉经》10卷。这是中医现存最早的一部脉学专著。书中将人的脉象归纳为24种，后人沿用下来，并在此基础上综合总结成为28种。今天，脉诊依然是中医临床中的常规检查手段之一。

公元271年

中国

晋武帝泰始七年

制图六体 裴秀（224—271）是晋地图学家，绘有中国历史地图《禹贡地域图》和晋国简缩地图《地形方丈图》。他总结前人经验，提出制图六要素，即分率（比例尺）、准望（方位）、道里（距离）、高下（地势起伏）、方邪（倾斜角度）、迂直（河流、道路的曲直）。这些要素曾长期为后世制图者所遵循，由此构成中国早期地图学的基础。

洛阳纸贵 左思（约250—305）为西

晋文学家，用十年之功，写成《三都赋》，分别叙述三国时蜀都益州（今四川成都）、吴都建业（今江苏南京）、魏都邺城（今河北临漳）三地的形势、物产、宫室、人文等情况，其体制宏大，事类广博，文辞华美，在社会上引起很大反响。一时间人们竞相抄写传播，以致哄抬起洛阳市面上的纸张价格。

成语“洛阳纸贵”出于此典，比喻作品受人欢迎，风行一时。

公元282年

中国

晋武帝太康三年

皇甫谧著《针灸甲乙经》 皇甫谧（215—282），魏晋间医学家。曾患风痹症，乃钻研医学，著成《针灸甲乙经》。全书12卷，涉及内、外、妇、儿、五官各科，阐述经脉理论，介绍人体上各穴位的名称和部位，以及各种疾病的针灸取穴方法。《针灸甲乙经》是中国医学史上著名的针灸学著作。

公元284—305年

世界

古罗马

戴克里先改革 284年，罗马皇帝戴克里先（Diocletian，284—305在位）继位，执政期间对罗马的行政、军事、经济制度等进行改革，包括行政权和军权分离、实行“四帝共治”制、稳定币值、实行新税制、取消某些免税特权等。这些措施使面临危机的帝国得到暂时的稳定。同时，他弃用元首的称号，仿效东方专制君主的宫廷礼仪，神化君权，罗马帝国进入君主制阶段。

公元293—324年

世界

古罗马

罗马的四帝共治制 戴克里先为解决罗马帝国边防和皇位继承的问题，采用“四帝共治制”：任命部将马克西米亚（Maximian，？—310）为共治者，两人同称“奥古斯都”，分别坐镇帝国的东、西两部；他们又各自任命一名助手兼继任者，对东部和西部地区实行共治。这种形式称为“四帝共治制”。戴克里先之后，皇位继承制并未有效实施，帝国东西分隔却逐渐加剧。

公元297年

中国

晋惠帝元康七年

陈寿著《三国志》 陈寿（233—297），西晋史学家。晋灭吴后，他搜集三国时官家和民间史料，撰成《三国志》。该书共65卷，分别记载魏、蜀、吴三国的历史。因叙事较为简略，后世史家裴松之（372—451）查阅了很多资料为之作注，注文多于原著文字数倍，保存史料甚丰。

公元4世纪

世界

古罗马

基督教隐修制的开创 圣安东尼

（St. Anthony of Egypt，约251—356）20岁时受《马太福音》的感召，开始在荒野、深山离世独居，冥思苦修；公元305年开始指导效仿者。他被称为“基督教隐修制之父”。4世纪初年，孤独隐修开始流行于今埃及、叙利亚等地。323年，帕科米乌（Pachomius，约290—346）在今埃及塔本尼西（Tabennisi）建立了第一个隐修团体，制定修行规章并接受当地主教的监督和领导，集体隐修制由此创立。集体隐修和孤独隐修是基督教隐修制的两种形式。隐修者希望摆脱世俗干扰潜心修行，这在中古欧洲，一度被视为最完美的生活。

印度

印度教 又称“新婆罗门教”，广泛流行于印度等地。4世纪前后由婆罗门教吸收佛教、耆那教的某些教义演化而成，8—9世纪经过商羯罗（Sankara）改革，逐渐成为印度教的雏形。主要经典有《吠陀经》、《奥义书》、《往世书》、《摩诃婆罗多》、《罗摩衍那》等。宣扬不抵抗、因果报应及轮回说，主张不同种姓、部落氏族、家庭都必须严格遵守各自的行为准则。

公元4世纪—935年

世界

朝鲜半岛

新罗 朝鲜半岛古国。公元4世纪由三韩中的辰韩所建立，统治区域先在朝鲜半岛东南部，后逐渐向东向北扩张。7世纪中叶，与中国唐朝军队联手先后灭掉百济、高句丽，驱逐日本在朝鲜半岛的势力，于668年在大同江以南地区建立起统一的新罗王朝。新罗大力吸收中国文化和典章制度，使用汉字，儒学在半岛广泛流行，佛教的传播也更加广泛。后为高句丽部将王建所灭，后者统一半岛建立高丽王朝。

公元4—7世纪

世界

日本

大和国 日本古代国家，又名倭国，统治中心在今关西近畿大和地方一带。约在4世纪中叶实现国家的统一，5世纪初达到鼎盛，势力一度扩及朝鲜半岛南部。王室和贵族普遍使用部民制（见本书100页专条介绍）。推古元年（592年）圣德太子摄政，实行一系列改革，汲取中国当时政治文化建制的先进成果，加强王权，并派遣使节入隋学习中国文化。645年推行“大化革新”，模仿唐代政治制度，建立起以天皇为绝对君主的中央集权制。

公元303年

中国

晋惠帝永宁二年

陆机（261—303） 字士衡，吴郡吴县华亭（今上海市松江）人，西晋文学家。出身世族，祖父和父亲皆东吴名将。善诗文，传世诗作有百余首。曾著《文赋》，论述文章的优劣、文学内容和形式的关系、文学的想象和独创，以及文学的体裁等，为中国古代重要的文学研究论文。陆机也是书法家，所书《平复帖》是他问候生病朋友的书札，字形质朴古雅，在书法界备受赞誉。该帖现存北京故宫博物院。

公元313年

世界

古罗马

米兰敕令（Edict of Milan）　分别坐镇帝国东西部的两位罗马皇帝君士坦丁一世（307—337在位）和李锡尼（Licinius，308—324在位）在米兰达成协议，由李锡尼颁布敕令，对所有的宗教采取宽容的态度。基督教的合法地位得到承认。

公元316年

中国

晋愍帝建兴四年

晋愍帝衔璧出降　西晋的统一局面十分短暂。是年，匈奴族的汉国大军攻陷晋都长安，14岁的晋愍帝口衔玉璧，出城投降。汉国将领以礼相待，接受他的投降。西晋（265—316）历四帝、52年，至此亡国。

公元318年

中国

晋元帝大兴元年

东晋王朝建立　公元317年，晋愍帝死。消息传到建康（今南京），晋琅邪王司马睿为之举哀建陵，旋即称帝，是为晋元帝（317—322在位），定都建康。东晋（317—420）共历11帝、104年。这一时期，中国南北分裂，相互对峙，东晋王朝只据有江南半壁江山，北方则为多个民族先后建立的大大小小的政权所割据，历史上概称之为“五胡十六国”。

约公元320—540年

世界

印度

笈多王朝（Gupta Dynasty）　中世纪统一印度的第一个封建王朝，约公元320年旃陀罗笈多一世（Candra Gupta I，约320—330在位）建立，首都华氏城（今巴特那）。4世纪末5世纪初达极盛，领土包括印度的北部、中部和西部的部分地区。笈多王朝时期文化发达，梵文文学、绘画、雕刻和建筑艺术均有显著成就。6世纪时王朝灭亡。

公元325年

世界

古罗马

尼西亚会议（Council of Nicea）　为解决阿里乌派（Arianism）在教会中引起的关于基督教教义的论争，君士坦丁大帝在尼西亚城（今土耳其境内）主持召开第一次基督教大公会议，318名主教出席。会议的中心议题是解释“道成肉身”的基督和上帝，即“三位一体”中的“子”与“父”的关系。会议通过了《尼西亚信经》，确认父子“同质”。会议有利于基督教的统一，同时显示出帝国政权对教会的控制力。

公元330年

中国

晋成帝咸和五年

"岁差"的发现 由于外力的作用，地球自转轴的运行并不是保持固定方向，而是不断变化的，这种天文现象叫"岁差"。东晋天文学家虞喜首先发现并计算出岁差之值——冬至点每50年西移一度。这一发现虽比古希腊天文学家希帕库斯（Hipparchus）晚400多年，却比他的每百年差一度的估计要精确很多。此后，南朝（420—589）祖冲之制《大明历》、隋朝（581—618）刘焯制《皇极历》，都将"岁差"计算在内，所制历法更为准确。"岁差"是中国天文历法史上一重大发现。

世界

古罗马

君士坦丁堡建城 君士坦丁大帝为纪念他对政治对手李锡尼的胜利，改建古城拜占廷，并以他自己的名字命名该城。君士坦丁堡（今土耳其伊斯坦布尔）后成为东罗马帝国的首都。

公元342年

中国

晋成帝咸康八年

虞喜著《安天论》 虞喜，会稽余姚（今属浙江）人，东晋天文学家，其最大的贡献是发现"岁差"。著有《安天论》。他在书中针对当时人们对天会塌陷的担心，指出天高无穷，在上常安不动；日月星辰各自运行，自有其规律，犹如江海有潮汐，万物有行止。虞喜生卒年不详，但知《安天论》著于咸康年间（335—342）。

公元353年

中国

晋穆帝永和九年

王羲之（321—379） 琅邪临沂（今属山东）人，中国大书法家。他曾游历名山大川，观察研究前辈书法家的碑刻，刻苦练习，博采众长，终于形成了自己独具风格的字体，为历代学书者尊为"书圣"。他的墨宝真迹无存，但刻本很多，尤以《兰亭序》影响最大。这是他在永和九年（353年）与朋友在山阴（今浙江绍兴）兰亭游乐赋诗时所写的诗序，为后人称为"天下第一行书"。

公元364年

中国

晋哀帝兴宁二年

葛洪 炼丹术约起于战国，那时已有炼丹方士，旨在炼制"长生不死"的仙药。葛洪（284—364），字稚川，自号"抱朴子"，丹阳句容（今属江苏）人，东晋有名的炼丹术家、医学家。曾在朝廷为官，后往罗浮山（今属广东）专事炼丹。他总结前人经验，将自己炼丹的方法和心得著成《抱朴子》一书。这是中国早期炼丹术著述，书中记录了不同物质在一起燃烧时所发生的化学变化，对早期化学的研究有重要参考价值。

世界

古罗马

罗马东西分治 罗马帝国边境频频告急，皇帝瓦伦提尼安（Valentinian I，364—375在位）封其弟瓦伦斯（Valens，364—378在位）为皇帝管理东部帝国，自己管理西部帝国，各自掌管相应的军队和官吏。这是帝国东西分治的开始。

约公元365年

中国

晋哀帝兴宁三年

陶渊明（约365—427） 名潜，字元亮，浔阳柴桑（今江西九江）人，东晋诗人。曾任晋廷地方官，因不满社会黑暗现象，去官归隐乡间。他以诗歌散文著称于世。其诗大部分描写自然景色和乡村生活，语言自然恬淡，为中国“田园诗”之开端，对后世有较大的影响。散文以《桃花源记》为最有名，以丰富的想象和朴素自然的文字，记述主人公武陵渔人避世桃花源的故事。文章短小优美，充满浪漫色彩，为中国文学之千古名篇。

公元366年

中国

晋海西公太和元年

莫高窟 又称“千佛洞”，是年始开凿，此后，在持续1000多年的时间里，各朝多有修凿。至今在1600米长的断崖上，仍保存着492个洞窟，内存壁画4.5万余平方米、彩塑像2415尊。莫高窟文物，尤其是藏经洞发现的大批珍贵的历史图籍有极高的文化价值。有关这方面的研究，国际上已形成专门的学科——敦煌学。

公元383年

中国

晋孝武帝太元八年

淝水之战 4世纪晚叶，苻坚（338—385）统治的前秦一度统一中国北方。是年，他征调90万大军南下攻晋。晋将谢玄（343—388）等率兵八万北上御敌，两军于淝水（在今安徽省寿县）隔水对阵。决战时，谢玄以隔水不便打仗为由请求秦军向后稍退。苻坚想乘晋军渡河时用骑兵冲乱晋阵，于是命令后退。但前秦士兵不解其因，误认为是前军败退，一时阵脚溃乱。晋兵乘势渡江猛攻，秦兵四散奔逃，最终大败。此战后前秦瓦解，各种势力又纷起割据地盘，北方重新陷于分裂。之后出现了南朝与北朝长期对峙的局面。

淝水之战是中国历史上以少胜多的著名战例。

公元386年

中国

晋孝武帝太元十一年

北魏建国 北方鲜卑族拓跋部曾建代国（315—376），后亡于前秦。淝水之战后，前秦势衰，拓跋跬于是年乘机复国。初称代，旋改称魏，都盛乐（今内蒙古和林格尔），史称北魏（386—534），共历17帝、171年。

公元394年

世界

古罗马

基督教成为罗马国教 罗马皇帝狄奥多西一世（Theodosius I, 379—395在位）下令禁止信仰基督教以外的宗教。基督教成为罗马帝国唯一合法的宗教。

公元4世纪末

世界

日本

日本部民制 日本大和国时期的社会经济制度，产生于公元4世纪末期，大化革新（645—710）后被废除。部民制具有奴隶制特征。部是皇室和贵族占有的奴隶集体，根据其从事工作的种类分为不同的类型。部民只能用于转让，不能买卖和随便杀害；他们有自己的家庭，地位略高于奴婢。

公元400年

中国

晋安帝隆安四年

《孙子算经》 中国最早的数学著作，约成书于公元400年前后，作者不详。该书有三卷，其最大的贡献是首次提出“物不知数”问题。（即：“今有物不知数，三三数之剩二，五五数之剩三，七七数之剩二，问物几何？”）它的解法，用到求三个联立一次同余的共同解，由此开始了数学上对不定分析的研究。在欧洲，德国数学家高斯于公元1801年始提出同类问题，被称为“高斯定理”。1874年，德国数学家马提生指出：“高斯定理”其实早见于中国的《孙子算经》。之后，人们将之称为“孙子定理”。

史载中的小数名称 《孙子算经》中已有分、厘、毫、秒、忽的小数名称，并曰：“蚕所吐丝为忽，十忽为秒，十秒为毫，十毫为分。”至宋朝（960—1279），“秒”始改称为“丝”；至清朝（1644—1911），数学家在“忽”位下又提出微、纤、沙、尘等小数单位名称。

约公元400—600年

世界

墨西哥湾

特奥蒂华坎城 特奥蒂华坎（Teotihuacán，阿兹特克语，意为“诸神之城”）位于墨西哥湾东北部。建于公元初年，鼎盛时方圆8平方英里，居民约15万。该城的主轴是南北向的“逝者大道”（Avenue of the Dead），城中除住房外，还有宽阔的集市广场、神庙、贵族和祭司的宅邸，代表建筑是月亮金字塔和太阳金字塔。许多建筑装饰有以神和祭祀为主题的雕塑和壁画。特奥蒂华坎城的文化影响一度遍及整个中美洲。

公元401年

中国

晋安帝隆安五年

鸠摩罗什至长安 鸠摩罗什

（Kumārajīva，344—413）祖籍天竺，生于西域龟兹（今新疆库车）。幼年出家，精于佛教教义，精通汉语。是年，被迎请到长安开始翻译佛经。所译经计 74部、384卷，对中国佛教界有重要的影响。他与南朝（420—589）的真谛（Paramatha，499—569）、唐朝（618—907）的玄奘（602—664）并称为中国佛教史上的三大翻译家。

公元5—6世纪

世界

西欧

欧洲领主制和农奴制产生 由于社会动荡，小农和无地者以土地或自由为交换条件向有势力的大地主寻求庇护，领主制和农奴制逐渐形成。该制度以农庄为基本单位，农庄主是统辖农庄的领主，享有行政管理和部分司法权；农民成为依附于土地的农奴。至 12世纪，随着商业发展、货币经济出现和城镇兴起，领主制开始衰落。

公元406年

中国

晋安帝义熙二年

顾恺之（约 345—406） 晋陵无锡（今属江苏）人，东晋画家。多才艺，擅画人物肖像及神仙、佛像，禽兽、山水等。他主张“以形写神”，通过画中人物的眼睛展现其心灵。其绘画真迹已佚，现存后世画师对其名作的摹本，如《女史箴图》、《洛神赋图卷》等。

公元410年

世界

古罗马

西哥特人攻陷罗马城 西哥特人在国王阿拉里克（Alaric，约370—410）的率领下相继进攻希腊和意大利。是年攻陷罗马城。

公元414年

中国

晋安帝义熙十年

法显（约 337—422） 平阳武阳（今山西襄垣县）人，东晋佛教学者。幼年出家。因慨叹“经律舛缺”而四处寻找佛经。在前后 14年里，他历访天竺（印度）、师子国（斯里兰卡）等 30余国，带回了很多梵文佛经。后至建康（今南京），与他人共同译出佛教经律论6部、24卷。他自记旅行见闻，撰成《佛国记》，记录所到国家和地区的山川风物。该书为研究亚洲早期佛教史，古代中亚国家和印度的地理、风情，以及中国早期与这些国家的交往史，留下了翔实的资料。

公元419年

世界

古罗马

哲罗姆（St. Jerome，约345—419）四大拉丁教父之一，整理编订前人的翻译，完成了中世纪西欧通用的拉丁文《圣经》译本。他对修道院理想的阐述和宣传是他在中世纪享有盛誉的另一原因。

南 北 朝

公元420年—589年

公元420—589年

中国

宋武帝刘裕永初元年—隋开皇九年

南北朝时代 刘裕（356—422）原为东晋将领，因屡立战功，威望日隆，打下了帝业基础。420年，他取代没落的东晋王朝，自称皇帝，国号宋，史称“刘宋”。这标志晋代的结束。东晋王朝原统治的南方地区，在此后的170年里，经历了宋、齐、梁、陈四个朝代，历史上称之为“南朝”。

公元439年，鲜卑族建立的北魏政权统一了北方。后来，北魏孝文帝进行改革，学习汉族的制度、语言、服饰，促进了北方民族的大融合。之后，北魏政权分裂为东魏与西魏，接着北齐取代东魏，北周取代西魏。上述北方的五个朝代，历史上总称为“北朝”。

南朝和北朝并存时期，史称“南北朝”（420—589）。

“蒙气差”的发现 光线通过地球周围时，由于大气的折射作用，观测者所看到的天体方向和天体的真实方向存在差别，人所视高度比实际高度要大一些，这两个高度的差即“蒙气差”。现代天文学称“大气折射改正”。十六国时期后秦的姜岌发现了蒙气差，并对这一现象予以合乎科学的解释。这是中国天文学史上的重要发现。

约公元430年

世界

古罗马

奥古斯丁（St. Augustine of Hippo, 354—430） 基督教四大拉丁教父之一，基督教神学家，396年开始出任北非希波主教。他是当时哲学和宗教思想的集大成者，在基督教思想史上起着上承希腊罗马、下启中世纪欧洲的作用。他早年研习修辞学和哲学，其著作体现了宗教信仰和理性的完美结合，最知名的代表作是《忏悔录》（*Confessions*）和《上帝之城》（*De civitate Dei*）。前者以自传体形式讲述他皈依基督教之路；后者是其晚年最重要的神学巨著，写于罗马城被攻陷之后，系统阐述基督教的历史哲学，认为历史是上帝安排的拯救史。但奥古斯丁并不否认人的自由和选择。

公元439年

中国

北魏太武帝太延五年

魏统一北方　鲜卑族拓跋部在383年淝水之战后重建代国，改国号为魏，史称“北魏”。经多年征战，北魏逐步吞并后燕、夏、北燕、北凉等民族政权，是年统一北方，形成与南朝的刘宋王朝相对峙的局面。

公元443年

中国

宋文帝元嘉二十年

医学教育　古代的中医学校称为“医学”。是年，南朝宋文帝在建康（今南京）初设医学。此后，北朝的北魏亦设太医博士，教授弟子医术。虽然两地的医学开办不久后均废，但中国的中医教育却由此开启先河。

何承天创“定朔法”　东汉时，天文学家就发现月球的运行速度是不均匀的，可制历时仍沿用传统的平朔法，即将月球的运行速度作为不变的常数来确定朔望日。这就存在较大的误差。天文学家何承天（370—447）制定新历法，改用定朔法，即根据月球运行的不均匀性来确定朔望日。这是中国天文学史上的一大进步。由于新历法颁行于元嘉年间，故称“元嘉历”。

公元445年

中国

宋文帝元嘉二十二年

范晔著《后汉书》　范晔（398—445）是南朝宋时史学家。他广集门徒，博览史籍，撰成东汉时期纪传90篇。至梁国（501—557）时，另一位史学家刘昭取西晋司马彪《续汉书》中8篇志共30卷补入范晔书，并为之作注。范晔纪传、司马彪志合成的这套书，与东汉班固之《汉书》相连接对应，故名《后汉书》。它与《史记》、《汉书》、《三国志》并称中国的“前四史”，均列入“二十四史”中。

公元447年

中国

北魏太武帝太平真君八年

魏太武帝禁佛　北魏时佛教势力日炽，有些僧侣又参与谋乱，激怒了太武帝拓跋焘（424—451在位）。是年，他下令捣毁佛寺，焚烧经卷佛像，处死所有僧尼，永禁佛教流传。幸而信佛的太子拓跋晃设法缓发诏书，使得沙门多闻讯亡匿，大部分金银佛像及经书被秘密收藏，仅部分僧人被杀，寺庙多被毁。

中国历史上曾先后四次“禁佛”，此为第一次。第二次为公元574年，北周武帝（561—578在位）禁佛；第三次为公元845年，唐武宗（841—846在位）禁佛；第四次为公元955年，五代周世宗（954—958在位）禁佛。然而，这并没有终止佛教在中国的传播和发展。

公元450年

中国

北魏太武帝太平真君十一年

《算经》和百鸡问题 约5世纪中叶，北朝数学家张丘建著成《算经》，内容涉及测量、纺织、冶炼、建筑、纳税、利息、交换等计算问题。其中有著名的“百鸡问题”：有人买鸡，公鸡价一只五钱，母鸡一只三钱，小鸡三只一钱，百钱买得百鸡，问各多少？此题即中国古代最早的不定方程研究的范例。

“百鸡问题”后来成为世界数学史上一个著名的不定方程题例。印度、意大利及阿拉伯地区国家的数学著作都曾将之作为范题引用。

公元453年

中国

北魏文成帝兴安二年

云冈石窟 位于山西大同市西北的武州山上，依山崖而凿。工程从453年至494年，历41年。现存较大洞窟51个，窟内造像5万余尊，佛像大者17米，小者数厘米，形象生动，栩栩如生。云冈石窟的规模及精美的雕刻艺术印证了北朝时期佛教的兴盛发展。

公元455年

世界

古罗马

汪达尔人洗劫罗马城 汪达尔人（Vandals）在北非建立王国，进而进犯西西里和意大利南部。是年洗劫罗马城，给罗马城带来巨大的破坏。

公元462年

中国

宋孝武帝大明六年

大明历 南朝大科学家祖冲之（429—500）在大明年间创制的新历。该历测定一回归年（太阳从一年冬至点到第二年冬至点）的日数为365.24281481日，这与近代科学所测日数相差不到1秒；并改以往古历的每19年置7闰为每391年置144闰，比较贴近天象实际。《大明历》是当时最精密的历法。公元510年始颁行，实行80年。

约公元470年

中国

宋明帝泰始六年

《雷公炮炙论》 南朝宋雷斅著，是最早的中药制药学专著。书中记述了炮、炙、煨、炒、煅、曝、露等17种制中药的方法，并讲解了中药的制作过程，如何增加疗效、降低副作用，及中药的保存方法等。原书已佚，现存版本为后世所辑。

公元476年

世界

古罗马

西罗马皇帝被废 日耳曼将领奥多亚克（Odoacer，约433—493）废黜篡位的西罗马皇帝罗慕路斯（Romulus，475—476在位）。传统上认为这是西罗马帝国灭亡的标志。

公元479年

中国

齐高帝萧道成建元元年

南齐建国　萧道成（427—482）原为刘宋朝相国。是年，他废掉刘宋的末代皇帝，自称皇帝，建国号为齐，是为齐高帝，都建康（今南京），史称“南齐”。南齐（479—502）历七帝、24年。

公元481—751年

世界

法兰克王国

墨洛温王朝　法兰克人的一支在其首领克洛维（Clovis，481/482—511在位）领导下发展壮大，统一高卢大部，建立法兰克王国，定都巴黎。王国以该部族的首任统领之名命名为墨洛温（Merovingian）。496年，克洛维皈依罗马西部教会，由此获得了教会和原罗马臣民的支持，基督教开始在高卢地区取代其他宗教。墨洛温王朝统治的时间不长，没有发展成严格意义上的国家。

公元485年

中国

北魏孝文帝太和九年

北魏均田令　北魏改革土地制度的法令。规定15岁以上的男女可以向国家领取耕种的土地；男子一人可领露田（荒田）40亩、桑田20亩，女子可领取露田20亩。桑田为永业田，政府不再收回。露田在耕种人死后归还政府。该法令有利于社会安定和经济的恢复。

公元493年

中国

北魏孝文帝太和十七年

龙门石窟　位于河南洛阳城南之龙门山上，始开凿于5世纪末年，历经400余年营建。在长达1公里的崖壁上，共有窟龛2100余个，内有佛教造像10万余尊，佛塔40余座，另有碑刻题记2800余块。石窟的宏大规模和成熟的造像艺术反映了北朝时期佛教发展的盛况。

公元495年

中国

齐明帝建武二年

少林寺　位于河南登封少室山五孔峰下，是年始建。相传至527年，印度僧人达摩在此首创佛教禅宗，少林寺由此成为禅宗的祖庭。此处还是中国少林派拳术的发源地，以少林武术而闻名。寺内有佛塔220余座，碑碣石刻甚多。

公元496年

中国

北魏孝文帝太和二十年

北魏孝文帝改革　北魏是鲜卑族建立的王朝，493年从平城（今山西大同）迁都洛阳。随之，孝文帝（471—499在位）对鲜卑旧俗进行了改革：鲜卑人改穿汉服，改讲汉语，改汉姓（皇室原姓拓跋，改姓元）；提倡鲜卑人与汉人通婚。改革促进了鲜卑族的汉化，在一定程度上稳固了北魏政权。

公元5世纪末

世界

西南欧、北非

“蛮族”进入罗马帝国西部 东哥特人（Ostrogoths）进入意大利，法兰克人（Franks）进入北部高卢，勃艮第人（Burgundians）进入普罗斯旺，西哥特人（Visigoths）进入南部高卢和西班牙，汪达尔人进入北非，盎格鲁—萨克森人进入英格兰。日耳曼各族的贵族渴望罗马化，大多希望与东罗马帝国保持良好关系，因而罗马文化在一定程度上得到延续。

公元500年

中国

齐东昏侯永元二年

祖冲之（429—500） 字文远，范阳郡遒县（今河北涞水县北）人，南朝著名科学家。擅长数学，最大的成就是求出了比较精确的圆周率（在3.1415926和3.1415927之间），是世界上第一位将圆周率精确到小数点后7位数的科学家。所著《缀术》，汇集了他研究数学的主要成果。他还创制了《大明历》，并发明制造了指南车等多种机械。

约公元501年

中国

齐和帝中兴元年

刘勰著《文心雕龙》 刘勰（约465—532），南朝文学评论家，精通儒学和佛学。积10余年之功，著成《文心雕龙》50篇。书中以儒家经典为标准，论述文学的作用、文体的流别、文学创作的过程、文学批评的方法和标准等，为中国文学理论的经典著作。

公元502年

中国

梁武帝萧衍天监元年

萧梁建国 萧衍（464—549）代齐称帝，是为武帝，国号梁，都建康（今南京）。因皇室姓萧，也称“萧梁”。梁朝（502—557）历六帝、56年，后为陈所灭。

公元507年

中国

梁武帝天监六年

范缜著《神灭论》 范缜（约450—510），南朝梁时哲学家。萧梁立佛教为国教，范缜反对佛教，针对佛教的“神不灭论”，著《神灭论》。书中设问答30余条，说明形体（即物质）是实在的，精神是附生的，没有形体，也就不会有精神。《神灭论》从理论上批判了唯心主义，否定灵魂不死的说法，在中国思想史上有重要的影响。

公元515年

中国

北魏宣武帝延昌四年

嵩岳寺塔　塔是佛教传入中国后出现的楼阁式建筑物。嵩岳寺塔建于北魏宣武帝（500—515在位）时，在河南登封县太室山南的嵩岳寺内，高15层、40余米，外部呈十二角形密檐式，内部八角，为中国现存最古老的砖砌佛塔。

公元516年

中国

梁武帝天监十五年

淮水大坝筑成　梁朝以20万人修筑起安徽浮山附近的淮河拦河大坝。大坝长九里（合4050米），从坝基至坝顶高达三十九丈五尺（合98.75米），是中国古代一项重大水利工程。

公元517年

中国

梁武帝天监十六年

巩县石窟寺　位于河南巩县大力山下，北朝时北魏、东魏、齐各代陆续开凿，现存石窟五处。窟中所雕刻的多为礼佛图。

公元518年

中国

梁武帝天监十七年

钟嵘著《诗品》　钟嵘（约468—518），南朝梁国文学批评家，长于诗论。著有《诗品》三卷，专论汉魏以来五言古诗。书中将两汉至梁代诗人122人，按文学艺术水平分为上、中、下三品，概括和分析了每位诗人的独特艺术风格，是中国最早的诗歌评论专著。

约公元522年

中国

梁武帝普通三年

《昭明文选》　简称《文选》，南朝梁代昭明太子萧统（501—531）主编，研读历代典籍三万卷，从中精选作品汇编而成。其选文标准是立意和词采并重。共收入作品752篇，囊括先秦至梁代800年间各种重要文体，是中国现存年代最早且影响较大的古代诗文精品选集。

郦道元著《水经注》　郦道元（466—527），北魏地理学家、散文家。所著《水经注》40卷，博收各地水道的资料，记述的大小河流上千条，对各流域的地形、关津、物产以及相关的沿革和历史等都有记载，为中国古代著名的地理著作；且文笔优美，有很高的文学价值。

公元524年

世界

意大利半岛

波伊提乌（Boethius，？—524）学者，基督教哲学家。他的拉丁文译本和评注是中古欧洲在12世纪前了解希腊哲学的最重要著述。传世之作《哲学的安慰》（*De consolatione philosophiae*）以他与“哲学女士”对话的形式，阐述人类真正的幸福来自于对智慧的追求和对上帝的爱。该书表述了柏拉图主义的观点，对中世纪欧洲的思想和文学形式有深远影响。

公元529年

世界

拜占廷

《查士丁尼民法大全》（*Corpus Juris Civilis*） 拜占廷皇帝查士丁尼一世为强化中央集权，实现法律的统一，组织编撰了《查士丁尼民法大全》。它集罗马法之大成，是后来欧洲法律，尤其是大陆法发展的基础，也为欧洲王权的加强提供了依据。

意大利半岛

本尼狄克创立本笃会 是年，本尼狄克（St. Benedict of Nursia，约480—547）在意大利中部卡西诺山（Monte Cassino）建立修道院，并撰写《修道规章》，对修道生活和修院管理作出规定。由此，他被誉为“西方隐修制之父”。遵循此规章的修道院都属于本笃会（Benedictine）。修道院由院长管理，经济自养，生活艰苦，纪律严明。修士入院时要宣誓安贫、守贞、服从，他们在精神、经济、政治各方面成为中古西欧社会的重要力量。此外，他们研读、抄写宗教著作，是古典文化的传承者。遍布西欧各地的本笃会修道院通常是其所在地区的经济文化中心。

公元532年

世界

拜占廷

圣索菲亚大教堂开建 希腊语“圣索菲亚”（Hagia Sophia）意为“神的智慧”。教堂坐落于君士坦丁堡（今土耳其伊斯坦布尔）。是年，东罗马帝国皇帝查士丁尼一世下令兴建，主体建筑耗时六年，于537年竣工。教堂占地近8000平方米，巨大的圆顶高60米，气势宏伟。在罗马的圣彼得大教堂重建前，它一直是世界上最大的教堂。1453年，信奉伊斯兰教的奥斯曼帝国攻陷君士坦丁堡，教堂被改为清真寺，并在四周加盖了4个高大的清真寺尖塔。土耳其建国后，这里成为国家博物馆。

约公元534年

中国

东魏孝静帝元善见天平元年

贾思勰著《齐民要术》 贾思勰是北魏农学家。他以文献中搜集的资料、访问老农所得，以及自己观察试验的结果，著成《齐民要术》。全书共10卷、92篇，系统记载和总结了北魏以前的农业科学知识和技术，是完整保存至今的中国古代农学巨著。

约公元547年

中国

东魏孝静帝武定五年

《洛阳伽蓝记》 北朝东魏时散文家杨衒之著，共五卷。书中描述佛教兴盛时期洛阳寺观庙塔的雄壮华美，并系以人物掌故，讽喻了权贵奉佛求福的奢靡和祸国殃民。全书文字简明清丽，与贾思勰《齐民要术》、郦道元《水经注》并称为北魏时代的三部杰作。

公元550年

中国

北齐文宣帝高洋天保元年

北齐建国 是年，北朝东魏的高洋即丞相位，旋称皇帝，立国号齐，史称北齐，东魏亡。北齐（550—577）历六帝、28年，后为北周所灭。

公元557年

中国

北周孝闵帝宇文觉元年

北周建国 是年，北朝西魏的宇文觉（542—557）称天王，是为周孝闵帝，建都长安，国号周，史称北周（557—581），西魏亡。北周历五帝、25年，后为隋所代。

陈朝建国 是年，南朝梁国的陈霸先进爵为陈王。未几称皇帝，是为高祖武皇帝，都建康，国号陈，梁国亡。陈（557—589）为南朝最后一个王朝，历五帝、33年，灭于隋。

公元559年

中国

北齐文宣帝天保十年

响堂山石窟 位于今河北省邯郸市峰峰镇，因在洞窟内拂袖有声，故名“响堂”。石窟分南北两区，开凿于公元550—559年。窟内的佛像造型精美，集中体现北齐一代雕刻艺术的风格。

公元565年

世界

拜占廷

查士丁尼一世 拜占廷皇帝（527—565在位），曾组织编撰《查士丁尼民法大全》。他试图恢复罗马帝国的辉煌，派军灭西北非的汪达尔王国，占领撒丁岛和科西嘉岛，占领西班牙东南部，击败意大利的东哥特人。地中海一度又成为“罗马”的内湖。长期的对外战争大伤国家的元气，查士丁尼一世死后，征服地区大都丧失。

公元574年

中国

北周武帝建德三年

周武帝禁佛 北朝时，佛教日盛，寺庙泛滥，造成国家兵源短缺，财政枯竭。是年，周武帝下令灭佛。据载毁寺庙 4万余座，僧尼还俗 300多万人。因之，北方僧众多逃往江南。这是中国历史上的第二次禁佛。

公元575—591年

世界

法兰克王国

《法兰克人史》（*History of the Franks*） 都尔的主教格雷戈里（Gregory of Tours，538/539—594/595）撰写，主要讲述他心目中的英雄克洛维死后，各据一地的三个王孙相互间斗争的历史。该书文字平实简洁，是了解6世纪法兰克王国的珍贵史料。

约公元580年

中国

北周静帝大象二年

花木兰和《木兰诗》

《木兰诗》是北朝时期流传于民间的一首叙事诗，共62句、300余字，讲述勇敢的花木兰女扮男装替父从军的传奇故事。这篇民歌形式的作品，取材别致感人，文辞素白优美，琅琅上口，千古传唱。

隋

公元581年—618年

公元581年

中国

隋文帝开皇元年

隋朝开国 580年，北周宣帝亡，其子、年仅八岁的静帝继位，静帝的外祖父、时任隋国公的杨坚辅政。是年，杨坚篡政，自称皇帝，建立隋朝，是为隋文帝（581—604在位），建元开皇。隋（581—618）历二帝、38年。

隋文帝杨坚 杨坚代周称帝，建立起统一的国家政权，终止了先后延续300年的战事。他厉行节俭国策，发展社会生产，使民众得到休养生息；修订刑律，严惩贪官，改革兵制，制定度量衡；所创隋制，促进了国内社会安定和经济繁荣，为唐以后各朝所沿袭。杨坚在位14年，是一位有作为的帝王。

公元582年

中国

隋文帝开皇二年

佛教译经馆 隋唐两朝（581—907）是佛教在中国发展的兴盛时期。是年，长安建成大兴善寺（位于今西安）。隋文帝诏令调集名僧、学者，在该寺建立译经馆。这里逐渐成为全国的佛经翻译中心。通过佛经的翻译，天竺和其他佛教国的很多重要著作介绍到中国。

公元590年

中国

隋文帝开皇十年

《颜氏家训》 颜之推（531—约590），琅邪临沂（今属山东）人，文学家。他先后生活于南北两朝，在国土分裂的动乱岁月中，历经梁、北齐、北周、隋四个朝代。他深知各朝政治的流弊，学问的短长，所著《颜氏家训》20篇，就是这些见解的记录。书中反对南朝玄学的空谈和风气的浮夸，也批评了北朝学者文不及义的弊病，对扭转文风起到积极作用。文内还记述他本人的历世经验，如以儒学教育子弟，主张治家务实等。该书行文质朴，恳切感人，曾广泛流传于士人群中，被奉为古代传统教育的范本和为人处世的良方。

公元597年

中国

隋文帝开皇十七年

智𫖮创天台宗 高僧智𫖮（538—597）晚年住在浙江天台山，著书立说，完成了自己的学术体系，人称“天台大师”。他所立的佛教学派被称为天台宗，为中国佛教最发达的宗派之一，智𫖮之后，历唐（618—907）至宋（960—1279），相继传承。804年（唐贞元二十年），日僧最澄偕弟子义真来华学习天台教义，后携佛教典籍200余部回国，开创了日本天台宗。

公元600年

中国

隋文帝开皇二十年

皇极历 天文学家刘焯（544—610）制定。制历时，创立等间距二次内插法，用以校正太阳和月亮运动造成的不均匀性，并改革节气的计算方法，使历法的精确度有所提高。这在世界天文学史上是一项杰出创造。

公元7世纪

世界

爱尔兰地区

爱尔兰—萨克森宗教艺术（Hiberno-Saxon style） 又名“岛屿风格”，是由修士创作的福音书绘本。现知最早的手抄本约完成于公元600年，代表作是《林迪斯凡福音书》（*The Lindisfarne Gospels*，698—721）和《凯尔斯书》（*Book of Kells*，约800年）。前者以页边装饰著称，图案繁复精致，绘有各种奇异鸟雀，隐含十字架和其他基督教符号；后者的特点在大写字母，线条流畅、多变，交织着天使、人物和鸟兽像，令人眼花缭乱。

阿拉伯半岛

伊斯兰教 世界三大宗教之一。7世纪形成于阿拉伯半岛，创始人是穆罕默德（Muhammad，约570—632）。伊斯兰系阿拉伯语音译，原意为“顺从”，即该教的基本思想——信徒以顺从真主安拉的意志为己任。伊斯兰教信奉“安拉”为唯一宇宙之神，认为他是全能的、主宰一切的；穆罕默德是安拉的使者，是最后、最大的先知。该教以《古兰经》为经典，主要教派为什叶派和逊尼派，传布于亚非地区，相对集中于西亚、东南亚和北非。

公元7—13世纪

世界

阿拉伯半岛

阿拉伯帝国 也称萨拉森帝国（Saracens，中国史书称为“大食），泛指公元7至13世纪阿拉伯人建立的伊斯兰教国家。穆罕默德死后，其继承人实现了阿拉伯半岛的统一，之后持续对外征战，至倭马亚王朝末年，其疆域东起印度河流域、西临大西洋，地跨欧亚非三洲，经济和科学文化大有发展，东西方文化交流也进入了一个新时期。

公元604年

中国

隋文帝仁寿四年

隋炀帝杨广　是年，文帝死，其子杨广继位，改元大业，是为隋炀帝（604—618在位）。杨广在位14年，骄奢淫逸，疏怠政务，残虐无情，是历史上著名的暴君。其昏庸残暴统治，最终导致农民起义，他被部下所杀，隋朝亡。

世界

罗马

教皇格利高里一世　格列高里一世（590—604在位）出生罗马贵族，曾献家产建立了七座修道院。他在位时与伦巴第（Lombards）人谈判，努力维护罗马及意大利的和平；鼓励和发展隐修制；推行涉及行政、社会、宗教仪式和道德诸方面的教会改革，因而被称为中古教皇制的缔造者。他与安布鲁斯（Ambrose，339—397）、奥古斯丁、哲罗姆（Jerome，347—419/420）并称为基督教四大拉丁教父。著述颇丰，包括《司牧训话》（*Regulae pastoralis liber*）和《约伯道德书》（*Moralia in Job*）等。

公元605年

中国

隋炀帝大业元年

开凿大运河　中国的大江大河多从西向东奔流入海。隋代用人力在南北之间开凿了一条畅通的河流——大运河。是年起，隋炀帝动用几百万民工，历六年时间开凿包括通济渠、江南河、永济渠在内的河道，其中有的是把已有的运河河道修复、增宽、加深，有的是利用地势使运河与一些天然河、湖相连。大运河全长2000多公里，水面宽30到70米不等，北通涿郡（今北京以南的涿县），南达余杭（今杭州），沟通了海河、黄河、淮河、长江、钱塘江等大河流，流经今天的河北、山东、河南、安徽、江苏和浙江等广大地区。隋炀帝开运河，主要是为满足自己游乐的需要；但运河的修成，使南北交通有了显著的改善，对维护国家的统一，促进经济、文化的交流和发展起到积极的作用。大运河作为古代一项伟大的水运工程载入史册。

公元606年

中国

隋炀帝大业二年

科举制　由朝廷开设科目公开举行考试，根据考试成绩来选取人才、授予官职的一种制度。隋文帝时，世家大族所垄断仕途的“九品中正制”被取消。是年，正式设置“进士科”，策试取士。其程序是州郡策试在前，朝廷策试在后，录取的标准主要是考试成绩。此为中国科举制之始。此制使普通的读书人有了走仕途的机会，国家也能在全国范围内比较客观地选拔官员，后为历代王朝所沿用。但至明（1368—1644）清（1644—1911）时，科举考试的形式和内容日趋刻板和僵化，束缚了读书人的思想。1905年（光绪三十一年），科举制被废止。

公元607年

中国

隋炀帝大业三年

日本遣隋使 是年，日本天皇以小野妹子为使者出使隋朝。隋炀帝派大臣裴世清为使者随小野妹子一行回访日本。608年，日本天皇再遣小野妹子使隋，使团中有学生和僧人各四人。这是日本向中国派出的首批遣隋使和留学生。他们在中国学习佛经，到唐初才先后返回日本。此后，日本陆续不断地向中国派出使团，每次都有大批的留学生和学问僧随团来中国。隋唐文化由此传播到日本。

公元608年

中国

隋炀帝大业四年

赤土与隋通好 赤土，古国名，在今马来半岛，信佛教及婆罗门教。是年，赤土王遣使致礼，隋遣屯田主事常骏等为使节，出使赤土。赤土王遣使率船30艘前往迎接并待以厚礼；随后遣王子随常骏来隋入贡。这是中国与信奉佛教的马来半岛国家的最早交往。

公元610年

中国

隋炀帝大业六年

隋炀帝夸富于西域 西域使团和商旅倾慕中国富有，云集东都洛阳。是年正月十五日，炀帝诏令举行贺新春活动。皇城端门外搭起戏楼，戏场周长约8公里，乐师多至1.8万人，场内灯火辉煌,通宵达旦，这场活动整整半个月方才收场。

有史家考证，中国民间每年正月十五举行元宵灯会，即从此而兴。

《诸病源候论》 由隋朝太医博士巢元方等人集体编著。全书50卷，分67门，共记载1720种症候，分别论述了内、外、妇、儿、五官等各疾病的病因病理和症状。是中国现存最早的一部病因症候学专著。书中对一些疾病的病因病理描述详尽，如指出某些寄生虫的感染与饮食有关，绦虫病系吃不熟的肉类所致；还记载了肠吻合术、人工流产、拔牙等手术，说明当时的外科手术已达到一定水平。

公元611年

中国

隋炀帝大业七年

四门塔 位于山东历城青龙山麓，高约15米，单层方形，四面各宽7米余，各辟有半圆形拱门，故称“四门塔”。塔身为大块青石砌成，塔檐向外挑出五层，向上层层收缩形成攒尖式塔顶。塔内有塔心柱，四面各有佛像一座，刻工精细。该塔形制简朴淳厚，是中国现存最早的石塔。

公元617年

中国

隋炀帝大业十三年

李渊起兵太原 李渊（566—635）

为唐王朝的建立者。时为隋朝的地方军事长官。他见隋势已去，于是年五月与其子李世民等起兵夺得长安。他迎请代王杨侑（605—619）为皇帝，是为隋恭帝，遥尊时在江都（今扬州）的炀帝为太上皇。虽仍打着隋王朝的旗号，却总揽一切大权，并自封为唐王；同时与民约法十二条，尽除隋朝苛禁。此时，隋朝已名存实亡。

公元618年

中国

隋炀帝大业十四年

云居寺石经　云居寺位于北京西部山区，隋代高僧静琬（?—639）创建。静琬鉴于北周武帝灭佛教训，为保存历代经卷，发愿将佛经刻石，收藏于寺内。他从隋大业年（605—618）起，至唐贞观十三年（639），30年间刻经不辍；静琬之后，也不断有人来此镌刻石经。直至清康熙三十年（1691），历时千余年，共刻经版1.4万余块，含佛经1000余部、3400余卷，藏于云居寺石经山的九个山洞和压经塔前的地穴中。这些石经是研究佛教历史文化以及古代典章制度、石刻艺术、书法演变的宝贵遗产。

赵州桥　又名安济桥，是世界上现存历史最早的大型敞肩石拱桥，位于河北省赵县河上，建造于大业年间（605—618）。桥长50.82米、宽9米、跨度37.37米，为民间匠人李春设计建造。桥体除了中部的主拱外，两端各置有小拱，这既可提高桥面承载力以防主拱变形，又可泄洪；桥的拱矢和跨度的比例也非常合理。赵州桥是世界桥梁史的伟大作品，其构造之精巧科学，就连现代的建筑工程师也赞叹称奇。

唐

公元618年—907年

公元618年

中国

唐高祖武德元年

李渊称帝 在隋末农民大起义中，李渊乘机起兵，攻占都城长安，逼隋恭帝禅位，自己称皇帝，是为唐高宗（618—626在位），改国号为唐，唐朝建立。

唐（618—907）历20帝、290年。

公元618—907年

中国

唐代

诗人辈出的唐代 唐代是中国历史上文学发展的盛世，其中诗歌（律诗）和古文（散文）是代表唐代文学的主体。据统计，就诗歌而言，留名的诗人大约有3700人，传世的诗作约有5.3万余首。中国历史上伟大的诗人李白、杜甫、王维、白居易、李商隐等，都出于这一时代。这是一个诗人辈出的时代。

公元7—9世纪

中国

唐代

日本遣唐使 7—9世纪，日本持续不断地向唐朝派出正式使节。据不完全统计，先后派遣唐使19批，每批人数从200名到600名不等，其中有官员、留学生，还有一些前去求法的僧人。他们学习先进的唐文化和典章制度，还将中国大批的书籍、文物、科学仪器等带回日本，这是中日两国的文化交流发展较快的一段时期。

公元622年

世界

日本

圣德太子（574—622） 日本古代政治家，用明天皇次子。公元592年推古天皇即位后担任摄政。在任期间推行改革，学习和仿效中国政治制度，采用中国历法，提倡儒学和佛教，并向隋朝派遣使节，促进了两国间的交流。他主持兴建了许多佛寺，其中奈良附近的法隆寺是现存世界上最古老的木结构建筑物。

阿拉伯半岛

希吉来　伊斯兰教史上，希吉来（Hijrah，阿拉伯文意为“迁徙”）指穆罕默德出走麦地那之事件。622年，因受到麦加古莱氏部落首领的反对，穆罕默德带领信徒约70人由麦加迁徙到麦地那。为纪念此事，伊斯兰教史上的第二代哈里发欧麦尔（Umar ibn-al-Khattb，634—644在位）规定，以这一年（阿拉伯太阴历）的岁首作为伊斯兰教历（希吉来历）元年的元旦。

约公元625年

中国

唐高祖武德八年

《缉古算经》　数学专著，王孝通著。在土木工程中，常会遇到上下宽窄不一、前后高低不同的物体，难以准确计算、施工。王孝通经过研究，用求三次方程正根的方法成功解决了这一问题。书中所记录的20道应用题，大多用到了这一求法。该书是中国历史上最重要的数学著作“算经十书”之一。“算经十书”是唐代国子监算学馆学生必读的教科书。

公元626年

中国

唐高祖武德九年

玄武门之变　唐王朝统一天下后，唐高祖李渊的几个儿子——秦王李世民、太子李建成、齐王李元吉争夺皇位继承权的斗争日益激化。是年六月，李世民在皇宫的玄武门设伏兵，杀建成、元吉等，史称“玄武门之变”。之后，李渊只得立李世民为皇太子；两个月后，他自称太上皇，传位于皇太子。李世民即位，是为唐太宗（627—649在位）。

公元627年

中国

唐太宗贞观元年

贞观之治　贞观年间（627—649），唐太宗吸取隋朝灭亡的教训，用心治理国家，实行了一系列开明政策和利国利民的措施，使唐朝政权得到巩固，经济得到恢复和发展，社会安定祥和。这一时期，史称“贞观之治”。

伊斯兰教传入中国　广州怀圣寺（又名光塔寺）是年落成。寺内建有高36.3米的砖砌塔，其形制如银笔挺立，为典型的阿拉伯建筑风格。

伊斯兰教初入中国约在唐朝初年，正式传入约在唐肃宗至唐德宗年间（756—804）。广州怀圣寺与扬州仙鹤寺、泉州麒麟寺、杭州凤凰寺，并称中国最古老的四大清真寺，是伊斯兰教当年在中国的标志性建筑。

公元629年

中国

唐太宗贞观三年

唐僧取经　是年，唐代高僧玄奘

（602—664，通称三藏法师）从长安启程，西行到佛教发源地天竺（今印度）求学取经。他在天竺留学17年，回国后译出佛经75部、共1335卷；著成《大唐西域记》，记述了当时称为西域的100多个国家和地区的风土人情、物产气候，以及地理、历史、语言、宗教等情况。该书是世界历史上著名的三大游记之一，（另两本是日本遣唐使圆仁的《入唐求法巡礼行记》和马可·波罗的《东方见闻录》）有英、法、日文译本。

公元634年

世界

阿拉伯半岛

阿布伯克尔（Abū Bakr，约573—634） 伊斯兰教史上的首任哈里发（632—634在位，哈里发的原意为“继承人”，后成为穆斯林国家政教首脑的名称）。公元622年伴随穆罕默德出走麦地那，穆罕默德死后被选为哈里发。在位期间，下令整理《古兰经》，平定部落的起义，完成阿拉伯半岛的统一，同时开始了阿拉伯人的一系列远征活动。

公元641年

中国

唐太宗贞观十五年

松赞干布和文成公主 藏王松赞干布（约617—650）欲结好于唐王朝，请求与唐联姻。太宗以宗室女文成公主（？—680）妻之。是年，文成公主入藏。她随身带去了谷物、蔬菜的种子，药物，蚕种，手工艺品，以及医学、生产技术等书籍。与她同行的还有大批工匠。中原的天文历算、纺织、造纸、酿酒等技术由此传入吐蕃，促进了当地经济和文化的发展。文成公主在吐蕃生活了40年，对发展藏汉两族的友好关系作出了重要贡献。

公元710年，唐玄宗（712—755在位）也接受吐蕃首领的请求，送金城公主（？—739）进藏，实行唐蕃联姻。

公元643年

中国

唐太宗贞观十七年

魏徵（580—643） 唐王朝开国重臣，性耿直，以对上直言敢谏闻名。他屡次谏劝太宗以隋亡为鉴，“居安思危，戒奢以俭”、“兼听则明，偏信则暗”，主张“薄赋敛，轻租税”、“宽仁治天下”。其中许多献策为太宗所采纳，对唐代政治产生积极影响。魏徵病故，太宗感叹：人用铜作镜子，可以正衣冠；以历史作镜子，可以知兴亡；以人为镜子，可以明对错。魏徵死了，我失去了一面镜子。

公元645—710年

世界

日本

大化革新 日本历史上的一次大规模的社会政治改革，从645年，即日本大化元年开始，故称。改革以当时中国唐朝的社会、政治、经济制度为蓝本，建立起中央集权的天皇政府；土地归公；废除氏姓制度，在全国设国、郡、里等各级行政地区；制定户籍制度，按照户籍合理分配土地；进行土地改革，建立新的租佣调征税制度；向唐朝派遣留学生，学习中国文化、科技和典章制度。大化革新使日本从氏族社会演变成中央集权的天皇制国家，是日本历史发展的重要转折点。

公元650年

中国

唐高宗永徽元年

西藏大昭寺　始建于公元7世纪中叶，位于拉萨市中心。大殿高4层，上覆金顶，走廊和殿堂中部遍布壁画。正殿供奉着文成公主从长安带去的释迦牟尼镀金铜像。配殿中有松赞干布、文成公主及尼泊尔的尺尊公主的塑像。寺前立有相传是文成公主手植的公主柳和多块古碑，其中“唐蕃会盟碑”是公元823年吐蕃赞普赤祖德赞为纪念唐朝和吐蕃会盟而立，为汉藏友好的历史见证。

公元7世纪中叶—14世纪

世界

东南亚

室利佛逝帝国（Srivijaya Empire）7世纪中叶在苏门答腊岛南部兴起的马来王国，控制着当时东西方贸易的要冲马六甲海峡及水陆咽喉克拉地峡，和马来群岛诸国以及中国、印度都有贸易往来。由于海上贸易带来的巨大利益，帝国社会文化逐渐繁荣，一度成为传播大乘佛教的中心，当时前往印度的中国佛教徒途中都在此地停留。至公元1000年时，帝国已占有爪哇岛的大部分地区，但不久为印度泰米尔人的朱罗王朝所夺走。至14世纪，该国逐渐消亡。

公元656年

中国

唐高宗显庆元年

图书四部分类法　是年，唐修《隋书》，在《经籍志》（图书目录）中依经、史、子、集四部分分类：经部收儒家经典著作，史部收史地著作，子部收诸子百家及释道宗教著作，集部收诗文等作品。自此，四部分类法成为中国古代图书目录的标准分类法。清朝编纂的《四库全书》即按此分为四部，分藏于四库，由此而得“四库全书”之名。

公元661—750年

世界

西亚

倭马亚王朝（Umayyad Dynasty）阿拉伯帝国的第一个王朝。661年由叙利亚总督穆阿维叶（602—680）创建，定都大马士革。7世纪末8世纪初达到鼎盛，疆域西到北非和西班牙，东抵波斯、中亚及印度北部。王朝建立了完备的行政制度，交通发达，通用阿拉伯货币，以阿拉伯语为官方语言。这一时期留下的建筑物宏伟坚固、装饰华丽，给人以深刻印象。750年，反倭马亚运动的领导人阿布·阿拔斯推翻倭马亚王朝，建立阿拔斯王朝。

公元666年

中国

唐高宗乾封元年

国家始铸年号钱 唐以前，中国古币上的钱文多标示重量，如秦“半两”，汉“五铢”。是年，唐铸铜币，钱文为“乾封泉宝”，“乾封”为当时年号。这是中国货币史上最早出现的年号钱。此后，年号钱在中国沿用了1200多年，直至20世纪初期帝制结束。

公元673年

中国

唐高宗咸亨四年

阎立本（约601—673） 雍州万年（今西安）人。身为朝廷官员，同时也是唐太宗的画师。工书善画，尤擅人物、车马、台阁。所作肖像形神兼具，为世称誉。传世作品极少，所绘《步辇图》，是关于汉藏和亲的历史画，今独存宋代摹本；《历代帝王图》，现藏美国波士顿艺术博物馆。

公元682年

中国

唐高宗永淳元年

孙思邈（581—682） 京兆华原（今陕西耀县）人，少年因病学医，对医学有精深研究，医德高尚。集数十年之心血，博采群经，并附已验之方，著成《备急千金要方》、《千金翼方》两书。他在前书的自序中，以“人命至重，有贵千金”的比喻，说明医家的重要责任，并表明他著此书是为平民百姓备急和养生之用。两书共载入医药方剂共7300余首，是集唐以前医学大成的名著。书中首创中药的“复方”，即根据民间成功的诊治经验，在古方之外创立新方。新方大多成本低廉，有利于医疗的普及，同时推进了传统医学的革新和进步，这是孙思邈的重大建树。后人尊之为“药王”。

公元690年

中国

武则天天授元年

武则天称帝 武则天（624—705），并州文水人（今山西文水东）。唐太宗时被选入宫，为才人；高宗（650—683在位）时立为皇后，参与朝政；未久，高宗实际上已失位，由武则天掌握朝政。高宗死后，她完全控制了朝廷实权。先是废掉继任皇帝李显（中宗），改立四子李旦（睿宗）；是年又废睿宗，自称圣神皇帝（690—705在位），改国号为周，改元天授。她是中国历史上唯一的女皇帝，在位16年，实际执政近半个世纪。

约公元700—750年

世界

英格兰地区

《贝奥武甫》（*Beowolf*） 古英语英雄史诗，作者不详。它讲述斯堪的纳维亚（Scandinavia）勇士贝奥武甫先

哀悼基督

［意］米开朗基罗（1475—1564）

大理石雕塑　约完成于1499年

梵蒂冈圣彼得大教堂

古罗马圆形大剧场
（长188米，宽156米，高57米）
建于公元72—80年

图拉真记功柱上的浮雕（局部）
记功柱约立于公元114年
罗马·图拉真广场

永和九年歲在癸丑暮春之初
于會稽山陰之蘭亭脩稧事
也羣賢畢至少長咸集此地
有崇山峻領茂林脩竹又有清流激
湍暎帶左右引以為流觴曲水
列坐其次雖無絲竹管弦之
盛一觴一詠亦足以暢敘幽情

击鼓说唱陶俑（高55厘米）
东汉（公元25—220）
四川省成都市天回山出土
四川省博物馆藏

王羲之行书《兰亭序》（局部）
东晋永和九年（公元353年）

厄瑞克提翁神庙
古希腊卫城　约公元前421—前407年

银质雕塑头像

据推断是萨珊王朝国王沙普尔二世头像

萨珊王朝时期 约公元310—379年

宴罢

“布赖格斯画家”绘

古希腊酒碗饰画

约公元前490年

角力士

古希腊陶杯图　公元前500—前475年

出土于意大利沃尔茨

伦敦大英博物馆藏

佛教造像碑（通高113厘米）
石碑雕刻
北周建德二年（公元573年）
甘肃省张家川县马关乡遗址出土
甘肃省博物馆藏

龙门奉先寺唐卢舍那佛像
（通高17.4米，头高4米）
唐代上元年间（公元672—676年）
河南省洛阳市·龙门石窟

炊事女俑
（掌勺俑高20厘米，吹火俑高11厘米）
陶质　隋（公元581—618年）
湖北省武昌市马坊山遗址墓出土
湖北省博物馆藏

虢国夫人游春图（卷局部）
唐・张萱 绘　宋・赵佶 摹
纸本 设色　辽宁省博物馆藏

鉴真坐像（高约88厘米）
干漆夹纻造像　公元763年
日本奈良·唐招提寺藏

玛雅文明遗址
公元6—9世纪　墨西哥

军乐手

浮雕 刻于亚述皇宫的石灰岩宫壁上

约公元前7世纪 尼尼微出土

萨顿胡头盔（复制品）
墓葬品　公元7世纪上半叶
出土于英国伍德布里奇附近的萨顿胡庄园
伦敦大英博物馆藏

后杀死怪物和火龙的故事，颂扬忠诚骁勇的美德，是迄今所知最古老的英语叙事诗。

公元8世纪

世界

西欧

封建采邑制（feudalism） 法兰克王国的国王将土地分封与封臣相结合。在这种社会关系中，封君有保护封臣的责任，并主要以分封土地的方式维持封臣的生计；封臣则向封君宣誓效忠，并提供一定服务（常为自备兵马武器的军事服务、提供信息等）。这种做法迅速为其他大小封建主效仿，并随着法兰克人的扩张而推广，形成了中世纪时期盛行西欧的封建采邑制。

日本

《万叶集》 日本现存最早的诗歌总集，约于公元8世纪后半叶编订完成。全书共20卷，收诗歌4500首，按内容大致可分为杂歌、挽歌等。作者上自宫廷贵族，下至市井百姓，另还收录有自古流传民间的口头民谣。该诗集对后世日本诗歌创作有重要的影响。

非洲

萨奥文化 乍得地区萨奥人建立的农业定居文化，是非洲古文化的重要代表。其特征是用黏土建造住所、制造生产工具等；他们还制作陶器，主要是用于祭祀的硬陶塑像。此外，萨奥人还使用铜制作多种器具。

公元705年

中国

唐中宗神龙元年

乾陵无字碑 是年十一月，武则天病逝，年82岁，与唐高宗并葬于乾陵（在今陕西乾县）。她生前为高宗书写了墓碑，可她自己的墓碑上却无一字，世称“无字碑”。有人认为，武则天立碑不书文字，意在让历史评价。该碑至今犹存。

公元712年

中国

唐睿宗太极元年

唐玄宗李隆基 是年，唐睿宗自称太上皇，皇太子李隆基即皇帝位，是为玄宗（712—754在位）。他在位42年，前期励精图治，加上唐朝开国以来100多年打下良好的经济基础，唐王朝出现了兴盛的景象，史称“开元盛世”；后期暮气日重，纵欲享乐，所用非人，疏于政事，朝政日衰。

世界

日本

《古事记》 日本现存最早的史书。公元712年太安万侣受元明天皇（707—715在位）之命撰录完成。该书以神话传说为主，叙述了日本自“天神创国”到公元628年推古天皇时期的史事，内容涉及礼仪、风俗、占卜、巫术等。

公元714年

中国

唐玄宗开元二年

梨园创立 梨园，是唐玄宗时教练宫廷歌舞艺人的学校。因设于梨园之中，故名。后世称戏班为“梨园”，戏曲演员为“梨园子弟”，源出于此。

公元717年

中国

唐玄宗开元五年

阿倍仲麻吕入唐 日本留学生阿倍仲麻吕（701—770）17岁时随遣唐使入唐。先后在唐50多年，为官长达40年，取中国姓名曰晁衡。工诗文，与诗人李白、王维等结为亲密朋友，王、李赠诗留存至今。今西安市兴庆公园内立有阿倍仲麻吕的纪念碑。

公元720年

世界

日本

《日本书纪》 日本官修史书，与《古事记》同为日本最古史籍。由舍人亲王奉天皇敕令主编，共30卷。该书叙述自宇宙起源直至697年奈良时期（710—784）前夕的日本历史，第一部分包括神话和传说，以后各部分记录5世纪以后的史事，包括佛教的传入和7世纪的大化革新等，所载尚忠于史实，为研究日本古代史的重要典籍之一。

公元721年

中国

唐玄宗开元九年

刘知几（661—721） 彭城（今江苏徐州）人。生平专攻史学，长期兼任朝中史职，得以通览史籍。710年（唐景龙四年）著成《史通》。该书分为内、外篇，内篇主论史书源流和编撰方法；外篇多论历朝史官建置沿革及史书得失。他提出史家须兼有才、学、识三长，而尤重“史识”，也强调史德，提倡直笔书史，“不掩恶”、“不虚美”。该书对中国史学研究颇有影响。

公元723年

中国

唐玄宗开元十一年

黄道游仪 是年，天文学家僧一行和梁令瓒共同创制的“黄道游仪”问世，这是用以观察日、月运动，并测量星宿经纬度的仪器。通过这一仪器的观察，僧一行发现太阳运行的速度是不均匀的、恒星是会自己移动的。这改变了古人长期认为太阳的运行速度不变、恒星在天不移的错误观念。

公元729年

中国

唐玄宗开元十七年

大衍历 因原用的《麟德历》推算日食不确，721年（开元九年），唐玄宗命僧一行造新历。僧一行研究以往各朝历法的结构，并参考天竺历法，研制成

《大衍历》。该历在日食、月食和五大行星运动方面的计算有较大进步，从公元729至757年，实行29年。

公元732年

世界

都尔

都尔之战　墨洛温王朝的“宫相”、王朝的实际掌权人查理·马特（Charles Martel，约688—741）在今法国都尔附近击败由西班牙来犯的阿拉伯人。此战被认为是遏制伊斯兰势力向欧洲西部扩张的关键一役，胜利也巩固了查理·马特对法兰克王国的统治。

公元735年

世界

英格兰

比德（Bede the Venerable，672/673—735）　盎格鲁—撒克逊的神学家和史学家，中古西欧最杰出的学者之一。主要作品是五卷本的《英吉利人教会史》（*Historia ecclesiastica gentis Anglorum*），记述了公元前55年恺撒入侵到公元597年奥古斯丁（Augustine of Canterbury，？—604/605）抵肯特郡的不列颠历史，是研究早期不列颠史的珍贵资料。比德以耶稣诞辰作为公元纪元，为后世所通用。

公元742年

中国

唐玄宗天宝元年

王之涣（688—742）　字季陵，晋阳（今山西太原）人。为人豪放不羁，善写山塞风光题材的诗歌。传世诗仅六首，其中《登鹳鹊楼》千古传颂，妇孺皆知。鹳鹊楼故址在蒲州（今山西永济），诗曰：“白日依山尽，黄河入海流。欲穷千里目，更上一层楼。”

公元749年

中国

唐玄宗天宝八年

吴道子　阳翟（今河南禹县）人。曾为小吏，因赋画名，为玄宗召入宫廷。所画人物、佛像、神鬼、禽兽、山水、台殿等，皆被誉为当朝第一；尤是人物，生动而有立体感，用叶状线条表现衣褶，衣服顿有飘举之势，人称“吴带当风”。因笔法高妙，被尊为画圣。传世《天王送子图》（摹本），今藏日本大阪市立美术馆。

公元750—1258年

世界

西亚

阿拔斯王朝（Abbasid Dynasty）　阿拉伯帝国的王朝（中国史籍称“黑衣大食”）。公元750年，阿布·阿拔斯（Abual-Abbas，724—754）推翻倭马亚王朝所建。最盛时领土横跨亚欧非三洲。这一时期建立了等级森严的官僚制度，哈里发握有生死予夺大权，工商业发达，科学繁荣，文化得到空前发展。出现了一批优秀的学者：如金迪（Kindī，约870卒），被称为“阿拉伯人的哲学家”，他还是杰出的天文学家和音乐理论家；阿维森纳（Avicenna，980—1037），在亚里斯多德哲学研究和医学方面成就卓越，他的《医典》是东、西方医学史上的名著；木坦纳比（Mutanabbi，915—965），阿拉伯的伟大诗人；贾希兹（Jahiz，约776—868），其作品是阿拉伯散文的优秀代表作。9世纪中叶后，阿拔斯王朝的中央权力削弱导致政治分裂。1258年蒙古人攻克巴格达，王朝灭亡。

公元751—887年

世界

法兰克王国

加洛林王朝（Carolingian Dynasty）751年，查理·马特之子丕平三世（Pepin III the Short，751—768在位）在教皇的支持下，废黜当时墨洛温王朝的国王而自立为王，由此开始了加洛林王朝时期。

公元753年

中国

唐玄宗天宝十二年

鉴真东渡 鉴真（688—763），唐代高僧。743年（天宝二年）接受日本留学僧的恳请东渡日本传授佛法，后为风浪所阻而还。在其后的十年里又数次东渡，均告失败，其间遭遇了种种艰辛，以致双目失明。最终在是年的第六次东渡中成功抵达日本。他把佛教的律学传入日本，为日本律宗的开山祖；同时向日本传播了唐文化，为中日文化交流作出了重大贡献。至今，日本奈良的唐招提寺仍供奉着鉴真大师的坐像。

公元755年

中国

唐玄宗天宝十四年

安史之乱 唐将安禄山（？—757）、史思明发动的叛乱。玄宗后期，朝廷实力削弱，藩镇握有重兵。是年，平卢、范阳、河东三镇节度使安禄山起兵反唐，连败唐军，攻入洛阳。玄宗逃往蜀中。叛军继而进入长安，烧杀抢掠，残暴至极。此次叛乱历时七年多，史称“安史之乱”。它严重破坏了唐代的社会秩序和经济生产，唐朝从此走向衰落。

公元756—1870年

世界

意大利半岛

教皇国（Papal States） 罗马教皇在意大利中部拥有主权的领土。756年，法兰克国王丕平三世率军击败入侵意大利半岛的伦巴第人后，将教皇原来在意大利拥有的地产“重归”罗马教廷，由此出现了所谓的“教皇国”。教皇国辖地主要在意大利中部地区，其范围在各时期有所变化，由教皇行使主权，历时逾千年。1870年意大利军队占领罗马，结束了教皇国的历史。

约公元758年

中国

唐肃宗乾元元年

陆羽著《茶经》 陆羽（733—

804），竟陵（今湖北天门）人，以嗜茶著名，对茶道研究颇深，人称“茶神”。所著《茶经》为中国第一部茶书，开研究茶道之先河，也是世界上第一部有关茶的著作。

公元761年

中国

唐肃宗上元二年

王维（701—761）　字摩诘，原籍祁（今山西祁县），盛唐时代诗人的代表。成名在李白之前20余年。长期在朝廷为官，官至尚书右丞，世称王右丞。其诗以山水田园诗最负盛名，常将佛教禅理寄寓于自然景象的描述之中，艺术上极见功力。人评“诗中有画，画中有诗”。兼通绘画，善画山水松石。后世奉其为中国文人画的开宗之祖。

公元762年

中国

唐肃宗宝应元年

李白（701—762）　字太白，祖籍陇西成纪（今甘肃秦安），生活在盛唐时代，中国历史上最伟大的诗人之一。幼随父迁绵州昌隆（今四川江油）青莲乡，故号青莲居士。一生中写了大量诗篇。诗风雄奇豪放，音律和谐多变，语言流畅自然，富于想象力，善于从民歌和神话中汲取营养，被誉为“诗仙”。传世诗篇有千余首。

公元770年

中国

唐代宗大历五年

杜甫（712—770）　字子美，原籍襄阳（今属湖北），后迁居巩县（今属河南），中国历史上最伟大的诗人之一。有强烈的爱国情感，同情民间疾苦，他的诗歌真实地再现了其所在的年代，反映了唐王朝由盛而衰的境况，后人称之为诗史。在艺术上，善于运用各种诗歌形式，尤长于古体诗、律诗，风格沉郁凝重，语言精练，达到很高的艺术水平。后人尊之为“诗圣”。传世作品有1400余篇。

约公元8世纪后半期

世界

东南亚

婆罗浮屠（Borobudur）　世界著名佛教建筑。梵文意为“山丘上的佛塔”，位于印尼日惹西北40公里处，约建于公元8世纪夏连特拉王朝统治时期。它将佛塔的形式与曼荼罗风格相结合，浮雕方面受到印度传统文化的一定影响，为东南亚佛教建筑的重要代表。

公元783年

中国

唐德宗建中四年

藏文《四部医典》　藏医有十分悠久的历史，《四部医典》是藏医的重要典籍，由医学家，曾为吐蕃赞普保健医生的宇陀·元丹贡布编著。约成书于773至783年。该书原名《据悉》，共156章，记述了藏医的理论、病症诊断、治疗方法、所用药物等。五世达赖时期（1617—1682），藏族医学家将该书内容编绘成一套完整的医学彩色挂图，共79幅，流传至今。

公元785年

中国

唐德宗贞元元年

颜真卿（709—785） 京兆万年（今陕西西安）人。曾官至平原太守，封鲁国公，世称颜平原、颜鲁公。书法初学褚遂良，后创雄健书风。他的字笔势圆浑，深厚含蓄，世称“颜体”。其书碑有《多宝塔碑》、《颜氏家庙碑》等。后人辑有《颜鲁公文集》。

公元8世纪末—9世纪

世界

法兰克王国

加洛林文艺复兴（Carolingian Renaissance） 查理曼统治时期（768—814）对罗马古典文化的复兴。主要表现是兴建学校、收集和抄录古典文献、礼遇学者、创作拉丁作品。此次文艺复兴的代表人物是英格兰学者阿尔克温（Alcuin，约732—804），他受邀出任法兰克王国宫廷学校的校长，给法兰克王国带来了英伦修道院保存较好的古典文化和教育。

加洛林书写体 加洛林王朝时期出现的小写拉丁字母书写体，后经改良，演变成现在罗马字母的书写方式。

公元800年

世界

罗马

教皇为查理曼加冕 是年，教皇利奥三世（Leo III，795—816在位）在圣彼得教堂给法兰克国王查理曼戴上皇冠，罗马人以欢呼声拥戴他成为皇帝。加冕一举预示着中世纪罗马教会与世俗统治者之间错综复杂的关系，史学界也有将此视为神圣罗马帝国的开端。

公元801年

中国

唐德宗贞元十七年

《海内华夷图》 贾耽（730—805）绘制的全国大地图，“广三丈，高三丈三尺”，按一寸折百里的比例绘制。今古地名，分别以朱、墨两色标出，此举开创中国历史沿革地图以红色和黑色分别标示今古地名的先例。该图现已不存，宋人曾以之为底本缩绘刻石，名《禹迹图》和《华夷图》。现藏陕西西安碑林。

公元9世纪

世界

意大利半岛

萨勒诺医校 意大利南部的萨勒诺（Salerno）出现的中世纪欧洲最早的医校。10—11世纪间逐渐发展成大学，以外科见长。11世纪时在此求学的学生不仅来自欧洲各地，还来自亚洲和非洲。

公元803年

中国

唐德宗贞元十九年

乐山大佛 位于四川乐山县凌云山，依山断崖凿成，工程始于713年（开元六年），历时90年，是年完成。大佛为弥勒坐像，其头部与山齐，双手抚膝，足踏大江，气魄雄伟；佛像通高71米，肩宽28米，仅脚背上就可坐百余人，是世界上最大的石雕佛像之一。有诗曰："佛是一座山，山是一尊佛"。

公元9—20世纪初

世界

非洲

卡涅姆—博尔努王国（Kanem-Bornu Kingdom） 非洲历史上的商业帝国。约9世纪中叶兴起于乍得湖东北的卡涅姆，15世纪末塞法瓦人在湖西岸的博尔努建成强大王国。其统治范围在不同时期包括今乍得南部、喀麦隆北部和尼日利亚东北部、尼日尔东部和利比亚南部地区。20世纪初被英、法、德瓜分。

公元805年

中国

唐顺宗永贞元年

永贞革新 唐顺宗（805年在位）即位后，支持朝臣王叔文（753—806）等对朝政的改革，又称"王叔文改革"。其内容包括取消"宫市"（宦官在市场上以宫廷之名强占强买）、"进奉"（地方官吏搜刮民财，向宫廷送礼），惩办贪官污吏，并筹划收回宦官手中的兵权。改革受到朝中守旧老臣和宦官势力的抵制，唐顺宗被迫禅位，新政只实行了146天即告失败。王叔文被杀，其他拥护改革的官员遭贬逐。

公元814年

世界

法兰克王国

查理曼大帝（约742—814） 加洛林王朝最著名的国王。能征善战，建立查理曼帝国，疆域包括今法国、比利时、荷兰、瑞士，西班牙的一部分和科西嘉，以及几乎全部的德国和意大利。800年，被教皇加冕为罗马帝国皇帝。他深受《旧约》的影响，以做好基督徒国王为己任；提倡教育，支持文化发展，治下出现了"加洛林文艺复兴"。此后法、德的各个王朝都以查理曼帝国的继承人自居，而查理曼本人在中古欧洲也被视为基督徒国王的典范。

公元819年

中国

唐宪宗元和十四年

柳宗元（773—819） 字子厚，河东解（今山西运城解州镇）人，世称柳河东。曾参与王叔文改革，反对宦官专权和藩镇割据，改革失败后被贬官。诗文皆工，尤长于散文，其中又以山水游记最为著名，文风清新秀丽，富有文采。与韩愈共倡古文运动，后世以"韩柳”并称，为“唐宋八大家”（韩愈、柳宗元、欧阳修、苏洵、苏轼、苏辙、王安石、曾巩）之一。

公元823年

中国

唐穆宗长庆三年

唐蕃会盟碑 823年（长庆三年），吐蕃赞普赤祖德赞为纪念唐蕃会盟而立，也称甥舅和盟碑。碑高五米左右，碑文以藏文镌刻，记载唐蕃友好关系的历史和是次会盟的经过。它是汉藏民族团结的历史见证。该碑现立西藏拉萨大昭寺前。

公元824年

中国

唐穆宗长庆四年

韩愈（768—824） 字退之，河南河阳（今河南孟县南）人。自谓郡望昌黎，故人称韩昌黎。自幼饱读儒家经典，思想上尊儒排佛，在唐代文坛享有盛名。提出“学精于勤，荒于嬉；行成于思，毁于惰”的治学之道。强调行文要“惟陈言之务去”，做到“文从字顺”。力反六朝以来只追求形式整齐而单调板滞的的骈偶文风，推崇不受固定字数、平仄、对仗等约束的古体散文。与柳宗元同为古文运动的倡导者。著述丰富，其文风气势雄健，跌宕新奇，被后世列为“唐宋八大家”之首。

公元838年

中国

唐文宗开成三年

圆仁入唐求法 日本僧人圆仁（793—864）是年随遣唐使船入唐求法，历时九年七个月，足迹遍及今江苏、山东、河北、山西、陕西、河南、安徽七省。847年归国后，于日本京都比睿山设灌顶台，建总持院，弘传密教和天台教义。在唐期间，圆仁用古汉语写下了四卷本共七万多字的日记体著作《入唐求法巡礼行记》，对研究唐代历史和佛教具有重要参考价值。

公元843年

世界

凡尔登

凡尔登条约（*Traité de Verdun*） 加洛林帝国路易一世（Louis Pieux，814—840在位）的三个儿子在凡尔登（今法国东部）达成协议，三分帝国：长子洛泰尔（Lothaire Ier，795—855）获得帝位和中法兰西（包括今比利时、荷兰、德国西部、法国东部、瑞士和意大利大部的狭长地带），三子日尔曼路易（Louis Le Germanique，约804—876）获得东法兰西（莱茵河以东地区），小儿子秃头查理（Charles Le Chauve，823—877）获得西法兰西（今法国）。东、西法兰西后分别发展成德国和法国，中法兰西很快陷入混乱，成为法、德争夺的地盘。

公元845年

中国

唐武宗会昌五年

唐武宗禁佛　唐武宗（841—846在位）时，全国大中小佛寺多达四万几千处，和尚敛财情况严重，“十分天下之财而佛有七八”，致“国库虚竭，军费拮据”。于是，唐武宗下令禁佛，拆除大中寺庙4600余座、小寺庙4万所，还俗僧尼26万余人，放免寺院奴婢15万人。时当会昌年间（841—846），佛教史称之为“会昌法难”。

公元846年

中国

唐武宗会昌六年

白居易（772—846）　字乐天，晚号香山居士，下邽（今陕西渭南东北）人，中唐时代大诗人。主张文章应该为时代而写，诗歌应该为现实而作。白居易诗中的精华是“讽喻诗”，时用诗歌表达自己对朝政和社会问题的意见，希望皇帝听了能有所改进；诗中常流露出对民间疾苦的同情。其诗句通俗流畅，音律和谐，长篇叙事诗《琵琶行》、《长恨歌》等是唐诗名篇，历来脍炙人口。现存诗篇约2830首。

公元848年

中国

唐宣宗大中二年

外籍进士李彦升　大食国（阿拉伯帝国）人，李彦升是他的中文名字。唐宣宗（847—858在位）时，他获准参加科考，得中进士。这表明在唐的阿拉伯人中已有人深谙中国文化。

公元852年

中国

唐宣宗大中六年

杜牧（803—852）　字牧之，京兆万县（今陕西长安）人。善诗歌、散文，内容多涉时政。他的七绝诗清丽自然，含蓄精炼，在晚唐诗坛上成就颇高。《阿房宫赋》为其短赋名篇。

公元858年

中国

唐宣宗大中十二年

李商隐（约813—858）　怀州河内（今河南沁阳）人，晚唐大诗人。博学多闻，关心政治，以擅长奏章而名世。因受朝中朋党斗争的牵连，一生不得志，生活颇多坎坷，其诗多带伤感情调。诗风精密华丽，遣词讲究，善于用典。以咏史诗和“无题”诗最具特色。现存诗歌600多首。

公元865年

中国

唐懿宗咸通六年

柳公权（776—865）　京兆华原（今陕西耀县）人。善书法，在穆宗、敬宗、文宗三朝（821—840）皆侍书宫廷。尤精于正楷，其书体遒健，结构劲挺，世称“柳体”，与书法家颜真卿并称“颜柳”。传世书碑有“玄秘塔”和“神策军”等。

玄秘塔碑现藏西安碑林博物馆。

公元875年

中国

唐僖宗乾符二年

黄巢起义 黄巢（？—884），私盐贩出身，是年率领数千人响应王仙芝起义，后成为唐末农民大起义的领袖。起义军转战数年，屡克唐军，至880年攻入长安，黄巢称帝。883年在唐军包围下撤出长安；次年，黄巢兵败，自刎身亡。这次农民大起义，历时近10年，遍及13省。起义最终被唐军镇压，但唐朝经此打击也元气大伤，濒临灭亡。

公元899年

世界

威塞尔斯公国

阿尔弗烈德大帝（Alfred the Great，871—899在位） 英格兰西南部韦塞克斯（Wessex）公国国王，英国的民族英雄。他领导人民成功抵抗了丹麦人的入侵。当时构筑城防的堡垒成为中古英国城市发展的基础。他发展文化，重视教育，亲自将拉丁文作品译成古英语，是英国散文之父。

公元9世纪末—10世纪初

世界

黑海地区

斯拉夫语字母表 又名“基里尔字母表”和“格拉戈尔字母表”，分别由黑海地区的希腊传教士基里尔（St. Cyril）和梅福季（St. Methodius）创编。这两个字母表都能表达斯拉夫语复杂的发音；后来，前者逐渐取代后者，成为现代俄语、乌克兰语、保加利亚语和塞尔维亚语字母的前身。

公元10世纪初

世界

日本

《古今和歌集》 和歌为日本的一种传统诗歌。该书为平安时代（794—1185）的宫廷诗人所编纂，全书20卷，收入诗歌1100首，带有日本贵族文化全盛时期特有的风格，诗风典雅清丽，在日本古典文学史上有重要地位。

公元907年

中国

唐哀帝天四年

朱温灭唐 黄巢起义失败后，唐末的各股割据势力乘机混战，各霸一方。是年，割据势力之一、后为五代时后梁的创立者朱温废唐哀帝（904—907在位）自立。唐朝亡。

公元10—12世纪上半叶

世界

欧洲

罗马式教堂 建筑风格雄浑庄严。为追求建筑的高度，使用厚重的石壁、粗大的砖石廊柱；窗户窄小；穹顶；内饰以马赛克和壁画为主，十分简约。

公元10—15世纪

世界

非洲

非洲僧祇城邦 古代非洲东部沿海的一批商业城镇。僧祇，波斯语为“黑人”之意，是古代阿拉伯人对东非海岸黑肤色居民的称呼。僧祇城邦出现于10世纪，15世纪鼎盛时期城邦数量达到37座。阿拉伯文化与当地文化相结合产生了斯瓦希里文化。15世纪末葡萄牙殖民者到达这里，用武力垄断了印度洋贸易，导致僧祇城邦衰落。

五代

公元907年—960年

公元907年

中国

后梁太祖开平元年

五代十国始年 唐朝灭亡以后的50余年里，是各种割据势力混战的时代。这时中国北部先后出现五个王朝［后梁（907—923）、后唐（923—936）、后晋（936—947）、后汉（947—950）、后周（951—960）］，史称“五代”。南方各地及北方的山西，还先后出现了十个割据政权［吴（892—937）、南唐（937—975）、前蜀（891—925）、后蜀（926—965）、吴越（893—978）、楚（896—951）、闽（893—945）、南汉（905—971）、南平（907—963）、北汉（951—979）］，史称“十国”。这段时期总称“五代十国”。

此外，还有多个民族政权（契丹、渤海、东丹、南诏、大理、于阗等）先后存在。

后梁建国 朱温（852—912）废唐朝末代皇帝哀帝，即皇帝位，是为梁太祖，建国号大梁，史称后梁，都开封。后梁（907—923），共历三帝、17年，亡于后唐。

公元908年

中国

后梁太祖开平二年

司空图著《二十四诗品》 司空图（837—908），河中（今山西永济）人。擅长五、七言诗，其诗歌倾心于山水，清新自然。所著《二十四诗品》，简称《诗品》，是一本诗论，以四言韵语来论述诗歌风格，形容诗的各种境界，其言辞清隽，体裁新颖。至清代（1644—1911），袁枚撰《续诗品》，则主要论述诗歌创作过程的各个环节。

公元909—1171年

世界

北非

法蒂玛王朝（Fatimid Dynasty） 伊斯兰教什叶派在北非建立的封建王朝。

创建者欧贝杜拉·马赫迪（Ubaydullah al-Mahdi，909—934在位）自称是穆罕默德的女儿法蒂玛的后裔，故名。王朝定都马赫迪亚城，969年占领埃及，973年迁都开罗。在政治、宗教上与阿巴斯王朝对抗。鼎盛时期领土包括叙利亚、巴勒斯坦等地区，1171年被萨拉丁（Saladin，1137—1193）推翻。

公元910年—12世纪

世界

西欧

克吕尼改革运动　910年，阿奎丹公爵（Duke William the Pious of Aquitaine）建立克吕尼（Cluny）修道院。它由教皇直接保护，严格遵守本尼狄克的《修道规章》，不受世俗势力的干涉。这通常被视为克吕尼改革运动的开始。这场改革运动范围广泛，主张不尽相同，但都以建立独立、纯洁的教会为目的，反对世俗干预和教士蓄妾，要求整肃风纪，认同罗马教皇在教会内的最高权力。这在一定程度上体现了政教分离的思想。12世纪中期，克吕尼派的影响力渐弱。

公元912年

中国

后梁太祖乾化二年

贯休（832—912）　俗姓姜，前蜀画家、诗人，婺州兰溪（今属浙江）人。蜀主王建称他为“禅月大师”。他擅作水墨罗汉及佛像，笔法遒劲，形象夸张，时称“梵相”。兼善草书，与唐大画家阎立本、书法家怀素齐名。作品有《十六罗汉图》，拓印本广为流传。

公元916年

中国

后梁末帝贞明二年

阿保机统一契丹　契丹是中国北方游牧民族。早期有八部，自北魏以来游牧于辽河上游一带。唐时在其聚居地置都督府，任命其首领为都督管理。唐末，首领阿保机（872—926）统一各部，于是年创建契丹国，定都上京（今内蒙古昭乌达盟巴林左旗附近）。契丹后改称为辽。阿保机自称天皇王，是为辽太祖（907—926在位）。辽（916—1125）是中国历史上重要的地方政权，历九帝、210年，先后与五代十国、北宋相对峙，1125年（宋宣和七年）为女真族的金国所灭。

公元918—1392年

世界

朝鲜半岛

高丽王朝　朝鲜半岛历史上的封建王朝。公元918年，王建推翻了朝鲜北部的后高丽政权，之后又先后降服了新罗和百济，建立了统一的王朝，国号为高丽，定都开城。高丽仿唐制建立中央集权体制，经济上实行按人口分配土地的均田制，广兴儒学，以佛教为国家宗教。13世纪蒙古人不断入侵，高丽王朝逐渐衰弱，后被蒙古族建立的中国元朝所征服。1392年，大将李成桂自立为王，另立李朝，高丽灭亡。

高丽时代在中国陶制活字印刷术的基础上发明了金属活字，是对人类文明的一大贡献。

公元919年

世界

德意志

萨克森王朝建立 919年，萨克森公爵亨利（Henry I The Fowler，919—936在位）被选为德意志国王，史称亨利一世，开始了德意志的萨克森王朝（Saxon Dynasty，919—1024）时代。

公元923年

中国

后唐庄宗同光元年

后唐建国 是年，晋王李存勖（885—926）灭后梁，随即称帝，是为唐庄宗。建国号大唐，史称"后唐"，都洛阳。后唐（923—936）历四帝、14年，为后晋引契丹所灭。

公元936年

中国

后晋高祖天福元年

后晋建国 后唐将领石敬瑭（892—942）反叛，割据晋阳（今太原）。后唐讨之，兵围晋阳。石敬瑭求救于契丹，接受了屈辱的条件：认契丹首领耶律德光为父，得胜后割地酬谢。契丹出兵，败唐军，继而攻破后唐都城洛阳。后唐亡。契丹立石敬瑭为儿皇帝，建国号大晋，史称"后晋"。

后晋（936—947）历二主、11年，为契丹所立，后又为契丹灭亡。中国历史上，石敬瑭是人所不齿的卖国求荣的典型。

公元937年

中国

后晋高祖天福二年

李昪建南唐 是年，李昪（888—943）称帝，是为南唐烈祖，建都金陵（今南京），国号唐，史称南唐。南唐盛时，辖境包括淮河以南、湖北以东的中国东南地域。南唐（937—975）历三主、39年，后为宋所灭。

公元938年

中国

后晋高祖天福三年

蜀石经 历代刻在石碑上的儒家经典称为石经。蜀石经于938年（后蜀广政元年）始刻，至1124年（宋宣和六年）告竣，历时190余年。石经字体为楷书，共刻石千余，立于成都学宫。蜀石经包括：《孝经》、《论语》、《尔雅》、《易》、《诗》、《书》、《仪礼》、《礼记》、《周礼》、《左传》；北宋时，又补刻了《公羊传》、《梁传》、《孟子》，共十三经，也称"石室十三经"。元明之际毁于战火，存有残石，今藏于四川省博物馆。

公元940年

中国

后晋高祖天福五年

白鹿洞书院　位于江西九江庐山五老峰南麓。前身是唐贞元元年（758年）江州刺史李渤的隐居地。渤喜养鹿，人称白鹿先生，故旧居名为白鹿洞。南唐升元年间（937—942），在此处建“庐山国学”，为宋代四大书院（白鹿、岳麓、石鼓、睢阳）之一。朱熹（1130—1200）、陆九渊（1139—1193）、王守仁（1472—1528）等学问大师都曾于此讲学，书院因而名声远播。1000多年来，书院曾多次修缮，今仍存圣殿、御书阁等古迹。碑廊存碑中有朱熹所订《书院学规》的碑刻。它是中国最古老的书院。

花间派和《花间集》《花间集》为后蜀赵崇祚组编。共选录晚唐、五代时期18家词人的500首词，其中有温庭筠、韦庄、薛昭蕴、毛文锡等，是中国的第一部词选集。这些词的风格大体一致，作品大多描写闺情、女子、相思和享乐生活等。后世将这一派作者称为花间派，其中以晚唐大词人温庭筠为鼻祖。花间派对后世词风有一定的影响。

公元941年

中国

后晋高祖天福六年

孟昶颁《戒谕辞》　后蜀国君孟昶（934—965在位）下令整肃吏治，曾著《戒谕辞》，以戒饬官吏。辞中有句曰：“尔俸尔禄，民膏民脂。下民易虐，上天难欺”。宋时朝廷诏令州县将此辞刻石，立于衙署堂前，以示戒饬。今河南、福建等地尚有戒石遗存。

公元945年

中国

后晋出帝开运二年

《旧唐书》　后晋刘昫等撰。原名《唐书》，后为区别于欧阳修等编《新唐书》，改称《旧唐书》。共200卷，为纪传体的唐代历史。《旧唐书》文采不及《新唐书》，但记事翔实，史笔明晰，保存有大量唐代史料。此为中国“二十四史”之一。

公元947年

中国

后汉高祖天福十二年

后汉建国　后晋亡国，晋将刘知远在晋阳（今山西太原西南）称帝，是为后汉高祖（947—948在位）。之后数月，改国号为汉，史称“后汉”。契丹北撤后，后汉建都汴州（今河南开封），历二帝、四年（947—950），为后周所取代。

公元951年

中国

后周太祖广顺元年

后周建国　后汉高祖死前曾立遗嘱令亲将郭威（904—954）等辅政。后来，继位的汉隐帝（949—950在位）为乱军所杀。郭威称皇帝，是为周太祖（951—954在位），改国号为周，史称后周。后周（951—960）历三帝、十年，后为宋所取代。

公元954年

中国

后周世宗显德元年

周太祖遗嘱薄葬 周太祖郭威（904—954），生前屡诫继子郭荣说："我昔时西征关中，眼见唐朝的18座皇陵，无一不被人挖掘。没有其他缘故，只因随葬金银财宝太多。我死以后，用纸衣瓦棺葬我，陵前也不要石人、石马等，只用一块石头，刻上：'周天子平生俭约，遗嘱以纸衣瓦棺殓葬，嗣天子不敢违也。'"是年正月，郭威死，庙号太祖。周太祖陵称嵩陵，位于今河南省新郑县城北，陵墓俭朴，其状与历史记载相符。

公元955年

中国

后周世宗显德二年

周世宗禁佛 郭威死，其继子郭荣继帝位，是为周世宗（954—958在位）。当时佛教势力日炽，民众负担日重。周世宗采取了一系列限制佛教的措施。诏令整饬寺院，非朝廷特许的一律废除，共废佛寺30336所，存留2694所；严格控制戒坛的设置，令僧尼还俗种田，并禁止私度新的僧尼，从而大大减少了僧尼人数；铜佛像由官府收买，熔炼后用作铸钱，铁像则熔铸农具。受这些政策的影响，北方佛教的发展受到抑制。这是中国历史上的第四次禁佛，佛教史上称"第四次法难"。

公元960年

中国

宋太祖赵匡胤建隆元年

后周亡 959年，周世宗死，其七岁幼子柴宗训继位，是为周恭帝（960在位）。他只当了半年皇帝，就被拥有重兵的皇家禁卫军首领赵匡胤发动陈桥兵变，夺走了皇权。后周亡。

宋

公元960年—1279年

公元960年

中国

宋太祖建隆元年

宋王朝建立　是年，赵匡胤发动陈桥兵变，推翻后周，建立宋朝，即皇帝位，是为宋太祖（960—976在位）。宋前期定都汴京（今河南省开封市），史称北宋（960—1127）。与此同时，中国还存在着辽、西夏等几个少数民族政权。1127年，女真族建立的金朝派军队攻入开封，北宋灭亡。继位的皇帝赵构逃往南方，后在临安（今杭州）定都，史称南宋（1127—1279）。南宋北以淮河、秦岭为界，与金、元（蒙古）政权先后对峙。1279年为元所灭。

宋朝前后历18帝、320年；其中北宋167年，南宋153年。

公元960—1279年

中国

宋朝

宋词的繁荣　词是唐代开始兴起的一种新体诗歌，又称曲子词、长短句，严格按照乐曲的要求来制作歌辞，句子长短不齐而有定格。至宋代，词的发展进入全盛时期，优秀词人不断涌现，按照艺术风格大致可分成婉约派和豪放派。前者作品的题材相对狭窄，大都写男女恋情、宴饮离别之类，手法委婉含蓄，华美精致，严格遵守格律，以柳永、李清照、周邦彦为代表；后者则把词的内容扩大到较为广阔的社会人生，特点是开阔豪迈，不为音律形式所羁，以苏轼、辛弃疾为代表。现存宋词超过两万首，留名词家上千人。在中国文学史上，宋词的成就足可与唐诗媲美。

公元961年

中国

宋太祖建隆二年

杯酒释兵权　北宋建国之初，为防止军事将领拥兵自重对中央政权造成威胁，宋太祖决定控制兵权。一天，他设宴召朝中老将、功臣石守信等饮酒，席间向他们施加压力，暗示他们应主动交出兵权，去享受富贵、自由的日子。次日，石守信等将领以年老多病请辞，太祖应允，赐之以财物，并委以荣誉官职以作安抚。此举排除了朝廷内部的隐患，是宋代历史上的重要事件。

公元962年

世界

罗马

奥托一世加冕 教皇在罗马为德意志国王奥托一世（Otto I，936—973德意志国王，962—973神圣罗马帝国皇帝）加冕。奥托承认教皇国，并自命为教皇国的保护人。从此德意志继承了“神圣罗马帝国”的称号，而中古德意志历史也与教皇和意大利地区难解难分。

公元977年

中国

宋太宗太平兴国二年

渤泥始通好中国 渤泥，为加里曼丹北部文莱地域的古国，是年派使者来献方物。这是文莱与中国通好的最早记载。后世两国友好往来不绝。1371年（明洪武四年），渤泥王曾遣使祝贺明王朝建立。

公元983年

中国

宋太宗太平兴国八年

辽改国号为契丹 契丹是中国北方古老民族，长期游牧于辽河上游一带。907年，其首领阿保机统一契丹各部，建立辽政权，国号初名契丹，后称辽，是年又复称契丹。一度十分强大，先后与五代十国和北宋相对峙，多次南侵。辽（916—1125）共历九帝、210年，1125年为金所亡。

公元987年

世界

基辅

基辅皈依东部教会 9世纪中期罗斯人征服基辅，罗斯国家开始形成。是年，基辅大公弗拉基米尔一世（Vladimir I，约956—1015）受洗，皈依基督教东部教会。次年要求所有臣民都接受洗礼。基辅选择的不仅是东部教会，还有拜占廷文化，这对当地发展影响深远。

公元993年

中国

宋太宗淳化四年

王小波、李顺起义 王小波出身茶贩。是年二月率茶农、佃农百余人在四川起义，迅速攻占青城（在今四川灌县西）等地，提出“吾疾贫富不均，今为汝均之”的“均贫富”口号。这次农民起义历时两年余，曾攻陷成都，震动川陕，后为宋廷镇压。

公元11世纪初

世界

日本

《枕草子》 日本平安时代的散文集，11世纪初完成。作者清少纳言是日本宫廷女官，平安时代有名的女文人。全书分为300多段文字，按照“有趣的事”、“烦恼的事”、“扫兴的事”等标题分篇，其长短不一，多为作者对一些问题的思辨和感言、描绘自然景物的随笔，及其对宫中生活的回忆。文笔优雅清丽，是日本散文的经典。

公元11世纪

世界

意大利半岛

波伦尼亚大学 形成于11世纪。其所在的意大利北部城市波伦尼亚（Bologna）在12、13世纪吸引了来自各地的教师和学生，使该校成为欧洲研习民法和教会法的中心，也是欧洲最早的大学之一。学生按地区组建类似行会的学生组织，承担起大学的行政管理。这种模式为后来许多大学所效仿。

约公元1001—1008年

世界

日本

《源氏物语》 日本古典文学名著，平安时代贵族女作家紫式部（978—约1026）著，被认为是世界上最古老的长篇小说。作品展现了以源氏家族为中心的一个独特社会，生活在其中的贵族举止高雅，对诗歌、音乐、书法以及谈情说爱样样精通。其主要篇幅是叙述源氏公子一生中和众多女性的感情纠葛，故事前后历70余年，涉及三代、共400多位人物，其中主要是上层宫廷人士，也有下层士族、宫女及平民百姓。作者对人物形象和内心世界的刻画极其生动细腻，在一定程度上折射了平安时代日本社会各阶层的风貌。

公元1007年

中国

宋真宗景德四年

瓷都景德镇 位于江西东北部。早在南朝时已开始烧制瓷器。景德年间（1004—1007），宋廷在此设官窑烧造宫廷用瓷，所烧制瓷器底部有“景德年制”字样，景德镇瓷始闻名全国。至明代（1368—1644），这里已成为全国的制瓷中心。

公元11—12世纪

世界

意大利地区

意大利城邦的兴起 意大利的部分城市，在教皇和神圣罗马帝国皇帝之间的斗争中获利。它们蚕食周边农村和附近城镇，争得独立的司法权，建立官僚体制，形成有独立主权的实体。其中最重要的城市国家有米兰、热那亚、佛罗伦萨、那不勒斯等。

公元11—13世纪

世界

非洲

豪萨城邦 由豪萨人（Hausa）在非洲西部建立的众多城邦，分布在今尼日利亚北部和尼日尔南部，后发展成为一些国家的松散联盟，其主要成员有桑海帝国、博尔努帝国等。各城邦有独立的行政、司法和财政制度。19世纪初，豪萨诸邦被富拉尼（Fulani）帝国征服。19世纪中叶之后大部分并入英属北尼日利亚保护国，其余并入法属尼日尔军事领地。

公元1015年

中国

宋真宗大中祥符八年

注辇通好于中国　注辇为南印度古国，位于今泰米尔纳德邦。是年九月，注辇王罗茶罗乍派遣使臣携大批珍珠、象牙、香药等访问中国。他们水陆兼程，历时三年多方抵广州。此后，两国长期保持友好关系。

公元1023年

中国

宋仁宗天圣元年

最早的纸币——“交子”　1011年（宋真宗大中祥符四年），“交子”出现于四川，起初为私营性质，由十几户富商主持发行，在有限的范围内兑现和流通。是年由官府接管。宋廷在四川设置专门机构交子务，交子作为地区性的货币流通于四川，面值为一贯至十贯，数值在发放时临时填写，类似支票；后改为定额印刷。交子的特点是分“界”（每两年或三年为一界）发行，定期回收；发行总额有严格控制，绝不滥印滥发，因此币值稳定。从1023到1107年（宋徽宗大观元年），交子共发行了42界。从43界始，交子改名为“钱引”，仍作为四川的地区性纸币，一直使用至南宋。

“交子”是中国，也是世界上最早出现的纸币。

公元1026年

中国

宋仁宗天圣四年

针灸腧穴铜人　是年，医学家王惟一（约987—1067）著成针灸学专著《铜人腧穴针灸图经》。书中除文字叙述外，还列有心、肺、肝、胆、肾、胃等经穴图25幅，注明穴名共354个。为便于保存，又耗时三年将全书刻在石碑上。该书经朝廷颁至各州，传布天下，对针灸学的发展产生了重大影响。这一年，王惟一还奉诏铸针灸腧穴铜人。铜人中空，体表布有针穴，穴旁刻有穴名，穴孔封以黄蜡，体内注水。针灸考试时，考生按指定穴位进针，下针准确，则蜡破水出。针灸腧穴铜人是中国医学教学中最早使用的人体模型。

公元1038年

中国

宋仁宗宝元元年

西夏建国　西夏是党项羌人建立的政权，由西夏主元昊（1032—1048在位）建立，国号大夏，定都兴庆府（今宁夏银川市），改元“天授礼法延祚”。西夏（1038—1227）共历10主、190年，盛时辖境近40万平方公里。先后与辽、金和宋成鼎峙之势，1227年为蒙古成吉思汗所灭。

公元1043年

中国

宋仁宗庆历三年

庆历新政　著名文学家，时为朝廷参知政事的范仲淹（989—1052）针对朝廷内外交困之势，提出整顿吏治、培养人才、发展生产等改革主张。另一朝官富弼（1004—1083）也上安边十三策，建言加强武备、兴利除弊。仁宗诏准，遂颁令执行。改革措施遭到守旧势力强烈反对，结果新政推行未及一年，即以失败告终。范仲淹、富弼、欧阳修（1007—1072）等均遭贬谪。

公元1044年

中国

宋仁宗庆历四年

《武经总要》　由曾公亮（999—1078）、丁度（990—1053）等奉敕编撰，将历代兵制、兵器、战略战术收为一编，分前后集，凡40卷。书中记载有三种火药配方及其制造工艺流程。《武经总要》在中国古代军事学术史、兵器技术史上具有重要地位和影响。

公元1048年

中国

宋仁宗庆历八年

毕昇发明活字印刷术　隋朝时，中国就发明了雕版印刷术，但工艺成本高、工时长。至北宋庆历年间（1041—1048），杭州书肆刻工毕昇（？—约1051）创造了活字印刷。他先在粘土制成的一个个小方块上刻出反方向写出的字，之后将之放进窑中烧硬成陶字。这些字都是独立的个体，可以根据需要组合，故称为“活字”。工人排版时对照手稿，将一个个活字排放并固定在专用的带框铁板上进行印刷。完成印刷后将活字拆下来可重复使用。后世改泥制的陶字为木字、铜字、铅字等，活字印刷术一直沿用到当代采用电脑照排技术之前。

活字印刷术为中国古代四大发明之一，其他三项是造纸术、指南针、火药。

公元1050年

中国

宋仁宗皇二年

贾宪　数学家，著有《黄帝九章算法细草》。其主要贡献是：第一，创制了指数为正整数的二项式系数表，用于求高次方程的解，并用一个三角图形来表示这些系数。后人称之为“贾宪三角”。西方数学家帕斯卡（Blaise Pascal，1623—1662）在公元1653年提出与此相近的理论，被称为“帕斯卡三角”，比贾宪晚了约600年。第二，创造了增乘开方法，这是解一元多次方程求正根的一种简便方法，其提出也早于西方数学家。

公元1054年

世界

基督教东西教会分裂　长期以来，由于政治、文化、经济环境的差别，教皇领导的西部拉丁教会和以君士坦丁堡为中心的东部希腊教会存有分歧。外族入侵加大了这种分歧。是年，教皇和君士坦丁堡牧守相互处以绝罚，由此中断了东西教会间的往来，史称东西教会分裂。

公元1059年

世界

罗马

教皇选举制的确立 教皇尼古拉二世（Nicholas II，1058—1061在位）颁布法令，规定产生新教皇的唯一途径是枢机团进行的选举。这一选举制度几经调整，沿用至今。

公元1066年

世界

英国

诺曼征服 法国诺曼底公爵威廉对英格兰的军事征服。英王爱德华（1042—1066 在位）没有子嗣，威廉自认是英国王位的继承人。是年，爱德华去世，他带兵在黑斯廷斯（Hastings）击败被选为国王的哈罗德（Herold Godwinson，约1020—1066），随后在威斯敏斯特教堂加冕为英国国王，称威廉一世（1066—1087在位）。他在英建立了强大的王权，开始了英国的诺曼王朝（1066—1154）时期。

公元1069年

中国

宋神宗熙宁二年

王安石变法 是年，宋神宗（1068—1085在位）任命王安石（1021—1086）为参知政事，次年又为相，主持变法，以解决日益严重的政治和财政危机。王安石设立变法机构“三司条例司”，先后颁行农田水利、均输、青苗、免役、保甲、保马、市易、方田均税等新法。新法对发展社会经济取得显著成绩，但实施过程中也产生了一些流弊，遭到许多人反对，变法与反变法的斗争非常激烈。其间，王安石两次被罢相，直至最后退出政治舞台。元祐年间，推行了16年（1069—1085）的熙宁新法几乎全部被废止。

公元1070年

中国

宋神宗熙宁三年

《福乐智慧》 直译意为“带给人们幸福的知识”，哈喇汗王朝（10 世纪至 13 世纪初中国西北操突厥语民族建立的政权）维吾尔族诗人玉素甫·哈斯·哈吉甫作，是维吾尔族的古代叙事长诗。成书于回历 462 年（公元1069/1070），以回鹘文（古维吾尔文）写成。全诗共 76 篇，内容涉及社会、政治、经济、哲学、文学等方面。

公元1072年

中国

宋神宗熙宁五年

欧阳修（1007—1072） 吉州庐陵（今江西吉安）人。北宋古文运动的领袖，于文学、史学俱卓有成就，为“唐宋八大家”（韩愈、柳宗元、欧阳修、苏洵、苏轼、苏辙、王安石、曾巩）之一。善诗，诗风平易流畅，传世诗文颇丰。著有《六一诗话》、《新五代史》等，并与宋祁合撰《新唐书》。

公元1073年

中国

宋神宗熙宁六年

周敦颐（1017—1073）　哲学家，通州营道（今湖南道县）人。著有《太极图说》和《通书》等。他糅合老庄与《易传》思想体系，提出宇宙起源的模式，认为宇宙本源为“无极”，“无极而太极”，“太极一动一静，产生阴阳万物”。周氏学说对后世理学（又称道学）的形成有很大影响。

公元1075—1122年

世界

欧洲

授职权之争　授职（investiture），指将代表神职的戒指和手杖授予主教或修道院院长。中古欧洲的国王自诚者路易（Louis the Pious，814—840在位）时就开始行使授职权。1075年，教皇格利高里七世（Gregory VII，1073—1085在位）为维护教会的独立，禁止世俗统治者行使授职权，遭到德意志国王亨利四世（1054—1106在位）的强烈反对。这场教皇同世俗统治者之间的斗争前后延续达半个世纪，被称为“授职权之争”。其实质是在基督教社会里如何界定国王的权力，以及处理教权和皇权的关系。1122年双方签订《沃姆斯协约》（*the Concordat of Worms*），为“授职权之争”划上句号，但并未终止教皇同国王之间的摩擦。

公元11世纪下半叶—12世纪

世界

欧洲

翻译运动　日耳曼各部族入侵西部罗马帝国时，西欧古典文化遭到严重破坏。这一时期，欧洲人将大量希腊文和阿拉伯语著作译成拉丁语，内容涉及法学、医学、哲学和神学。它对传播古希腊、伊斯兰和拜占廷的文化成果，推动西欧的教育和学术发展，以及对欧洲12世纪文艺复兴、意大利文艺复兴和北部文艺复兴都有深刻影响。

公元11世纪下半叶—13世纪下半叶

世界

西欧

行吟诗（Troubadour）　法国南部、西班牙北部和意大利北部诗人用普罗旺斯（Provence，在法国南部）方言所作的抒情诗，这些诗是为歌唱而创作的，常与音乐相和。诗歌内容多为赞美女性，歌颂浪漫爱情。

公元1084年

中国

宋神宗熙宁六年

司马光著《资治通鉴》　司马光（1019—1086）是北宋政治家、史学家。因感历代史籍浩繁，学者难以遍览，立志摘其要编为一书。初成《通志》记战国到秦代史事，表进于朝受到宋英宗

（1064—1067在位）赞赏，于1066年（治平三年）奉诏继续编写。此后历19年，至1084年修成，宋神宗（1068—1085在位）赐书名为《资治通鉴》，意为可资君王治理天下的历史镜子。该书是一部编年体通史，记载了从公元前403年（周威烈王二十三年）到公元959年（后周世宗显德六年）间1362年的史事。全书294卷，300多万字，史料翔实，文字优美，是中国古代编年史的杰作。

公元1086年

世界

英国

末日审判书（Domesday Book） 是年，英国国王威廉一世对全国各级封臣和自由民的土地、财产和收入进行核查，其原始记录被称为“末日审判书”。此冠名足以说明这一调查之精细严谨，让被核查者无可遁形和无法辩驳。此举堪称欧洲中世纪国王统治的最高成就。英格兰的大多数基层村镇，都是在这份文件中首建记录的。

公元1095年

中国

宋哲宗绍圣二年

沈括著《梦溪笔谈》 沈括（1031—1095），科学家、政治家，杭州钱塘（今浙江杭州）人。对天文、方志、水利、律历、音乐等都有深入研究，生平著作宏富，其中精研科学的成果载入《梦溪笔谈》。该书堪称中国古代科学的百科全书：在数学方面，记载了沈括创立的“隙积术”和“会圆术”（分别是有关高阶等差级数求和以及球面三角学研究的方法）；在物理学方面，发现了地磁偏角，阐述凹镜成像的原理，还介绍了共振等规律；在地质学方面，通过对雁荡、太行等山脉的考察，推断出水的侵蚀作用、冲积平原形成的过程；此外，还记载了活字印刷术、炼钢、炼铜等中国古代的发明和发现。

《证类本草》 医药学家唐慎微（约1056—1098）编著，全书60余万字，载药物1700余种、方剂3000多首。内容有百病主治药、药物配伍禁忌等。该书使历代本草、单方得以“垂之千古”，经朝廷整理付梓，称《大观本草》；后朝又加以重修和校订。为明李时珍《本草纲目》问世前宋元明本草学的范本，在中国药物学史上有重要地位。

公元1095—1291年

世界

欧洲、亚洲

十字军远征 1095年，拜占廷遭到穆斯林的进攻，君士坦丁堡受到威胁，向西方求援，教皇乌尔班二世（Urban II，1088—1099在位）发起东征。东征者均佩戴十字标志，故称“十字军”。此后，至1291年间，欧洲发起多次十字军远征，其中主要的有八次。十字军远征是以耶路撒冷为目的地的武装“圣战”，最后以失败告终。

公元1098年

世界

西欧

创立西多修会（Cistercians）　是年，隐修士罗伯特（Robert of Molesme，约1027—1120）在法兰西境内勃艮第地区的西多（Citeaux ）建立隐修院，创立西多修会。它是本笃会的一支，试图严格遵守本尼狄克的《修道规章》，尤其强调被克吕尼派忽视的体力劳动。西多修会将修院建在边远地区，在欧洲拓荒中出力甚多。

约公元1100年

世界

法国

《罗兰之歌》（*La Chanson de Roland*）　现存最早、最杰出的古法语史诗。作者可能是诗中提及的人物杜罗勒都斯（Turold）。作品把8世纪一场普通战事描绘成十字军圣战，体现了中世纪法兰西人的虔诚信仰，以及对民族和家族的忠诚。

公元1101年

中国

宋徽宗建中靖国元年

苏轼（1037—1101）　号东坡，眉州眉山（今属四川）人，中国历史上著名的文学家、诗人。写诗善用夸张比喻，独具风格；作词豪迈奔放，善于描绘壮观的景物，为中国词坛豪放派宗师，其作品流传后世颇多，传诵甚广。擅散文，与父苏洵、弟苏辙等同列“唐宋八大家”；亦工书画，为宋四大书法家之一，其余三人是黄庭坚、米芾、蔡襄。

苏颂（1020—1101）　泉州同安（今属福建）人，科学家。著有介绍天文仪器的专著《新仪象法要》，书中描述了1501种机器零件，并配插图60多幅。元祐年间，他与韩公廉等将观测天文的仪器浑天仪、显示天象的仪器浑象仪和计时装置结合在一起，制成水运仪象台；用水力转动，能同时用于报时、观象、测天。其中报时装置中用到的擒纵器是当时的重要发明，后成为近代钟表的关键部件。

公元1102年

中国

宋徽宗崇宁元年

指南针与宋代的导航技术　宋代的航海技术发达，在航海中已经应用指南针。据宋时朱彧的《萍州可谈》载：海上行船，夜则观星，昼则观日，阴晦观指南针。这是指南针用于航海的最早记录。

指南针是中国古代的重要发明之一。最早出现在战国，用天然磁石磨成，圆底，形如勺子，可以在光滑的平面上旋转，静止时勺柄指向南方，古人称之为“司南”。宋时发明了人造磁铁，磁性比天然磁铁稳定，指南针装置也有了很大的改进。南宋时已将指南针直接安装在航船的罗盘上用于导航。正是这一技术的成熟和发展，为后来明代郑和船队的大规模远航提供了技术保障。

公元12世纪

世界

欧洲

欧洲的圣母院　4世纪末初露端倪的圣母崇拜此时全面盛行。西多修会将圣母玛利亚奉为主保圣人；这一时期新建的教堂多称是敬献给圣母的，故“圣母院”随处可见。

公元12—13世纪

世界

法国

香槟集市　中世纪欧洲最大规模的贸易集市，在法国东北部的香槟地区举行，几乎终年不断。来自欧洲各地的商人往来其间，交易包括布、剑、战马、糖、香料、毛皮、林产品、锡等等商品。主办者收取交易税，为集市提供保护。

欧洲

骑士传奇　中世纪最流行的文学体裁，现代小说的雏形，以诗体或韵文形式写成，多以骑士的历险和爱情生活为主题，歌颂骑士精神。其最杰出的代表作家是香槟地区的宫廷诗人克雷蒂安（Chrétien de Troyes，活动时期1165—1180）。他用亚瑟王及其骑士的故事来表现骑士的爱情观和荣誉观，发展了中世纪文学中常用的“典雅爱情”（courtly love），丰富了骑士传奇的主题。

欧洲城镇的兴起　中世纪欧洲城镇多兴起于商路附近或教堂周围，居民常常不足千人，主要是商人和手工业者。城镇所在地的领主与居民订立宪章，给予居民一些特别的权力。与农奴相比，居民享有某种程度的自由。城镇中，行会有很大影响力。行会包括商会和各手工业行会，是商人和手工业者维护自身权益的组织。行会积极参与城镇管理、开办慈善事业，为城镇发展提供了稳定的经济环境，是推动欧洲的封建经济向资本主义经济转变的重要力量。

公元1106年

中国

宋徽宗崇宁五年

李公麟（1049—1106）　舒州（今安徽潜山）人，画家，擅绘人物、鞍马及历史故事画。注重写生，强调立意，善用线描，多不设色。这一绘画方法世称“白描”，对后世人物画影响甚大。存世有《五马图》等。

公元1109年

世界

西欧

安塞姆（Anselm of Canterbury，1033/1034—1109）　经院哲学的代表人物。1060年入本笃会的法国伯克修道院，1093年升任英国坎特伯雷大主教。他认为信仰是真理和智慧的源泉，并将本体论（ontological argument）用于论证上帝的存在。他最早通过波伊提乌的作品认识亚里士多德的逻辑学，并将它运用到神学研究中，因而被称为“经院神学之父”。

公元1115年

中国

宋徽宗政和五年

金国的建立　女真是中国北方的一个古老民族，五代时曾臣属于辽，后逐渐发展壮大。是年，完颜部首领阿骨打统一女真各部，建立金政权（1115—1234），国号大金，定都会宁（今黑龙江省阿城南）。1126年灭北宋。金朝历10帝、120年。

约公元1120年

世界

欧洲

哥特式建筑　1120年前后，工匠们陆续发明新的建筑结构，解决原罗马式建筑中的承重问题，以修建更高更大的教堂。1137—1142年，圣丹尼斯修院（位于今巴黎北郊）院长苏格（Suger，1081—1153）主持重修该院教堂。他鼓励技术创新，首次使用尖拱、肋骨交叉拱、玫瑰窗和大面积彩色玻璃。新教堂改变了西方的建筑风格，对哥特式建筑的形成有重要影响。

公元1123年

中国

宋徽宗宣和五年

《道歌》问世　藏传佛教喇嘛教噶举派第二代祖师米拉日巴（1040—1123）作。米拉日巴提倡静坐、苦修，以唱歌方式传教，其歌即为“道歌”。后人于15世纪辑成《米拉日巴道歌集》，此为藏族最早的作家文学。

公元12世纪前期

世界

东南亚

吴哥窟　柬埔寨著名的佛教遗迹，苏利耶跋摩二世（Suryavarman II，1113—1150）时期为供奉印度教的主神毗湿奴，费时30余年而建。吴哥窟的布局宏大庄严，处处注重平衡和谐，在建筑技巧和雕刻艺术方面都达到极高水平。其中浮雕的艺术形象，取材于神话宗教传说以及当时的社会生活，是吴哥艺术的精华。

公元1125年

中国

宋徽宗宣和七年

画家张择端与《清明上河图》　张择端，密州诸城（今属山东）人，曾在朝廷翰林画院供职。其传世名作《清明上河图》是一幅卷轴长画，长525公分，宽25.5公分，共画人物800多个、牲畜90多头、树木170多棵。它将清明节前后宋都汴京汴河沿岸的种种活动场景和众生百态，一一逼真描绘于画卷之上。这幅画的感染力强，欣赏价值高，不仅是艺术珍品，也是研究宋代社会风俗的宝贵资料。现藏北京故宫博物院。

公元1127年

中国

宋钦宗靖康二年

北宋灭亡和南宋王朝建立　1126年（靖康元年），金兵攻破宋都汴京。是年，金人尽取宋内府金银、玉玺、图籍、珍玩、仪仗等，俘徽、钦二帝及皇族三千人北去。北宋王朝至此灭亡。

是年五月，宋徽宗的第九子赵构在南京应天府（今河南商丘）称帝，是为宋高宗（1127—1162在位）。后定都临安（今浙江杭州），宋朝进入了南宋时期。

公元1135年

中国

宋高宗绍兴五年

赵佶 宋徽宗（1101—1126在位），北宋末年皇帝。1125年（宣和七年）金兵南下，传位赵恒（钦宗），自为太上皇。北宋灭亡时被金人掳去，1135年死于五国城（今黑龙江省依兰县）。他昏于政事，寄情书画，艺术造诣深厚。绘画尤工花鸟，对花鸟的形态观察入微，画笔精细而逼真；书法字体修长，笔姿瘦硬挺拔，号称“瘦金体”。

约公元1140年

世界

意大利半岛

《教会法汇要》（*Concordia discordantium canonum*）1140年前后，格兰西（Gratian，？—约1159）在波伦尼亚完成《教会法汇要》的编写。他运用经院哲学以辩证法为基础的论辩方法，引用丰富的圣经文句，综合分析了几千条教规。这堪称中世纪西欧文化史和法制史划时代的成就，是12世纪“文艺复兴”在法学领域最重要的成果之一。

伊比利亚半岛

《熙德之歌》（*Cantar de Mio Cid*）现存最早的西班牙文学作品，用卡斯蒂利亚语写就，被公认为中世纪伟大史诗之一。诗歌取材于西班牙民族英雄罗德里戈（Rodrigo Díaz de Vivar，1043—1099）的故事，是强烈的现实主义情调和想象丰富的诗歌艺术风格完美结合的作品。

公元1142年

中国

宋高宗绍兴十二年

岳飞（1103—1142） 相州汤阴（今河南汤阴县）人，南宋抗金名将。他一心想收复当时被金朝占领的中原大地，所率军队作战勇猛，纪律严明，一度给金兵以沉重打击，人称“撼山易，撼岳家军难”。但当时宋廷却主张和金朝议和，令岳飞从前线撤兵，又解除了岳飞的兵权。是年，奸臣秦桧以“莫须有”（也许有）的罪名将年仅39岁的岳飞秘密处死。岳飞精忠报国，流芳千古，是后人景仰的民族英雄。

世界

法国

阿伯拉尔（Peter Abelard，1079—1142） 逻辑学家、哲学家和早期经院神学的代表人物。早年在默伦、科尔贝、巴黎等地讲学，声名远扬。在其代表作《是与否》（*Sic et Non*）中，他基于自己对《圣经》的研究，列举《圣经》阐释的150个问题，并从正反两方面，列出教父们对这些问题相互矛盾的解读。该书是中世纪运用辩证法的典范。其自传《受难记》（*Historia calamitatum*）讲述他当教师的经历，以及与爱洛伊斯（Heloise，约1098—1164）的爱情波折。

约公元1150年

世界

法国

《列那狐传奇》（*Roman de Renart*）动物寓言故事组诗，以产生于10和11世纪之间的佛兰德（Flanders，位于今法国北部、比利时西北部和荷兰西南部）及日耳曼地区的列那狐的故事为原型，主要角色是列那狐（Renart）和伊桑格兰狼（Ysengrin），反映市民阶级的价值观，是中世纪城市文学的代表作品。此后，胆小狡诈、追求私利、善于用巧计战胜蛮力的列那狐形象深入人心，出现了许多以列那狐为原型的作品。

公元1150年

世界

巴黎

巴黎大学　欧洲最早的大学之一，形成于12世纪中期，以神学最为著名。教师们通过类似行会的自治组织，一方面抵御巴黎教会的控制，另一方面负责学校的管理。巴黎大学教师治校和波伦尼亚大学学生治校，成为后来中世纪欧洲大学所仿效的两种管理模式。

约公元1151年

中国

宋高宗绍兴二十一年

李清照（1084—约1151）　号易安居士，济南历城（今山东济南）人。中国文学史上杰出的女词人，南宋婉约派词的一代宗主。她的词早期多描写爱情生活和自然景色，语言精巧优美；晚期作品有感于国破家亡，多悲叹身世，感伤时事，内容哀婉动人。后人辑有《漱玉集》。

公元1154年

世界

英国

亨利二世和他的“安茹帝国”　是年，亨利（Henry Plantagenet，1154—1189在位）继承英王位。因其父是法国安茹伯爵，亨利二世开创的王朝史称“安茹王朝”（1154—1399），又名“金雀花王朝”。他继承了大片土地，除英格兰外，还有法国诺曼底（Normandie）、安茹（Anjou）、曼恩（Maine）、都兰（Touraine）、布列塔尼（Bretagne）等；他的妻子艾琳娜（Eleanor，约1122—1204）则带给他阿奎丹（Aquitaine）。这样，他在法国的领地面积远远超过了法国国王，加上其英国的领土，人称“安茹帝国”。

公元1163年

世界

英国

亨利二世司法改革　从1163年开始，英国国王亨利二世通过一系列司法改革，扩大王室的管辖权。他开创了陪审团制度；在威斯敏斯特（Westminster）设立固定法庭，此为民事诉讼法庭的前身。

公元1167年

中国

宋孝宗乾道三年

全真道始创 是年，道士王重阳（1112—1170）在山东宁海全真庵聚徒讲道，创全真道。全真道为中国道教的一大派别，以《孝经》、《心经》和《道德经》为典籍，主张道、释、儒三教合一。

公元1168年

中国

宋孝宗乾道四年

日僧荣西来华求法 是年，日僧荣西（1141—1215）入宋，至天台山求佛法。1187年（宋孝宗淳熙十四年），他再度入宋求法，历四年方回日本。此后，他在日本各地传教，融合天台宗、密宗、禅宗三宗，形成日本临济宗。他还将中国茶种带回日本，著有《吃茶养生记》，介绍自己对中国茶的感受。日本饮茶之风渐盛。

约公元1170年

世界

法国

复调音乐 巴黎教堂的弥撒上首次出现两个声部的合唱，这是欧洲复调音乐的先声。

公元1185—1187年

世界

基辅

《伊戈尔远征记》（*The Song of Igor's Campaign*） 出自佚名作者，古罗斯（Rus）的杰出诗作。讲述诺夫哥罗德—谢威尔斯基（Novgorod-Seversky）王公伊戈尔联合邻近公国，对屡来进犯的波洛伏齐人发起远征，以弱敌强，虽败犹荣的历史事件，其描写生动，充满诗情画意。

公元1189年

中国

宋孝宗淳熙十六年

卢沟桥始建 卢沟桥位于北京西南的永定河上，永定河原名卢沟河，故名，是北京现存最古老的石造联拱桥。是年始建，1192年建成。桥长266.5米，宽7.5米，共有11孔，桥两旁有石雕护栏，共有望柱280根，每根柱头上都雕有石狮，共有485个，或伏或卧，或俯或仰，多姿多态。1937年7月7日，日本军国主义者在此挑起事端，发动全面的侵华战争，史称"卢沟桥事变"。

公元1190年

世界

德意志

弗里德里克一世 1152年，弗里德里克（Frederick I Barbarossa，1152—1190在位）被推选为德意志国王。他是霍亨斯陶芬王朝（Hohenstaufen Dynasty，1138—

1208，1212—1254）中最有作为的皇帝，19世纪曾被奉为德意志统一的象征。他一度与教皇对抗，六次出兵征讨意北城邦，试图恢复帝国和皇帝的权威，让德意志成为西欧的主导力量，但没有成功。他死后，德意志又重现诸侯割据局面。

公元1192—1333年

世界

日本

镰仓幕府　关东武士首领源赖朝在镰仓建立。1199年源赖朝死后，由北条氏掌握幕府实权。幕府直属武士称“御家人”，掌握地方警察、征税和土地管理权，为政权的中坚力量。日本的武士阶层就是在镰仓时代形成的。1333年，醍醐天皇（897—930在位）举兵讨伐镰仓，消灭北条全家，镰仓幕府亡。

公元1193年

中国

宋光宗绍熙四年

陆九渊（1139—1193）　抚州金溪（今属江西）人。哲学家。因曾讲学于象山（今江西贵溪县西南），世称“象山先生”。糅合儒家学说和佛教禅宗思想，阐发自己的主观唯心论，认为宇宙的本原是“心”，“宇宙便是吾心，吾心即是宇宙”。其学说世称“心学”，经明代王守仁（1472—1528）发展，成为与传统儒学正宗的程朱“理学”抗衡的哲学学派。

公元1199年

中国

宋宁宗庆元五年

统天历　天文学家杨忠辅创制的历法。该历法所定的回归年为365.2425日，比地球绕太阳的实际周期只相差26秒，和现行公历（格里高利历）一年的长度完全一样，却比它（1582年颁行于欧洲）早行近400年。

公元1200年

宋宁宗庆元六年

程朱理学　理学也称道学，是中国宋代以来形成的占主导地位的儒家哲学思想体系，以阐释义理为主，兼谈性命（指人的天性、命运）。创始人是周敦颐（1017—1073）、程颢（1032—1085）与程颐（1033—1107）兄弟等，至南宋朱熹（1130—1200）而集大成，形成比较完整的客观唯心主义体系。该学派以“理”为核心，认为理就是天道，先于天地而存在，每个事物都有其自身的“理”，因此主张“即物而穷理”，即通过考察具体事物而探讨事物之理。在明清两代，程朱理学被尊为儒学正宗，成为中国哲学思想的主流，对中国古代社会后半期的政治和人的价值观有重要影响。

1200年—1210年

世界

德意志

《尼伯龙根之歌》（*Nibelungenlied*）

用中古高地德语写成的民间史诗，作者不详。史诗以民族大迁徙的后期为历史背景，结合远古神话和历史人物，讲妻忠于夫、臣忠于君、夺宝及复仇的故事，有德国的《伊里亚特》之称，所用诗体后来被称作尼伯龙根诗体。

公元13—15世纪

世界

西欧

西欧议会制的建立 西欧自13世纪开始形成议会，到15世纪，大多数国家和地区都建立了各自的议会制。各地区的议会构成不尽相同，如：英国议会包括由权贵组成的大咨询会和由半职业化的顾问组成的国王议事会；法国为三级议会，由教士、贵族和普通百姓三个等级的代表参加；西班牙议会则由贵族、教士和城市代表组成。在当时的欧洲，加税需经当地议会批准，因而往往在需要加税时才召集议会。

公元13—16世纪

世界

非洲

马里帝国 非洲西部古代王国，崛起于13世纪上半叶，是加纳王国之后的西苏丹地区的大国。第九位国王曼萨·穆萨（Mansa Musa，1307—1332年在位）统治时期帝国达到鼎盛，城市发展，经济文化繁荣，所辖的尼日尔河中游地区，曾向摩洛哥、埃及等地派遣大使和王室代表。尼日尔河上的廷巴克图是经济重镇和著名的伊斯兰文化学术研究中心。17世纪上半叶帝国灭亡。

津巴布韦文化 以大津巴布韦遗址为代表的石头建筑群文化，位于非洲东南部今津巴布韦多利亚堡东南27公里处。“津巴布韦”在班图语中意为“石头建筑”，以花岗岩垒砌而成的建筑物集中体现了这种文化的特点。该处遗址占地24公顷以上，有防御工事、塔状建筑物和排水系统，其中最古老的部分建于8世纪。13—16世纪为繁荣时期。

公元13世纪—20世纪初

世界

奥斯曼帝国

奥斯曼帝国 也称奥托曼帝国（Osman Empire）。奥斯曼土耳其人建立的军事封建帝国，以伊斯兰教为国教。1299年，由安纳托利亚西北部比希尼亚小邦的王公奥斯曼（Osman，1259—1326）建立。1453年，穆罕默德二世（1451—1481在位）攻陷拜占廷帝国首都君士坦丁堡（后改名伊斯坦布尔），并将之定为奥斯曼帝国的新都。后经过不断扩张，成为地跨欧、亚、非三洲的庞大帝国。17世纪中叶国势转衰。19世纪巴尔干半岛各国先后脱离帝国宣布独立；“一战”时参加同盟国方面作战失败，领土仅保有土耳其本部；1922年苏丹穆罕默德六世（Muhammad VI，1861—1926）被废，帝国终告灭亡。

公元1207年

中国

宋宁宗开禧三年

辛弃疾（1140—1207）　号稼轩，历城（今山东济南）人。宋代豪放派词人的代表，与苏轼并称“苏辛”。善于用词表现丰富的情感，艺术风格多样。由于当时国土分裂，他的词充满欲收复祖国山河的豪情和壮志未酬的悲愤。

公元1209年

世界

西欧

方济各创立方济会　方济各（Francis of Assisi，1181/1182—1226）于1207年放弃财产和家庭，忏悔修行，靠打工或接受施舍维持生活，四处流浪布道。1209年，他及其追随者获教皇英诺森三世批准，组成托钵僧修会。早期修会严格持守清贫，其成员主要在城镇中行使宗教职责。修会为方济各创立，故称为“方济会”。

公元1210年

中国

宋宁宗嘉定三年

陆游（1125—1210）　号放翁，越州山阴（今浙江绍兴）人，著名爱国诗人。传世诗歌达9000余首，多为忧国忧民之作。善于表现日常生活和身边景物。也工散文，并长于史学，著有《南唐书》18卷。

公元1214年

世界

佛兰德

布汶之战　是役，法国军队在布汶（Bouvines）战胜以英德为首的联军。法国的胜利不仅使其得以继续占有英王在法的领地，还大大提高了国王菲利普二世在法国及欧洲其他国家中的威望，为中世纪晚期法国的崛起打下基础。而联军的失利，一方面使德意志国王奥托四世（Otto IV，1208—1215在位）失势，并最终在1215年被废黜；另一方面也加剧了英国贵族对国王约翰（King John，1199—1216在位）的不满。

公元1215年

世界

英国

大宪章（*Magna Carta*）　英王约翰为与法国作战，强加赋税；英军的失利使他的统治面临危机。为避免内战，约翰签发了《大宪章》，对贵族作出让步，承诺尊重英国的传统和法律。《大宪章》共63条，规定了国王的权限，赋予贵族和人民一些新的权力。其中最知名的第39条，规定未经审判不得囚禁自由人，后成为现代国家法律的重要原则。

公元1216年

世界

罗马

英诺森三世（Innocent III，1198—

1216在位） 意大利籍教皇。在位期间，恢复罗马教廷权威，使教皇权力达到顶峰。他一度令英王称臣、法王作出让步，并左右德意志王位的归属；他批准成立托钵僧修会；发动第四次十字军东征（1202—1204），并发动另一支十字军讨伐异端阿尔比派（Albigenses）；主持召开第四次拉特兰公会议（Fourth Lateran Council, 1215），这是中世纪天主教最盛大、最重要的一次会议。英诺森三世坚持教皇具有绝对权力，很有作为，但也颇受非议。

西欧

多明我会创立 西班牙教士多米尼克（St. Dominic，约1170—1221）于1215年创立，翌年获教皇批准。该会修士进行系统的神学训练，持守清贫，注重布道和批驳异端；在法国南部地区反对阿尔比派，在西班牙等地反对摩尔和犹太人。宗教裁判所（Inquisition，1231—1908）成立后，教廷委托多明我会负责。

公元1223年

世界

法国

菲利普二世（Philip Augustus，1179—1223在位） 1179年加冕成为法国国王。他一改加佩王朝（Capetian Dynasty，987—1328）被大封臣控制的局面，把持独立决策权，扩大王室领地，使巴黎成为法国政治、文化中心。他收回大部分英王在法领地，并通过同佛兰德伯爵的侄女阿萨贝拉结婚，实际上控制了佛兰德。在新扩大的领地上，他授予当地贵族一定的自治权，并派法王代表监管。这成为后来法国集权管理的基本模式。

公元1227年

世界

蒙古

成吉思汗和蒙古的西征 成吉思汗（1162—1227）原名铁木真，军事家、政治家，蒙古帝国的奠基者。于13世纪初统一蒙古各部落，被推为大汗，称成吉思汗（意为强大），立国号为大蒙古。即位后开始了大规模的军事活动：1205年—1209年间三次攻打西夏（都城于今宁夏境内），迫使西夏称臣纳贡；1215年攻陷女真族金朝的中都（今北京）；1218年亲率主力西征，先后消灭了西辽、花剌子模，前锋抵达印度河；其中一支曾越过太和岭（今高加索山），大败斡罗思（即俄罗斯）王公的联军；1226年再次征伐西夏，翌年西夏亡。成吉思汗死后，其子嗣继续对外扩张，1234年征服金朝，1279年灭南宋，在中国建立元朝，并占领朝鲜，向西则征服了中亚、西亚、高加索和俄罗斯、东欧等欧亚大陆的大部分地区，建立起一个横跨欧亚大陆的强盛帝国。

公元1234年

中国

宋理宗端平元年

蒙宋共灭金 1232年（宋理宗绍定

五年），蒙古约宋联合攻金。至是年正月，被围困的金主自杀，城随即被攻破，金亡。之后，蒙宋很快反目开战。

公元1240年

中国

宋理宗嘉熙四年

《蒙古秘史》　也称《元朝秘史》，撰者不详。该书记述蒙古族的起源、成吉思汗及其子窝阔台时期的史事，是蒙古族最早用蒙古文写成的历史文献，与《蒙古黄金史》、《蒙古源流》同为蒙古三大历史著作。

公元1244年

中国

宋理宗淳祐四年

耶律楚材（1190—1244）　契丹人，为蒙古帝国三朝老臣，蒙古帝国制度多赖其建树。曾随成吉思汗西征，其间对保全汉地文化有所贡献。他精通蒙古文、汉文，博览群书，好佛儒诸学，兼及天文、地理、医药，著作甚丰。

公元1247年

中国

宋理宗淳祐七年

西藏归顺蒙古　吐蕃宗教领袖萨班贡噶坚赞（1182—1251）是年应邀到达内地凉州（今甘肃武威），经与蒙古皇太子阔端（1206—1251）谈判，决定归顺蒙古。

秦九韶和《数书九章》　秦九韶（约1202—1261），普州安岳（今属四川）人，南宋著名数学家。精研律算、天文、营造、音律之学，是年著成《数书九章》共18卷，流传至今。该书在数学上的重要创新，一是从理论上对中国古代一次同余式的解法作了系统总结，此即著名的中国剩余定理；二是发展并完善了南宋贾宪的高次方程式的数值解法。书中列举了20多个来自实践的高次方程的解法，最高的为十次方程式，附有算图，图中列有算式，如层层剥笋，步骤清晰，至今还有人将这种解法叫"秦九韶程序"。该程序与现代数学求方程正根的英国数学家霍纳（W.G. Horner）的方法基本一致，但比他约早500年。

公元1249年

中国

宋理宗淳祐九年

宋慈和《洗冤集录》　宋慈（1186—1249），医学家，总结宋代和以前法医的经验著成此书，是世界上最早的完整法医学专著。它先后被译为荷兰、英、德等文字。宋慈也被尊为中国法医学之父。

公元1250—1517年

世界

北非

马穆鲁克王朝　马穆鲁克是阿拉伯文的音译，意为"奴隶"，专指来自中亚、高加索等地的非黑人奴隶。公元9世纪中叶起，阿巴斯王朝哈里发以他们充任禁卫军。1250年，埃及的马穆鲁克禁卫军将领推翻阿尤布王朝，建立马穆鲁克王朝。在王朝存在的267年中，曾大败蒙古军，灭耶路撒冷王国，势力扩展到努比亚和阿拉伯半岛的部分地区。1517年为奥斯曼帝国征服。

德意志、西西里王国

弗里德里克二世（Frederick II，1194—1250） 德意志国王亨利六世（Henry VI，1190—1197在位）和西西里女王康斯坦斯（Constance，1194—1198在位）之子。1198年，成为西西里国王（1198—1250在位）。1212年布汶之战后，在教皇扶持下就任德意志国王（1212—1250在位）和神圣罗马帝国皇帝。他受阿拉伯、犹太和西方文化影响，博学多才，凭借个人魅力在第六次十字军东征（1228—1229）中收复耶路撒冷，并自命耶路撒冷之王（1229—1243在位）。弗里德里克王权的巩固和发展，直接威胁教皇国的利益，因而与教皇冲突不断，曾两次被教皇处以绝罚。为应付与教皇和意北城邦的斗争，他不得不向德意志的王公贵族让渡部分王权。此举加剧了诸侯对德意志的分割。

公元1257年

中国

宋理宗宝祐五年

元好问（1190—1257） 金国秀荣（今山西省忻县）人。著名诗人。以诗反映民生疾苦和国破家亡的现实，感情深沉。也工词和散文，为金朝文坛一代宗师。

公元1268年

世界

英国

早期眼镜的记载 倡导试验和实验研究的哲学家、方济会托钵僧罗杰·培根（Roger Bacon，约1220—1292）曾经记录过将透镜（lens）作眼镜的用途，说明当时的欧洲已经制作出眼镜。

公元1270年

世界

法国

路易九世 法国国王路易九世（Louis IX，1226—1270在位）被视为中世纪理想君主的化身。他在塔耶堡（Taillebourg，1242）之战中击败英军，但出于公正，在1258年签订的《巴黎和约》中向英王归还其在法的部分领地；他关注民生，委派稽查员督查地方行政、司法，在王室领地解放农奴；在位期间，曾两次亲率十字军远征（1248—1250，1270），第二次出征中因遭瘟疫，死于远征途中。他在当时欧洲享有很高的名望，1297年被教皇封为圣徒。

公元1272年

中国

宋度宗咸淳八年

元大都 蒙古至元四年（1267），开始在金中都城东北另筑新城，是年命名新城为大都（位于今北京）。元大都规模宏大，宫殿壮丽，商业繁荣，为当时东方名城。

公元1274年

世界

西欧

阿奎那（Thomas Aquinas，1224/1225—1274）　基督教哲学家、神学家、经院哲学的集大成者、多明我会修士。他在《神学大全》（*Summa theologiae*）、《反异教大全》（*Summa contra gentiles*）和其他著作中，用亚里士多德的观点和方法阐述基督教教义、伦理和政治思想，对基督教思想进行了系统的梳理和表述。1879年，教皇利奥十三世（Leo XIII，1878—1903在位）将他的学说定为天主教的官方哲学和神学。

公元1276年

中国

宋端宗景炎元年

宋幼主奉玺降元　1275年（德祐元年），元兵伐宋，大败宋兵于鲁港（今安徽芜湖西南）。元军乘胜长驱直入，兵逼宋都临安（今杭州）。是年正月，幼主宋恭帝（1275在位）奉传国玉玺请降，元军带其北上。宋臣张世杰、陆秀夫等在福州拥立11岁的益王赵昰为帝，是为宋端宗（1276—1278在位）。

公元1279年

中国

宋帝祥兴二年

南宋灭亡　宋端宗于景炎三年（1278）四月病死，陆秀夫等拥立卫王昺继帝位，迁驻南海中海岛厓山（在今广东新会县南）。是年，元军入海与宋舟师战于厓山。二月，宋军大溃，陆秀夫背负八岁的宋帝昺投海而死，诸臣从死者甚众。宋朝（960—1279）至此亡。

公元13世纪下半叶——1669年

世界

西欧、北欧

汉莎同盟（Hanseatic League）　“汉莎”，中古德语，意为“行会”或“协会”。13世纪，德意志商人已几乎垄断了波罗的海地区贸易，他们为对抗强盗和海盗而结成同盟。同盟不断壮大，在北欧和西欧获得了许多商业特权，成为德意志北部城镇和海外德意志商人维护其共同利益的贸易组织。至15世纪，同盟一直控制着欧洲北部的贸易。16、17世纪，随着荷兰、英国和瑞典的贸易扩张，汉莎同盟逐渐解体。

元

公元1271年—1368年

公元1271年

中国

元世祖至元十六年

元朝建立 成吉思汗之后，蒙古军队先后灭西夏和金，统一了中国北方地区。1260年，成吉思汗之孙忽必烈继承汗位，建都大都（今北京）。1271年，忽必烈正式称帝，建立元朝，是为元世祖（1260—1294在位）。1279年，元军最终清除了南宋残余势力，实现了中国南北的统一。从1271年元朝建立，至1368年朱元璋亡元，元朝共历11帝、97年。

元朝的行省制度 忽必烈即帝位后，对中央和地方的行政机构进行了改革。朝廷设立中书省，为全国最高行政机构；在各地设立行省，为地方最高行政机构。全国共设立了十个行省。另外，将吐蕃正式作为一个行政区，划归中央的宣政院管辖。行省制度有利于加强中央和行省之间的联系，此后成为定制，沿袭后世。

元曲 元朝文学的突出成就是元曲，它由散曲和杂剧组成。散曲是元代的新体歌曲，是在民间歌词的基础上吸取少数民族音乐的曲调，形成的一种长短不规则的诗歌形式，其代表作家有关汉卿、马致远、白朴、郑光祖等人，并称“元曲四大家”。杂剧是元代新兴的以北曲演唱的戏剧形式，是一种把音乐、歌舞、动作、念白结合在一起的综合舞台艺术，传世剧目有200余种。关汉卿的《窦娥冤》、马致远的《汉宫秋》、王实甫的《西厢记》、郑光祖的《倩女离魂》、白朴的《梧桐雨》等，都是元杂剧中的经典作品。元杂剧对中国后来的戏剧发展有重要的影响。

郭守敬组织的天文观测 是年，天文学家郭守敬（1231—1316）为编制新历法，组织了一次全国规模的天文观测，测量日影和北极出地的高度（指北极星视线与地平面夹角的度数）。他在全国布设了27个点，观测的范围，南到北纬15度的南海，北到北纬65度的北海。这是天文学史上空前规模的观测活动。后来郭守敬编制“授时历”所依据的科学数据，大多来自于此次观测成果。

公元1280年

中国

元世祖至元十七年

帝师八思巴（1235—1280） 本名罗追坚参，尊称“八思巴”（意为“圣者”），藏传佛教萨迦派首领。元世祖时封其为“帝师”。他统辖全国佛教僧徒和吐蕃地区的军政事务，建立西藏贵族僧侣统治制度，创制蒙古新字（八思巴文）。其一生对推进汉藏文化交流，创立中央对西藏的行政管理制度颇有贡献。著述30余种，以《萨迦五祖集》传世。

黄河探源 古来，人们不知道黄河源头在何方。是年，元廷派女真人都实等前往黄河河源区的扎陵湖、鄂陵湖和星宿海探源，历时四个月。虽然他们最终作出的星宿海为黄河之源的结论不确，但对黄河上游情况留下了翔实的考察资料。这是中国历史上第一次对黄河源头的科学考察。1315年（延祐二年），翰林学士潘昂霄根据都实弟弟口述，将都实探寻黄河源头的经过撰成《河源志》一书。

授时历 天文学家郭守敬（1231—1316）组织编制的历法，是年颁行。它打破以往对历法起点的推算方法，所据数据全源于实际测量，因而是中国古代最精确的历法。明代（1368—1644）颁行的“大统历”，基本上是授时历的沿用。如此算来，直至清代（1644—1911）参照西洋历法创制“时宪历”（1645年）为止，“授时历”实际使用了365年，是中国历史上使用时间最长的历法。

公元1283年

中国

元世祖至元二十年

文天祥（1236—1283） 吉州庐陵（今江西省吉安县）人，南宋政治家。南宋末年任宋廷右丞相，担起抗元救亡的重任。他亲自率军征战各地，后为元军所俘，关押在元大都（今北京）三年。其间元世祖（1260—1294在位）亲来劝降，许以高官，文天祥始终不屈，表示誓不叛宋。是年被杀害。赋有《过零丁洋》、《正气歌》等诗篇，以爱国正气而为人激赏，千古传诵。

公元1291年

中国

元世祖至元二十八年

元朝第一部法典 蒙古原无文字，没有成文法，相沿习惯法。1290年，元世祖命大臣制定法律，以公规、治民、御盗、理财等十事，辑为《至元新格》一书。是年，该书刻版颁行。这是一些法规和案例汇编，也是元代最早的法典。

回回药物院 元初，大批阿拉伯人来到中国，阿拉伯医药也随之传入。是年，元廷在大都（今北京）设回回药物院，专为宫廷、达官贵族炮制回回药物。该院还翻译了阿拉伯药典《回回药方》，全书36卷，包括内、外、妇、儿、正骨、针灸、药剂等科目。该书今仅余残本四卷，北京图书馆善本书库收藏。

公元1293年

中国

元世祖至元三十年

京杭大运河全线通航 7世纪初，隋朝修成了沟通中国南北的大运河。但到了南宋时已有多处河段淤塞不通。元朝在疏通旧河道的基础上，又先后开凿济州河（1283年）、会通河（1289年）、通惠河（1293年），工程历时10年，三河皆通，形成一条北至北京、南达杭州的直通大运河。新的大运河全长1782公里，大大缩短了隋大运河的航程，成为中国南北交通的重要水路。它也是世界上最长的人工运河。1300年过去了，大运河的一些河段至今仍在通航。

基督教传入大都 蒙古族入主中原后，基督教的聂斯脱利派（Nestorians，曾在唐朝传入中国，称“景教”）和天主教教士也随之来华传教。两者在元代合称为“也里可温教”。是年，方济会传教士约翰·孟德科维诺（Giovanni da Montecorvino，1247—1328）以教皇特使名义抵大都，受到皇帝接见，获准在京传教。从1298年至1307年间，他先后兴建三座教堂，并将《新约》和《诗篇》翻译成了蒙古文。但由于信徒人数有限，他的传教活动未能顺利开展。元亡后，基督教在中国的传播随之中止。

公元1294年

中国

元世祖至元三十一年

《赵氏孤儿》 剧作家纪君祥编写的剧本。故事写春秋时晋国权臣屠岸贾残杀勋臣赵盾全家，并搜杀孤儿赵武；赵家门客程婴为保护赵武，交出了自己的儿子；赵武成人后报了恩仇。此剧本后由法国作家伏尔泰改编成《中国孤儿》一剧，在巴黎上演。

公元1296年

中国

元成宗元贞二年

黄道婆（约1245—？） 松江乌泥泾（今上海徐汇区龙华乡）人。早年为人童养媳，不堪凌虐，逃至崖州（今海南三亚）谋生，在当地居住了30年，从黎族人学习棉布纺织技术。是年返回家乡，传播棉纺织技艺，改革纺机、织机，改进海南黎人轧花、纺纱、织布等一系列技术，纺制出多种花纹的棉织品。一时“乌泥泾布”名闻全国，松江一带成为中国棉纺织中心。此后，棉布逐渐取代麻布而“衣被天下”。后世立祠祭祀黄道婆，尊她为“棉神”。

公元1298年

中国

元成宗大德二年

《马可·波罗游记》 马可·波罗（Marco Polo, 1254—1324），意大利旅行家。1271年从威尼斯启程来中国，1275年到达上都（今内蒙古多伦县），先后在元朝供职17年，得元世祖忽必烈的信任，曾奉命巡视各地。1295年返回威尼斯。后在威尼斯与热那亚的战争中被俘。狱中他口述东方见闻，由同狱的一位作家笔录成书，是为《马可·波罗游记》（又名《东方见闻录》）。书中盛赞东方各国的富庶和繁华，其中着重描绘他所游历过的中国大地。该书在当时欧洲引起轰动，出现多种文字译本。15世纪后欧洲一些航海家、探险家热衷到东方旅行，一定程度上是受了此书的影响。

公元1300年

中国

元成宗大德四年

关汉卿（约1220—1300）　大都（今北京）人，著名剧作家。一生创作元杂剧63种，存世有18种。其最重要的代表作是《窦娥冤》。剧中主人公窦娥是一名寡妇，受人诬陷，以杀人罪被判死刑；她在刑场上强烈控诉社会的不公，并发了三个誓愿：如果她是被冤杀的，死后的血会溅到刑场高挂着的白布上、六月天里会下雪、当地将连续三年大旱；窦娥被杀了，这三个预言竟先后一一得到应验；三年之后，真凶终落法网。关汉卿的作品以揭露社会黑暗，抨击贪官污吏和社会恶势力为主题，艺术成就极高，在中国戏剧史上有重要影响。善散曲，与马致远、白朴、郑光祖并称“元曲四大家”。

王实甫　大都（今北京）人，剧作家，其创作活动约在元贞、大德年间（1295—1307）。著有杂剧作品14种，其中以《西厢记》最为著名。剧中写书生张珙在寺庙中遇见相国的女儿崔莺莺，两人相互爱慕，终在侍女红娘的热心帮助下，冲破礼教的约束而结合。全剧文词优美，人物性格鲜明，上演后广受好评，被誉为“天下夺冠”之作，在中国戏剧史上有深远影响。

公元14世纪

世界

意大利地区

意大利的商业创新　随着商业发展，意大利商人为有效管理他们在海外的投资和商业网点，发明了新的商业技术，其中包括借贷记账法、海事险、提单、汇票等。这些技术手段后来得到广泛应用。

非洲

贝宁王国（Benin Kingdom）　由约鲁巴人建立的非洲西部古国，位于尼日尔河三角洲以西的森林地带。15世纪葡萄牙人到来后，贝宁成为欧洲商人同非洲内地之间的重要贸易中心。17世纪末随着贸易中心移到几内亚，王国渐趋没落。1897年被英国占领，后并入英属尼日利亚。贝宁以制作精美艺术品闻名，世称贝宁文化。

公元14—15世纪

世界

欧洲

公会议主义运动　天主教公会议主义（Conciliarism）主张教会最高权力属于公会议，西部教会的大分裂为这一主张的实现提供了舞台。基于这一主张，因教会内部纷争而出现的三个教皇并立的危机得以解除。1414—1418年间召开的康斯坦茨公会议（Council of Constance）选举产生了唯一合法的教皇马丁五世（Martin V，1417—1431在位），终结了持续近40年的教会分裂。虽然公会议主义运动最终因受到教皇压制而失败，但它的倡导者系统地阐述了西方的代议制传统，为近代民主提供了宝贵的文化借鉴。

公元14—19世纪末

世界

非洲

刚果王国 约14世纪由班图语系的巴刚果人（Bacongo）在刚果河下游建立的王国，位于今安哥拉北部和民主刚果西南部。其农业发达，分工精细。16世纪起葡萄牙势力渗入，同王国屡起纷争。王国因内部的王位之争也导致式微。1885年，王国被比利时、法国、葡萄牙殖民者所瓜分。

公元1302年

世界

罗马

“至一至圣”诏书（*Unam Sanctam*）诏书由教皇卜尼法斯八世（Boniface VIII，1294—1303在位）颁布，提出教皇为首的神职人员的权力凌驾于世俗权力之上。此说虽无新意，诏书却措辞强硬。其后法国国王菲利普四世（1285—1314在位）就此对卜尼法斯八世进行攻击，这是天主教世界中世俗统治者对教皇在精神领域的权威的一次公然挑战。

公元1303年

中国

元成宗大德七年

《四元玉鉴》 南宋时数学家秦九韶创造了“天元术”，以“天元”表示未知数项，解决了一元高次方程式列方程的问题。元代数学家朱世杰又将“天元术”发展为“四元术”，分别按照“天、地、人、物”立四元，使之可表示一个四元高次方程组。是年，他著《四元玉鉴》一书，讲解了四元术及其消元解法。求解多元方程取得的这一数学成就，约早于西方四个世纪。

公元1306年

中国

元成宗大德十年

阿尼哥（1244—1306） 尼泊尔人，著名的雕塑工艺家。早年出家奉八思巴为师，并随之入元。因其工艺精巧，元廷赐予极高礼遇。先后授人匠总管、光禄大夫、大司徒等职。他在传入尼泊尔雕塑艺术方面贡献良多。曾奉命修复明堂针灸铜人像，铜人的关鬲脉络皆备，工巧非凡；大都、上都的寺观铸像也多出于其手。中国佛像原是带有印度风韵的汉式造像，阿尼哥之后，引进了尼泊尔梵式造像的新风格。他主持建造的北京妙应寺白塔，为元世祖营建元大都的重要工程之一，是中国现存最大的元代藏式佛塔，也是历史上中尼文化交流的实物见证。

公元1307年

中国

元成宗大德十一年

创建蒙古文字　蒙古族原无文字，自13世纪开始用畏兀儿字母记录一些法令、户簿。1269年（至元六年），元世祖正式颁行由元廷帝师八思巴创制的蒙古新字，俗称八思巴文，字母42个，此为蒙文之始。1307年，蒙古人却吉斡斯尔在畏兀儿字母基础上改革，制成蒙古文字。文字竖写，自左至右，沿用至今，已有700年历史。

约公元1308—1321年

世界

意大利

但丁著《神曲》　意大利诗人、散文作家、政治思想家但丁（Dante Alighieri，1265—1321）完成了他的巨著《神曲》（*The Divine Comedy*）。该书用意大利语写成，由地狱、炼狱、天堂三部曲组成，每部33歌（cantes），加上序幕，全书共100歌。书中讲述但丁游历地狱、炼狱和天堂的见闻、记录他与过世的古今重要人物的谈话，从中可以领略到诗人对当时社会问题独到而深刻的认识，以及基督教世界中关于人的终极思考。《神曲》卓绝的想象、熟练的艺术手法、完美的语言技巧，堪称中世纪最伟大的诗歌杰作。

公元1309—1377年

世界

阿维农

阿维农教廷（Avignon Papacy）　因为意大利贵族的骚扰，也出于法国国王菲利普四世的压力，1309年，教皇克雷芒五世（Clement V，1305—1314在位）将教廷迁至靠近法王领地的阿维农。外界认为阿维农教廷俯就法国王室，对之抨击不断，将此视为“教会的巴比伦之囚”。1377年，教皇格利高里十一世（1370—1378在位）把教廷迁回罗马。

公元1313年

中国

元仁宗皇庆二年

《王祯农书》　王祯为著名农学家，所著《农书》是一部内容丰富、图文并茂的农学专著。全书37卷，分为“农桑通诀”、“谷谱”、“农器图谱”三部分，其中“农器图谱”占全书五分之四，论述了260余种农机具，每种都有图示和文字说明，并附长诗一首。此为中国历史上著名的农业科学著作。

公元1316年

中国

元仁宗延祐三年

郭守敬（1231—1316）　顺德邢台（今属河北省）人。天文学家、科学家。曾任元廷太史令，掌管天文历法；领都水监，掌管河渠、堤防、水利。主持制订《授时历》，并创建“灵台”（即天文台）。创制天文仪器十余种，如简仪、仰仪、高表、景符、浑天象等。所制简仪是世界上最早的大赤道仪，其他仪器也多比前代精密和准确。

曾在全国设27个观测站，主持从北纬15度到北纬65度的大规模纬度测量，推算出一回归年为365.2425日，测定黄赤交角为23°33′34″，其精确度甚高。著有多种天文历算书籍，后佚。

公元1320年

中国

元仁宗延祐七年

舆地图 地理学家朱思本（1213—1333）历时十年绘成，长宽各七尺（约2.3米）。绘制过程注重实地调查，先用计里画方的办法，制成一幅幅分图，再慎重拼接，等比例绘成全图。这在中国制图史上是首创，也大大提高了精确度。舆地图原图佚失，但明人罗洪先（1504—1564）曾以此图为基础，增补绘成广舆图，可略窥其原貌。

公元1321年

中国

元英宗至治元年

卧佛寺大佛 是年，元大都昭孝寺冶铜50万斤（据推测，实重约54吨）铸成卧佛，置于西山十方普觉寺（即今北京西山卧佛寺）内。卧佛长5米多，头西面南，左手自然平放在腿上，右手曲肱托头，神态安详，造形浑朴自然。此为元代珍贵文物。

公元1322年

中国

元英宗至治二年

赵孟頫（1254—1322） 湖州（今浙江吴兴）人，书法家、画家。诗文书画，无所不工，书画尤享盛名。书法上善正楷、行书和小楷，字体圆转遒劲，所写碑版甚多，人称“赵体”。绘画长于山水、花木、人马，善用书法技巧描画古木竹石，开创了有元一代画风。有《松雪斋文集》传世。

公元1336年

世界

意大利地区

乔托（Giotto di Bondonne，约1266—1337） 画家，作品人物表情生动逼真，有立体感，带有明显的写实主义，是意大利文艺复兴绘画艺术的先驱，被誉为“欧洲绘画之父”。代表作是帕多瓦（Padua）教堂和佛罗伦萨圣十字（Santa Croce）教堂的壁画，以及《圣母登极》（*Ognissanti Madonna*）等。

公元1337年

中国

元顺帝至元三年

危亦林著《世医得效方》 医学家危亦林（1277—1347），南丰（今属江西）人，集五世家传验方著成《世医得效方》共20卷。该书以元代医学十三科分类顺序编撰，包括成人内科、小方脉科、产科兼妇人杂病科、口齿咽喉科、正骨科、疮肿科、针灸科、眼科等。以正骨科篇章的内容最为系统完整，其中用悬吊复位法治疗颈椎骨折，以及使用曼陀罗的全身麻醉法，为世界医学史之首创。该书内容丰富，选方实用，有较高的临床价值，对后世中医学影响很大。

公元1337—1453年

世界

英国、法国

英法百年战争　英国和法国对阿奎丹地区的争夺，以及双方在佛兰德地区的利益冲突是引起战争的主因。战争断断续续持续100多年，故名。战争中英军虽然一度占据优势，最终却节节败退，只保留了欧洲大陆的加来港。战争给两国人民造成巨大的生命财产损失，但增强了两国国民的民族意识，加速了法国的中央集权化，并促进西欧军事技术的变革。

公元1343年

中国

元顺帝至正三年

脱脱主修宋辽金三史　中国历朝都有修前朝历史的传统。元廷修史时出现意见分歧。由于在宋朝（960—1279）历史中，存在和辽、金政权并存的年代，有人主张以宋史为主，辽、金史附载之；有人反对，认为宋曾称臣于辽，再称臣于金，不可以宋为主。其分歧点是以谁为正统的问题，修史因而多年不决。是年，顺帝诏令以丞相脱脱为总裁官主持修史。脱脱建议三史皆为正统，各修一部；顺帝诏准，《宋史》、《辽史》、《金史》三史开修。

上述三史列于中国“二十四史”中。

公元1345年

中国

元顺帝至正五年

居庸关云台　居庸关在今北京昌平县境，云台在居庸关关城中心，为一旧喇嘛塔的基座。台座用白色大理石砌成，高9.5米；台座中间南北开一券洞，洞高7.27米，宽6.23米，可通车马。券洞中壁上雕有佛像、怪兽、花鸟，形态生动，精美罕见，是现存元代雕刻艺术的珍品。两壁间还有如来心经陀罗尼等碑刻经文，用梵文、藏文、八思巴文、畏兀儿文、西夏文和汉文六种文字雕刻。此为元代各族文化交流的重要实物资料。

公元1347年—15世纪初

世界

欧洲

黑死病肆虐　黑死病指该时期在欧洲多次爆发的大鼠疫。患者通常会咳血，身上起黑点，死亡率极高，故名。它由商船带到意大利港口城市热那亚，后迅速蔓延到地中海地区和欧洲大部。黑死病使欧洲人口减少约三分之一，给人们心理带来巨大影响。部分生存者对天主教的救赎说产生怀疑；各色禁欲主义、神秘主义、享乐主义纷纷抬头；在阿尔卑斯山以北的地区，死亡一度成为艺术的常见主题。

公元1347—1526年

世界

印度

巴赫马尼王朝（Bahmani Dynasty）

中世纪南印度最大的伊斯兰教王国。1347年阿富汗人（一说突厥人）哈桑（Hasan）建立。据说其祖先系波斯王巴赫曼（Bahman），故名。首都初为古巴加（Gulbarga），1424年迁往比达尔（Bidar）。王朝鼎盛时国土横跨印度中部，东西均达大海。巴赫马尼王朝是北印度穆斯林文化向南印度传播的桥梁，对后来南印度穆斯林文化的形成有重要影响。1526年灭亡。

公元1348年

中国

元顺帝至正八年

萨都剌（约1300—1348） 先世为西域回回族（答失蛮氏）。长于诗词。其诗多写自然景物，亦有反映民间疾苦之作；词作上也颇有成就，以《满江红·金陵怀古》等为代表，沉郁豪迈，悲怆动人。后人将他誉为元代诗坛之冠。

公元1349年

世界

英国

奥康（William of Ockham，约1285—1349） 经院哲学后期代表人物，唯名论者。早年加入方济会。认为通过观察和理性思考可以认识外部世界，但不足以认知宗教真理；对上帝的信仰，唯有通过内心信念来达成。质疑教皇专权，认为教徒在上帝面前是平等的，教皇应由公会议选举产生。他提出在解释事物中要遵循“如无必要，切勿增加”的原则，即著名的“奥康剃刀”。

公元1350年

中国

元顺帝至正十年

赵友钦著《革象新书》 赵友钦，元初物理学家、道士，宋朝宗室。宋亡后避祸隐遁，曾在龙游鸡鸣山（位于今浙江衢州）筑观星台，察天象；又在东海（今属江苏连云港）独居，注释《周易》。所著《革象新书》，为中国古代数学、天文学和光学的重要著作，共五卷，所提出测定恒星赤经差的新方法，与近代子午观测原理相一致。他还建造“小孔成像”实验楼，书中“小罅光景”一节详细描述了他所做的“小孔成像”实验，且在结论中正确地解释了光的直线行进、小孔成像等几何光学问题。他是世界上最早提倡通过观察和实验研究自然界的科学家之一。

公元1358年

世界

法国

雅克雷起义 法国农民起义。英法战争中法军在普瓦提埃（Poitiers，1356）的战败，以及战后为赎救包括国王在内的战俘而向农民加税，是导致农民暴动的直接原因。起义者攻克多个城堡，屠杀居民，但很快被血腥镇压。

公元1368年

中国

元顺帝至正二十八年

元朝灭亡 元朝末年，天灾人祸交

加，爆发了大规模的农民起义。朱元璋（1328—1398）领导的起义军最终击败了元朝军队。是年，朱元璋在应天府（今南京）称帝，定国号为明，随后攻克元大都，逼迫元顺帝北走塞外。元朝至此亡。

明

公元1368年—1644年

公元1368年

中国

明太祖洪武元年

明朝开国 是年正月，朱元璋称帝，建元洪武，国号大明，以应天府为都城，改称南京。明王朝共历16帝、277年。

明太祖朱元璋（1368—1398在位） 濠州钟离（今安徽凤阳东）人。元末，领导农民起义军推翻元帝国，统一天下，为明王朝的开国君主。在位期间，加强中央集权的君主专制制度，制定和完善法律，惩治贪官污吏，重视农业生产，兴修水利，鼓励农民垦荒，为明朝的统治打下良好的基础。1398年死，在位31年。

公元1370年

中国

明太祖洪武三年

明代的科举制 中国科举制始于隋代，唐宋时进一步完善。明初行荐举制，1370年（洪武三年）改开科取士；1372年（洪武五年），明太祖诏令暂停科举，改由地方官员荐举人才；后来发现荐举有很多弊病，故在1384年（洪武十七年）又诏令恢复科举。明代科举考试，考题从儒家经典“四书”中选取，答题要以朱熹《四书集注》为准。科举考试分三级，初试在州县，录取者称秀才；再试在省，称乡试，录取者称举人；三试在京城，称会试，录取者称进士。之后，皇帝对录取者再进行一次考试，称殿试，中试的前三名，分别称状元、榜眼、探花。取得进士资格者，经过庶吉士的实习，便可任用为官员。

《元史》 “二十四史”之一。始修于1369年（洪武二年），是年完成。全书210卷，记载自成吉思汗至元顺帝共160多年的史事。该书内容丰富，但成书仓促，错讹不少，后人著有《元史新编》、《新元史》等，欲补其缺。

杨维桢（1296—1370） 元末明初文坛的代表，著名诗人。诗风诡奇，文字追求新异，明人有“文妖”之讥。早年居吴山小铁崖，故人称其诗为“铁崖体”。洪武初年拒诏不仕。

公元1370—1507年

世界

中亚

帖木儿王国（Timurid Dynasty）　突厥化的蒙古人帖木儿在伊朗和中亚建立的封建国家，以今天的乌兹别克为中心。在其鼎盛时期疆域西起幼发拉底河、东至锡尔河和印度德里、北抵高加索、南临波斯湾。建都撒马尔罕，后迁都到赫拉特。15世纪中叶帝国一分为二，分别以撒马尔罕和赫拉特为中心。16世纪乌兹别克人入侵，1507年灭亡，其统治者转而去印度开创了莫卧儿王朝。

公元1371年

中国

明太祖洪武四年

《水浒传》　全称《忠义水浒传》，元末明初施耐庵（约1296—1371）根据北宋末年宋江起义的故事，在民间传说和宋元话本的基础上加工创作而成，是年问世。小说以官逼民反为主题，用近乎白话的文字，生动描述了水泊梁山108名英雄好汉造反起义的故事。为中国古代长篇小说名著之一。

公元1374年

世界

意大利地区

彼特拉克（Francesco Petrarch，1304—1374）学者、诗人，人文主义者。他搜集古文献，进行文本研究，力图将古典文化和基督教启示融为一体，被誉为“人文主义之父”。他提出即便世界由上帝支配，人也处于中心位置，为人们重视尘世生活提供了依据。他知识渊博，著述甚多，其十四行诗格调清新、感情真挚、韵律优美，艺术上臻于完美，成为欧洲抒情诗的一个重要诗体；最优秀的作品是以当地语言写成的《歌集》（*Rime*），有诗366首，多以歌咏恋人劳拉为主题。

公元1375年

中国

明太祖洪武八年

刘基（1311—1375）　元末明初文学家、哲学家、军事家、明朝开国功臣。学识渊博，博通经史，兼长诗文。诗风质朴雄健，散文语言形象生动，多为痛陈时弊之作。寓言集《郁离子》，富含哲人慧识。其诗文收入《诚意伯文集》。

公元1378年

世界

佛罗伦萨

梳毛工起义　伴随欧洲城市的发展，控制城市的寡头、富商同其他各阶层时有冲突，由此激发了佛罗伦萨的“梳毛工起义”。这是一次城市中小手工业者起义，梳毛工是其中最坚定、极端的一支。起义者夺取政权，给予所有行业组建行会的权力。新政府主要为小行会所控制，但不足四年，大行会又重新掌控政权。

公元1378—1417年

世界

西部教会的分裂 教廷从阿维农迁回罗马后，枢机团应罗马人的要求选举产生了意大利籍的教皇乌尔班六世（Urban VI，1378—1389在位）。新教皇试图独揽大权，引起枢机团的不满。法籍枢机团成员返回阿维农，并以当初选举受到胁迫为由，重新选举出教皇，在阿维农另设教廷。由此出现了两个教皇并立，各有神职人员和世俗力量支持的教会分裂局面。

公元1381年

中国

明太祖洪武十四年

明孝陵 朱元璋陵，位于南京市东郊钟山南麓下。是年始建，次年马皇后葬入，谥号“孝慈”。1383年（洪武十六年），明孝陵最终建成，为中国现存最大的帝王陵墓之一。

宋濂（1310—1381） 明初著名文学家，其文宗法唐宋，著述甚丰。所作传记，擅长以细节描写刻画人物性格。曾奉命主修《元史》，著有《宋学士文集》等。

山海关 位于今河北省秦皇岛市东北15公里处。是年，大将徐达在此建关设卫。该关北依燕山、南临渤海，地势险要，位于山海之间，故名山海关。其东门悬有“天下第一关”匾额，故又称“万里长城第一关”。

世界

英国

英国农民起义 英法百年战争和黑死病使英国社会不堪重负。1351年，英国颁布《劳动者条例》（*the Statute of Labourers*）限制最高工资；1381年，开征人头税，由此引发埃塞克斯郡和肯特郡的农民起义，手工业者、隶农和城市贫民也加入其中。起义虽告失败，却有效地终止了人头税的征收。

公元1382—1477年

中国

明太祖洪武十五年—明宪宗成化十三年

明廷的特务机构 明廷为强化专制皇权统治，建立了强大的特务机构，主要有:（1）锦衣卫，1382年（洪武十五年）明太祖朱元璋设立。下分设南、北镇抚司，其中北镇抚司掌诏狱，主要任务是在司法之外监视大臣官员的不轨行为，可不经朝廷的司法机构单独行使侦察、缉捕权。（2）东厂，1420年（永乐十八年）明成祖朱棣设立。由宦官掌管，负责侦缉官吏百姓，诸事直接报告皇帝，其权势在锦衣卫之上。（3）西厂，1477年（成化十三年）明宪宗朱见深设立。由太监控制，活动范围遍及全国，人力、权限超过东厂。

回历始译 回历即阿拉伯历，元时已从阿拉伯传入。是年，明廷令伊斯兰天文学家、时称“回回大师”的马沙亦黑（Shaikn Muhammad）与翰林李翀、吴伯宗等同译回历。该历法对中国元、明、清历法均有影响。

公元1384年

中国

明太祖洪武十七年

大统历　明朝初年制定历法，刘基进献“大统历”，是年颁行。该历基本上沿袭元代“授时历”，后来由于推验日食不准确，便与“回回历”参用，共行260余年。

世界

英国

威克里夫（John Wycliffe，1330—1384）　神学家，欧洲宗教改革运动的先驱。他否认变体论（transubstantiation），强调祷告的重要性，认为圣事对拯救灵魂不是最必要的，基督徒灵修应该以阅读《圣经》为重。在他力倡和参与下，《圣经》首次被完整地译成英文。他的追随者劳拉德派（Lollards）被视为100多年后英国新教运动的先驱。

公元1388年

中国

明太祖洪武二十一年

《格古要论》　学者曹昭著，共三卷。对古铜器、瓷器、漆器、书画、碑石、珍奇，乃至异木、异石等皆有所论，剖析纤微，源流本末，整然备具。明中叶，此书为王佐增补，改称《新增格古要论》。为中国现存最早的文物鉴定专著。

公元1391年

中国

明太祖洪武二十四年

明朝官服——补服　明清时期的官服称“补服”，因其前襟后背处带有用彩线绣成的图案徽识“补子”，故称。“补子”的图案是区分文武官和官品的标志，如文官绣禽鸟，武官绣兽豸；一品文官绣鹤，武官绣麒麟，二品文官绣锦鸡，武官绣狮子，等等。据《明史·舆服志》载，补服制于是年始行。此制后为清朝所沿用。

公元1392年

世界

意大利地区

《论绅士的风度和人文教育》（*De ingenuis moribus et liberalibus studiis*）　由文艺复兴时期的教育家弗吉里奥（Pietro Paolo Vergerio，1370—1444/1445）撰写，是该时期阐述人文主义教育观最重要的著述。该书认为人文教育应该以学习拉丁文为核心，同时学习希腊文和其他多种学科，包括体育。人文主义教育观是人文主义的重要内容，对后世有深刻影响。

公元1392—1910年

世界

朝鲜半岛

李氏朝鲜　朝鲜半岛最后一个封建王朝，以其创建者李成桂（1335—1408）的姓氏而名，简称李朝。1392年始建，首都初在开城，后迁汉城。政权机构设置仿中国明制，经济上实行土地国有制，信奉儒学。1443年制定《训民正音》，确定了作为朝鲜文字的28个字母，这些字母基本沿用至今。王朝前期经济、文化较发达；至19世纪，日本殖民者侵入，陷入民族危机。1910年，日本强迫签订《日韩合并条约》，朝鲜沦为日本殖民地。

公元1397年

中国

明太祖洪武三十年

南北榜案 是年科考，考官刘三吾、白信蹈录取的宋琮等52名考生都是南方人。三月，廷试，又擢南方人陈䢿为第一。这引起北方士子的不满。朱元璋也怒考官录取太偏，命张信等重新阅卷，结果陈䢿又是第一名。朱元璋大怒，杀考官张信、白信蹈及考生陈䢿等，流放刘三吾、宋琮去戍边。六月，朱元璋亲自阅卷，录取61人，没有一名南方考生。时称“南北榜”案，亦称“春夏榜”案。后为解决这一矛盾，渐按地域分南北中三卷制命题考试，分别取士。

公元14—16世纪

世界

欧洲

欧洲文艺复兴 欧洲思想文化发展的一个重要历史时期。其主要特征是以人文主义为核心思想，强调古典文化的研习，肯定人的价值。除了古典文化的复兴之外，在这一阶段，哥白尼的天体说开始取代托勒密的地心说，封建采邑制逐渐解体，商业迅速发展，造纸术和印刷术得到运用，城邦和民族国家兴起，地方方言开始取代拉丁文，成为书面语言。

文艺复兴源于意大利北部，最早以佛罗伦萨为中心，代表人物是人文主义者但丁、彼得拉克和薄伽丘（Boccaccio, 1313—1375）；其后，绘画、雕刻、建筑艺术在意大利地区得到长足的发展，代表艺术家有马萨乔、多那太罗、达·芬奇、拉斐尔、米开朗基罗、布鲁内莱斯基；国运的变化还成就了以马基雅维利为代表的政治理论家。文艺复兴迅速扩展到欧洲其他地区，主要代表人物有荷兰人文主义者伊拉斯谟、画家杨·凡·艾克，英国人文主义者托马斯·莫尔、诗人和剧作家莎士比亚，西班牙作家塞万提斯，法国作家拉伯雷，德意志画家丢勒等。

公元14世纪末—15世纪初

世界

意大利地区

始设使领馆 意大利地区小国林立，相互间战争不断，为实现权力制衡，开始互派大使、互设派驻对方国家的使领馆。大使代表本国政府对外联络、谈判、提供商业信息，也负责打探情报。最早互设使领馆的国家是威尼斯、米兰和曼图亚。

公元1400年

中国

明惠帝建文二年

《三国演义》 罗贯中（约1330—1400）依据史书《三国志》和民间流传的三国故事创作而成。描述汉末至晋初百年间（历史上的三国时期）曹操、刘备、孙权割据一方，形成三国鼎立，争夺中原霸主地位的故事。为中国古代长篇小说名著之一。

世界

英国

乔叟（Geoffrey Chaucer，约1343—1400）作家、外交家，英国中世纪最伟大的诗人，被称为“英诗之父”。其作品数量多、内涵丰富，涉及天文、地理、历史、神话、哲学、文学、宗教等领域。代表作有译著《玫瑰传奇》(*Roman de la rose*)和《哲学的安慰》，诗歌《特洛勒斯与克丽西德》（*Troilus and Cressida*）和《坎特伯雷故事集》（*The Canterbury Tales*）等。其中以《坎特伯雷故事集》最具影响力，它由一篇长序和24位朝圣者所讲的故事构成，故事风格各异，视角各不相同，堪称是14世纪英国社会的全景扫描。

公元1401年

中国

明惠帝建文三年

《明实录》　实录，即按年月日编写的大事记，最早见于南朝的《梁皇帝实录》。唐以后，皇帝死后，继任的君主即令史臣撰修先皇实录，遂沿为定制。《太祖实录》是明代的第一部皇帝实录，是年修成。永乐年间（1403—1424），成祖朱棣对之进行了两次重修，改动了一些内容，又把建文帝在位的四年改列为洪武三十一至三十五年，此四年期间的事情均归到《太祖实录》中。有明一代，先后修成15朝实录，现存《明实录》共2952卷。

公元1402年

中国

明惠帝建文四年

明成祖朱棣（1403—1424在位）朱元璋第四子，早年追随朱元璋南征北战，明王朝建立后被封燕王，驻守北平（今北京）。朱元璋死后，皇太孙朱允炆即帝位（建文帝，1398—1402在位），决意削藩。是年，朱棣举兵“靖难”，从朱允炆手中夺得帝位，是为明成祖。在位期间，他采取了一系列巩固明朝统治的措施：营建并迁都北京城，奠定了帝京及皇宫的基础；派郑和六下西洋，扬威异域；五次亲征漠北，打击犯边的蒙古贵族势力；确立程朱理学地位；编修《永乐大典》保存文化典籍。朱棣于文治武功均有建树，为明代杰出帝王。

公元15—16世纪末

世界

非洲

桑海帝国（Songhai Empire）　非洲西部古国。曾先后臣属于加纳王国和马里帝国，14世纪末独立。15世纪中叶，桑尼·阿里（Sonni ‘Ali，1464—1492年在位）建桑海帝国。桑海不仅在领土上远超过加纳、马里，在经济、文化上也有新的发展，一度是乍得湖以西、几内亚湾以北的西苏丹地区的霸主。其境内的城市廷巴克图（Timbuktu）是当时西非重要的文化中心和伊斯兰学术中心，学者常在此地的清真寺向教徒讲授阿拉伯语法、神学、法律。16世纪末帝国为摩洛哥人所灭。

公元1405年

中国

明成祖永乐三年

郑和下西洋 是年，明成祖派宦官郑和（1371—1435）首次通使西洋（今南海以西的海洋及沿海各地）。郑和率大船62艘、随员约2.78万人，组成庞大的远航队，经南亚、东南亚，绕航印度洋，历占城（今越南南部）、爪哇、苏门答腊、锡兰（今斯里兰卡）等地，然后经印度的西岸回国。此次航行历时两年多。此后，分别又于1407年（永乐五年）、1409年（永乐七年）、1413年（永乐十一年）、1417年（永乐十五年）、1421年（永乐十九年）和1431年（宣德六年）六次下西洋。

郑和在28年间七下西洋，经30余国，最南到爪哇，最北到波斯湾和红海的麦加，最西到非洲东岸今索马里的摩加迪沙，其规模、航程，都是世界航海史上之创举。在他首次下西洋87年之后，始有哥伦布横渡大西洋发现新大陆的航行。

公元1407年

中国

明成祖永乐五年

明代“四夷馆” 是年设于南京，初名“四夷”，后改称“四译”，由明廷礼部主管。分设八馆：鞑靼（蒙古）、女直（女真）、西番（西藏）、西天（印度）、回回（阿拉伯）、百夷（傣族）、高昌（维吾尔）、缅甸；后又增设八百（掸族，傣族一支）、暹罗（泰国）两馆。是中国最早的培养少数民族语文和外文译员的学校。

公元1408年

中国

明成祖永乐六年

《永乐大典》 中国古代最大一部官修类书。明成祖先后命学者解缙和姚广孝等辑成。始于永乐元年，成于永乐六年，故名。全书22937卷，含凡例、目录60卷，分门别类录入图书七八千种，装成11095册，约3.7亿字。参与编撰人员共3000余人。该书保存了中国历史上的许多图书，其中有些近乎绝迹的书，后世都得以从中查索。

公元1411年

中国

明成祖永乐九年

京杭大运河“南旺水柜” “水柜”，当时对水库之称。京杭南北大运河的会通河段，因水源不足，漕运不通，漕粮多改道海运。是年，水利学家白英建议截汶水筑水库，控制水量，以济运河。共建水闸38座，船由闸进，可升可降，运河漕运从此畅通。

公元1414年

中国

明成祖永乐十二年

“改土归流” 明清两代在西南少数

民族地区改土著官员管理为中央委派流官管理的一种政策。明初，对西南少数民族地区的统治基本上沿袭元制，即任用当地少数民族头人（土官）为地方官，通过他们实施朝廷法令，对民族地区进行间接管理。是年，西南民族地区发生土官叛乱事件，明廷平乱后，即废除土司，将其原辖地划归府、县，由中央选派官员管理。这些官员规定任期、不世袭，故称“流官”。该政策在明清两代逐渐得到推行。

公元1415年

中国

明成祖永乐十三年

非洲麻林国通使于明　麻林（非洲古国，今肯尼亚的马林迪一带）是年遣使至明，赠送珍兽麒麟（即长颈鹿）。这是非洲与中国进行使节交往的开始。

世界

波希米亚

胡斯（Jan Hus，约1370—1415）捷克宗教改革家。受威克里夫（John Wycliffe）思想的影响，试图在布拉格推动教会改革，并激烈地反对教会在波希米亚（Bohemia，今捷克）推销赎罪券（Indulgence），后以异端罪被处死。他的追随者和波希米亚后来的宗教改革者被称为胡斯派。

葡萄牙

葡萄牙的殖民扩张　是年，葡萄牙人征服北非的休达（Ceuta），开始其对外殖民扩张的历史。1500年，葡萄牙殖民者到达今巴西海岸，宣布巴西归属葡萄牙。他们把黑人从非洲贩卖到巴西，开垦甘蔗种植园，向欧洲出口蔗糖。在东方，葡萄牙人为打开商路、垄断香料贸易，在航线的战略要地东非和印度洋沿途设立了一系列殖民据点。1511年葡萄牙殖民者控制马六甲海峡，进而进入东印度群岛、缅甸、中国和日本。葡萄牙依靠舰船的优势，建立起远洋贸易帝国，在16世纪达到鼎盛；1580年后，逐渐被荷兰取代。

公元1416年

中国

明成祖永乐十四年

哲蚌寺　藏传佛教寺庙。位于西藏拉萨市西北约5公里处，占地25万平方米，有四个经学院，僧侣定额为7700人。它与甘丹寺（1409年建）、色拉寺（1418年建）并称为拉萨的黄教三大寺。

《瀛涯胜览》　航海家马欢著。马欢为回族，通晓阿拉伯语，郑和第四、第六、第七次远航西洋时，均随船队任翻译，沿途访问和考察诸国。回国后，他将所见所闻写成此书。该书对研究15世纪初期的中外交流，以及亚非有关国家的地理、民俗等情况有一定的资料价值。中国南海中有一马欢岛，即以这位航海家的名字命名。

公元1417年

中国

明成祖永乐十五年

天安门　原名“承天门”，北京紫禁城外围正南面的大门，曾为明、清皇城的正门。是年初建，1651年（清顺治八年）重修，改称“天安门”。城楼高33.7米，以汉白玉石栏围绕，重檐飞翘，雕梁画栋，黄瓦红墙，壮丽雄伟。

公元1419年

中国

明成祖永乐十七年

死罪判决权收归明廷中央 是年，明廷诏谕全国，在京师以外，凡判处死刑案件，必须送京师复审备案；经过三次复审、奏准后，方可行刑。

宗喀巴（1357—1419） 西藏喇嘛教格鲁派创始人。生于青海湟中（今属西宁），幼时出家，后入藏学习喇嘛教各派教法，创立格鲁派。他针对当时喇嘛教僧侣中存在的生活腐化堕落现象进行改革，要求僧侣严守戒律，禁止娶妻饮酒，严格管理寺院，规范活佛转世制度，遂成为格鲁派有名望的领袖。

喇嘛教是佛教吸收西藏原始宗教的某些教义加以改造而形成的一个佛教支派。格鲁派是喇嘛教最大的一个教派，该派僧人戴黄色僧帽，故又称“黄教”。

公元1420年

中国

明成祖永乐十八年

紫禁城 明清两代（1368—1911）皇宫，位于北京城中心。永乐初年始建，是年完工，为中国现存规模最大、保存最完整的古建筑群。占地72万平方米，周围宫墙长约3公里，墙外环绕着护城河，内有宫室屋宇9000多间。宫内分为“外朝”和“内廷”两部分：外朝是皇帝举行重大典礼仪式、大型宴会和科举殿试的场所；内廷是皇帝的寝宫和处理政务处所、皇室成员和后妃的生活区，以及御花园等。宫内藏有大量典籍、珍宝，具有极高的文物价值。现为北京故宫博物院。

明清两代560余年，先后有24位皇帝在此居住，第一位是明成祖朱棣（1403—1424在位），最后一位为清朝末代皇帝溥仪（1909—1911在位）。

天坛 位于北京城内，面积270多公顷，为明清两代皇帝祭天祈谷之所，是年始建。天坛有垣墙两重，分内、外坛，其主要建筑在内坛的南北中轴线上：南面有皇帝祭天的圜丘坛，北面有祈祷丰年的祈年殿等。祈年殿是一座三重檐的圆形大殿，高38米，直径30米，深蓝色的琉璃瓦顶，朱红色的圆柱环列，殿的最高处是巨大的鎏金宝顶，造型优美而宏伟，为天坛最有代表性的建筑。天坛园内古柏参天，气氛庄严肃穆。

公元1421年

中国

明成祖永乐十九年

明成祖迁都北京 明初朱元璋定都南京时，朱棣为燕王，分封藩地在北平。朱棣夺取帝位后，即宣布北平为北京，并开展了包括修建皇宫、改造京城、移民等在内的一系列迁都前的准备工作。是年正月，明朝正式迁都北京，原京师应天府为留都，称南京。

约公元1422—1427年

世界

德意志

《效法基督》（*De Imitatione Christi*）据称是德意志地区的修士托马斯·肯培（Thomas à Kempi，1379/1380—1471）所著。原书以拉丁文写成，共四卷，以简单质朴的语言劝谕人们在尘世间做一名虔诚的基督徒。该书问世后广为流传，尤其受到平民信徒的欢迎，曾是基督徒最常读的灵修书籍之一。

公元1424年

中国

明成祖永乐二十二年

永乐大钟　永乐大钟是中国现存最大的铜钟，是年铸成。明成祖朱棣为迁都北京定鼎而下令铸造。大钟高6.94米，口沿直径3.3米，重约46.5吨。铜钟口沿铸有“大明永乐年造”的字样，故名。大钟的铸造工艺精致，钟身内外铸有22.7万余字的佛教经文，钟声有明显的音乐感。该钟现存北京大钟寺。

武当山道教建筑　武当山位于湖北均县境内，主峰天柱峰海拔1612米。明永乐年间，在此大兴土木，建成包括八宫、二观、三十二庵、十二亭、九台、九井、十五池、三十九桥等在内的庞大道教建筑群。至嘉靖三十一年（1552年），在朝山入口处加建了高达20米的飞檐起脊石坊——玄岳门，其造型美观，浮雕精致，为石坊中之上品。武当山为中国著名的道教胜地。

公元1425年

中国

明仁宗洪熙元年

琴曲《神奇秘谱》　古琴家、明太祖第十七子朱权（1378—1448）辑。他闭门研究琴技12年，从千余首琴曲中辑录出63首，编成此书。全书分三卷，保存了前代琴谱和民间传谱的精华。著名琴曲《广陵散》、《梅花三弄》、《潇湘水云》等都因辑录在内而得以留存。此为中国现存刊印最早的琴曲集。

约公元1427年

世界

意大利地区

透视法　佛罗伦萨画家马萨乔（Masaccio，1401—1428）在绘制其代表作《三位一体》（*The Trinity*）时，首次将建筑中常用的透视法用于绘画。透视法有助于画家准确形象地表现现实世界。马萨乔被称为“文艺复兴绘画艺术之父”。

公元1428—1521年

世界

中美洲

阿兹特克帝国　阿兹特克人在今墨西哥中、南部建立的帝国。他们崇尚武力，英勇善战，在其第四代国王伊特斯科亚特尔（Itzcóatl，1428—1440在位）领导下，与邻近城邦结盟，控制中部墨西哥，在先前建立的特诺奇蒂特兰城邦的基础上，建立起一个幅员辽阔的帝国。经过几代帝王的征战和贸易扩张，到16世纪初年，帝国辖区近21万平方公里、人口达五六百万。1521年，西班牙人利用阿兹特克人同其他印第安人的矛盾，攻陷特诺奇蒂特兰，阿兹特克帝国灭亡。

约公元1429年—18世纪

世界

威尼斯

威尼斯画派　文艺复兴时期在威尼斯城兴起的画派，其奠基人是雅各布·贝利尼（Jacopo Bellini，约1400—1470）。其子乔凡尼·贝利尼（Giovanni Bellini，约1430—1516）不仅在绘画上富有独创性，还培养了包括乔尔乔纳（Giorgione，1478—1510）、提香（Titian，约1490—1576）等在内的文艺复兴兴盛期的一代威尼斯画家。该画派以光与色彩的运用见长，擅用背景风光渲染主题，作品常流于香艳。有别于其他画派，它多反映世俗生活，不涉宗教题材。

公元1431年

世界

法国

圣女贞德（Jeanne d'Arc，1412—1431）　百年战争中法国的民族英雄。1429年，农家姑娘贞德自称受上帝派遣，主动请缨并成功解救被英军围困了六个月的重镇奥尔良。她的行为唤醒了法国民众的民族意识，成为百年战争法国由守转攻的转折点。1430年，她被勃艮第公爵擒获，移交英军后以异端罪处死，时年仅19岁。1920年，天主教会追谥贞德为圣徒。

公元1436年

中国

明英宗正统元年

明代“票拟”制　明朝管理朝政和办理公文的制度，约始行于明宣德年间（1426—1435）。凡属朝廷的重要文书、奏章，先由内阁首辅拟定处理办法，并将所拟批答之辞，墨书于票签之上，然后进呈皇帝，由皇帝朱笔亲批后下发。该制一直沿用到清朝。

台阁体派　明代文学流派之一，其代表人物是永乐、宣德时期的“三杨”，即杨士奇、杨荣、杨溥。台阁体诗文多为歌功颂德之作，诗讲究词藻，雍容典雅；文讲究典则，虽乏新裁，却不失古人风范。台阁体影响明前期文风达数十年之久，直至成化年（1465—1487）后，因“茶陵诗派”出现始有所变化。台阁体固定的文字格式和套路化的辞句堆砌，在某种程度上约束了当时文学创作的发展，后人对此批评甚多。

公元1438年

中国

明英宗正统三年

班禅一世圆寂　明初，宗喀巴在西藏创立黄教得到明廷支持，其两大弟子曾先后进京受封。宗喀巴死后，按照黄教大活佛转世仪轨，其两大弟子世世转世，这就是后来的达赖和班禅。是年，宗喀巴的大弟子克主杰（1385—1438）圆寂。至1645年（顺治二年），蒙古和硕部首领固始汗尊宗喀巴的四传弟子罗桑却吉坚赞为班禅（班禅四世），并追认前三世班禅，克主杰为班禅一世。

公元1438—1572年

世界

南美洲

印加帝国　南美印第安人在西班牙人入侵之前建立的帝国，以今秘鲁的库斯科（Cuzco）为首都。15世纪初年开始军事扩张，最强盛时疆域从今哥伦比亚与厄瓜多尔的边界一直延伸至今智利的中部，海岸线总长超过4000公里，面积上百万平方公里，人口最多达1200万。印加帝国的建筑技术令人称道，至今在安第斯山脉还留有其灌溉系统、宫殿、寺庙和碉堡的遗迹。帝国有相当发达的政治和军事组织，为加强专制统治，曾采取了一系列严厉措施，包括修建全国总长逾2万公里的道路网、将克丘亚语（Quechua）定为官方语言、强制移民、建立国教等等。1533年，西班牙利用印加帝国内部政治斗争，基本征服了印加帝国；但直到16世纪60年代，西班牙才在该地区确立有效统治。

公元1441年

世界

佛兰德

扬·凡·艾克（Jan van Eyck，1380—1441）　画家，对油画技艺发展贡献巨大。他完善了油画的绘画技艺，使之可以真实地再现光感、空间感和质感。作品构思精巧，绘制技艺高超，其细节描绘多具象征意义，而所有意味深长的符号又显得十分自然。代表作有根特（Ghent）大教堂祭坛画、《年轻人肖像画》（*Portrait of a Young Man*）、《阿尔诺芬尼夫妇像》（*The Marriage of Giovanni Arnolfini and Giovanna Cenami*）等。

公元1442年

中国

明英宗正统七年

女真族和建州三卫　明朝建立后，留居东北地区的女真族属明廷的奴儿干都司管辖，下分建州、海西、野人女真三大部分，各设卫、所机构管理。其中在建州，从1403年至1442年的40年间，先后设置了建州卫、建州左卫和建州右卫，合称“建州三卫”。三卫的女真人后来构成满族的主体。清朝缔造者努尔哈赤（1559—1626）即出于建州左卫。他从统一三卫的女真人起家，进而建立起清帝国。

北京古观象台　建于1439—1442年，利用元大都城东南角楼旧址改建而成。台体高14米，台顶南北宽20.4米、东西长20.9米。从1442年到1929年，该观象台持续使用近500年，是世界上观测历史最长的观象台，现改建为北京古代天文仪器陈列馆。台中原有各朝制造的天文仪器多件，今尚存清代制造的大型铜仪，包括天体仪、赤道经纬仪、黄道经纬仪、地平经纬仪等。明代的天文仪器多被运往南京，陈列于紫金山天文台。

公元1445年

中国

明英宗正统十年

《大明正统道藏》 道藏是道教经书的总集。道家经书最早出现在东汉末年，而道经的汇集则始于南北朝。之后各朝对此多有增修、补订、重辑。明正统年间（1436—1449），鉴于道藏散佚，复由邵以正汇集、督校，刊刻成书，计5305卷，收书1426种，是年编成。

公元1446年

世界

佛罗伦萨

布鲁内莱斯基（Filippo Brunelleschi，1377—1446） 文艺复兴时期杰出的建筑家。他重新发现了在中世纪被湮没的透视学原理，为艺术家在平面上正确表现立体形象奠定了基础。他善于在设计中解决工程和力学方面的技术难题，能发明和创制便于现场施工的机械，其最大的成就是为佛罗伦萨大教堂建造了巨大的穹顶，并使之耸立于八角墙之上。其他代表性的建筑还有圣玛利亚教堂（Santa Maria degli Angeli）、圣斯皮里托教堂（the Pazzi Chapel）等。

公元1447年

中国

明英宗正统十二年

扎什伦布寺 位于西藏日喀则尼色日山下，由宗喀巴门徒根敦朱巴主持建造。全寺建筑面积约30万平方米，有殿堂几十间，四周筑有城垣，方圆达2公里；殿宇高低错落，碧瓦金顶，宏伟壮丽。寺内供奉的弥勒佛像高达26.2米，重23万余斤，为世界上最大的铜佛之一。清初，班禅四世之后，该寺成为历代班禅坐床所在地。

公元1449年

世界

中亚

兀鲁伯（Ulūgh Beg，1394—1449） 中亚撒马尔罕的统治者。1447年继其父为帖木儿王国苏丹。博学多识，尤精于天文学。曾在撒马尔罕兴建一座大天文台，与许多学者经长期观察，制订出《兀鲁伯新天文表》，为中世纪天文学的重要文献。提倡文化教育，建多所伊斯兰教经学院，撒马尔罕由此成为当时中亚著名的学术文化中心。公元1449年，兀鲁伯被其子所弑。

公元1450年

中国

明代宗景泰元年

景泰蓝 亦称“铜胎掐丝珐琅”，中国著名的传统特种工艺，创始于北京，因出名于明景泰年间（1450—1456），又以蓝釉最有特色，故称。其制作工序包括塑胎、掐丝、点蓝、烧蓝、磨光、镀金，多用于制作瓶、碗、盘、罐、灯具、烟具等器物，其工艺精湛，富丽华美。

公元15世纪中叶—19世纪末叶

世界

非洲

非洲奴隶贸易　西方殖民者为向美洲殖民地种植园和矿山提供劳动力，从撒哈拉以南非洲掳走大批黑人，将其以廉价远程贩卖到美洲等地。奴隶贸易延续四个世纪之久，造成非洲大量人口的流失和内陆地区连绵的战乱，给非洲政治、经济和文化的发展造成极大破坏。奴隶贸易为欧洲资本家带来了巨额利润，是资本原始积累的重要途径之一。

公元1455—1485年

世界

英国

玫瑰战争　英国约克家族和兰开斯特家族之间展开的争夺王位的斗争，据传他们分别以白玫瑰和红玫瑰为族徽，故名。1485年兰开斯特家族的亨利·都铎（Henry Tudor）进军伦敦，在博斯沃斯（Bosworth）战役中击毙理查三世（1483—1485在位），成为英国国王，史称亨利七世（1485—1509在位）。翌年，他和约克家族爱德华四世的女儿伊丽莎白结婚，两个家族的长期纷争由此划上句号。这为都铎王朝（1485—1603）确立强大王权奠定了基础。

公元1456年

中国

明代宗景泰七年

艾提尕清真寺　位于新疆喀什，阿拉伯建筑风格，建造工程历时六年，是年完成。规模宏伟，建有高大拱门和塔形宣礼楼，礼拜殿为穹窿圆顶，上绘有各种花卉图案；殿长160米，可容4000多人同时礼拜。该寺是新疆地区最大的清真寺。

世界

德意志

《42行圣经》（*Forty-two-Line Bible*）　欧洲第一部用活字印刷术印刷的完整书籍。西方最早实施活字印刷的是德意志地区的金匠古登堡（Johannes Gutenberg，1468卒），故该书又名古登堡圣经。通常所指的古登堡活字印刷术包括铸字盒、冲压字模、浇铸铅合金活字、印刷机及印刷油墨等。

公元1457年

世界

意大利地区

瓦拉（Lorenzo Valla，1407—1457）　人文主义学者、哲学家、评论家。瓦拉通过文本分析发现“君士坦丁赠礼”（君士坦丁大帝肯定教皇在精神领域的最高权威，并将西部罗马帝国的统治权赠与教皇的文件）是用中世纪拉丁语写就的伪造品。这一研究成果后来被新教用来抨击天主教会。

公元1460年

世界

葡萄牙

“航海家”亨利（Prince Henry the

Navigator，1394—1460） 葡萄牙亲王。在葡萄牙最南端圣文森特角的萨格里什建立航海基地，创立学校培养航海人才，建立图书馆收集大量海图、地图和航海仪器，开办船厂研造轻体快速帆船。1420年起，该基地开始派遣船队出海探险，最远曾到达塞拉利昂，先后发现冈比亚河、佛得角群岛的几个岛屿。亨利推动航海业、资助远洋探险，为欧洲开启地理大发现时代作出了贡献，因而获得“航海家”的雅号。

公元1464年

中国

明英宗天顺八年

诏罢宫妃殉葬制 中国奴隶制时代流行“人殉”。春秋之后，已逐渐改为以草人代活人殉葬，但并不彻底。直至明代，太祖、成祖、仁宗、宣宗死后，都曾以活人陪葬，多者达数十人。是年，英宗驾崩，继位的宪宗（1465—1487在位）诏令废除此制。

公元1466年

世界

意大利地区

多那太罗（Donatello, 1386—1466）雕塑家，深受古典主义影响，对15、16世纪雕塑风格的形成有重要贡献。他的作品，人物形象栩栩如生，极富表现力。代表作有大理石像《圣马克》和《圣乔治》，青铜像《格太梅拉达骑马像》（*Gattamelata*），大理石浮雕《耶稣安葬》（*Entombment of Christ*）和木雕《玛格达琳像》（*Magdalen*）等。其青铜作品《大卫》是古罗马之后欧洲第一个与真人等身大的裸体雕塑作品。

公元1467年

中国

明宪宗成化三年

日本画僧雪舟来华 雪舟等杨（1420—1506），日本画家，擅长山水、人物、花鸟画。是年，他随日本遣明使来中国旅行，在北京礼部院作壁画，明宪宗（1465—1487在位）见之十分赞赏。他留明一年，结识画家，游历各地，研求画艺；回日后开创的日本水墨画，带有南宋画家马远、夏圭的画风。

公元1469年

世界

西班牙地区

伊莎贝拉与费迪南联姻 伊莎贝拉（Isabella I of Castile，1474—1504在位）于1474继承卡斯蒂尔（Castile）王位，费迪南（Ferdinand II of Aragon，1479—1516在位）则于1479年成为阿拉贡（Aragon）国王。他们的联姻使西班牙两大公国得以联合，为西班牙跻身欧洲强国和16世纪称霸西半球奠定了基础。

公元1474年

中国

明宪宗成化十年

明长城 是年，明廷主持修筑陕北长城的东段，时人谓之“橐驼城”。

长城是中国古代军事防御工程，始筑于春秋战国时期。之后历代又加以修葺和改建。至明代，为防蒙古入塞南犯，先后18次加筑长城。现存长城，东起河北秦皇岛的山海关，西至甘肃嘉峪关，全长6700公里，人称“万里长城”，主要是明长城的遗存。

达赖喇嘛一世圆寂　根敦朱巴（1391—1474），宗喀巴八大弟子之一。创建扎什伦布寺，并自主法座，是年圆寂。1578年（明万历六年），锁南嘉错被认定为三世达赖，有了达赖喇嘛的名号，随后追认了一世、二世达赖喇嘛，根敦朱巴即为一世达赖喇嘛。

八股文　明成化年间（1465—1487），科举考试的文章日趋定式，考试以“四书”章句为题，文章写法有固定的格式：文章发端为破题、承题；接着为起讲；起讲后进入正文，分起股、中股、后股和末股四个段落发议论，每个段落都有两段相比偶的文字，共合八股，故称“八股文”。八股文是一种标准化的文章，它的出现，初衷是追求科举考试的公平，但因过于讲究程式，在一定程度上禁锢了学子的思想。

公元1479年

世界

西班牙地区

西班牙宗教裁判所　中世纪的西班牙是一个多种族、多宗教的国家。费迪南和伊莎贝拉为加强对皈依基督教的西班牙犹太人和穆斯林的控制，获教皇批准，于是年建立西班牙宗教裁判所。与教廷的宗教裁判所不同，它是国王法庭的一部分，裁判员由国王任命，被审判者经常遭到严刑拷打，不少人被烧死或被迫逃离西班牙。宗教裁判所的设立有力地加强了王权，也使西班牙成为欧洲宗教改革时期天主教的堡垒。

西班牙始建殖民帝国　是年，西班牙正式占据加那利群岛（Canary Islands），开始对外殖民扩张。其殖民活动主要集中在美洲。1493年在海地岛建立据点；1496年建立了美洲第一个殖民据点圣多明各城；1512年占领加勒比海主要岛屿；1513年开始对南美大陆的征服。一系列殖民活动使它占据了除巴西外的整个南美洲、今墨西哥北部和美国南部。

公元1487年

世界

葡萄牙

迪亚士绕过好望角的航行　葡萄牙航海家、探险家迪亚士（Bartholomew Dias，约1450—1500）奉葡萄牙国王之命，率领船队南航，以确定非洲的南界。船队沿非洲西海岸向南航行，因遇风暴偏离海岸，数日后转舵北行，到达陆地，方知已经绕过非洲南端海岬（后命名为好望角）到达非洲东海岸，并肯定由此前行可以通往印度。此次航行开辟了由欧洲到亚洲的新航路。

公元1492年

世界

欧洲、美洲

哥伦布发现新大陆　热那亚人、航海家哥伦布（Christopher Columbus，1415—1506）在西班牙王室支持下率船队寻找通往印度的捷径，到达美洲的巴哈马群岛。这是欧洲人最重要的地理发现。其后，欧洲的探险家和殖民者接踵而至。哥伦布曾先后四次到达美洲，但始终以为到的是印度；直到1501—1502年，意大利人亚美利哥（Amerigo Vespucci，1454—1512）到达南美大陆，才认定它是亚、欧之间存在的“新”大陆。这片土地后以亚美利哥的名字命名为“美洲”（America）。

公元1494年

世界

意大利地区

法国入侵意大利　1494年，法国国王查尔斯八世（Charles VIII 1483—1498在位）应米兰之邀派兵进入意大利，危及当时拥有西西里王国的西班牙的利益，由此开始了西、法争夺意大利的战争。这场战争旷日持久，以法国失败告终。战争终结了意大利诸多城邦的自治，它们最终不得不分别受制于法国瓦罗亚王朝（Valois Dynasty，1328—1589）和哈布斯堡家族（House of Habsburg）。此期间，意大利文艺复兴由盛转衰。

托德西利亚斯

托德西利亚斯条约（*the Treaty of Tordesillas*）　西班牙和葡萄牙的代表在西班牙西北部的托德西利亚斯签署的条约，其目的是解决哥伦布和其他航海家在15世纪后期发现的陆地的主权争端。两国重新肯定1493年教皇亚历山大六世所颁训令中作出的划分，但将分界线移至佛得角群岛以西2056公里的经线处，该线以西新发现的区域归属西班牙，以东则归葡萄牙。

公元1498年

世界

葡萄牙

达·伽马到达印度　1497年，葡萄牙航海家达·伽马（Vasco da Gama，约1460—1524）绕过好望角后北上，横渡印度洋，次年到达印度。这一航线的发现，使葡萄牙人得以打破阿拉伯人和威尼斯人对香料贸易的垄断。

公元15世纪末

世界

欧洲

圈地运动　欧洲羊毛价格居高不下，而小麦价格维持低水平，于是英国、西班牙等地出现旨在增加牧地的“圈地运动”，以栅栏圈围，将公用地，包括可耕地、草地等用作牧场。圈地者主要是庄园主。它令很多自耕农失去公共用地的使用权，生活日渐窘迫。但圈地运动提高了农业生产效率，18世纪下半叶欧洲许多国家都开始鼓励圈地。

约公元1500年

世界

德意志

第一只怀表　德意志纽伦堡

哥窑瓷器
南宋（公元1127—1279年）

右：葵口碗（口径20厘米）
上海市博物馆藏
下：双耳三足炉（高12.5厘米，口径3厘米）
北京故宫博物院藏

红衣罗汉图

元・赵孟頫（1254—1322）

纸本 设色

辽宁省博物馆藏

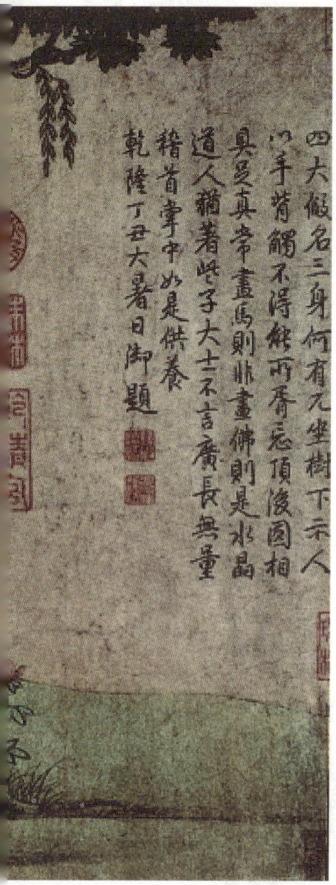

静听松风图（轴）
宋・马麟　活动时期13世纪上半期
绢本 设色
台北故宫博物院藏

黄铜水壶（高30.4厘米）
银与铜镶嵌纹饰
摩苏尔艺术　制于公元1232年

十字军东征
圣经诗篇威斯敏斯特手抄本
抄于约1200年　绘图约1250年
伦敦大英博物馆藏

吴哥窟

公元12世纪前期　柬埔寨

圣方济各驱逐阿莱查城之魔鬼（局部）
［意］乔托（1267—1337）
壁画　创作于公元1296—1297年
意大利阿西西圣方济教堂

德化窑观音像（通高19.1厘米）
白釉瓷
制于明代嘉靖万历年间（1522—1580）
重庆市博物馆藏

万里长城（明）
约修筑于公元15—16世纪

黄地青花折枝花果纹盘

（高5.6厘米，口径29.5厘米，足径18.1厘米）

青花瓷　明代正德年间（公元1506—1521年）

北京故宫博物院藏

西厢记

明 · 陈洪绶（1598—1652）

木刻版画　浙江省图书馆藏

创世纪

［意］米开朗基罗（1475—1564）

天顶画　创作于1508—1512年

梵蒂冈西斯廷教堂

王蜀宫伎图（轴）
明・唐寅(1470-1523)
绢本 设色
北京故宫博物院藏

（Nürnberg）锁匠汉伦（Peter Henlein，1479/1480—1542）发明制造了由发条带动的计时表。它虽只有一根时针，且无表面，却是世界上最早的可随身携带的计时器。

公元16—18世纪

世界

东南亚

马打蓝王国（Mataram）　16—18世纪统治爪哇岛的伊斯兰王国。苏丹阿贡（Abulfatah Agung，1613—1645在位）统治期间，马打蓝王国对外扩张领土，占领了爪哇岛的大部分地区，在集中力量发展岛内经济的同时开拓对外贸易，其实力达鼎盛阶段。此后王国逐渐衰落，1749年沦为荷兰东印度公司的附属国；1755年在争夺王位继承权的内战中一分为二，两年后又分为三个地区。马打蓝对近代印尼民族文化的形成有重要影响。

公元1505年

世界

莫斯科公国

伊凡三世（Ivan III，1462—1505在位）　莫斯科公国大公，被视为俄罗斯国家的奠基人。他使罗斯人摆脱鞑靼人的控制，收回部分乌克兰地区，吞并其他公国，把莫斯科公国的领地扩大到俄罗斯平原大部。他加强行政管理，奠定了俄罗斯中央集权的基础。此外，他与拜占廷末代皇帝的侄女卓娅结婚，后者不仅为他带来了大批拜占廷臣民、希腊文书籍和拜占廷的宫廷文化，也使莫斯科成为拜占廷的合法继承地，故莫斯科有“第三罗马”之称。

公元1513年

世界

意大利地区

马基雅维里著《君主论》（*Il principe*）意大利文艺复兴晚期的作家、政治理论家马基雅维里（Niccolo Machiavelli，1469—1527）目睹意大利屡遭入侵，希望重塑古罗马的辉煌。在其著作《君主论》中，他阐述了政治斗争遵循强者生存的法则，认为君主必须抛弃传统道德，唯有欺诈和恐吓并用，才可能实现并维护政治统一和民族独立。因此，有的学者将其视为“为达目的不择手段”的马基雅维里主义的始作俑者；但现代学者多认为《君主论》中反映的是当时的政治现实。马基雅维里的主要著作还有《论李维》（*Discorsi sopra la prima deca di Tito Livio*）、《佛罗伦萨史》（*Istorie florentine*）等。

公元1517年

中国

明武宗正德十二年

西方炮舰来华　是年，葡萄牙炮舰以进贡为名，行驶至广州，发炮示威，要求进入广州城，被明廷拒绝。炮舰退泊珠江口附近的东莞，强行占地驻扎下来。这是西方殖民者来华之始。

世界

德意志

马丁·路德公布《九十五条论纲》 是年，多明我会修士特策尔（Johann Tetzel，1465—1519）受雇美因茨（Mainz）大主教，为筹款重建罗马圣彼得大教堂到萨克森地区兜售赎罪券，声称凡捐款者将灵魂得救，已故者亦可免炼狱之苦。马丁·路德（Martin Luther，1483—1546）作《九十五条论纲》（*Ninety-Five Theses*），公开反对这种错误说法。这被视为欧洲宗教改革的开始。

公元1518年

世界

苏黎世

苏黎世宗教改革 茨温利（Ulrich Zwingli，1484—1531）受人文主义影响，提倡宗教改革。是年，他出任苏黎世的人民牧师，在当地宣传宗教改革；1522年，宗教改革获得市议会的支持而得以付诸实施。苏黎世成为第一个新教城市，在此推动下，瑞士伯尔尼、巴塞尔等地区也开展了宗教改革。

公元1519年

世界

意大利地区

达·芬奇（Leonardo Da Vinci，1452—1519） 画家、雕塑家、建筑师、工程师、发明家，精通自然科学、数学、哲学、历史和多种语言，在艺术和科学上都取得了骄人的成就，堪称文艺复兴时期的全才。他蜚声画坛，传世的绘画作品有《蒙娜丽莎的微笑》（*Mona Lisa*）、《最后的晚餐》（*The Last Supper*）、《岩间圣母》（*The Virgin of the Rocks*）等。他一生都在履行艺术家的最高使命——利用敏锐的观察力探索自然、解读世界。人们将他与拉斐尔（Raphael）、米开朗基罗（Michelangelo）誉为“意大利文艺复兴三杰”。

公元1519—1522年

世界

西班牙、葡萄牙

麦哲伦船队环球航行 葡萄牙航海家、探险家麦哲伦（Ferdinad Magellan，约1480—1521）受西班牙王室委派，欲寻找一条完全属于西班牙的新海路，通往盛产香料的摩鹿加群岛（Molucca，今印度尼西亚东北部）。他率领船队绕过南美洲南端，在南纬52° 50′处发现一条新的海峡（后以麦哲伦的名字命名），由此进入太平洋。虽然在此后的航程中麦哲伦本人死于菲律宾，他的船队却最终在1522年回到西班牙，完成了人类历史上第一次环球航行。

公元1520年

世界

意大利地区

拉斐尔（Raphael，1483—1520） 画家、建筑师，“意大利文艺复兴三杰”之一。自幼接受绘画训练和人文主义教育，其绘画以宁静雅致、表现和谐美而著称。他的圣母像充盈着温情和暖意，刻画出圣母独特的和蔼和虔诚。其他代表作还有《圣礼的辩论》（*Disputa*）、《雅典学派》（*School of Athens*）等。

约公元1520—1590年

世界

欧洲

样式主义　源自佛罗伦萨和罗马的艺术风格，一度主导意大利北部和欧洲中北部地区的艺术创作。它是对注重和谐的古典主义的反叛，强调细节，尤擅刻画姿态复杂、矫揉的人体；它将夸张和对比手法用到极致，刻意雕琢，却在不协调中创造出独特的美感。这种风格最早见于米开朗基罗和拉斐尔的后期作品，代表画家有帕米贾尼诺（Parmigianino，1503—1540）、罗索（Giovanni Rosso Florentino，1495—1540）和庞多莫尔（Pontormo，1494—1557）等；代表雕塑家有阿曼那第（Bartolommeo Ammannati，1511—1592）、切利尼（Benvenuto Cellini，1500—1571）和吉姆波罗纳（Giambologna，1529—1608）等。

公元1526—1857年

世界

印度

莫卧儿帝国（Mughal Empire）　曾统治印度大部分地区的伊斯兰教王朝，“莫卧儿”为“蒙古”的转音，因其创建者巴卑儿（Baber，1526—1530在位）自称为蒙古人，故称。1526年建立，18世纪初帝国达到极盛，统一全印度。1857年印度民族大起义后，末代皇帝巴哈杜尔沙二世（Bahadur Shah II，1837—1857在位）被英国殖民当局放逐，王朝覆亡。

公元1528年

中国

明世宗嘉靖七年

王守仁（1472—1528）　明代思想家、哲学家。其哲学思想主要由三部分组成：(1)认为个人的心是世界万物的本体和主宰，否认心外有理、有事、有物；(2)反对宋代儒家提出的知先行后的说法，认为知和行是合一、并进的，知是行的开始，行是知的结果，两者不可割裂；(3)主张把“心”所固有的良知致于事物，使事事物物皆得其理，认为只要自觉进行道德修养，不让良知受到私欲的蒙蔽，即可成为圣人。王氏学说在明中叶以后影响甚大，门徒遍天下，流行百余年。他和南宋哲学家陆九渊（1139—1193）都强调“心”的本体作用，人称“陆王心学”。

世界

意大利地区

《侍臣论》（*Il cortegiano*）　外交家卡斯蒂立奥（Baldassare Castiglione，1478—1529）著。该书采用对话体形式，探讨理想中的侍臣。书中认为，“真正的绅士”应当举止优雅、举重若轻、多才多艺、勇敢、睿智、文明而博学。该书出版后广受赞誉，被译为多种文字；但不少人只注意从中学习礼仪，而忽视了它的深刻的人文主义内涵。

德意志

丢勒（Albrecht Dürer ,1471—1528）画家、版画复制匠，是阿尔卑斯山以北第一个掌握意大利文艺复兴绘画技巧的人，也是最早定期作自画像的画家之一。其作品题材丰富，有大量教堂祭坛画、肖像画、自画像，还有铜刻、木雕等等。代表作有《四圣徒》（*Four Apostles*）、《书房中的圣哲罗姆》（*St. Jerome in His Study*）等。

公元1529—1534年

世界

英国

亨利八世宗教改革　英国国王亨利八世（1509—1547在位）只有一女且王后凯瑟琳（Catherine of Aragon，1483—1536）无再育希望。为再婚育子，顺利实现王位继承，亨利向教皇申请原婚姻无效，但被教皇拒绝。于是亨利公开否认教皇权威，促使议会在1529—1534年间通过一系列法令，使国王成为英国教会“唯一的最高首脑”。亨利得以再婚，英国教会不再受教皇管辖，修道院的资产被没收，但仍基本沿用原来的宗教教义。此后，英国相继经历爱德华六世（Edward VI，1547—1553在位）的新教改革、玛丽一世（Mary I, 1553—1558在位）的天主教统治，最终伊丽莎白一世（Elizabeth I，1558—1603在位）确定英国为新教国家。但英国错综复杂的宗教纷争并未结束。

公元1534年

中国

明世宗嘉靖十三年

皇史宬　又名表章库，位于北京紫禁城东华门外，面积2000多平方米，是年建成，是明朝为贮藏朝廷史册、档案而建的皇家档案馆，后沿用至清。该馆为仿古“金匮石室”的建筑制式，为防火患，完全采用砖石结构，殿内无梁柱，顶部为拱券式，故称“石室”；主殿内筑有1米多高的汉白玉石座，上置152个外加雕龙的鎏金铜皮樟木柜，即为“金匮”。皇家大量重要档案珍藏于内而得以长久保存。

世界

法国

拉伯雷的《巨人传》　拉伯雷神父（François Rabelais，约1494—1553）是法兰西民族文化的奠基人之一，精通多种语言，知识渊博，涉猎广泛，是文艺复兴时期的知识巨人。出版于1534年的长篇小说《巨人传》（*Gargantua, Pantagruel*）是拉伯雷的代表作。该书取材于通俗的传记文学、笑剧、骑士故事及意大利的文学作品，既有粗鄙俚俗的笑料，也有寓意深刻的嘲讽，貌似玩世不恭，实则充满睿智，充分体现高卢人的乐观机敏，并显示了文艺复兴时期法国丰富的语言艺术，是法国文学史上极有分量的作品。

公元1535年

世界

英国

托马斯·莫尔（Thomas More，1477—1535）　政治家、作家、人文主义学者，曾任英国大法官，因反对英国国王亨利八世的宗教改革而被处死。著有《乌托邦》（*Utopia*），书中绘制了一个建立于理性和宽容原则之上的完美社会，人人劳作，没有歧视。该书在欧洲极受欢迎，“乌托邦”由此成为不可能实现的完美社会或制度的代名词。

公元1536年

世界

荷兰

伊拉斯谟（Desiderius Erasmus，1469—1536）　人文主义学者，北部文艺复兴运动的重要代表人物。倡导研习古典文学，认为研读古典和圣经可以改良个人和社会；编订、注解并翻译了希腊文的《新约全书》。他著作颇丰，代表作《愚人颂》（*Moriae encomium*）以幽默的方式揭示人的自我欺骗性，体现人文主义的道德观，是北部文艺复兴运动中的重要作品。他批评神职人员滥用职权，要求教会进行改革；但也在著述中批驳了路德的某些神学观点。他崇尚自由思想，对西方自由主义传统（Liberal tradition）作出了批判性的贡献。

日内瓦

加尔文宗教改革　法国人加尔文（Jean Calvin, 1509—1564），早期作为人文主义者，要求对教会进行改革，遭迫害而流亡瑞士。1536年，他著《基督教原理》（*Institutio Christianae religionis*），全面阐释圣经神学，并受邀主持日内瓦的宗教改革。1541年，在日内瓦组成政教合一政权，要求教徒严格按照神的律法生活，设置宗教法庭管理整个城市的道德事务，以近乎严酷的手段管理城市的宗教、道德生活。日内瓦一时间成为“新教徒的罗马”。以加尔文宗教思想为依据的基督教教派被称为加尔文宗。

公元1538年

世界

非洲

穆罕默德一世（Mohammed I，Askia of Songhai，？—1538）　桑海帝国最有才干的君主（1493—1528年在位）。夺取王位后，将桑海帝国划省治理;创立什一税和赋税制度、农业和渔业的管理制度、对行政人员的培训制度；重用伊斯兰学者，聘请他们为顾问整顿国内的宗教事务，大力促进伊斯兰教的传播；建立常备军和战船队，对外征战，用“火与剑”征服的领土西到大西洋、西南到塞古、东南到布萨、东北到阿加德兹。在穆罕默德时期，桑海帝国的所有邻国都深受桑海文明的影响。

公元1540年

世界

西班牙

耶稣会成立　是年，教皇保罗三世

（1534—1549在位）批准西班牙人依纳爵·罗耀拉（Ignatius of Loyola，1491—1556）创立耶稣会（Society of Jesus）。该会除了遵从守贫、守贞和服从，还谨守效忠教皇的誓愿，很快成为反宗教改革中最富战斗力的一个团体。它摈弃了中世纪修会的一些旧习，强调服从，但不乏变通；该会传教士深入社会各阶层，并在世界各地积极活动。

公元1541年

中国

明世宗嘉靖二十年

王艮（1483—1541） 泰州安丰场（今属江苏东台）人，明哲学家。曾师从王守仁。他一生讲学，门徒中有樵夫、陶匠、农民等。提倡百姓日用之学，认为圣人之道存在于百姓的日常生活中。认为“身”与“天下”都是物，但有本末之分；有身为本，天下国家为末，只有安身立本，而后才能齐家治国平天下。王艮学说的基本观点是圣贤与平民并无根本的区别，否认道学所说的人性的先天差别；肯定人的物质欲望，反对禁欲主义，提倡个性解放。该学说在明代中晚期得到广泛传播，影响很大，其持此学见者被称为“泰州学派”。

昆曲 中国戏曲中历史最悠久的剧种之一。其表演形式源自于宋、金、元时代的南戏和杂剧，唱腔则主要起源于江苏昆山。嘉靖年间（1522—1566），戏曲音乐家魏良辅吸收当时盛行的海盐、弋阳两种唱腔的音乐，对原有的昆山腔旧调进行革新，进而形成了柔婉、清丽、悠扬的“水磨调”的歌唱体系；并在剧本、表演、唱词、音乐等方面作进一步的完善，昆曲逐渐发展为全国性的剧种。昆曲具有很高的文学性和艺术性，其发展多局限于文人圈子，后来逐渐走向衰微。2001年，联合国教科文组织将昆曲列为世界首批的“人类口头和非物质遗产代表作”。

公元1543年

世界

波兰

哥白尼出版《天体运行论》（*De revolutionibus*） 波兰天文学家哥白尼（Nicolaus Copernicus，1473—1543）在书中针对天文学界争论不休的天体位置问题，提出自己的假设：地球和行星以太阳为中心，按圆形轨道绕日运行。他认为此说远较繁复的托勒密“地心说”简洁合理，因而更符合上帝造物的原则。哥白尼的“日心说”对传统天文学、力学和哲学提出了一系列新问题，被视为始于16世纪的“科学革命”的重要事件。

佛兰德

维萨里著《人体结构论》（*De humani corporis fabrica libri septem*） 维萨里医生（Andreas Vesalins，1514—1564）依据个人观察和尸体解剖所作的经验著述，并邀请画家帮助绘制图示，是医学界划时代的著作。该书提供了人体解剖图，详细描绘了人体各部分器官的形状、功能和相互关系。维萨里因此被誉为现代生理学和现代解剖学之父。

公元1545—1563年

世界

特兰托

特兰托公会议（Council of Trent）　新教迅速发展，天主教教会内部要求改革的呼声高涨。在神圣罗马帝国皇帝查理五世（1519—1556在位）的倡议下，教皇保罗三世（1534—1549在位）在意大利北部特兰托召集此次公会议。会议时断时续，历时18年。会议强调整肃教会纪律，要求主教认真履行训导职责、牧师对辖区内的教民负责；重申了天主教的教义，反对宗教改革运动。教会未对新教作任何让步，关上了双方和解之门。

公元1546年

世界

德意志

马丁·路德（Martin Luther，1483—1546）　牧师、学者。著有《九十五条论纲》，质疑赎罪券的作用，引发了宗教改革。在其后与教会的辩论中，他写了《告德意志贵族书》（*An den christlichen Adel deutscher Nation*），呼吁贵族施加压力，迫使教会改革；作《教会被俘巴比伦》（*De captivitate Babylonica ecclesiae praeludium*），认为圣经、公会议和王侯的权力高于教皇；在《论基督徒的自由》（*Von der Freiheit eines Christenmenschen*）中，提出“因信称义”。他被称为“新教之父”，以他的宗教思想为基础的基督教教派称为“路德派”。此外，他把《圣经》译成当地语言，为德语的形成奠定了基础。

公元1547年

中国

明世宗嘉靖二十六年

格鲁派始行活佛转世制　活佛转世是喇嘛教依据灵魂转世、生死轮回的教理而设立的一种寺院首领继承制度。活佛圆寂后，须由寺院上层通过占卜、降神等仪式，寻觅在活佛圆寂时期出生的若干名儿童，再从中确定一人作为活佛的转世灵童，迎入寺中继承其宗教地位。1542年，活佛根敦嘉错（1475—1542）圆寂，次年出生的锁南嘉错（1543—1588）被认为是根敦嘉错的转世灵童，于是年被迎至哲蚌寺坐床；至10岁，即任哲蚌寺主持。此为格鲁派（黄教）始行活佛转世制。

世界

俄国

第一位沙皇　是年，16岁的伊凡四世（Ivan IV，1533—1584在位）宣布亲政，自命“沙皇”（源自拉丁语的“恺撒”，有“皇帝”之意）；莫斯科公国从此成为沙皇俄国。伊凡四世对俄国发展有重要贡献。他强化中央集权，扩大俄罗斯的版图，使俄罗斯成为多民族国家；热心文化事业，尤其重视印刷术的发展，所建立的国立印刷厂对俄罗斯的文化传播起了重要的推动作用。他有很高的文学造诣，擅长写作。1560年前后，他性情变得多疑残暴，故留有“雷帝”之称。

公元1550年

中国

明世宗嘉靖二十九年

《解围元薮》 沈之问著，为中国古代第一部防治麻风病的专著。沈氏三代业医，专攻麻风，博搜广求，悉心钻研，成此专著。该书分四卷，分析了麻风病的受病经络、诊治经验和方药，详载249首、多种剂型方药的临床应用，并论述了该病的传染与预防。书中强调幼年预防，颇有科学见地。

公元1553年

中国

明世宗嘉靖三十二年

葡萄牙租占澳门 澳门在广东省珠江口西侧，原为香山县所属。是年，葡萄牙人借口曝晒水渍货物，通过欺骗和贿赂手段，买通广东海道副使，得到通商允许而入居澳门。1557年（嘉靖三十六年）以后，他们私自在澳门扩展土地、建筑炮台、设立官署，把澳门当作葡属殖民地管理。鸦片战争后，葡萄牙不断扩大租占范围，至1887年（光绪十三年）通过《中葡北京条约》强占澳门。

公元1555年

中国

明世宗嘉靖三十四年

倭乱和戚家军 14世纪初叶，日本一些没落的武士、商人和浪人到中国沿海地区进行武装走私和抢劫烧杀的海盗活动，历史上称之为“倭寇”。中国东南沿海地区的一些不良商人、游民也参与其中。他们共同进行海上走私贸易，劫掠商船，骚扰沿海百姓，其罪恶活动祸及辽东、山东至广东漫长的海岸线。这就是历史上所说的“倭乱”。

为平倭乱，明廷绞尽脑汁，但屡禁不绝。是年，起用名将戚继光组织抗倭。他以杀贼保民作号召，在浙江金华、义乌等地募得矿工、农民三千，将之训练成为一支纪律严明、勇敢善战的部队，人称“戚家军”。嘉靖年间（1522—1566），戚家军在浙江、福建、广东多次歼灭倭寇，最终捣破其根据点，近两个世纪（1369—1564）的倭患终告平定。

戚继光（1528—1588） 著名将领，对练兵、治械、阵图等均有创见。初任登州卫指挥佥事，1555年（嘉靖三十四年）被明廷调至浙江指挥抗倭。他募新勇编练新军，组成抗倭主力戚家军，接连大胜，最终解除东南倭患。1567年（隆庆元年）被调北方镇守蓟州，筑台练兵，加强战备，16年间鞑靼不敢犯边。

吴门四家 指明中叶定居于苏州的四位蜚声画坛的名家。一是沈周（1427—1509），擅画山水，笔墨豪放，风格浑厚，作画多取景江南山川和园林。二是唐寅（1470—1523），字伯虎，长于山水，亦工人物、花鸟，取法李唐，兼采元人技法，笔墨秀润，景物清俊；兼工诗文、书法，赋诗不拘成规，不避口语，平易清新。三是文徵明（1470—1559），书法工行草书及小楷，清俊秀拔；擅画山水，师法宋元，多写江南景色，名重一代；门生众多，为“四家”中坚 。四是仇英（1493—

1560），出身漆匠，擅画人物，精于仕女，能以不同笔法表现不同对象，亦善山水花鸟，尤精于临摹历代名迹。

世界

奥格斯堡

奥格斯堡和约（*Peace of Augsburg*）神圣罗马帝国皇帝查理五世（1519—1556在位）派代表与德意志新教诸侯在德意志南部奥格斯堡共同订立。查理五世出于对法国和土耳其作战的需要，被迫在宗教问题上作出让步。和约规定了“教随国定”的原则，承认诸侯有权决定本邦臣民的信仰。它第一次以法律文件的形式承认路德宗的合法地位，也标志着基督教西部教会正式分裂。

德意志

阿格里科拉（Agricola Georgius，1495—1555）　学者，科学家，被称为“矿物学之父”。著有《冶金术》（*De re metallica*），总结了古代文献中所提到的金属和金属矿的分布，颇为详细地说明当时矿石开采和金属冶炼的生产过程。所著《矿石的性质》（*De natura fossilium*），提出根据形状对矿石进行分类的方法；他还可能是世界上区分单一物质和复合物质的第一人。

公元1564年

中国

明世宗嘉靖四十三年

《广舆图》绘成　元代地理学家朱思本曾用“计里画方”的方法绘《舆地图》，先作各地分图，然后按比例合成长宽各七尺（约合2.3米）的大图。其精确超过前人。原图已佚。《广舆图》为罗洪先（1504—1564）当年根据朱思本图增补绘制而成，共44幅，为传世的年代最早的综合性地图集。

世界

意大利地区

米开朗基罗（Michelangelo，1475—1564）　雕塑家、画家、建筑师、诗人，意大利“文艺复兴三杰”之一。其作品表现了理想主义的理念，以对称和谐、雄浑刚健和完美的人体艺术著称。雕塑代表作有《大卫》（*David*）、《哀悼基督》（*Pietà*）、《摩西》（*Moses*）、《被缚的奴隶》（*Rebellious Slave*）、《垂死的奴隶》（*Dying Slave*）等。他在艺术上具有坚韧的毅力，曾历时四年，在西斯廷教堂800平方米的天花板上不懈创作，完成了宏伟的天顶画《创世纪》（*Frescoes, Sistine Chapel ceiling*），后又为西斯廷教堂创作巨幅壁画《最后的审判》（*The Last Judgment*）。他在雕塑、绘画和建筑设计三大艺术领域均有很深的造诣，并有诗作传世。

公元1566年

中国

明世宗嘉靖四十五年

天一阁　坐落在浙江宁波城西，为明代兵部右侍郎范钦的藏书楼。1561年（嘉靖四十年）始建，是年（1566）建成。共两层，六开间，原藏书4000余种，5.3万余卷，历代碑帖720余种，以版本珍贵和内容丰富著称。清乾隆年间（1736—1795），朝廷编修四库全书，天一阁曾献书600多种。鸦片战争（1840）后，藏书散佚甚多；后广搜轶书，并接受私人藏书家的捐赠，现藏珍版善本达8万多卷，为中国现存最古老的藏书楼。

世界

土耳其

苏莱曼一世（Suleyman I，the Magnificent，1520—1566在位）奥斯曼帝国苏丹，绰号"立法者"。在位期间，对内颁布一系列法令，改革军事、财政和行政机构，加强封建统治，对外大肆扩张。在东方，占领伊朗西部大片领土，夺得亚丁和也门等地；在北非，占有的黎波里、突尼斯和阿尔及利亚。这一时期，帝国的文化艺术繁荣，涌现出一批优秀的政治家和学者、诗人。1566年，苏莱曼死于匈牙利。

公元1568—1648年

世界

西班牙、尼德兰

尼德兰独立战争　尼德兰部分地区（相当于今荷兰、比利时、卢森堡和法国东北部）在宗教改革中接受了加尔文宗；而控制该地区的西班牙国王菲利普二世（1556—1598在位）在自己的辖区推行天主教。尼德兰诸省出于对西班牙人的宗教和税收政策的不满，在奥兰治亲王（William I the Silent，1533—1584）领导下联合开展争取独立的运动。经过长期斗争，1609年，西班牙与尼德兰北部地区的尼德兰联邦（United Provinces，1588—1795）缔结12年停战协定，事实上承认该地区独立；而尼德兰南部仍归西班牙所有。1648年，尼德兰北部地区（荷兰）正式独立。

公元1569年

世界

佛兰德

墨卡托投影法　佛兰德地区的地图绘制人墨卡托（Gerardus Mercator，1512—1594）经过计算，将地球球面坐标转换为平面直角坐标，绘制成用平行直线表示经纬线的平面世界地图。这种以他的名字命名的投影法被广泛用于航海图制。

公元1570年

中国

明穆宗隆庆四年

前、后"七子"　正德、嘉靖、隆庆年间（1506—1572），明代文坛上出现了以前、后"七子"（前"七子"即李梦阳、何景明、徐祯卿、边贡、康海、王九思、王廷相；后"七子"即李攀龙、王世贞、谢榛、宗臣、梁有誉、徐中行、吴国伦）为代表的复古派。他们反对当时颇具影响的以"三杨"为代表的"台阁体"（见本书178页专条介绍），倡言复古，提出"文必秦汉，诗必盛唐"，强调真情，反对虚浮。前"七子"是明代复古文学的发端，后“七子”则是对复古文学运动的集成与总结，其目的在于破旧创新。

约公元1570—1810年

世界

拉丁美洲

西班牙的国家殖民 约1570年，西班牙国家殖民体制取代了征服者的个人统治。在该体制下，西班牙国王拥有绝对权力，总督代表国王对总督辖区进行管理，并按人种实行严格的等级制度。西班牙殖民统治以攫取财富为目的，致使拉美经济长期落后且成为宗主国的附庸；同时，西班牙的殖民侵略和统治为天主教在拉美的传播打开方便之门，而清除异教和传播天主教也为殖民披上了“正义”的外衣。

公元1573年

中国

明神宗万历元年

《盘珠算法》 中国是算盘的故乡，但算盘起源于何时、由谁发明，至今尚无定论。可以肯定的是，宋朝时算盘已经比较流行。是年，徐心鲁著《盘珠算法》，为中国现存最早的一部介绍珠算的著作。

公元1576—1642年

世界

英国

英国戏剧的黄金时期 16世纪中期，世俗剧取代曾经昌盛一时的宗教剧，英国戏剧进入多产、繁荣阶段，故称“黄金时期”。当时英国兴建了许多剧院，上演的节目丰富多彩，包括道德剧、历史剧、喜剧、悲剧和各种穿插剧等等。观众上至宫廷权贵，下至平民百姓，均乐此不疲。其间涌现了大批优秀的剧作家，最杰出的是马娄（Christopher Marlowe，1564—1593）、本·琼森（Ben Jonson，1572—1637）和莎士比亚。这种繁荣一直持续到1642年克伦威尔（Oliver Cromwell，1599—1658）的清教议会明令禁止戏剧公演。

公元1578年

中国

明神宗万历六年

李时珍和《本草纲目》 李时珍（1518—1593），湖广蕲州（今湖北蕲春）人，中国历史上著名的医学家和药物学家。他在行医过程中发现前人编著的医书有许多遗漏和错讹，有志重编一本比较完善的药物著作；历30年之努力，终于在60岁时完成《本草纲目》一书。全书52卷，收载药物1892种，新增药物374种，附有药物图1109幅，医方方剂11096首，其中约有8000多首是李氏自己收集或拟定的。书中不仅考订修正了过去本草学中的若干错误，还提出了比较科学的药物分类方法，堪称中国药物学大全。

公元1581年

中国

明神宗万历九年

“一条鞭法” 万历年间（1573—1619）由朝廷首辅张居正推行的改革赋役

制度的措施。是年，张居正在清丈土地的基础上宣布在全国范围内推行“一条鞭法”，即将各种赋役合为一体，折银缴纳，并将部分丁役摊入田亩，使有田的纳税者承担了原来的一部分丁役。“一条鞭法”简化了征税项目和手续，在一定程度上抑制了豪强漏税和官吏贪污，也使无田或少田的农民减轻了负担；赋役征银亦有利于商品经济的发展。此为中国赋役制度的一次重要改革。

公元1582年

中国

明神宗万历十年

张居正（1525—1582） 1572年出任首辅主持朝廷大政，前后十年，颇有政绩。在任期间，针对前朝积弊，从多方面进行了改革：提出“考成法”，逐级考核官吏，整顿吏治；丈量土地，推行“一条鞭法”，改革赋役制度；整饬边防，派得力将领镇守边关，防止并抵御了外族入侵；整顿学校，严格实施择优录取的考试制度，核减不务实学的生员；起用水利专家潘季驯治理黄河，有效防治了水患。

传教士来华 早期来中国的西方传教士主要是天主教耶稣会士，有意大利传教士罗明坚（Ruggieri，Michel，1543—1607）、利玛窦（Ricci，Matthieu，1552—1610）和德国传教士汤若望（Schall von Bell，Jean Adam，1591—1666）等人。对朝廷影响最大的传教士是利玛窦。他于1582年入华，1601年（万历二十九年）进京。他借儒势传教，主张将孔孟之道和宗法敬祖思想同崇奉天主相融合，因而得到明廷和士大夫的认同。在传教同时，他翻译西方科学著作，介绍西方文化和新式科技，译绘世界地图，撰写关于数学的书。他在华28年，对传播西方科学、促进中西文化交流作出了贡献。

公元1584年

中国

明神宗万历十二年

新型世界地图传华 中国古代绘制地图，习惯上视大地为一平面。明末西方传教士来华，传入了地图投影和经纬度测量等制图方法。是年，利玛窦绘成《坤舆万国全图》，图中绘列有经纬度、赤道，并改变西方地图以欧洲居中的画法，将中国绘于图之中央，地名也均译成汉文。此为在中国出现的第一幅新型的世界地图。进入清代，西方制图技术得到进一步推广，康熙乾隆两朝，曾在全国组织大规模的经纬度测量，分别绘制了康熙《皇舆全览图》和乾隆《内府舆图》。其后，西法制图逐渐普及。

公元1587年

中国

明神宗万历十五年

海瑞（1514—1587） 明朝官员，回族，以清廉不阿、敢于对上直言相谏而闻名。1566年（嘉靖四十五年），曾因上疏批评皇帝迷信道教、不理朝政而被逮下狱。为官期间，打击豪强、惩治贪官、平反冤狱，受到百姓拥护。民间称之为“海青天”。后世有不少称颂海瑞的戏剧、小说流传。

公元1588年

世界

英国、尼德兰、西班牙

英、尼战胜无敌舰队　西班牙国王菲利普二世对英国支持荷兰独立运动非常愤怒，在1588年派无敌舰队（共约130艘战船，8000名海员和1.9万名士兵）进攻英国。途中，停靠加来港时即遭重创；后又在与英国和尼德兰联军的海战中遭大败。西班牙由此一蹶不振。英、尼的胜利不仅使英国免遭入侵，也使荷兰独立斗争得以继续，并大大鼓舞了各地新教徒的士气。

公元1589年

中国

明神宗万历十七年

奏疏“留中”　古代政制，大臣奏疏，均呈皇帝批复。1589年（万历十七年），雒于仁上《四箴疏》，批评万历皇帝酒、色、财、气四样俱全。皇帝大怒，又不便传布于外，遂留在宫中，不再发还，名曰“留中”。此举开搁置奏疏、不予批复之先例。此后，皇帝览奏后，将奏章留在宫中，不答不议，成为题奏文书的处理方式之一。

公元1590年

中国

明神宗万历十八年

李贽和《藏书》　李贽（1527—1602），号卓吾，泉州晋江（今福建泉州）人，明代思想家、文学家。曾任云南姚江知府，后弃官专事讲学、著述。他批判当时已成为正统学说的朱熹等人的道学，反对“以孔丘之是非为是非”的观念，认为应该尊重人的个性，强调“穿衣吃饭”即是人伦，而理学家离开人的物质生活空谈“天理”是虚假的说教；反对禁欲主义，主张一切应顺从人的本性发展；反对文学上的“复古”主张，强调创作要有思想感情。其著述见解大胆，文笔泼辣。终因“离经叛道”而入狱，1602年（万历三十年）死于狱中。其著作有《焚书》、《续焚书》、《藏书》、《续藏书》等。

《藏书》是李贽的代表作，是年著成，共68卷。因李贽自言“此书但可自怡，不可示人”，故名。该书以纪传体形式，记述自战国至元末2000多年来的800余人物。之后又著有记载明代人物的《续藏书》27卷。书中对历史人物的评价不循旧说，同时大胆批判现实社会的弊端，曾被明廷列为禁书。

世界

欧洲、美洲

巴洛克艺术风格　形成于罗马，以华丽多彩、富有激情、强调变化和动感著称。受当时反宗教改革、绝对王权兴起和地理大发现的时势影响，此类作品多气势恢宏，富有感召力。该艺术风格见于绘画、雕塑、建筑、音乐、文学等多种艺术形式。其杰出代表是意大利雕塑家、建筑家贝尔尼尼（Gian Lorenzo Bernini，1598—1680）、佛兰德画家鲁本斯（Peter Paul Rubens，1577—1640）、德意志音乐家巴赫。

公元1592年

中国

明神宗万历二十年

《西游记》 著名的长篇神话小说，吴承恩（约1500—1582）著，是年刊行。它取材于唐代高僧玄奘西行印度取经的历史故事，描述本领高强的神猴孙悟空护送师傅唐僧去西天取经，在途中历经九九八十一难，降服了无数妖魔鬼怪，最终取得真经的故事。全书结构宏伟、想象丰富、故事奇妙、语言生动。《西游记》之后，中国神话小说的创作开始活跃，但都没有达到该书的水平。

公元1593年

中国

明神宗万历二十一年

“四书”“五经”的拉丁文译本 四书五经为中国儒家经典的合称。四书即《论语》、《大学》、《中庸》、《孟子》。是年，利玛窦完成了它们的拉丁文翻译，将译文寄回了意大利。五经指《诗经》、《尚书》、《礼记》、《易经》、《春秋》。1626年（天启六年），法国传教士金尼阁（Nicolas Trigault，1577—1628）等将之译为拉丁文，在杭州刊印。四书五经有了西方文字译本，促进了西方对中国文化的了解。

公元1594年

中国

明神宗万历二十二年

东林党 明末由中下级官员、江南士大夫组成的一股政治力量。是年，吏部郎中顾宪成（1550—1612）罢职回乡，与高攀龙等人于无锡东林书院讲学，其间多议论朝政，抨击失职官员和作恶成性的太监，由此得到不满现实的官僚、士人和商人的认同，也得到一些朝臣的支持。他们互通声气，志同道合，东林书院渐成为社会舆论的中心，东林党由此而得名。明熹宗时宦官魏忠贤专权，对东林党人斥逐、捕杀。崇祯皇帝继位（1628）后，除掉魏忠贤，为东林党人恢复了名誉。但东林党与宦官的斗争一直持续到明亡。

世界

意大利地区

帕莱斯特里纳（Giovanni Pierluigi da Palestrina，1525—1594） 意大利文艺复兴时期作曲家，有“音乐之王”的美誉。现存作品为105首弥撒曲和250首牧曲，其风格各异，内容丰富多彩。其中《马尔塞鲁斯教皇弥撒》（*Missa Papae Marcelli*）优美动人，是礼拜仪式复调音乐的上乘之作。

公元1595年

中国

明神宗万历二十三年

潘季驯（1521—1595） 著名水利学家。一生中曾四任总理河道，主持黄河、运河治理前后达27年。黄河多沙易淤，多次决堤泛滥造成大灾，他总结历代经验，改变往昔治河的“分流”法，而采用“筑堤束水，以水攻沙”方法，防止河的堤岸淤塞，用于实践确有成效，并对后世治黄提供了宝贵借鉴。著有《两河经略》、《河防一览》等著作，均为治黄的经典文献。

公元1597年

中国

明神宗万历二十五年

胡登洲（1522—1597）　回族，陕西咸阳人，伊斯兰教学者。通晓阿拉伯语、波斯语，对伊斯兰经典颇有研究。他改革口头传授教义的旧习，提倡经堂教育制度，并在陕西地区清真寺招收学员，开清真寺办学之风。他为中国穆斯林培养出第一代经师，因之被尊为“胡太师”。

公元1598年

中国

明万历二十六年

汤显祖和《牡丹亭》　汤显祖（1550—1616），江西临川人，著名戏剧作家，主要作品有“临川四梦”：《牡丹亭》、《紫钗记》、《邯郸记》、《南柯记》。在创作上强调以内容为主，不拘泥于音韵格律，在其影响下形成戏曲界的“临川派”。近人将其著述编为《汤显祖集》。

《牡丹亭》又名《还魂记》，是汤显祖的代表作，是年问世。剧本描写南安太守的独生女儿杜丽娘受封建礼教束缚，与外界隔绝，一天在梦中与书生柳梦梅相爱，醒后相思而死。三年后，柳梦梅到南安养病，看到杜丽娘的画像，产生爱情。两人的爱情感动了天地，杜丽娘死而复生，两人结为夫妇。《牡丹亭》心理描写十分细腻，以浪漫主义的手法表现了对个性解放和爱情的追求，被认为是明代戏曲的经典。

世界

法国

南特敕令（Edict of Nantes）　是年，法国国王亨利四世（Henri Ⅳ 1589—1610在位）在南特颁布法令，规定天主教是法国国教，但允许信奉新教的臣民（胡格诺派，Huguenots）享有一定的宗教自由。该法令中止了在法国持续30多年的宗教战争（1562—1598），但并没能化解天主教徒同胡格诺派之间的矛盾。1685年，国王路易十四废除该法令，剥夺了新教教徒的宗教信仰自由和政治权力，大批胡格诺教徒被迫移民海外。

日本

丰臣秀吉（1537—1598）　16世纪日本封建领主，著名的政治家、军事家。在诸侯割据的战国时代（1467—1573），他打败所有的豪族大名，于1590年实现了日本的统一。当政时期，实行“士农工商”政策，即严格区分武士、农民、手工业者和商人的阶级界限。在经济方面，进行全国土地丈量，以土地产量作为征收贡赋的标准；开发矿产业；铸造金属货币，促进贸易。1592、1597年曾两次派兵入侵朝鲜，均告失败。

公元1600年

中国

明神宗万历二十八年

公安派与竟陵派　晚明的文风开始

向两个方向发展：一是复古，崇尚历史上平实无奇的文风；一是创新。由此形成了诸家流派，其中最为著名的是“公安派”与“竟陵派”。前者的代表人物是万历年间的“三袁”——即袁氏宏道、宗道、中道三兄弟。他们反对先前“七子”（见本书194页专条介绍）的复古主张，主张创作要“独抒性灵，不拘格套”，充分表现作者的真情与个性，其文体被称为“公安体”。后者的代表人物是钟惺和谭元春。他们反对“七子”的摹古之风，主张诗文要抒写灵性，表现“幽情单绪”，倡导“幽深孤峭”的险僻风格。其作品流于冷涩，被称为“竟陵体”。

世界

英国

吉尔伯特的《磁石论》 医生、近代电学和磁学的先驱吉尔伯特（William Gilbert，1544—1603）在其著作《磁石论》（*De Magnete, Magneticisque Corporibus，et de Magno Magnete Tellure*）中记录了关于磁体和电力的研究成果，指出磁铁指示南北是因为地球有磁性。他在书中首先使用“电力”、“电引力”、“磁极”等概念，人称电学之父。

公元17—18世纪

世界

欧洲、美洲

启蒙运动 17、18世纪以法国为中心，遍及欧美的一场思想文化运动。它以文艺复兴时期的人文主义和以牛顿为代表的科学革命为基础，受笛卡儿哲学的影响，相信科学，崇尚理性，认为在理性指引下，人类能够凭借经验，发现规律，认识世界，掌握真理，获得物质和道德上的双重提升。启蒙运动流派众多，思想并不统一。就总体而言，宗教上，它主张以理性取代启示，呼吁宗教宽容，并产生了自然神论、怀疑论和无神论；政治上，它抨击君权神授的观点，宣传天赋人权、主权在民、立宪为本的思想，直接催生了法国大革命和北美独立运动。其主要代表有：法国的伏尔泰、孟德斯鸠、卢梭、百科全书派，荷兰的斯宾诺莎，英国的洛克、边沁、休谟、亚当·斯密，德国的莱辛和美国的杰斐逊等。

公元1600—1858年

世界

英国、印度

英国东印度公司 近代英国政府特许的发展对东方（主要是印度以东地区）贸易的组织，1600年成立。早期是垄断性的贸易团体；后来参与政治，从18世纪初至19世纪中期，成为英国政府在印度的代理人。其间，印度逐渐沦为英国殖民地。该公司在印度致力于绸缎布匹、香料等贸易，其商业活动扩大到波斯湾、东南亚和东亚。18世纪中叶后，大量从中国进口茶叶，并以非法输出鸦片来偿付输入茶叶，由此引起1840—1842年、1856—1860年的两次鸦片战争（the Opium War）。19世纪上半叶，该公司失去商业垄断权，仅成为英国政府管理印度的代理机构。1873年，公司法人地位被终止。

公元1601年

中国

明神宗万历二十九年

《针灸大成》 杨继周（约1522—1620）编著。书中收集源于古籍、家传有关针灸学的理论和实践经验，采用歌赋的形式，介绍针灸学中关于经络、腧穴、手法等知识及临床注意事项，是中国针灸学有影响的著作。

公元1602年

世界

荷兰

联合东印度公司 早期荷兰人合股公司，获荷兰政府授权，垄断从好望角到麦哲伦海峡的贸易。其船队击败英国舰队，有力地保护了荷兰商人在印度洋的贸易，并在东印度群岛取代葡萄牙的霸主地位，为17世纪荷兰缔造商业帝国起了重要的作用。1799年，公司因债台高筑而解体。

公元1603年

世界

英国

伊丽莎白一世（Elizabeth I of England, 1558—1603年在位） 英格兰和爱尔兰女王，被公认为英国历史上最伟大的统治者之一。她坚强而富有政治智慧，十分高明地控制当时复杂的政治和宗教局面；采取折衷的方式解决宗教问题，确立英国为新教国家；鼓励商业扩张。在她统治时期，英国经济增长迅速，艺术繁荣，军力强盛，击败了西班牙无敌舰队，在国际事务中充满自信。

斯图亚特王朝建立 是年，伊丽莎白一世去世；因无子嗣，由苏格兰国王詹姆士六世（1567—1625在位）继承王位，是为詹姆士一世（1603—1625在位），开始了斯图亚特王朝时期（1603—1649，1660—1714）。该王朝的前几位国王多崇尚绝对王权，其本人是天主教徒或同情天主教，因而与议会的矛盾逐渐升级。

公元1603—1867年

世界

日本

德川时代 又称“江户时代”，明治维新前最后一个时代，因1603年德川家康建立幕府，故名。这一时代里，幕府进一步确立武士阶级内部的制度，加强对各地大名的控制；大力发展农业和工商业。从17世纪后半叶到18世纪初期，日本社会安定，经济繁荣，江户成为一个繁荣的大都市。此后，由于农民起义、武士骚动、财政困难，幕府逐渐陷入危机。1867年，幕府最后一位将军德川庆喜的统治被推翻。

公元1605年

中国

明神宗万历三十三年

拉丁文字母传入中国 是年，利玛窦《西字奇迹》在北京刊行，此为在华刊印的第一部带有拉丁拼音的语文书。此后，拉丁文及拼音法渐传入中国。

公元1606年

中国

明神宗万历三十四年

《几何原本》始译　《几何原本》为欧几里德（约前330—前275）所著。拉丁文共13卷，前六卷为平面几何，后七卷为立体几何。徐光启与利玛窦合译该书，从是年始至次年春，译完前六卷；清代李善兰（1811—1882）译出后七卷。前后跨隔200余年，全书汉译本终成合璧。这是中国历史上第一部西方数学译著。

公元1607年

世界

北美

詹姆士敦定居点的建立　詹姆士敦位于今美国弗吉尼亚州，由英国的伦敦公司建立，是英国人在北美的第一个永久性居留地，以英国国王詹姆士一世的名字命名。由此开始了英国人在北美建立定居点的历史。到1732年，英国在北美共建立了13个殖民地。

公元1608年

世界

北美

魁北克定居点的建立　法国探险家尚普兰（Samuel De Champlain，1567—1635）带领法国移民几经周折，在圣劳伦斯河畔今加拿大魁北克建立定居点，从事皮毛加工、贸易，这是法国人在北美建立的第一个殖民点。

公元1609年

世界

意大利地区

伽利略发明望远镜　天文学家、数学家、自然哲学家伽利略（Galileo Galilei，1564—1642）发明望远镜，并第一个用望远镜观察星空。他发现太空远较人想象的复杂，而且与托勒密体系和教会学说有很大差异。他大量著述说明这一新发现，支持哥白尼学说，并试图阐明宇宙万物的运动完全依循数学法则。

公元1609—1618年

世界

德意志

开普勒三定律　数学家、天文学家开普勒（Johannes Kepler，1571—1630）在哥白尼日心说和他的老师丹麦天文学家布拉埃（Tycho Brahe，1546—1601）天文观测的基础上，提出行星运动的规律，即：(1)行星按椭圆轨道运行，太阳位于其中的一个焦点；(2)太阳与行星的连线在轨道上扫过的面积与时间成正比；(3)行星运行周期的平方与它到太阳平均距离的立方成正比。此规律被后人称为“开普勒三定律”。它发展了哥白尼地心说，并为后来牛顿的科学发现奠定了基础。

公元1609—1713年

世界

荷兰

荷兰“黄金年代”　1609年，西班牙同荷兰缔结停战协议，事实上承认荷兰独立。此后，荷兰利用其传统贸易优势和大西洋新商路而成为世界贸易强国，贸易遍及欧、亚、非、美四大洲，并在多个地方建有殖民地和贸易据点，阿姆斯特丹成为欧洲的仓储和商贸中心。荷兰雄厚的财力和宽松的宗教政策，有利于文化发展。其间，涌现了一批优秀的历史学家、政治理论家、作家、科学家、艺术家，其中最重要的代表是哲学家斯宾诺莎和画家伦勃朗（Rembrandt，1606—1669）；法国哲学家笛卡儿也长期在此居住。

公元1610年

中国

明神宗万历三十八年

宗教“礼仪之争”肇端　天主教初传入中国时，利玛窦为了传教的需要，比较尊重中国的传统，对中国教徒尊孔祭祖持宽容的态度。是年，传教士龙华民（Nicolas Longobardi，1559—1654）继任耶稣会会长，他一反利玛窦的做法，不准中国天主教徒祭祖祀孔，并斥之为“迷信”。此举引起中国统治者与罗马教廷的严重分歧，也引发了西方传教士与中国教徒间的矛盾。17、18世纪基督教在华传教发生的“礼仪之争”（见本书223页专条介绍）由此肇端，其实质为中西文化之冲突。

十二平均律的声学理论　是年，朱载堉（1536—约1610）著《乐律全书》。该书系音乐、算学、历法论著的汇编。书中《律吕精义》部分，阐述了通过精密计算与科学实验所创造的“新法密率”，即音乐的十二平均律。这一理论解决了长期以来音乐界众说纷纭的旋宫问题。这是世界音乐史上重要的的声学理论著作。

首次将十二平均律用于音乐曲谱创作的是德国作曲家巴赫（1685—1750）。

参用西法修历　是年十一月初一（公元12月15日）日食，明廷因钦天监推算的日食时间及亏圆不够精确，命通天文律历者考证历法。天文学家李之藻等参用利玛窦等传入的西洋历法修历，此为西历用于中国之始。

公元1611年

中国

明神宗万历三十九年

实测泰山高度　是年，任职山东的明廷官员张五典，利用横杆和竖杆的简便方法对泰山进行了实测。经4300多个测绘点的测算，得出泰山的垂直高度为368.34丈（每尺约合0.32米，故其高度约1182.3米）。假定张五典是从泰山门户红门宫起测量，该处海拔为250米，则泰山的高度共计1432.3米。

这是泰山有史以来的第一次实测数据。375年之后的1986年，山东省地矿局测绘队测量泰山海拔为1532.8米，比张五典测量的数值约多出100米。

公元1615年

中国

明神宗万历四十三年

八旗制度　女真族（满族前身）的社会组织和军事组织形式。万历年间，女真族首领努尔哈赤（1559—1626）为将当时分散的女真人组织起来，建立了八旗制度。该制度规定，凡满人皆编入旗，平时生产，战时从征。后来，皇太极建清国，蒙汉人归顺者众，又新编了“蒙古八旗”和“汉军八旗”。它们和满洲八旗共同构成清代八旗的整体。

公元1616年

世界

英国

莎士比亚（William Shakespeare，1564—1616） 诗人、剧作家。其诗歌以《十四行诗》最为出众，语言优美、情感强烈；剧作包括历史剧、悲剧和喜剧，以悲剧成就最高，最重要的作品是为伦敦剧场创作的36部剧作。他是一位杰出的语言大师，善于汲取民间语言、古代和当代文学语言的精华，用语准确、鲜活。其作品不仅情节感人，极富戏剧性，而且充满了哲理思考、伦理探索和心理分析，内容丰富深刻。他在世界文坛拥有崇高的地位，被公认为古今最伟大的剧作家。

西班牙

塞万提斯和《堂吉诃德》 塞万提斯（Miguel de Cervantes Saavedra，1547—1616），小说家、剧作家、诗人，尝试过除史诗以外各种文体的写作。其代表作《堂吉诃德》（*Don Quixote*），讲述痴迷于骑士文学的堂吉诃德效仿游侠的令人啼笑皆非的故事。书中堂吉诃德过时的宗教理想主义同仆人桑丘的现实主义形成鲜明对比。该书显示了塞万提斯丰富的想象力、对生活深刻的洞察力和幽默感，对后世的小说家影响很大。

日本

德川家康（1543—1616） 日本最后一个幕府的创建者，丰臣秀吉统治体系中最大的一股势力。1600年，日本各地割据势力为争夺政权进行了一场大战，德川家康的军队获得了胜利，建立起在全国的霸权。1603年，他被天皇任为幕府将军，在江户建立幕府；两年后告退，由其子秀忠继位，他仍负责外交事务。在位期间，他制定一系列制度，为其后江户二百年的繁荣发展打下了基础。

公元1617年

中国

明神宗万历四十五年

《金瓶梅》 明代长篇章回小说，作者署名为兰陵笑笑生。全书一百回，以《水浒传》中人物——恶霸西门庆为主角，写其勾结官府、横行乡里、巧取豪夺、蹂躏妇女，由发迹到灭亡的历史。该书塑造了众多市井人物，刻画人情世态细致入微，表现了熟练的语言技巧，是明代长篇小说的代表作品之一。

该书抄本流行于隆庆至万历初期。是年，出现刻印版的《金瓶梅》话本。

公元1618—1648年

世界

欧洲

三十年战争 1618到1648年间，欧洲多个国家参与的因多种原因而爆发的一系列战争统称为“三十年战争”。它是天主教、路德教派、加尔文派之间的宗教斗争，同时也是世俗统治者争夺权力、疆域和商业利益的一场争斗。这场战争异常惨烈，欧洲大多数国家卷入其中，给欧洲带来巨大破坏。

公元1620年

世界

英国

培根和《新工具》　是年，法官、政治家、哲学家培根（Francis Bacon，1561—1626）所著的《新工具》（*Novum Organum*）问世。该书批判由亚里士多德开创、为经院哲学所继承的传统科学观和逻辑体系，提倡使用“新工具”——归纳法。该书认为，哲学家在研究中不可避免地会受到主观因素影响，因而此前所谓的“客观知识”并不完全客观。由此，该书提出搜集资料、寻找反例的重要性。培根在方法论上提出具有革命性的主张，倡导实验和创新，被视为英国经验论的鼻祖。

公元1624年

中国

明天启四年

荷兰侵入台湾　荷兰东印度公司成立后，开始争夺海上霸权。1604年（万历三十二年），荷兰强占澎湖。1624年（天启四年），明军收复澎湖，荷兰残军逃往台南，筑赤嵌城作为基地。从是年起到1661年郑成功收复台湾，荷兰占据台湾达38年之久。

郑成功（1624—1662）　福建南安县人，是年出生于日本。7岁返国，20岁入国子监读书。南明弘光朝廷亡前返福建。1646年（顺治三年），其父降清，他不肯依从，举兵反清，驻屯厦门。1661年（顺治十八年）率军数万人从厦门出发，登陆台湾，围攻荷兰总督所在地赤嵌城，经过八个月的战斗，收复了台湾。他在台建立行政机构，推行屯田制，促进了台湾社会经济的发展。

世界

欧洲、美洲

自然神论（Deism）　是年，英国思想家赫尔伯特（Edward Herbert，1583—1648）发表《论真理》（*De Veritate*），在神学领域倡导理性，他由此被称为“英国自然神论之父”。自然神论受宗教战争和牛顿力学影响，认为上帝作为世界的“始因”或“造物主”，在创世之后就不再干预世界事务，而让世界按照其本身的规律存在和发展，故亦译作“理神论”。在17、18世纪的英国和18世纪的欧洲大陆，自然神论有很大影响；18世纪末，对美国知识界和社会上层有着主导作用。

公元1626年

中国

明熹宗天启六年

努尔哈赤（1559—1626）　满族，爱新觉罗氏，后金开国君主，清朝缔造者。1583年（万历十一年）至1588年（万历十六年），逐步统一了女真族（满族前身）各部；在此基础上，于1616年（万历四十四年）建立后金政权，称大汗。他创制满文，创建兵民合一的八旗制度，对满族的初期发展起了重要的作用。1625（天启五年）年迁都沈阳，是年病逝。清王朝建立后被尊为太祖。

《蒙古黄金史》 原名为《诸汗源流黄金史纲》，作者不详，约成书于1604至1627年。该书以宗教观点叙述宇宙形成、人类出现、印度王统、西藏王统、蒙古历史。其中以记述明代时蒙古的鞑靼、瓦剌两部历史最详，有重要史料价值。该书与《蒙古秘史》、《蒙古源流》合称为蒙古三大历史文献。

公元1628年

世界

英国

哈维发现血液循环 英格兰医生哈维（William Harvey, 1578—1657）在古罗马医生盖伦（Galen，126—约216）的血液流动说影响下，通过大量解剖实验，发现动物的血液循环系统。是年，发表《动物心血运动的解剖研究》（*Exercitatio Anatomica de Motu Cordis et Sanguinis in Animalibus*），创立血液循环理论。

公元1629年

中国

明思宗崇祯二年

李自成起义 李自成(1606—1645)，陕西米脂人。小时为地主放牛，后又当驿卒、边兵、升任统领五十个兵卒的把总。是年，陕西大饥荒，农民纷纷起义，李自成也杀了长官，宣布起义，后被拥戴为“闯王”，成为农民起义军的主帅。他提出均田免粮的口号，响应者众，义军势力发展迅速，屡破明军。1644年（崇祯十七年）三月，义军攻入北京，崇祯帝（1628—1644在位）逃离皇宫在煤山自缢，明朝灭亡。一个月后，李自成即皇帝位，随后在清军进逼北京的情势下匆忙撤离，次年于湖北九宫山遇难。一说在湖南石门夹山寺出家为僧。

世界

波斯

阿拔斯一世（Abbās I，1588—1629在位） 伊朗萨非王朝（Safavids，1501—1736）国王。他即位时，奥斯曼和乌兹别克军队分别占有着波斯国土。他苦心经营十年以增强国力，整顿军制，组建起新的常备军，并采取了种种有利国内安定和发展经济的措施。1598年，他率军发起进攻大败乌兹别克人，重新控制了东北部的呼罗珊；1602年又击败奥斯曼帝国的军队，收复被侵占的国土。他将首都从加兹温迁至伊斯法罕，王朝进入全盛时期，其版图包括今伊朗、阿富汗、伊拉克大部、土耳其一部及阿塞拜疆、亚美尼亚、格鲁吉亚等地，成为中亚大国。

公元1630年

中国

明思宗崇祯三年

苏州立五人墓碑 1626年（天启六年），苏州百姓发动了一次反对朝廷宦官魏忠贤及其党羽苏州巡抚毛一鹭的斗争，史称“苏州民变”。事后，颜佩韦等五人被杀。魏党被除后，苏州百姓毁掉魏忠贤祠堂，在祠堂原址（在今苏州山塘街虎丘山旁）安葬五人。该墓名“五人墓”。

是年，学者张溥(1602—1641)为之撰《五人墓碑记》，赞颂五人的英雄气概和磊落襟怀，成为古文名篇。后为清人收入《古文观止》，影响颇广。

李之藻（1565—1630）　仁和（今杭州）人。明代官员，科学家。精于历算、天文，与西方传教士合作，译文著述，向国人介绍西方科技文化。他参照利玛窦等传入的西洋历法修明代历法；主持编写《崇祯历书》，介绍西方天文学的先进理念和成就；编译《同文算指》，将中西算术理论和研究成果相融汇，为后人在这一领域的研究打下了好的基础。留有天文学的多篇译作。

公元1631年

中国

明思宗崇祯四年

《园冶》　造园艺术家计成（1582—？）著，共三卷。是中国第一部造园艺术理论专著。该书论述了造园的思想和原则、造园的艺术理论及建筑技艺，并配有园林建筑插图235张。是年著成，1634年（崇祯七年）刊版印行。

公元1632年

世界

印度

泰吉·玛哈尔陵（Taj Mahal）　即泰姬陵，莫卧儿帝国的著名建筑，位于印度北方邦阿格拉市近郊。帝国皇帝沙·贾罕（Shah Jahan,1592—1666）为其妃蒙泰姬所建，沙·贾罕死后也葬该处。相传1632—1650年间，有两万名艺术家和工匠参加了这一工程的修建。陵墓全用大理石为材料，布局和谐壮观，雕镶工艺精细，是莫卧儿时期建筑、雕刻和园林艺术的结晶。

公元1633年

中国

明思宗崇祯六年

徐光启（1562—1633）　上海县徐家汇（今属上海市）人。明廷官员，官至礼部尚书，内阁大学士。笃信天主教，与传教士利玛窦相友善，从其广泛学习西方科学文化，为明廷官员中最先接受西方科学的有识之士。著述甚丰，曾与利氏合译《几何原本》前六卷，奉命主持编修《崇祯历书》。其主要著作是《农政全书》，共60卷、50余万字。该书征引前人文献200余种，又吸收了西方科技成果及当代农业实验成果，堪称中国古代农业科学的集大成之作。

复社召开虎丘大会　复社是明末由江南士大夫为主组成的文学和政治团体。在文化上主张复兴古学，政治上以继承东林党自居，要求消除阉党残余势力，重振朝纲。该社势力发展迅速，成员一度多达2000余人，除江南外，还分布于浙江、福建、湖广、贵州、山东、山西各省。清军入关时，该社很多成员投入了抗清斗争。复社从成立(1633)到清初顺治年间解散(1652)，历时20年。

公元1633—1853年

世界

日本

日本锁国令　德川幕府时期，为禁止天主教传播，防范商人、地方富豪、西方殖民势力对幕府的威胁，巩固幕藩体制，实行严格的闭关锁国政策。从1633年至1693年曾先后发布五次禁止对外贸易的法令，禁止日本船只出海，严禁海外侨民回国，只准许中国和荷兰定额商船至长崎贸易。至1853年，美国佩里（Perry）舰队到达日本港口要求日方开国，幕府迫于压力就范，锁国令被废除。

公元1635年

中国

明思宗崇祯八年

《崇祯历书》　1629年（崇祯二年）始开局编修，由徐光启、李之藻主持，并征聘在华的天主教传教士参与修订，历七年，是年编成。全书137卷。依据托勒密的地心说，参照丹麦天文学家布拉埃宇宙体系和几何学、球面等算法，较系统地介绍了欧洲天文学知识。体现和运用西方天文学成就的中国历法，始于《崇祯历书》。

公元1636年

中国

明思宗崇祯九年

清政权的建立　1616年（万历四十四年），努尔哈赤建后金政权。是年，其子皇太极改国号为“大清”，即皇帝位（清太宗，1636—1643在位）。1644年（顺治元年），清军入关，定都北京，建立统一全国的政权，其名称仍沿用“清”。若从努尔哈赤建立后金算起，清共历295年，是中国历史上最后一个王朝政权。

公元1637年

中国

明思宗崇祯十年

《天工开物》　科学家宋应星(1587—？)著，共18卷，是年刊行。该书讲述农业和手工业技术，包括粮食、棉花、麻、种植加工技术，各种日用品的制造，武器的制造技术等部类。在每一部类中多有图示加以说明。书中所述体现了萌芽中的质量守衡、物质不灭等科学观念；并提出声音是气波的概念；冶锌技术，也以该书记录为最早。它是中国古代农业和手工业技术的一部百科全书，在世界科技史上也有一定的文献价值。

董其昌（1555—1637）　书画家，其作品名冠一时，为时人所宝重。书法得自在之趣，分行布白，尤多特色。绘画擅山水，讲究风韵，主张山水画分南北宗，强调“士气”而推崇南宗。提倡绘画也要“行万里路，读万卷书”，对后来画坛颇有影响。著有《容台集》、《画旨》、《画禅室随笔》等。

公元1641年

中国

明思宗崇祯十四年

徐霞客（1586—1641）　旅行家。少

年好学，博览古今史籍，从22岁起，不畏艰辛，遍游华北、华东、华中、华南、西南地区，考察自然地貌、水文气候、植物动物、风俗民情、经济状况等，前后达30余年。所考察的情况和心得，用日记体形式按月、日详作记录。死后，季梦良等将之整理成书，曰《徐霞客游记》。这是一部科学价值很高的地理学著作，开中国地理学界观察和研究自然之新路，也是颇负盛名的文学游记。书中关于石灰岩岩溶地貌的记述，早于欧洲同类著述一个多世纪。

公元1642年

中国

明思宗崇祯十五年

《瘟疫论》　中医称烈性传染病为“瘟疫”。是年，医学家吴有性（1580—1660）著成《瘟疫论》。书中剖析了传染病的病源是一种由口鼻传入的“戾气”，这种戾气由人畜的各种瘟疫，或某种痘疹之类的皮肤病所引发。在细菌学创立之先，这是一种颇有见地的病因论。

世界

法国

黎塞留（Cardinal Richelieu，1585—1642）　1622年成为红衣主教。1624—1642年间为法国国王路易十三（1610—1643在位）的首席大臣，任内以确立国王绝对王权，提升法国的国际地位为己任。他拆除原有城堡和城墙，将军权收归中央，鼓励制造业、远洋贸易和对外殖民，允许一定程度的宗教信仰自由，其政绩为人称道，被视为17世纪法国繁荣的设计师。他建立的法兰西学会人才辈出，是欧洲最知名的文学学会。

公元1642—1651年

世界

英国

英国内战　英国国王同议会的矛盾不断激化，先后于1642—1646、1648—1649、1649—1651年爆发了三次保皇党人同议会党人之间的战争，史称“英国内战”。其间，1649年议会公开处决国王查理一世（1625—1649在位），进而宣布在英国废除帝制、上议院和圣公会，建立共和政体；1651年，克伦威尔率领的议会新模范军在伍斯特战役（Battle of Worcester，1651）中战胜查理二世领导的保皇军，议会党人获得内战的最后胜利。查理二世被迫流亡。

公元1643年

中国

明思宗崇祯十六年

清顺治帝继位　是年，皇太极病逝，其第九子、年仅六岁的福临继帝位。次年改年号为顺治。1644年（顺治元年），清军进抵北京。顺治成为清朝入主中原后的第一位皇帝（1644—1661在位）。

木版年画的流行　年画在宋代史书中已见记载。明代，随着套色木刻水印技术的问世，木版年画步入一个重要的发展时期，其中一些地域的作品逐渐形成特色并产生影响，如流布于北方的天津杨柳青年画、中国西南的四川绵竹年画、江南的苏州桃花坞年画、华南的广东佛山年画。

木版年画发展的兴盛时期是清代中叶。20世纪初年，胶印技术传入，胶版年画逐渐取代木版年画。

世界

意大利半岛

蒙特威尔第（Claudio Monteverdi，1567—1643） 文艺复兴晚期作曲家，创作歌剧、牧歌和圣乐。他认为音乐是表现人的艺术手段；将感情分为爱、战争、宁静三大类，分别辅以不同节奏与和声，使音乐能更好地表达人的内心世界。他率先用完整的乐队为其歌剧《奥菲欧》（*Orfeo*）伴奏；其歌剧作品《尤利西斯还乡》（*The Return of Ulysses to His Country*）和《波佩阿德加冕》（*The Coronation of Poppea*）以人而非神为主题，其情节复杂、人物多样、音乐与剧情交融，开创了现代歌剧之先河。

公元1644年

中国

明思宗崇祯十七年

史可法（1601—1645） 明末抗清名将。少时受东林党人影响，以国事为己任。北京城破后，他在南京拥立福王朱由崧（南明弘光帝，1644—1645在位），成立弘光政权，坚持抗清。1645年（顺治二年），清军大举围攻扬州城，他率军民死守扬州，城破被俘，从容就义。扬州百姓在城外梅花岭筑衣冠冢，以作纪念。

《眼科大全》成书 医学家傅仁宇著。傅氏为江宁(今南京)人，继承家传，对诊治眼疾研究专精，尤长于眼部手术。他将前辈医家王肯堂《六科准绳》中有关眼科的记载170多条加以分析综合，结合自己实践经验写成此书。全书共六卷，述及眼疾108症，开列300余方剂，为隋唐以来具有总结性的眼科专著。

崇祯帝煤山自缢 是年三月十八日，李自成的农民起义军占领北京外城。十九日凌晨，崇祯皇帝（1628—1644在位）在紫禁城北面的煤山(今北京景山)自缢，年34岁。明朝亡。

清

公元1644年—1911年

公元1644年

中国

清世祖顺治元年

清朝定鼎北京　清朝（1644—1911）是中国帝制时期的最后一个王朝，统治者为出身建州（位于中国东北地区）女真族的爱新觉罗氏。1616年，女真贵族努尔哈赤（1616—1626在位）建立大金政权。1636年，其子皇太极（1627—1643在位）称帝，改国号为清。1644年，李自成率领的农民起义军攻陷北京城，明朝崇祯帝自缢。不久后清兵进入北京，福临（1644—1661在位）即皇帝位，是为顺治皇帝。由此，清国从一个地方割据政权入主中原，开创了清帝国。

清王朝从1644年入关定都北京起，共历10帝、268年。

公元1645年

中国

清世祖顺治二年

时宪历　是年，天主教耶稣会传教士汤若望将介绍西洋天文学知识的《西洋历法新书》进呈朝廷。清廷根据其数据编制成新的历书，名为“时宪历”。该历改以往将全年分为二十四份，据之确定节气的恒气的做法，改以太阳在黄道上的位置作为标准的定气。这是中国历法史上第五次亦是最后一次大改革。“时宪历”至今仍在民间流行，称为“夏历”或“农历”。

剃发令　汉人的习俗，原本是将头发束在头顶；而满人的习俗，则是将头发聚中编成发辫，垂于脑后，周围剃去。清朝颁布剃发令，规定凡清兵所到之处，限十日之内，百姓尽依满俗，削发垂辫，废明制衣冠；并宣称：“留头不留发，留发不留头”。此令推行早期曾遭到汉人强烈抵制。

公元1646年

中国

清世祖顺治三年

冯梦龙与通俗文学　冯梦龙（1574—1646），明末著名文学家、戏曲家，擅长于对小说、戏曲、民歌、笑话等通俗文学的创作、搜集、整理、编辑，其成果为人称道。他编选的白话短篇小说集“三言”（《警世通言》、《醒世恒言》、《喻世明言》）所收的多是宋、元、明人的作品，他加以润色，也有些是他自撰。书中对人情世态的描摹入木三分，令人印象深刻。

公元1648年

世界

威斯特伐利亚

威斯特伐利亚和约（*Peace of Westphalia*）　是年，三十年战争交战各方在德意志的威斯特伐利亚签订和约，宣告战争结束。它重申“教随国定”的原则，承认加尔文教派同天主教和路德教派有平等的地位，承认瑞士和荷兰的独立，并给予神圣罗马帝国下属成员国以完全主权。它宣告彻底摈弃建立以教皇为精神领袖、皇帝为世俗领导的天主教欧洲帝国的梦想，确立了主权国家基础之上的现代欧洲框架。

公元1650年

世界

法国

笛卡儿（René Descartes，1596—1650）　数学家、科学家、哲学家，解析几何的创始人，被视为现代哲学的开山者。笛卡儿反对主导当时哲学的亚里士多德理论，认为物质世界的所有变化和运动都可以用力学解读，提出物质世界和精神世界的二元属性；他在怀疑一切已知的基础上，选择相信处于思考中的个体的直觉，提出“我思故我在”（*cogito ergo sum*）的新标准。他著作颇丰，主要有《指导心智的规则》（*Regulae ad Directionem Ingenii*）、《第一哲学沉思录》（*Meditationes de Prima Philosophia*）、《方法谈》（*Discours de la mtéhode*）等。

公元1653年

中国

清世祖顺治十年

清廷册封达赖五世　达赖五世阿旺罗桑嘉错（1617—1682）于1652年（顺治九年）应邀进京朝见顺治帝。是年，被册封达赖喇嘛尊号。这表明达赖在西藏的统治地位得到中央政府的正式确认。此后，历代达赖喇嘛转世由中央政府册封成为定制。

公元1658年

世界

英国

克伦威尔（Oliver Cromwell，1599—1658）　英国军事家和政治家。在英国内战中，他组建和训练的骑兵部队战功显赫；作为议员，他成功说服议会组建新模范军。共和国成立后，他担任国务会议第一主席，其间，严厉镇压爱尔兰天主教徒和苏格兰的保皇派。1653年，议会同军队矛盾重重，克伦威尔解散议会，成为英格兰、苏格兰和爱尔兰的护国公，拥有类似君主的权力，推行严厉的清教统治，直至病逝。

公元1660年

世界

英国

英国皇家学会成立　该会是世界上最早、最重要的科学学会之一。初期是学者定期开会讨论科学议题的非正式组织。1662年，英国国王查理二世向学会颁发宪章，由此获皇家头衔，但其会员不领薪酬，拥有相当大的自主权。1665年该会创办的会刊《哲学学报》（*Philosophical Transactions*）是西方最早的学术刊物之一。在英国，当选皇家学会会员是学者的最高荣誉。

公元1661年

中国

清世祖顺治十八年

金圣叹（1608—1661）　吴县（今属江苏）人，明末清初文学批评家，擅长诗歌，爱好批书。他所批改的《庄子》、《离骚》、《史记》、《杜诗》、《西厢记》、《水浒传》，被合称为“六才子书”。其中，所批的《水浒传》将原120回本的后部作了删减，仅余71回，成为后世的流行本。他所留下的批语有许多独到见解。

公元1661—1710年

世界

法国

兴建凡尔赛宫　凡尔赛位于巴黎西南22公里，原为沼泽和森林。路易十四时期，经名家设计打造，将路易十三在此地的一座猎庄改建成雄伟而奢华的宫殿建筑群。作为路易十四绝对王权的标志性建筑，凡尔赛宫集欧洲建筑、园林、绘画、雕塑艺术之精华，是贵族活动中心和宴乐场所。1682年法国宫廷迁至此处后，凡尔赛宫成为设施完善的政府办事中心和王室的象征。路易十五（1715—1774在位）和路易十六（1774—1792在位）时期曾先后扩建，在法国大革命中遭到破坏，曾两度修复，现为博物馆。

公元1662—1795年

中国

清圣祖康熙元年—清高宗乾隆六十年

康乾盛世　康熙（1662—1722在位）、雍正（1723—1735在位）、乾隆（1736—1795在位）是清朝三代有为的皇帝。他们在位期间，对外成功抵抗外国势力的侵略活动，对内粉碎割据势力分裂国家的图谋，维护了国家的主权和领土完整；正确处理中央政府与边疆、民族地区的关系，注重发展农业生产，减轻农民负担；整肃吏治，改善朝政。这些措施有利于社会和人民生活的安定，促进了经济繁荣和文化发展，至18世纪，清朝发展到鼎盛时期。世人将康、雍、乾三世称为“康乾盛世”。

公元1662年

中国

清圣祖康熙元年

郑成功收复台湾　1661年，郑成功（1624—1662）率军数万人从厦门出发，登陆被荷兰殖民者侵占的台湾，围攻荷兰总督府所在地赤嵌城；经过八个多月的战斗，迫使荷兰军队投降。是年，台湾被占38年后重回中国。收复台湾是中国抗击外来侵略的一次胜利，郑成功因此成为中国的民族英雄。

南明灭亡　南明是清朝入主中原后，明朝宗室先后在南方建立的抵抗政权的统称。包括弘光政权、隆武政权、鲁王监国、绍武政权及永历政权，前后共历18年。是年，南明的永历帝朱由榔（1646—1661在位）被清军杀害，南明亡。

《镜史》　科学家孙云球（约1628—1662）著，为中国最早的光学仪器著作。孙云球曾最早独立制成望远镜，并制成察微镜、放光镜、夜明镜、探照灯等70种光学仪器。他是世界上最早的探照灯发明人。

世界

法国

帕斯卡（Blaise Pascal，1623—1662）数学家、物理学家、宗教哲学家、散文大师。他奠定现代概率论的基础，发现了帕斯卡定律。在宗教上他认为人应该通过本性而非理性去感知上帝，并对当时人们对于理性和科学的盲目乐观提出质疑。他著述颇丰，除科学论文外，还有《致外省人的信》（*Les Provinciales*）、《思想录》（Pensées）等。

公元1664年

中国

清圣祖康熙三年

钱谦益（1582—1664）　江苏常熟人，明末清初文学家。博学多才，诗文负有盛名，且以藏书丰富著称。其文集《初学集》、《有学集》在后世颇有影响。他对版本目录学也十分精通，其《绛云楼书目》对宋元时候的版本情况多有记载，是一部极有价值的私家藏书目录。

《物理小识》　明清之际哲学家、科学家方以智（1611—1671）著。该书选录先秦至明代后期关于自然科学研究的成果与传说，涉及天文、地理、物理、化学、生物、医药、农学、工艺、哲学、艺术等多方面内容，对当时思想界影响颇大。

公元1666年

中国

清圣祖康熙五年

传教士汤若望（Jean Adam Schall von Bell，1591—1666）　出生于今德国科隆，耶稣会传教士，1622年来华，曾为明廷管理历局，修造天文仪器，编制《崇祯历书》，还筹办了一所相当规模的科学图书馆。入清后，曾任钦天监监正（负责掌管编制历书、观察天文气象）等职。他在华40余年，在传教过程中推广西方的科技文化知识，同时向西方介绍中国文化。经常出入宫廷，对朝政得失多所建言。

世界

法国

法兰西科学院成立　该院是世界上最早、最重要的科学学会之一。约1662年始，法国部分知名学者，包括笛卡儿、帕斯卡等在巴黎定期进行私人聚会。1666

年，在科尔贝尔（Jean-Baptiste Colbert）资助下，聚会地点改至皇家图书馆，并得名“皇家科学院”。1699年起，科学院得到国王赞助，并迁址卢浮宫，改名“法兰西科学院”。1795年起，它成为国立研究院的一个分支，共有130名院士、160名通讯院士和80名外国合作院士。

公元1674年

世界

英国

弥尔顿（John Milton，1608—1674）　诗人、史学家、政论家，其作品对英国文学、文化和自由主义思想的历史都有重要影响。他的政论文对清教革命作出深刻阐释，在政治和宗教思想史上都有一席之地。他创作了英国文学中气魄最为宏大的史诗，成就仅次于莎士比亚。他的诗歌，不但体现了一个献身崇高理想的斗士的思想境界，而且气势雄壮、音律铿锵，达到了完美的艺术境界。其代表作有《失乐园》（*Paradise Lost*）、《复乐园》（*Paradise Regained*）、《力士参孙》（*Samson Agonistes*）。

公元1677年

世界

荷兰

斯宾诺莎（Baruch Spinoza，1632—1677）　哲学家，17世纪唯理论的杰出代表。他在《伦理学》（*Ethica*）一书中，用几何学的方法，通过定理及其演绎推断来解读世界。在《神学政治论》（*Tractatus Politicus*）中，他倡导用历史主义的方法研读《圣经》，并提出，为维护和平和达到虔诚的境界，理性思考的自由是必不可少的。斯宾诺莎的泛神论思想长期被误解为无神论。他对19世纪以后的哲学发展有很大影响。

公元1679年

世界

英国

霍布斯（Thomas Hobbes，1588—1679）　哲学家、政治理论家。他构建了一个包括研究物、人、社会在内的完整的哲学体系。该体系以机械唯物论为基础，认为物质是运动的；现象产生于物质的相互作用及其对于精神的作用；哲学的任务是研究现象之间的因果关系。根据研究对象不同，他将哲学分为物理学、道德哲学和公民哲学。而他最知名的作品是阐述后两者的《利维坦》（*Leviathan*）。书中指出人受利己心理的驱使，在无政府状态下，都是唯我独尊、追逐权力的野兽，因而需要以社会契约的方式建立有法可循的共同体。

公元1681年

中国

清圣祖康熙二十年

三藩之乱　清初，南方封有三王，即平西王吴三桂，驻防云贵；平南王尚可喜，驻防广东；靖南王耿仲明，驻防福建。清廷以三王为屏障，防范南明抵抗势力，故被称为“三藩”。南明政权覆灭后，各藩王势力日炽，成为隐患。是年，康熙帝下令撤藩。吴三桂起而造反，另两藩先后响应，三藩势力一时占有云、贵、桂、粤、闽、湘、蜀等省，以及赣、浙、陕、甘、鄂的部分地区，史称“三藩之乱”。八年后，清廷平定三藩之乱，并在南方边地设八旗驻防，加强控制。

公元1682年

中国

清圣祖康熙二十一年

朱之瑜播学东瀛 朱之瑜（1600—1682），号舜水，浙江余姚人，明清之际思想家。明末清兵南下，曾参加抗清斗争，兵败流亡日本。他在日本授徒讲学20余年，传播儒家思想，受到日本朝野人士推崇，有“日本孔夫子”之誉。著作有其门人所编的《朱舜水先生文集》，主要是他在日本讲学的书札问答。

顾炎武（1613—1682） 江苏昆山人，明末清初著名学者。对哲学、音韵、训诂、史学、文学等卓有建树。治学主张经世致用，反对空谈心性。诗文多抒国家民族兴亡之感。与王夫之、黄宗羲并称为清初“三大儒”。著有《日知录》、《天下郡国利病书》等。

公元1685年

中国

清圣祖康熙二十四年

雅克萨之战 17世纪中叶，沙俄派兵进入中国黑龙江流域，强占尼布楚（今俄罗斯境内）、雅克萨（今黑龙江呼玛西北河东黑龙江北岸）等地。是年，清军进攻雅克萨，俄军败退回尼布楚，并保证以后不再侵扰；但在清军退兵后又重占雅克萨。次年，康熙再派军队前往征讨，围城长达半年，直至俄军因损失惨重请求清军撤围进行边界谈判，清军方解围撤军。

“俄罗斯馆” 清朝理藩院所属机构，设在京城内，分为“北馆”和“南馆”。北馆建于1685年，用以安置此前数十年于黑龙江流域被俘的俄罗斯人；清廷把他们编入八旗，并将一座元代遗刹划归其做礼拜之用，后将之改造成罗刹庙。南馆前身叫“会同馆”，建于明代，用于招待朝贡的藩国使者。1689年中俄签订《尼布楚条约》后，清廷安排来京的俄国使团及商队在此居住。1727年中俄签订《恰克图条约》后，南馆变成附设东正教堂的“俄罗斯馆”。此后，“俄罗斯馆”（包括北馆和南馆）成为俄罗斯东正教驻北京布道团的代名词。该机构亦从事中俄商贸、外交等多项活动。

纳兰性德（1655—1685） 满洲正黄旗人，清初文学家。善诗，尤以词著称。所作之词多感伤情调，也有雄浑之作，独得于意境之深，被誉为词史上“北宋以来一人而已”。

公元1686—1721年

世界

欧洲

奥格斯堡同盟 法国国王路易十四凭借国力优势在欧洲不断扩张，引起欧洲各国的不安。1686年，哈布斯堡王朝组织巴伐利亚、萨克森、巴拉丁、瑞典和西班牙成立奥格斯堡同盟；随后荷兰、英国等国加入，称为“大同盟”。同盟不仅在军事上联合对抗法国，通过“大同盟战争”（Grand Alliance War，1689—1697）遏制法国扩张，也成为欧洲文化精英反对路易十四王权的政治中心。

公元1687年

世界

英国

牛顿发表《自然哲学的数学原理》　数学家、物理学家牛顿（Isaac Newton，1642—1727）在研究天体运动的过程中有诸多发现，其中最重要的体现在1687年他发表的《自然哲学的数学原理》（*Philosophiae Naturalis Principia Mathematica*）一书中。他在书中总结伽利略、开普勒和惠更斯（Christiaan Huygens，1629—1695）等人的研究成果，从力学的基本概念（质量、动量、惯性、力）和基本定律（牛顿运动三定律）出发，结合自创的微积分，论证了万有引力定律。该书将天体力学和物体力学统一起来，是划时代的科学巨著。牛顿力学成功运用数学原理解读物体运动的规律性，将16—17世纪的欧洲科学革命推至顶峰。

公元1688年

中国

清圣祖康熙二十七年

传教士南怀仁（Ferdinand Verbiest，1623—1688）　比利时人，耶稣会传教士。1656年来华，1660年到京协助汤若望修订历法，历任朝廷钦天监监正等。除传教外，他在介绍和推广西方天文历算、火炮铸造、地图绘制与地理学知识等方面均有贡献。他的汉文著作有39种，并编有一本满文字典。

《花镜》　作者陈淏子（1612—？）平生爱好栽花，77岁时完成此书，共六卷。该书记述他多年养护花木的经验和理论，介绍了300多种花木、果树的品种和栽培方法，其中已有植物嫁接的记录，是中国古代庭园花卉技艺的专著。

公元1688—1689年

世界

英国

“光荣革命”　1688年，应部分议员的邀请，英国国王詹姆斯二世（1685—1688在位）的女婿、信奉新教的荷兰奥兰治亲王威廉“为保护英国人的自由传统”，领兵进入英国，赶走信奉天主教的詹姆斯二世。1689年，议会宣布詹姆斯逊位，正式邀请威廉（William III，1689—1702在位）和其妻玛丽共同统治英国。同年通过《权利法案》，奠定了英国君主立宪制的基础。在实现这一重大政治变革中，英国未发生大的流血冲突，故称“光荣革命”。

公元1689年

中国

清圣祖康熙二十八年

中俄尼布楚条约　1685年中俄雅克萨

之战后，中国应俄国之请商定国界。是年，中俄两国于西伯利亚东南之尼布楚谈判，签订了《尼布楚条约》。该约规定以外兴安岭及额尔古纳河为界，划定中俄东段的边界，并立界碑。由此清朝收回了被俄国侵占的部分领土，阻止了俄国对黑龙江流域的侵略；俄国则合法占有了中国的尼布楚地区。这是中国历史上与外国所签的第一个边界条约。

世界

英国

权利法案 全名为《宣布臣民权利和自由与确定王位继承法案》。它规定：未经议会同意国王不能废止法律、征收赋税；未经议会授权，和平时期不得保留军队；国王不得干涉议员选举；议员有完全的言论自由；天主教徒不得当国王，等等。法案确立的议会高于王权的政治原则，是英国君主立宪制的核心。这是英国议会和人民长期同王权斗争的成果。

公元1690年

中国

清圣祖康熙二十九年

广东“十三行” 清初通海禁后，设立了粤海、闽海、浙海、江海四处为通商口岸。是年，广东“十三行”成立。它是在1840年鸦片战争前，清廷在广州海关设置的特许经营对外贸易的商行，在清政府与外商间起中间人的作用，活动于其中的行商往往由官员指定，后来还形成一套贸易垄断的制度。中英缔结《南京条约》（1842）后，规定开放五口通商，“十三行”渐趋没落，前后历150余年。

公元1692年

中国

清圣祖康熙三十一年

王夫之（1619—1692） 湖南衡阳人，明清之际著名思想家。晚年居衡阳之石船山，世称“船山先生”。他在33岁以后开始潜心治学，避世著述40年，得“完发以终”（至死未剃发）。与顾炎武（1613—1682）、黄宗羲（1610—1695）并称为清初三大名儒。王夫之对天文、历法、数学、地理诸学都有所研究，尤精于史学、文学和经学，著述甚丰，后人编有《船山遗书》。

《读史方舆纪要》 明末清初历史地理学家顾祖禹（1631—1692）著。“方舆”即地理。该书共130卷，另附舆图要览4卷，记录中国自上古至明代的政区沿革，以及军事险易成败之迹，对交通、河道、物产、农业等亦多论及；同时探讨明代灭亡教训，为一部重要的历史地理学著作。

公元1693年

中国

清圣祖康熙三十二年

建筑世家雷氏 雷氏是中国园林建筑世家，其事业成名始于康熙年间的雷发达（1619—1693）。他曾为清廷工部“样式房”（即建筑设计室）的负责人，参与北京故宫太和殿等工程的重建，撰有古建专著《工部工程则例》等。其后辈六代人继承祖业，在“样式房”主持宫廷营建前后达200余年。清代的圆明园、颐和园、静宜园、静明园、万寿山、玉泉山、香山、北海、中南海等处，都是雷氏家族成员设计或参与修造的。

公元1694年

中国

清圣祖康熙三十三年

布达拉宫　位于西藏拉萨市西北，始建于公元7世纪。1653年达赖五世受清朝册封后进行扩建，历时40年完成。高13层共117米的藏式宫堡建筑，依山而立，气势宏伟。内分白宫、红宫两部分：白宫是达赖喇嘛生活起居的场所；红宫供奉历代达赖喇嘛的灵塔。宫内保存有大量佛经、佛像、壁画、雕塑等，是西藏的文化艺术宝库。

雍和宫　位于北京，是年始营建。原为清雍正帝胤禛（1723—1735在位）即位前的府第，1725年（雍正三年）改名为雍和宫，1744年（乾隆九年）改为喇嘛庙。共有五进院落，殿阁佛塔雄伟壮观，宫内有一尊高26米的整体檀香木雕成的弥勒佛立像，雕刻精致。为北京最大的喇嘛庙。

世界

英国

英国最早的中央银行　是年，为筹集资金同法国作战，英议会通过决议批准建立英格兰银行。在1826年前，该银行是英国唯一的股份制银行，它为英政府提供信贷；之后信贷范围扩展到国内其他银行，实际上承担着中央银行的金融管理职能。

公元1695年

中国

清圣祖康熙三十四年

黄宗羲（1610—1695）　浙江余姚人，早期曾参加抗清，失败后隐居著述。学问渊博，史学成就尤大。其政治思想主要体现在《明夷待访录》中。该书抨击了“家天下”的君主制，主张以“天下之法”代替“一家之法”。所著《明儒学案》一书，是最早以学派分类的方式介绍历史上各时代学术发展情况的学术史专著。他和王夫之（1619—1692）、顾炎武（1613—1682）并称为清初三大名儒。

预防天花的“人痘法”　约在明末清初，中国民间就发明了预防天花的“人痘法”。是年张璐所著《医通》一书，记载了“痘浆法”和“痘苗法”。前者是用棉花团蘸天花患者痘疱内的浆液，塞入未出天花者的鼻腔内；后者是取痊愈期天花患者的痘痂，将之研细，用细管吹入未出天花者的鼻腔内。其目的均是使人体发生反应而产生抵抗力。至17世纪，这种人痘接种术已推行全国，并先后流传到日本、朝鲜、土耳其、英国等地。此术对后来英国医生詹纳（Edward Jenner，1749—1823）发明牛痘接种术起到一定的启示作用。此前詹纳曾采用种人痘为人们预防天花，而且他本人在八岁时也曾接种过人痘。

公元1695—1878年

世界

奥斯曼土耳其、俄国

俄土战争（Russo-Turkish wars）　17

—19世纪俄国与奥斯曼土耳其帝国为争夺黑海和巴尔干地区势力范围而进行的一系列战争，主要有九次。战争使俄国大大扩张了领土；奥斯曼帝国则失去在黑海地区、高加索和巴尔干半岛上的大片土地，由此元气大伤，加速其崩溃与瓦解。

公元1697年

中国

清圣祖康熙三十六年

康熙平定准噶尔叛乱 清初，西北方居住的蒙古族分为漠南蒙古、漠北喀尔喀蒙古和漠西厄鲁特蒙古三大部。准噶尔部是厄鲁特蒙古的一支。1688年与1690年，准噶尔可汗噶尔丹在沙俄的帮助下，两次进攻喀尔喀蒙古。康熙帝先后三次亲征，耗费粮饷无数才在这一年打败了叛军。叛乱平定后，清政府加强了对喀尔喀蒙古地区的统治。

公元1699年

中国

清圣祖康熙三十八年

《桃花扇》与《长生殿》 清代名剧，分别由戏曲作家孔尚任（1648—1718）和洪昇（1645—1704）编写。《桃花扇》以复社文人侯方域与秦淮名妓李香君的爱情故事，反映南明弘光王朝覆亡的历史。《长生殿》是唐玄宗和贵妃杨玉环的爱情悲剧。这两部戏结构严谨、情节动人、文词流畅，为清代戏剧的优秀代表作。祖籍浙江的洪昇与祖籍山东的孔尚任被誉为“南洪北孔”。

公元18—19世纪

世界

日本

兰学 江户时代中期，日本通过掌握荷兰语大量翻译西方自然科学、工程技术、社会人文科学等方面的著作，由此产生了一大批研究西方的学者，并逐渐形成学派。因主要媒介为荷兰语，故称为“兰学”。兰学为日本提供了一个锁国时期了解西方世界的窗口，为日后幕府末期的变革奠定了思想基础。

非洲

达荷美王国（Dahomey Kingdom） 17世纪末在今贝宁南部兴起的一个国家。王国建有严格的军事制度，参与欧洲殖民者在贝宁湾的贩奴活动，通过掠虏和贩卖奴隶致富，并获得新的领土。常为扩充疆界和掠取俘虏而发动战争，所掠来的俘虏，或作为奴隶卖给欧洲人换取武器，或留在王室的种植园里做苦工。王国在19世纪中叶达到鼎盛。1892年在法国殖民者的武力征服下，王国逐渐衰亡，后并入法属达荷美殖民地。

隆达帝国（Lunda Empire） 中非草原地区隆达人建立的国家。16世纪在开赛河上游地区（今安哥拉东北部）建国。至18世纪，统治范围已及今民主刚果南部、安哥拉东部和赞比亚西北部。王国的经济基础为农业，大量使用奴隶劳动，同时也在印度洋上和阿拉伯人通商。约在1650年开始，在大西洋上与葡萄牙人进行贸易，主要输出象牙和奴隶，进口补品和枪支。

1898年后被葡萄牙和比利时人所瓜分，王国的核心部分成为比属刚果的一个省。

非洲地理考察　18世纪末至19世纪下半叶，西方探险家在欧美各国支持和赞助下对非洲内陆地区进行的科学考察活动，主要集中在撒哈拉以南地区。考察填补了近代地理学上的空白，并为语言学、人类学、民俗学等方面的研究提供了重要资料。地理考察加深了世界对非洲的了解，但也为列强瓜分非洲打开了方便之门。

公元1703年

世界

俄国

圣彼得堡建城　是年，彼得大帝在芬兰湾涅瓦河口的查亚茨岛，排干沼泽，建立彼得—保罗要塞，并亲临奠基。其后，以此为中心建起新城圣彼得堡。它一反俄罗斯传统的建筑风格，城内街道平直整齐，广场开阔，建筑物高低划一，反映了强调统一和秩序的帝国新文化。1712年，彼得大帝迁都圣彼得堡，并强制贵族和富商在该城立宅安家。圣彼得堡被视为俄罗斯最早向西方打开的窗口。

公元1704年

世界

英国

洛克（John Locke，1632—1704）医生、哲学家、英国经验主义哲学的奠基人。他的《人类理智论》（*Essay Concerning Human Understanding*）从经验论的角度，结合时代科学发展，对人类理智的形成、本质和局限性进行全面阐释。他在两篇《政府论》（*Two Treatises of Government*）中否定君权神授的说法，认为公民对政府是一种信托，当统治者失于职守时，公民有权撤销对他的信托；他提出天赋人权、国家和法制的作用是保护人权等观点，以及多数裁定原则。这些孕育着近代民主的思想，对其后美国独立和法国大革命的政治诉求有重要影响。

公元1709年

中国

清圣祖康熙四十八年

圆明园　清帝夏宫，位于北京西郊，为圆明、万春、长春三园的总称。是年始建，至1744年（乾隆九年）基本建成，之后各代续有修建。园区占地5200余亩（约合350公顷），有各种风格的亭台楼阁140余处，仿造国内外名胜数十景，被誉为“万园之园”。园中收藏有无数文物珍宝和典籍。1860年（咸丰十年），圆明园为入侵北京的英法联军所劫掠、焚毁，仅存部分建筑残迹。

公元1711年

中国

清圣祖康熙五十年

《佩文韵府》　清代官修大型词藻典故辞典之一，专供文人作诗时选词藻、找典故、查韵脚的工具书。学者张玉书（1642—1711）等人奉敕编撰。全书以韵为序、以辞为目，共106卷。所收之词，上自先秦典籍，下至明代文人著作，至今仍然是人们查阅古代词语、成语和典故出处的重要工具书。

王世禛（1634—1711） 清初著名诗人。他的诗词清新淡远，享有盛名。以“不著一字，尽得风流”为作诗要诀，提倡意境深远和语言含蓄。

公元1713—1740年

世界

普鲁士

腓特烈·威廉改革 普鲁士国土分散，难以组建强大的中央集权。国王腓特烈·威廉一世（Frederick William I，1713—1740在位）认识到军队的重要性，决定集全国之力支持军队建设。为此，他开展一系列改革，包括在其领地解放农奴，废除永久性地租，用收取税金雇佣士兵的办法取代封建军事服役制，鼓励制造业，加强国家管理等。其子继位时，普鲁士军备充足，军队规模约8.3万人，占总人口的4%，成为继俄、法之后的第三大军事强国。军队成为普鲁士国家的象征。

公元1715年

中国

清圣祖康熙五十四年

《聊斋志异》 蒲松龄（1640—1715），世称聊斋先生，善诗、文、词、曲，《聊斋志异》为其著名的短篇小说集。全书491篇，约40余万字。故事多采自民间传说和野史轶闻。小说将花妖狐魅鬼怪和幽冥世界人格化、社会化，对当时社会的黑暗和官场的腐败颇多揭露，对青年男女的真诚爱情寄以同情，情节幻异曲折，文笔简练生动，被誉为中国古代文言短篇小说中成就最高的作品。

世界

法国

路易十四和绝对王权 法王路易十四（1643—1715在位）5岁继位，18岁开始亲政。他坚信君权神授，自称“太阳王”，认为法国宫廷和全国上下都应如行星绕日般以他为中心。他勤奋而富有智慧，任用贤臣，成功推行绝对王权。军事上，重组军队，建设海军，掌控军权；经济上，武装商船，鼓励贸易和对外殖民，增加税收；行政上，掌握大臣和各省省长的任免大权，并要求他们直接对国王负责；宗教政策方面，规定天主教为法国唯一合法宗教，迫害新教徒和詹森派。他还大力营建新的行宫。他在位时，法国臣民对他称颂不止，英国人却将他比作嗜血的老虎。

路易时代 路易十四的统治时期被称为“路易时代”。当时的法国是欧洲最强大的国家：人口1900万，兵员最多时达40万；思想、文学、艺术各方面人才辈出；各地为提升城市形象，新建了许多雄伟的建筑；路易倡导的宫廷礼仪为欧洲各国所效仿，法语成为欧洲宫廷的通用语言；吞并相邻的领土，扩大法国的疆域。但因不断卷入战争，耗资巨大，路易时代后期已显衰败迹象。

公元1716年

中国

清圣祖康熙五十五年

《康熙字典》 官修字典，修撰历时六年，是年颁行。计42卷，收汉字47035个。为中国古代收入汉字最多且流行较广的一部字典。

世界

德意志

莱布尼兹（Gottfried Wilhelm Leibniz，1646—1716） 哲学家、科学家。他广博的才华见诸其对哲学、数学、力学、地质学、法学、历史学、语言学、神学等40多个领域的研究上，被誉为17世纪的亚里士多德。哲学上，与笛卡儿、斯宾诺莎同为唯理论的杰出代表；提出单子论，认为宇宙由无数个不可分的、纯精神的、互不相同却相互关联的单子（nomads）组成。数学上，与牛顿同期发明微积分；改进了二进位制，奠定了现在称为一般拓扑的位置分析的基础。他多年效力宫廷，是王室的万事通。他曾制作水压机、风车、灯具、潜水艇、时钟等多种机械装置，还设计改进马车、用风车操作水泵等。曾从耶稣会赴华传教士南怀仁处了解《周易》，是较早接触中国文化的欧洲学者。

公元1717年

中国

清圣祖康熙五十六年

宗教礼仪之争 明末西方传教士初入中国时，为便于传教，允许中国教徒祭天祭祖祭孔。1704年，新任教皇克雷芒十一世发令，称中国教徒祀孔祭祖属异端行为，必须禁止。康熙帝多次向教皇使节要求撤此禁令，未果。1722年，罗马教廷遣使来华重申此禁令，康熙斥之与中国道理大相悖逆，宣布以后禁止天主教在中国传教，并驱逐了大部分在华传教士。这一因宗教礼仪而引起的风波先后持续了100多年，欧洲宗教界称之为“中国事件”。

公元1718年

中国

清圣祖康熙五十七年

《皇舆全览图》 由康熙主持，西洋传教士与中国学者合作对全国进行经纬度测量后绘制，比例为1：1400 000。总图数32帧，图示范围东北至库页岛、东南至台湾、西至伊犁河、北至北海（贝加尔湖）、南至崖州（今海南岛）。这是中国第一次经过大规模实测，并绘有经纬网的全国地图。此后清朝中叶至民国初年出版的各种中国地图，基本上以此为依据。

公元1723年

世界

荷兰

列文虎克（Antonie van Leeuwenhoek，1632—1723） 显微镜学家，微生物学的先驱。他一生中研究并亲手磨制了400块以上的透镜，并不断改进其精密度，是世界上最早使用透镜观察到细菌和原生动物的人，由此奠定了微生物学的基础。他最早描述昆虫、狗和人的精子，并在前人研究的基础上准确描述了血红细胞。他的研究推翻了过去有关低等生物产生于无生命有机物的自然发生说，证明它们和有翅昆虫一样，经历由卵、幼虫到成虫的完整的繁殖过程。

公元1725年

世界

俄国

彼得大帝（Peter I，1672—1725）俄国沙皇（1682—1721）和皇帝（1721—1725）。在位期间，领导征战，开疆拓土，使原来没有出海口的俄罗斯成为北起白海、南至里海、西到波罗的海、东抵太平洋的庞大帝国。他学习西方，进行了一系列的改革：设立参政院，建立监察机制，颁布官秩表等重要法令；实行兵役制，创建海军；废除俄国东正教的牧首制，代之受沙皇管辖的“正教院”；鼓励商业和手工业；发展制造业和军工；简化俄罗斯文字，使教育世俗化并服务于国家；建立科学与艺术研究院（俄罗斯科学院的前身）；强行欧化措施，推行欧洲宫廷礼仪和欧式服装，用西历取代旧俄历；建造新都圣彼得堡。他为俄国的崛起和强大作出了不可磨灭的贡献。

公元1726年

中国

清世宗雍正四年

《古今图书集成》 清代大型类书。陈梦雷、蒋廷锡先后辑成。雍正四年以铜活字排印，仅印64部。全书1万卷，目录40卷，分6编、32典、6109部，共1.6亿字。该书特点在于“以类聚事”（即分类编排文献），编目明晰。它汇编了康熙朝以前的古文献，为中国现存的收集文献资料最多的类书。

公元1727年

中国

清世宗雍正五年

始设驻藏大臣 驻藏大臣是清中央政府派驻西藏地方的行政长官，设正副各一员，是年开始派驻拉萨。其职责是代表中央政府会同达赖监理西藏地方事务，诸如高级僧俗官员的任免、财政收支的稽核、地方军队的指挥、涉外事务的处理，以及司法、户口、差役等项政务的督察等。

鸦片始入华 鸦片，为罂粟的果浆所制，医学上可作为麻醉性镇痛药使用，但吸食过量会上瘾，严重损害身体健康。是年，英国首次向中国输入鸦片，计200箱，每箱重133磅（约60公斤）。至19世纪初，英国鸦片开始大量输入中国。

公元1728年

中国

清世宗雍正六年

“俄罗斯学馆” 清代专为俄国留学生设立的馆堂。自17世纪末以来,俄国每隔10年派遣一批学生到中国留学。是年于北京国子监下设立俄罗斯学馆，选择汉满教师教授俄国学生汉满语文及经史典籍。

公元1733年

世界

英国

凯伊发明飞梭　为在织造宽幅布匹中节省人力，英国人凯伊（John Kay，1704—1764）发明了飞梭。这种带轮子的梭子固定在滑动槽中，用一简单机械装置控制，只需一人操作就可织造宽幅布匹。飞梭的发明，以机械取代部分人力，大大提高织布速度，打破了织布业与纺布业之间的平衡，由此带动了行业机械化，拉开了工业革命的帷幕。

公元1735年

中国

“二十四史”　中国有24部记载各朝史事（从远古至明末）的正史，世称“二十四史”。它们多由官方主持、集中知名学者参加编修，记述的是前朝的历史。虽作于不同的历史年代，各史独立成篇，但史事记载上相互衔接，结构严谨，自成一体。是年，“二十四史”的最后一部——《明史》编成。“二十四史”分别是：《史记》、《汉书》、《后汉书》、《三国志》、《晋书》、《宋书》、《南齐书》、《梁书》、《陈书》、《魏书》、《北齐书》、《周书》、《隋书》、《南史》、《北史》、《旧唐书》、《新唐书》、《旧五代史》、《新五代史》、《宋史》、《辽史》、《金史》、《元史》、《明史》，总计3229卷。“二十四史”在中国传统史学中占据着最为正统的地位，是中国的史料宝库。

公元1743年

中国

清高宗乾隆八年

《大清一统志》　清朝官修地理总志。1686年（康熙二十五年）开始编撰，是年初纂完成，共324卷。全书目次排序先为京师、直隶，然后是各省。该书后历两修，成书时共计560卷，是清帝国版图最盛时的一部地理著述，也是中国历史上内容最丰富的地理总志。

公元1745年

世界

英国

沃波尔（Robert Walpole，1676—1745）辉格党领袖、政治家。凭借国王乔治一世（1714—1727在位）、乔治二世（1727—1760在位）的信任和下议院的支持，1721—1742年间长期主导英国政局，常被视为英国第一任首相。任内，他妥善处理南海公司破产带来的危机，维持低税率，推行温和的宗教政策，避免国家卷入欧洲大陆战争；其间，英国稳定、繁荣，上升为世界大国。1739年，他迫于国内压力对西班牙宣战，因战事不利于1742年辞职。

公元1746年

中国

清高宗乾隆十一年

医学家叶天士和《温热论》　叶天士（1667—1746），江苏吴县人，出身医学世家，继承家学，于温热病（中医称发烧但不畏寒的急性热病为温热）研究尤有成就。所著《温热论》，阐述了该病的病因、感染途径，认为温邪是从口鼻而入，侵入人体肺部；并说明其发病过程和症状，以及治疗方法等。此书被视为温病学说理论的奠基之作。

桐城派 清代中晚期文坛上影响最广的一个散文流派。因其代表人物方苞（1668—1749）、刘大櫆（1698—1779），姚鼐（1732—1815）都是安徽桐城人，故名。桐城派强调义理和辞章的统一，其作品多是宣传儒家思想，尤其是程朱理学；语言上力求简明达意、条理清晰。该派绵历200余年，在中国文化艺术史上有重要地位。

公元1748年

世界

法国

孟德斯鸠著《论法的精神》 政治哲学家孟德斯鸠（Charles De Secondat， Baron De La Brède et De Montesquieu，1689—1755）所著的《论法的精神》（*De l'esprit des lois*），是政治理论史和法学史上的巨著。该书表现了作者在熟读百家基础上的独到见解，其内容所涉，包括政权的分类、影响政治的因素、法国贵族的起源、法制史的考察和研究等等。其中最具影响力的是“三权分立”的思想，即把政治权力分为立法权、行政权和司法权，认为按三权分立原则组建政府，可以使国民最大限度地获得自由和权利。这一原则在法国《人权宣言》和美国宪法中都得到体现。

公元1749—1804年

世界

法国

《自然史》（*Histoire naturelle*） 44卷本的博物志，包括地球史、人类史、动物史、鸟类史和矿物史等几大部分，是现代第一部系统介绍自然史的著作。自然博物学家布丰（Georges-louis Leclerc, comte DE Buffon，1707—1788）40年如一日，笔耕不辍，完成前36卷；他去世后，拉塞佩得公爵（comte DE Lacépède）完成了最后8卷。该书不少创见富有价值，如：划分地质史的阶段、关注古生物、太阳和彗星撞击产生行星的理论等。

公元1750年

中国

清高宗乾隆十五年

《儒林外史》 吴敬梓（1701—1754）著，清代长篇讽刺小说。书中刻画了科举制度下苦于追求功名富贵的学人百态，讽刺了利欲熏心、虚伪丑陋的社会风习，用生动、洗练的白话语言，塑造了栩栩如生的人物形象，为中国古典讽刺文学的杰作。

世界

德意志

巴赫（Johann Sebastian Bach，1685—1750） 巴洛克时期的音乐巨匠。巴赫家族在17、18世纪涌现出数十名重要音乐家，其中约翰·塞巴斯蒂安·巴赫位居世界最伟大的音乐家之列。他生前被视为管风琴大师，去世半个多世纪后，其音乐作品才逐渐受到人们重视。他创作极其丰富，其作品涵盖当时除歌剧外的所有音乐形式。其中《B小调弥撒》（*Mass in B Minor*）被誉为最伟大的乐曲，与《赋格的艺术》（*Die Kunst der Fuge*）同为巴赫毕生对声乐探索的总结；他的《勃兰登堡协奏曲》（*Brandenburg Concertos*）则被视为大协奏曲的典范。其他重要的代表作还有：《音乐的奉献》（*Das musikalisches Opfer*）、《戈兰登堡变奏曲》（*Goldberg Variations*）、《马太受难记》（*Matthäuspassion*）、《约翰受难记》（*Johannes-Passion*）等。

公元1750—1820年

世界

欧洲

古典主义音乐　古典主义时期始于巴赫时代终结之时，历时虽短却留下了极为辉煌的遗产。该时期音乐语言得到极大丰富，得以表现不同的情感、境界和风格。音乐作品以器乐为主，新曲式有奏鸣曲、交响乐、协奏曲、弦乐四重奏等；且它们的创作迅速达到巅峰。古典乐派最重要的音乐家除莫扎特、贝多芬等人外，还有创立了弦乐四重奏的海顿（Joseph Haydn，1732—1809）。

公元1751年

世界

法国

《百科全书》（第一卷）出版　由哲学家、翻译家狄德罗（Denis Diderot，1713—1784）和数学家达朗贝尔（Jean le Rond d'Alembert，1717—1783）主编的法国第一部百科全书（*L' Encyclopédie*），从1751至1772年，共出版28卷；从1776至1780年又陆续增补他人主编的7卷，组成35卷大开本的《百科全书》的第一版。逾百名作者为此书供稿，几乎包括当时所有重要的启蒙思想家。在那个年代重重政教禁令之下，《百科全书》用克制的语言宣传启蒙运动，主张宽容与思想自由；推广科学思想，介绍包括商贸、机械工艺在内的各门知识和技能，在知识界引起强烈反响。该书对法国乃至欧洲的政治和社会生活影响巨大，参与编纂该书的启蒙思想家被称为“百科全书派”。

公元1752年

中国

清高宗乾隆十七年

《仪象考成》　这是一部以星表为主的工具书。1744年（乾隆九年）重新测算星表并开始编撰，历时九年编成，共32卷，时任清廷钦天监监正的德国传教士戴进贤（Ignace Kogler，1680—1746）为主编。该书依照当时的西方星表进行实测，记录了300个恒星星座、3083颗星体。其中一些星座和星是过去所未发现的。星表上的部分恒星名称，至今仍为天文学界所沿用。

公元1756—1763年

世界

欧洲、美洲、亚洲

七年战争　战争始于奥地利企图重新

夺回西里西亚，而普鲁士先发制人，发动对萨克森公国的入侵。其后卷入欧洲除土耳其外的所有列强，一方为奥地利、法国、萨克森、瑞典、俄国，另一方为普鲁士、汉诺威、英国；战场遍及欧洲大陆、地中海、北美、古巴、印度和菲律宾等地。1763年，战争以英、法签订《巴黎和约》，奥、普签订《胡贝尔图斯堡条约》而结束。战争形成了新的国际战略格局：普鲁士保有西里西亚，巩固了它在欧洲大陆的大国地位；英国从法国手中夺得北美和印度的大部，成为无可争议的殖民霸主。

公元18世纪60年代—19世纪末

世界

英国

英国工业革命 通常指以机器大工业代替工场手工业的革命。英国是最早进行工业革命的国家。工业革命源于1733年凯伊发明飞梭，首先在棉纺织业开始：1765年哈格里夫斯发明珍妮纺纱机；1769年阿克莱特发明水力纺纱机，创办第一个棉纺厂；至18世纪70年代，瓦特改良蒸汽机，取得了工业技术上的重大突破。蒸汽机逐步运用到化工、冶金、采掘、机器制造、运输等部门，给国民经济和生活带来了重大变化。至19世纪30年代，英国的机器大工业已基本代替以手工技术为基础的家庭手工业和工场手工业，工业革命基本完成。此后，比利时、法国、德国、俄国、北美，以及世界上其他一些国家和地区，也先后走上了工业革命的道路。

公元1763年

中国

清高宗乾隆二十八年

《红楼梦》付刊 《红楼梦》是中国历史上四大文学名著之一（其余三部是《三国演义》、《水浒传》、《西游记》）。全书120回，前80回为曹雪芹（约1715—1763）所著；后40回一般认为是高鹗（约1738—1815）续写。该书描述了贾、王、史、薛四大贵族家庭，特别是贾家从繁荣走向衰败的故事。主人公贾宝玉、林黛玉、薛宝钗的爱情悲剧，是这个故事的中心。书中对日常生活场景描写逼真，人物形象刻画传神且个性鲜明，文字极其生动优美，被誉为中国古典长篇小说的顶峰之作。关于《红楼梦》的内容、版本、作者等方面的研究，形成了一门专门学问——“红学”。

扬州八怪 清乾隆年间（1736—1795）在江苏扬州从事艺术活动的八位画家的总称。他们是金农、郑燮（板桥）、李鱓、汪士慎、黄慎、罗聘、高翔、李方膺。“扬州八怪”统称一个画派，其作品特点是不追逐潮流，不落前人窠臼，各有鲜明的个性。其笔墨技法对中国近代画坛有较大的影响。

《本草纲目拾遗》 清药物学家赵学敏（约1719—1805）著，是对明代李时珍（1518—1593）《本草纲目》一书的补充。该书采录药物921种，716种为李时珍当年所未记载的民间草药，其余205种则是对《本草纲目》的补充说明或对其错讹的纠正。

公元1765年

世界

英国

珍妮纺纱机　纺织工匠哈格里夫斯（James Hargreaves，？—1778）发明第一台多锭纺纱机，一人操作可以同时纺几条纱线。他以女儿的名字命名这一机器。1770年，他获得这项发明的专利。

俄国

罗蒙洛索夫（Mikhail Lomonosov，1711—1765）　俄罗斯的文化巨人，学识渊博，在物理学、化学、地质学、天文学、历史学、文学、语言学等领域均有建树。他提出物质不灭和能量守恒定律，并用实验证明质量守恒适用于化学反应；提出宇宙是无极限的，由无数星体构成；将显微镜用于化学研究，研制出气象观测仪和潜望镜。他受命改组圣彼得堡皇家科学院，在莫斯科创建大学（现以他的姓氏命名），并为之亲拟教学大纲。除了诸多自然科学论文外，他还撰写了《罗斯简史》（*Short Russian Chronicle*）、《罗斯语法》（*Letter Concerning the Rules of Russian Versification*）等著作。他的诗作为俄罗斯诗歌开创了新的艺术表现形式。

公元1765—1790年

世界

苏格兰

瓦特改良蒸汽机　苏格兰人瓦特（James Watt，1736—1819）年轻时曾从事数学仪器制造。他对纽科门（Thomas Newcomen，1663—1729）发明的蒸汽机进行改良，发明了与汽缸分离的冷凝器、行星式齿轮（改蒸汽机的往复运动为旋转运动的齿轮联动装置）、双作用蒸汽机（使活塞沿两个方向的运动都产生动力）等蒸汽机上的装置，大大提高了蒸汽机的使用效率，使蒸汽机可以为多种器械提供动力。故瓦特蒸汽机被称为“万能蒸汽机”。它广泛应用于采煤、冶金、纺织、交通等行业，是工业革命的重要成就。

公元1766年

中国

清高宗乾隆三十一年

郎世宁（Joseph Castiglione，1688—1766）　天主教耶稣会会士，意大利人。1715年（康熙五十四年）来华，随即成为宫廷画家，颇得皇帝赏识。曾参加圆明园西洋楼的设计工作。绘画融合中西不同技法，注重写实，刻画细致；擅画马，亦工肖像、花鸟。在清廷生活了50多年，历康熙、雍正、乾隆三朝，对促进中西绘画艺术的融合和交流颇有贡献。

公元1768年

世界

英国

水力纺纱机　为解决珍妮纺纱机上纱锭增多而动力不足的问题。理查德·阿克莱特（Richard Arkwright，1732—1792）发明了使用水力驱动的纺纱机。1771年，阿克莱特开办了英国第一家纺纱厂。

公元1770年

世界

澳洲、英国

英属新南威尔士定居点 1770年，英国人库克（James Cook）船长到达澳洲东海岸新南威尔士，宣布这块从约克角半岛至范·德曼岛之间约占澳洲大陆1/3的土地归英国国王所有。1786年，英国政府决定在新南威尔士建立定居点，并在1788年建成。澳洲大陆曾一度被英国用作罪犯流放地。

公元1771年

中国

清高宗乾隆三十六年

章学诚与《文史通义》 章学诚（1738—1801），清代著名学者，学识广博，尤精于史学与方志之学。他倡“六经皆史”之说，认为乾嘉经学研究专事考据而不能融会贯通，故著《文史通义》。该书与唐代刘知几的《史通》并称为史学理论名著。他主张做学问要考证与阐发意义并重，不应该满足于编辑史料，著述应有自己的独立见解。

公元1773年

中国

清高宗乾隆三十八年

戴震（1723—1777） 安徽人，清代考据学家，思想家，对天文、地理、算学、声韵、训诂均有深刻研究，在哲学和当时极盛的考据学上有重要建树。他主张治经应追根穷源，应宗原经，反对师法汉儒。针对程朱理学中“存天理，灭人欲”的观点，他提出了“理存于欲”的反命题，认为所谓的天理存在于欲望之中，统治者不应该借“理”杀人。

世界

阿富汗

艾哈迈德·沙·杜兰尼（Ahmad Shah Durrani，1724—1773） 阿富汗萨多查依王朝的创建者。原在波斯纳迪尔沙手下当骑兵队长，纳迪尔沙死后，他被推举为国王。此前，阿富汗长期陷于分裂，一直处在外国统治之下，他在位25年，统一全国，并多次入侵印度、波斯，打败马拉塔，将阿富汗从外国势力统治下解放出来。王朝极盛时，其国土从阿姆达尔雅到印度洋，从呼罗珊至克什米尔。他奠定了阿富汗作为历史上第一个中央集权的伊斯兰独立国家的基础，被阿富汗人尊为“国父”。

公元1773—1775年

世界

俄国

普加乔夫起义 18世纪的俄国，社会矛盾尖锐，农奴起义时有发生，其中以1773年普加乔夫发起的起义规模最大。普加乔夫（Yemelyan Ivanovich Pugachov，约1742—1775）自称是皇帝彼得三世（时已故），下令废除农奴制，将土地分给农奴，得到许多民众的响应。起义从乌拉尔地区发起，迅速扩大到俄国东南各省。1774年，沙皇叶卡捷琳娜二世出兵镇压；次年，起义失败，普加乔夫被处决。

公元1774年

世界

北美

第一次“大陆会议”　由于英国加强殖民管控，并向北美殖民地增税，引发殖民地的反抗。英属北美13个殖民地为统一行动，各自选派代表（佐治亚除外）在费城召开第一次大陆会议。会议确立了一州一票的投票原则，并决定训练民兵，同时用逐步停止进出口等方式，向英国施压，以争取权利。

公元1775—1783年

世界

北美

美国独立战争　1775年，英军在列克星顿遭遇北美殖民地民兵的反抗，战争爆发。为对抗英军，争取自治，大陆会议组建大陆军，任命乔治·华盛顿为总司令，并积极寻求国际支持。1776年7月4日，大陆会议签署《独立宣言》，宣布北美13个州脱离英国而独立，建立新国家。战争初期，双方互有胜负；随着法国参战，西班牙、荷兰对英宣战，1781年，英军被迫在约克敦投降，北美战事基本结束。1783年英美签订《巴黎和约》，英国承认美国独立，并将密西西比河以东地区划归美国。

公元1776年

世界

苏格兰

休谟（David Hume，1711—1776）哲学家、史学家、经济学家、散文作家。深受牛顿和洛克的影响，认为只有通过数学推理或感知获得的知识才是可靠的。他对传统的形而上学和常识的正确性提出质疑，认为它们所仰赖的因果推断是人为构建的，本无必然的逻辑联系，故无法确认这类知识的真伪。他由此推断道德信念不过是惯性思维的结果。但他强调利他主义，认为同情心是所有社会生活和个人幸福的人性基础。他文笔优美，理性而平实，其重要的作品有《人性论》（*A Treatise of Human Nature*）、《道德原理研究》（*An Enquiry Concerning the Principles of Morals*）、《人类理解研究》（*An Enquiry Concerning Human Understanding*）和六卷本的《英国史》（*History of England*）等。

美国

独立宣言　美国历史上宣告北美13个殖民地脱离英国而独立的文件，1776年7月2日在费城举行的大陆会议上通过，主要起草者是杰斐逊（Thomas Jefferson，1743—1826）。宣言列举了北美殖民地的种种苦情，声明有起来反抗的权利，并对大陆会议关于北美诸州独立的决议作出解释。它宣称：“我们认为这些真理不言而喻：人人生而平等，他们都被造物主赋予某些不可剥夺的权利，其中包括生命权、自由权和追求幸福的权利。”7月4日，大陆会议批准宣言实施。后来，这一天被定为美国的独立纪念日。

苏格兰

亚当·斯密著《国富论》 哲学家、经济学家亚当·斯密（Adam Smith，1723—1790）在《国民财富的性质和原因的研究》（*Wealth of Nations*，简称《国富论》）一书中，重点阐述人们追逐私利的活动如何在一只“看不见的手”的支配下，实现资源的最佳配置，提高社会财富；并得出自由市场经济是最佳的经济环境的结论。该书第一次系统论述政治经济学，因而亚当·斯密被视为经济学的鼻祖。

公元1778年

中国

清高宗乾隆四十三年

《唐诗三百首》 由清学者孙洙（1711—1778）选编的唐诗集。该书选入唐代较有影响且具代表性的诗人作品，反映了唐诗基本的艺术面貌，影响极广。民间至今还流传着这样两句话：“熟读唐诗三百首，不会吟诗也会偷”。意思是如果能把《唐诗三百首》烂熟于心，即使自己不会创作诗歌，也能借用前人精美的诗句。

世界

法国

伏尔泰（Voltaire，1694—1778） 原名弗朗索瓦–玛丽·阿鲁埃（François-Marie Arouet），文学家、剧作家、史学家、思想家，欧洲启蒙运动的精神领袖。曾因冒犯权贵入狱、被逐，流亡英国。其间，英国自由的社会制度对他的思想带来重大影响。他坚持理神论，抨击教会，呼吁宗教宽容；主张提升商人地位，批判国王专权和贵族特权。除写作外，他还广泛联络欧洲文化精英和政要，其居所费尔奈（位于瑞士边境）一度成为欧洲启蒙运动的中心。伏尔泰不仅极其多产，而且作品形式多样，几乎涵盖18世纪时的所有文体。代表作有哲理小说《老实人》（*Candide*）、《哲学通讯》（*Lettres philosophiques*）和《哲学辞典》（*Dictionnaire philosophique*）等。

卢梭（Jean-Jacques Rousseau，1712—1778） 哲学家、作家、政治理论家，其政治思想直接影响了法国大革命。他在《论科学与艺术》（*Discours sur les sciences et les arts*）和《论不平等的起源》（*Discours sur l'origine et le fondement de l'inégalité parmi les hommes*）中提出：人性本善，自然状态下的人是自由的，人为文明所腐蚀，文明的进程扩大了社会不平等。1762年，他发表《社会契约论》（*Du contract social*），提出消除不平等的方案，即所有人把一切权利完全交给他们组成的集体，并完全服从集体的“公意”，从而构建能够充分实现自由的社会。同期作品《爱弥儿》（*Emile*）提出依循儿童天性的“自然教育”法，从另一个角度回答人如何避免被腐化。卢梭还著有书信体小说《新爱洛绮斯》（*la Nouvelle Héloïse*）和自传《忏悔录》（*Confessions*）等。他的作品充满对自然、情感和自我的颂扬，被视为法国浪漫主义的先驱。

公元1780—1790年

世界

奥地利

约瑟夫二世改革 神圣罗马帝国皇帝约瑟夫二世（Joseph II，1765—1790在位）受启蒙思想影响，在其母特丽莎（Maria Theresa，1740—1780在位）之后继续其在哈布斯堡家族领地奥地利的改革，将开明专制发展到极致。他颁布《民法通则》，完成司法权和行政权分离；广邀学者，完善教育和公共医疗；废除农奴制；给予所有教派合法地位；允许出版自由等。改革虽然以造福全民为宗旨，却因严重侵害贵族利益而难以推行，之后出现内乱。他死后，改革措施基本被废止。

公元1781年

中国

清高宗乾隆四十六年

《海潮辑说》 俞思谦编纂。全书分两卷，上卷综述历史上各家论潮之说，指出潮汐成因；下卷分论各地潮汐，兼及与潮汐相关而动的井泉及生物。文内间下按语，以申己见。是中国第一部有关潮汐的学术专著。

世界

德意志

莱辛（Gotthold Ephraim Lessing，1729—1781）剧作家、文论家、哲学家、美学家，德意志18世纪启蒙运动的杰出代表。他的《汉堡剧评》（*Hamburgische Dramaturgie*）和《拉奥孔》（*Laokoon: oder über die Grenzen der Malerei und Poesie*）奠定了德国现实主义文艺理论的基础。他坚决反对德意志戏剧仿效法国古典主义戏剧，并用自己丰富的创作，为建立和繁荣德意志本民族的戏剧事业作出巨大贡献。其代表剧作有：德意志第一部市民悲剧《萨拉·萨姆逊小姐》（*Miss Sara Sampson*）、悲剧《爱米丽雅·迦洛蒂》（*Emilia Galotti*），以及宣扬博爱、宽容思想的诗体剧《智者纳丹》（*Nathan der Weise*）等。

公元1782年

中国

清高宗乾隆四十七年

《四库全书》 中国古代最大的一部官修书。由著名学者纪昀主纂，众多学者参与编修，1772年（乾隆三十七年）开始纂修，历时10年，是年编成。该书内容极为广博，分经（儒家经典）、史（史书）、子（先秦百家的著作）、集（诗文）四部，故名四库，这也是中国古代图书分类的主要方法；基本囊括了古代书籍，故称“全书”。在该书编撰过程中，大量古籍得到保存，但也有一些对满清不利的书籍被销毁。据文津阁藏本（宫内藏书楼之一）统计，该书共收录古籍3503种、79337卷，装订成36000余册，堪称中国古代文化典籍库。

《皇舆西域图志》 清代官修地方志，共52卷。1755年（乾隆二十年），清廷平定盘踞新疆的准噶尔部，天山南北尽入清版图，次年下令编撰此书，至是年完成。书中收集了大量文字资料，并且进行了实地测量和调查，是研究中国汉代至清代前期新疆地区重要的历史地理文献。

《再生缘》 弹词是清代民间流行的一种说唱曲艺。《再生缘》是弹词中的优秀剧本，共20卷，前17卷由女作家陈端生（1751—1796）撰，后3卷为另一女诗人梁德绳续作，记述的是元朝昆明才女孟丽君女扮男装考取状元后的一系列故事。其情节曲折、描写细腻、文辞优美，对后世戏曲艺术颇有影响。

约公元1783—1888年

世界

废奴运动 18世纪，启蒙思想家和基督教福音派对奴隶制进行抨击，认为蓄奴是侵犯人权和违背基督教精神的行为。欧美的废奴运动由此发端。英、法于19世纪上半叶通过立法，先后在本土及其殖民地废除奴隶制。但在美国，奴隶制在南部诸州根深蒂固且受宪法保护，最终通过南北战争、《解放宣言》和1865年宪法第13条修正案方得废除。此后，随着古巴和巴西奴隶制的废除，废奴运动获得全面胜利。著名的废奴运动者有英国政治家威尔伯福斯（William Wilberforce，1759—1833），美国记者加里森（William Garrison，1805—1879）、诗人惠蒂尔（John Whittier，1807—1892）、作家斯陀（Beecher Stowe，1811—1896）等。

公元1786年

世界

普鲁士

腓特烈大帝（Frederick II，1746—1786在位） 普鲁士国王，军事家。他多年征战，从奥地利手中夺取战略要地西里西亚；说服俄国和奥地利共同瓜分波兰，获得西普鲁士省，将普鲁士主要疆域连为一体。在内政方面，他鼓励移民垦荒、发展工商业；在启蒙思想影响下制定《普鲁士民法法典》，废除酷刑；实行宗教宽容政策；在普鲁士全国普及初等教育。他坚持国家利益至上，是当时开明专制君主的典范。其统治期内，普鲁士一跃成为欧洲强国。

公元1789年

世界

法国

法国大革命爆发 法国财政出现严重危机，国王路易十六（1774—1792在位）被迫召集三级会议；由于民间要求政治改革的呼声高涨，此次会议成为法国历史的重大转折点。与会的三级代表分别是教士300人、贵族300人、第三等级600人。会议在表决权问题上发生分歧，第三等级代表要求以一人一票制取代一等级一票制，遭拒绝后，自行组成国民议会，并争取到第一等级半数代表的支持；他们宣誓不订立宪法绝不离散。国王作出让步，让第一、二等级加入国民议会，草拟宪法；但同时他又解除了主张改革的财务大臣内克（Jacques Necker）的职务，并私下调集军队于巴黎城郊。适逢农业歉收，粮食短缺，民心惶恐，终爆发革命。7月14日，巴黎800余人进攻国王暴政的象征——巴士底狱，外省也随之发生骚乱。8月，国民制宪议会通过法案，宣布废除什一税和包括领主裁判权、封建劳役、贵族免税权等在内的封建制度，颁布《人权宣言》，并于1791年颁布了宪法，在法国建立君主立宪制。

美国

联邦宪法　1787年，北美各州领袖聚集费城，完成宪法起草；是年，联邦宪法正式签署。宪法规定了联邦政府和州政府的相应权限，在尽量维持各州独立的基础上建立起强大的中央政府；确立了“三权分立、权力制衡”的原则：立法权属于参众两院组成的国会，司法权属于最高法院和各联邦法院，行政权则由总统、副总统和政府各部门行使。为避免政府干涉个人权利，1791年通过10条宪法修正案（又名人权法案），规定公民有言论、集会、信仰、拥有枪支、公正审判等自由。宪法开宗明义以民主为制宪原则，是文明史的重要里程碑。

法国

人权宣言　全称《人权和公民权宣言》（*Déclaration des Droits de l'Homme et du Citoyen*），由制宪议会颁布，共17条，是法国大革命的纲领性文件。它的基本原则是：在权利上，人生而自由平等并且应该始终自由平等，这具体表现为自由、私有财产、人身安全不可侵犯和反抗压迫的权利；法律面前人人平等，在法律允许的范围内人们有言论、集会、宗教等自由。《人权宣言》借鉴美国州宪法，体现了天赋人权、权力分治、集体意志、主权在民等思想，是近代政治史上的重要文献。作为导言，它被收入1791、1793、1795年的法国宪法。

公元1789—1794年

世界

法国

雅各宾俱乐部　法国大革命中的主要政治团体。1791年，俱乐部在处死国王路易十六的问题上出现分歧，导致分裂；随着温和派的出走，在政治上变得激进。1793—1794年，其领袖罗伯斯庇尔（Robespierre，1758—1794）主导救国委员会，实行专制的“恐怖统治”，限定最高价格和工资，组建革命法庭，严打囤积居奇和反革命言行；各地雅各宾俱乐部负责监督执行，成为专政的工具。其间受害者达四万人，“雅各宾派”因而成为极端平均主义和暴力革命的代名词。1794年，雅各宾俱乐部被政府取缔，罗伯斯庇尔被处死。

公元1790年

世界

法国

教士公民法　法国大革命中，制宪议会在没收教会地产和废除什一税后颁布。根据该法案，法国重新划分教区，大大减少主教人数；主教和牧师由公民选举产生；教士由国家支付薪酬。它使法国教会从属于法国政府，遭到绝大多数主教和近半数牧师的反对。次年，教皇庇护六世（Pius VI，1775—1799在位）谴责该法案和法国大革命。天主教法国分裂为支持教皇和支持革命的两派，他们的斗争影响了法国18世纪最后10年的政治形势。有学者将该法的颁布视为法国大革命的转折点。

公元1791年

世界

奥地利

莫扎特（Wolfgang Amadeus Mozart，1756—1791） 作曲家，与海顿和贝多芬同为维也纳古典乐派三杰。他是公认的音乐天才，虽英年早逝，但作品等身，且囊括当时几乎所有的音乐体裁，格调高雅，具有无与伦比的表现力。其歌剧作品中的人物塑造栩栩如生，使古典音乐的发展达到一个新阶段。代表作有歌剧《费加罗的婚礼》（*Le nozze di Figaro*）、《唐璜》（*Don Giovanni*）、《魔笛》（*Die Zauberflöte*），第39—41号交响曲、《安魂曲》（*Requiem*）、《加冕弥撒》（*Coronation Mass*）和多首钢琴协奏曲等。

公元1792年

中国

清高宗乾隆五十七年

金瓶掣签制度 清代为确认西藏黄教大活佛转世而特定的抽签办法，是年始行。清廷颁发两金瓶（金奔巴），分别置于拉萨大昭寺和北京雍和宫，规定班禅、达赖等黄教大活佛圆寂后，须将所寻觅到的灵童的姓名、生年，用满汉藏三种文字写在签牌上，放入金瓶内，由驻藏大臣在大昭寺、理藩院尚书在雍和宫，分别监督掣定，以防他人操纵大活佛转世。此后成为定制。

世界

英国

《女权的辩护》（*A Vindication on the Rights of Women*） 作家渥斯顿克雷福特（Mary Wollstonecraft，1759—1797）著，为的是回应当时有人提出的女性不必接受教育的论断。她认为女性应该同男性一样拥有基本人权；女性相夫教子，在社会中起核心作用，因而应该享有与此相应的受教育权利。此书被视为早期女权运动的代表作。

公元1792—1804年

世界

法国

法兰西（第一）共和国 1792年，法国召开国民公会，废除君主制，建立法兰西共和国。国民公会由全体男性公民普选产生，是共和国早期的领导机构。1793年，国民公会公开处决路易十六。法军在所到之处废除封建制，引发欧洲各国君主的恐慌，英、普、奥组建第一次反法同盟；法国起义的农民天主教徒被保皇贵族收编成“天主教和保皇军”。内忧外患下，以雅各宾俱乐部为代表的激进派发动政变，救国委员会掌握政权，组建百万大军，实施以恐怖对抗反革命的专制统治。形势缓和后“恐怖统治”被推翻，督政府成为新的领导机构。其间，拿破仑领导法国军队在欧洲推进革命运动，在占领区复制法国共和政体。1799年，拿破仑发动政变，废除督政府，自命“第一执政官”。1804年，拿破仑称帝，共和国解体。

公元1793年

中国

清高宗乾隆五十八年

钦定西藏章程　1792年（乾隆五十七年），清军驱逐第二次入侵西藏的廓尔喀（尼泊尔）军。是年颁布此章程，从制度上对驻藏大臣的地位与职权作了明确的规定：驻藏大臣督办藏内事务，应与达赖、班禅平等；西藏当地官员处理事务，无论大小，均应向驻藏大臣禀明办理。该章程对此后中央政府对西藏的施政管理有重要的影响。

马戛尔尼来华　是年，英皇特使马戛尔尼（George Macartney，1737—1806）以向乾隆祝贺八十大寿为名来华，并送上大宗礼物；乾隆帝在承德避暑山庄接见。英使提出在北京驻员管理商务，设立商馆，在宁波、天津、广州口岸停泊交易，听任英人传教等要求。乾隆帝以其不识天朝体制妄行乞请而严加拒绝，赐宴优赏后令其回国。是为中英两国首次正式通使。

公元1794年

世界

法国

拉瓦锡（Antoine-Laurent Lavoisier，1743—1794）　科学家，被视为现代化学的奠基人。他通过煅烧实验，阐明了燃烧原理，即燃烧是物质的氧化作用，推翻了当时的燃素理论；提出化学反应中的质量守恒原则；区分元素和复合物质，列出了第一张化学元素表。

公元18世纪晚期

世界

英国

功利主义　产生于英国的道德哲学体系，主张凡能产生幸福的行为就是正确的，反之是错误的；认为政府应当努力“为最大多数人创造最大的幸福”。功利主义的主要代表人物是哲学家、经济学家、法理学家边沁（Jeremy Bentham，1748—1832）和哲学家、经济学家穆勒（John Stuart Mill，1806—1873）。前者的代表作是《道德与立法原理》（*An Introduction to the Principles of Morals and Legislation*）；后者著有《论自由》（*On Liberty*）和《功利主义》（*Utilitarianism*）。

公元18世纪晚期—19世纪中期

世界

欧洲、美洲

浪漫主义　这场兴起于文学、建筑、艺术领域的运动，宣扬个性、情感、想象力、自然和神秘的超自然，是对工业化、城市化、启蒙运动、理性主义的反抗。浪漫主义时期，欧美各国人才辈出，为后世留下了大量重要的诗歌、小说、戏剧、绘画、建筑和音乐作品。其杰出代表包括：

诗人华兹华斯（William Wordsworth）、科尔律治（Samuel Taylor Coleridge）、海涅（Heinrich Heine）、普希金（Aleksandr Pushkin）；作家雨果；画家康斯太布尔（John Constable）和德拉克洛瓦（Eugène Delacroix）；作曲家柏辽兹（Hector Berlioz）、门德尔松（Felix Mendelssohn）、瓦格纳、肖邦（Frédéric Chopin）和德沃夏克（Antonín Dvorák）等等。

公元1796年

中国

清仁宗嘉庆元年

川楚白莲教起义 白莲教是产生于北宋的民间宗教，渊源于佛教的净土宗，元代逐渐流行。该教教义崇尚光明，拜日月之光，认为黑暗只是暂时的，光明就要到来，遂成为农民斗争的有利工具。其活动持续数百年，教徒遍布华中、华北和西南各省区。清朝的白莲教徒以“反清复明”为口号起义，曾多次遭到清政府镇压。此次起义（1796—1805）是白莲教历史上规模最大的一次，遍及五省，坚持斗争达九年，参加群众多至数十万人。为镇压白莲教，清政府耗费了大量人力物力。

世界

英国

发明牛痘接种 传自中国的人痘接种法（取天花患者疱疹的内容物接种于健康人）对天花防疫卓有效果，但不够安全。英国医生詹纳（Edward Jenner，1749—1823）发现感染过牛痘的人不会得天花，于是从一位患牛痘的挤奶女工的感染处取样试验，确认牛痘对天花有抵抗力且不会对人的健康造成危害，由此发明了预防天花的牛痘接种法。此法后来推广到世界各地，天花病死率大为下降。1979年，世界卫生组织宣布已消灭天花。

俄国

叶卡捷琳娜二世（Catherine II，1762—1796在位） 原为德意志一小公国的公主，嫁入俄国成为皇后。1762年，通过政变，成为俄国沙皇。她在位34年，两次与土耳其交战，三次瓜分波兰，吞并克里木汗国，扩大俄国版图。她憎恶农奴制，但为赢得贵族支持，反而加强和发展农奴制，不仅使农奴处境更加悲惨，而且令很多自由民沦为农奴。她以“开明君主”自居，鼓励工商业和自由贸易，投入大量资金建设市镇、发展交通；组建立法委员会，亲自撰写以启蒙思想为主旨的《训喻》。她保护艺术，鼓励发展文化和科学，兴办学校，其本人的文学作品多达12卷本。叶卡捷琳娜的文治武功，推助俄罗斯跻身于欧洲强国的行列。

公元1798年

中国

清仁宗嘉庆三年

《经籍纂诂》 训诂学是古代研究古文献语义的一门学科，在清代发展到鼎盛时期。《经籍纂诂》是一本汇辑古书中的文字，对之加以解释的训诂书，阮元

（1764—1849）主编并刊行，共106卷。这是中国第一部研究古籍词语所用的大型词典。

袁枚（1716—1798）　自号随园老人，擅长诗歌，在诗坛享有盛名。他认为诗歌要表现人之情，包括男女之情、喜怒哀乐之情，以及纯真的“赤子之心”；对儒家强调诗的教化意义的“诗教说”表示不满，并宣称“《六经》尽糟粕”。其见解在诗歌论坛上独树一帜。

世界

英国

马尔萨斯人口论　是年，经济学家、人口学家马尔萨斯（Thomas Malthus，1766—1834）匿名发表《人口学原理》（*An Essay on the Principle of Population*），提出如不加限制，人口按几何基数增长，食物供应按算术基数增长，人口增长会超过食物供应；随之而来的饥荒、战争、疾病会迫使人口和食物重回平衡，故人类无法摆脱贫穷的命运。

公元1799年

中国

清仁宗嘉庆四年

《畴人传》　阮元（1764—1849）创编。全书辑录了从中国传说年代黄帝时期到清代中期凡4000余年中外天文、历算学家280人之事迹，为中国古代科学家的第一部传记集；后又有三部续编问世。总计收录和介绍的中外科学家880余人，其中中国的670余人，外国的200余人。

世界

美国

乔治·华盛顿（George Washington，1732—1799）　美国首任总统。1776年统率北美诸州军队赢得美国独立战争的胜利；1789年主持制宪会议，为联邦宪法的草拟和通过作出重大贡献；连续两届全票当选、连任美国总统（1789—1797），任内制定的政策和制度多沿用、影响至今。卸任总统后回家乡务农，在农务上颇有建树。其人格魅力和远见卓识，使他成为美国历史上最负声望的总统之一。

公元1802—1945年

世界

越南

阮朝　越南历史上最后一个王朝，1802年阮福映（1762—1820）建立，定都顺化。阮朝仿效清朝制度，加强中央集权，尊崇儒学，制定法典，组织编纂正史。19世纪后，越南沦为法国殖民地。1945年，阮朝末代皇帝保大（1913—1997）宣布逊位，阮朝灭亡。

公元1804年

中国

清仁宗嘉庆九年

钱大昕（1728—1804）　江苏嘉定（今属上海）人，清代著名学者。早年以诗赋闻名江南，并步入宦途。后辞官归里，30年潜心著书授徒，出其门下之士多至2000人。他做学问以“实事求是”为宗旨，在音韵学和训诂学方面均有创见；不专治一经，亦不墨守汉儒家法，主张把史学与经学置於同等重要地位。《廿二史考异》为其著名史学著作，还著有《十驾斋养新录》、《潜研堂文集》等。

世界

海地

海地独立 1801和1803年，受法国革命和拿破仑上台的影响，法属殖民地圣多名各（Saint-Domingue）的黑人先后在杜桑·卢维杜尔（Toussaint-Louverture，1743—1803）、德萨林纳（Jean-Jacques Dessalines，1758—1806）领导下发动争取独立的运动，并于1803年击败法国军队。1804年，海地岛宣布独立，国名“海地”，是拉丁美洲第一个独立国家。

普鲁士

康德（Immanuel Kant，1724—1804）哲学家。早期侧重自然科学研究，提出康德—拉普拉斯星云学说；1770年后转向哲学研究，在批判地吸纳欧陆理性主义和英国经验主义的基础上建立起庞大精深的哲学体系。其三大哲学著作《纯粹理性批评》（*Critique of Pure Reason*）、《实践理性批判》（*Critique of Practical Reason*）和《判断力批判》（*Critique of Judgment*）从不同角度对理性进行自省，分别提出可知与不可知、可为与不可为、可希冀与不可希冀之间的界限，尝试回答“人是什么”的问题。他提出先验（priori）是人对经验世界产生认知的前提，提出道德律的概念，认为科学和理性不能证明上帝、灵魂、意志等超验的实在，人们只能在美的共鸣中偶得窥见之。康德指出了启蒙运动的局限性，既是启蒙思想的集大成者，又是其批评者，他的学说开启了哲学发展的新纪元。

公元1807年

中国

清仁宗嘉庆十二年

《说文解字注》 东汉文字学家许慎曾作《说文解字》一书，重在分析汉字造字的含义和字形结构。清段玉裁（1735—1815）历30年研究，著成《说文解字注》，从汉字的形、音、义三方面补充和修订了许慎书的许多内容，不少看法与后世发现的甲骨文、金文暗合。后世凡研究古文字的都离不开许氏的《说文解字》，而研究《说文解字》的又都离不开段氏的《说文解字注》。

马礼逊入华 是年，马礼逊（Robert Morrison，1782—1834）入华，为基督教新教派到中国来的第一位传教士。他在华学习汉文，造诣颇高，先后编著了《汉语语法》（*A Grammar of the Chinese Language*）、《英华字典》（*A Dictionary of the Chinese Language*）和《广东省土话字汇》（*A Vocabulary of the Canton Dialect*）等工具书，并翻译了《圣经》。1834年，在英国驻华商务监督署汉文正使兼翻译任上离世。

公元1808年

世界

美国

美国戒酒运动 是年，响应教会关于戒酒的呼吁，美国纽约州成立了倡导戒酒的组织。这些团体认为喝酒对个人和社会均有危害，劝说人们少喝酒或不喝酒。此后，戒酒运动在教会支持下迅速推广到美国各地，以及爱尔兰、苏格兰、不列颠和欧洲大陆，一些地区甚至通过立法在不同程度上强制推行戒酒。

公元1808—1826年

世界

南美洲

玻利瓦尔和南美解放运动　玻利瓦尔（Simón Bolívar，1783—1830）出生于今委内瑞拉，是西班牙贵族。年轻时求学欧洲，受启蒙运动思潮影响，立志实现西属拉美殖民地独立。1808年，他回到委内瑞拉投身解放运动，并在1812年后成为该运动的领袖。委内瑞拉的独立战争几经周折，异常惨烈。1819年玻利瓦尔解放哥伦比亚，建立"大哥伦比亚共和国"（Gran Colombia，包括今委内瑞拉、哥伦比亚、巴拿马和厄瓜多尔）；1821年，他解放委内瑞拉；1822年解放厄瓜多尔；1822年，圣马丁（Jose de San Martín，1778—1850）隐退后，玻利瓦尔成为拉美独立运动领袖；1824年解放秘鲁；1825年解放此后以他的名字命名的玻利维亚。玻利瓦尔对西属南美独立功勋卓著，故被称为"解放者"。

公元1809年

世界

法国

拉马克主义　生物学家拉马克（Jean-Baptiste，Chevalier De Lamarck，1744—1829）发表《动物哲学》（*la Philosophie zoologique*），提出生物由低等向高等发展中的两大规律：一是频繁使用的器官会变得发达，不使用的器官则会衰退；二是这种变化能够遗传。这一假说被称为拉马克主义，拉马克因而被视为进化论的先驱。

公元1810年

中国

清仁宗嘉庆十五年

清廷首次查禁鸦片　英国非法贩运的鸦片侵入京师。嘉庆帝下令严行查禁。此后，清廷多次重申查禁鸦片之令，但屡禁不止，愈演愈烈。据史载，1830年至1840年十年间，平均每年鸦片入境达2.4万箱；最多年份达4.02万箱，约合242.4万公斤。

《圣经》汉文本问世　英国传教士马礼逊参照不列颠博物馆收藏的《圣经》天主教汉文译本，翻译《圣经》基督教新教汉文译本，是年付梓。

公元1810—1824年

世界

中美洲

墨西哥独立运动　1810—1815年，天主教神父伊达尔戈（Miguel Hidalgo，1753—1811）和莫雷洛斯（Jose Morelos，1765—1815）先后领导了主要由印第安人和印西混血人参加的独立运动。两次运动均告失败。此后，争取独立的斗争转为游击战争。1820—1821年，独立运动为克里奥人

（Creole，即殖民地出生的西班牙人）所主导。1821年，他们推翻西班牙殖民统治，运动领导人伊图尔维德（Agust ín de Iturbide，1783—1824）称帝，建立墨西哥帝国（1821—1823）。1823年，军人起义推翻了墨西哥帝国，次年建立墨西哥共和国。

公元1812—1822年

世界

南美洲

圣马丁和南美解放运动 1812年起，阿根廷的民族英雄圣马丁（1778—1850）率军多次击败西班牙殖民军。1817年，他率军跨越安第斯山脉，奇袭智利重镇，解放智利，并清剿了西班牙军队；1820年组建海军，进军秘鲁，次年攻下利马，宣布秘鲁独立，被拥立为护国公；1822年与玻利瓦尔在瓜亚基尔会晤后，悄然隐退。

公元1814—1815年

世界

维也纳

维也纳会议 拿破仑战争后，为恢复秩序，欧洲各国派代表在奥地利维也纳召开会议。会议由英、普、奥、俄主导，于1815年签订《维也纳协议》。会议提出“正统”原则，恢复君主制。为防止法国扩张，重新划分了有关疆域：建立尼德兰王国，将比利时并入其中；将热那亚并入皮埃蒙特；普鲁士得到德意志西部大片土地；俄罗斯重新控制大部分波兰；奥地利控制意大利北部；英国获得包括南非在内的大片原法、西、荷的海外殖民地。维也纳会议建立了欧洲列强间新的势力平衡，确定了大国协商制和一系列外交原则。

公元1815年

中国

清仁宗嘉庆二十年

《英华字典》首卷问世 英国传教士马礼逊（1782—1834）编，世界上第一部英汉双向对照字典，篇幅大且内容多，有丰富的例句及解释文字，并收录了大量的成语和习惯用语。

公元1815—1848年

世界

欧洲

梅特涅时代 工业革命后，欧洲周期性经济萧条使社会问题日渐突出；同时，在自由主义和民族主义思潮影响下，争取政治权利和建立民族国家的运动在多个国家出现。面对动荡的局势，欧洲各国当权者秉承“正统”原则。保守势力在奥地利外交大臣梅特涅（Fürst von Metternich，1773—1859）的斡旋下，建立国际联盟，力图维护欧洲旧秩序。这一时期常被描述为“梅特涅时代”。

公元1818年

中国

清仁宗嘉庆二十三年

《镜花缘》 李汝珍（约1763—1830）著，共100回，是一部带有浓厚神话色彩、浪漫幻想的中国古典长篇小说。作者以其神幻诙谐的笔调，描述了主人公游历海外异国的见闻，构思奇妙。书中赞扬女子才学，贬抑男尊女卑的陈旧观念。

公元1820年

中国

清仁宗嘉庆二十五年

乾嘉学派 乾隆和嘉庆时期（1736—1820）的学者大多崇尚以经学（阐述儒家经典的学问）为主的汉代学术，他们将古文经学的考据方法用于古籍整理和语言文字研究，形成所谓“朴学”（意为“质朴之学”）。他们校订儒家经典和各种古籍，解释经义，考究历史、地理、天文历法、音律、典章制度，对当时学术的发展起到积极的促进作用。历史上称他们为“乾嘉学派”。

《海录》 海员谢清高（1765—1820）所作之世界见闻记。他18岁随外国商船出洋，曾游历几十个国家和地区。晚年失明。他的口述经历由他人笔录成书，是年在广州刊行。这是清代人以自己的亲身经历介绍外国情况的最早作品之一。

公元19世纪20年代

世界

美国

杰克逊式民主 该时期美国的政治文化以美国总统安德鲁·杰克逊（Andrew Jackson，1829—1837在位）的名字冠名。事实上，“杰克逊式民主”形成于杰克逊当选总统之前，主要表现为：降低乃至取消选举门槛，许多州在男性白人公民中实现了普选；形成现代意义上的两党制政治；在总统候选人的产生方式上，以全党提名大会取代党内精英预选会议；实施大量改善民生的改革。但这种民主并没有惠及女性，以及被视为私有财产的奴隶。

公元1821年

世界

法国

拿破仑（Napoléon Bonaparte，1769—1821） 军事家，政治家，法国第一执政（1799—1804），建立法兰西帝国，并自命皇帝（1804—1814/1815）。他与教皇订立教务专约，结束法国与天主教会的对立，又给予新教、犹太教合法地位；他完成了行政、财税和教育改革，加强中央集权，建立较为公正有序的税收制度和国家承办大学的体制；他颁布《拿破仑法典》，保留了法国大革命的主要成果，为后世民法法典提供了借鉴；他几次击败反法同盟，曾一度兼并尼德兰、德意志、瑞士和意大利大片领土，扩大法兰西版图，在周边建立附属共和国，占领西班牙和葡萄牙。拿破仑率军队征战欧洲、北非，所到之处废除旧制度，推行《拿破仑法典》，对欧洲乃至世界历史都有重要影响。

公元1822年

世界

南美洲

巴西独立 1808年，葡萄牙王室在巴西建立流亡政府，提高了巴西的地位。

是年，迫于巴西人的压力，获葡萄牙国王约翰六世（John VI，1816—1826在位）的默许，留守巴西的葡萄牙王子宣布巴西独立。他成为巴西的第一任国王彼得一世（Pedro I，1822—1831在位）。

公元1823年

中国

清宣宗道光三年

陈念祖（1753—1823）　福建长乐人，多年致力于中医中药研究。嘉庆年间（1796—1820）曾任知县，值水灾大疫，他亲施医药，活人甚多。晚年辞官归里，教授医学，弟子门人众多。著有《伤寒金匮浅注》等医学著作十余种。

《皇清经解》　阮元（1674—1849）主编，收录著名学者顾炎武等74人的解经著作，共188种、1408卷。该书集儒家经学经解之大成，是对乾嘉学术的一次全面总结，对研究中国古代社会历史、语言文字、清代经学成果等均有价值。

世界

美国

门罗主义　美国总统门罗（James Monroe，1817—1825在位）在国会咨文中提出美国外交政策的基本原则：美国不干涉欧洲内部事务，尊重列强在其殖民地的权利，但不允许欧洲国家干涉其殖民地之外的美洲事务。他去世后20年左右，人们将此原则冠名为门罗主义。1870年后，随着美国逐渐成为世界强国，门罗主义成为美国在西半球扩张势力的指导原则。1904年，总统西奥多·罗斯福（Theodore Roosevelt，1901—1909在位）发展了门罗主义，他提出：拉美如有政府长期犯下不可饶恕的错误或面临无力维继文明社会的危机，美国可以进行干预。门罗主义由此成为美国干涉拉美国家内部事务的依据。

公元1825年

世界

英国

英国第一条铁路　是年，英国工程师斯蒂芬森（George Stephenson，1781—1848）设计修筑的铁路正式通车。它连接英格兰东北部的港口城市斯托克顿和工业城市达灵顿，全长约40公里，斯蒂芬森为它设计了蒸汽动力机车，可载客450人，时速24公里，其运力和速度在当时引起轰动。它开启了铁路运输的新纪元。铁路是继车轮发明之后陆路交通运输的又一伟大变革。

公元1827年

世界

法国

拉普拉斯（Pierre Simon, marsquis DE Laplace，1749—1827）　数学家、天文学家、物理学家，概率分析的创始人。他证明“摄动”（perturbation）是暂时的，能为天体自行纠正，因而太阳系是稳定的。他提出“星云假说”（nebular hypothesis），即太阳系由气雾状的星云冷凝而成。他的天体学说完全建立于力学之上，是对牛顿学说的突破。主要著作有《宇宙体系论》

（*Exposition du système du monde*）、《天体力学》（*Traité de mécanique céleste*）和《概率分析理论》（*Théorie analytique des probabilités*）。

奥地利

贝多芬（Ludwig van Beethoven，1770—1827） 最伟大的作曲家之一，其作品集古典主义之大成，开浪漫主义之先声。他继承了巴赫和莫扎特音乐的精髓，并有所创新，提高了奏鸣曲、交响曲、协奏曲和四重奏等器乐曲式的表现力，开创性地在交响曲中融入合唱。他受法国大革命、歌德和席勒思想的影响，以音乐形式表现出人类对自由和尊严的渴望。重要的代表作有第1—9交响曲，第3、4、5钢琴协奏曲（*Concerti No.3-5*），《D大调小提琴协奏曲》（*Violin Concerto in D Major*），第12—16弦乐四重奏，以及钢琴奏鸣曲《热情》（*Appassionata*）、《黎明》（*Waldstein*）和《月光》（*Moonlight*）。

公元1828年

世界

印度

梵社（Brahma Samaj） 印度宗教和社会改革团体。1828年由罗易在加尔各答创建，参加者多为孟加拉的知识分子和青年学生。该社宗旨是改革印度教，宣传一神教，反对偶像崇拜，反对童婚、寡妇殉葬，倡导普及欧洲式教育，发展工业。20世纪初解体。

公元19世纪30—40年代

世界

非洲

布尔人大迁徙 19世纪30—40年代英国夺取开普殖民地后，荷裔布尔人为摆脱英国统治，向南非内陆大规模迁徙。先后参加大迁徙的布尔人有1.5万人。1835—1848年，他们用武力侵占奥兰治河和林波波河之间数十万平方公里的土地，建立了德兰士瓦共和国和奥兰治自由邦。

约公元1830—1935年

世界

拉美

考迪罗统治 “考迪罗”（the Caulillos）是西班牙语首领之意。拉美多国独立后建立起共和政体，但很快陷入政治混乱，出现了军事独裁统治，即考迪罗统治，其特征是以暴易暴，军事独裁与无政府相交替。第一代“考迪罗”多为独立战争中的军事领袖，代表人物有墨西哥的桑塔·安纳（Antonio López de Santa Anna，1794—1876）、阿根廷的罗萨斯（Juan Manuel de Rosas，1793—1877）等。

公元1831年

中国

清宣宗道光十一年

王清任与《医林改错》 王清任（1768—1831），著名医师。认为论病选药应该先了解清楚人的脏腑情况，且对传统医书中有关脏腑的知识记载多有质疑。为取得第一手资料，他亲到墓地、刑场，观察尸体，或进行解剖研究，积40余年之功力，绘成“人体脏腑全图”。之后结合研究医学文献，著成《医林改错》一书。该书曾由英国人德贞（John Hepburn Dudgeon）译为英文，刊于《博医会报》（*Medical Missionary Journal*，英文季刊，1887年创刊，由中国医学传教会在上海编辑出版），译者尊王清任为中国近代的解剖学家。

世界

德意志

黑格尔（Friedrich Hegel，1770—1831） 哲学家，其学说是德意志古典哲学发展的顶峰。他认为世界是一个统一的整体，处于运动、变化和发展中，推动这一过程的动力是其内在的矛盾性；因而哲学研究必须以这一整体为对象，而不能拘于局部。围绕这一命题，黑格尔建立了一套庞大完整的哲学体系。他著述颇丰，重要作品有《精神现象学》（*The Phenomenology of Mind*）、《逻辑学》（*Science of Logic*）、《哲学全书》（*Encyclopaedia of the Philosophical Sciences in Outline*）、《法哲学原理》（*The Philosophy of Right*）、《历史哲学》（*History of Philosophy*）、《美学》（*Aesthetics*）等。黑格尔哲学对后世影响巨大，不仅是马克思主义哲学的一个重要源头，也影响了存在主义、实证主义等哲学重要流派的发展。

英国

发现电磁感应 物理学家、化学家法拉第（Michael Faraday，1791—1867）发现磁铁穿过闭合线圈时，线路中能产生电流，他将这一现象称为“电磁感应”。经过多年实验，法拉第得出电磁感应定律，即电路中感应电动势（electromotive force）的大小，与穿过这一电路的磁通量的变化成正比。据此，法拉第将铜盘放在马蹄形磁铁中旋转，在盘的轴心和边缘接上导线以引出电流，这一简单装置就是世界上第一台发电机。阐述电磁感应时，法拉第提出了“场”、“磁力线”和“电力线”的概念。正是在此基础上，苏格兰物理学家麦克斯韦（James Clerk Maxwell，1831—1879）推导出麦克斯韦方程，建立起电磁场理论。

公元1832年

中国

清宣宗道光十二年

裨治文和《中国丛报》 裨治文（Elijah Coleman Bridgman，1801—1861）是第一个来华的美国传教士，在华主要从事教学和翻译工作。是年，他在广州创办《中国丛报》。该报被称为“关于中国情报的矿藏”，又被视为在华商人及传教士的喉舌，刊行近20年，是当时在华英文报纸中寿命最长的。

世界

德意志

歌德（Johann Wolfgang von Goethe，1749—1832） 诗人、小说家、剧作家、自然科学家，文坛巨匠，当过魏玛公国的首相。他博学、敏锐，在多个学科领域都有建树，以文学成就最高，作品涵盖当时几乎所有文学形式，且数量和质量都足以令人感叹。其代表作中，书信体小说《少年维特之烦恼》（*The Sorrows of Young Werther*）剖析了年轻主人公与社会格格不入，又无力改变现状的苦闷，出版后反响强烈，一度形成“维特热”。诗剧《浮士德》（*Faust*）取材于16世纪关于浮士德的传说，对人生理想和人类前途作深入探讨。该剧作凝聚了歌德60年的心血，融合他对文艺复兴后欧洲文化发展的困惑和感悟，是他在文学上的最高成就，也是世界文学史上的不朽之作。

英国

英国议会改革法案　英国工业化进程中工业城市的兴起，要求改变英国议会传统的议席分配方案；国内激进的政治改革运动也迫使英国议会进行改革。1832年议会通过改革法案，将人数不足的选区的议席转拨给新兴工业城市，并降低了对选民的财产要求，使选民人数增加了57%。此后，议会又先后于1867和1884年通过新的议会改革法案，把选举权扩大到城市工人和农村雇工，为实现公民普选奠定了基础。

公元1833年

世界

印度

罗易（1772—1833）　印度启蒙思想家、宗教改革家。出生于孟加拉的婆罗门家庭。早年就读于伊斯兰教学校，精通孟加拉语、梵语、阿拉伯语、英语等10多种语言。1804—1814年任职于英国东印度公司，退职后从事社会活动。他创办报刊，主张社会改革，反对种姓制度和寡妇殉葬、一夫多妻、童婚等陋俗，提倡普及教育、出版自由，发展印度工业化，实行民主制度。他是印度启蒙运动思想理论的奠基人，被誉为“印度近代之父”。

公元1835年

中国

清宣宗道光十五年

中国首家西医院　美国外交官、传教医师伯驾（Peter Parker，1804—1889）是年在广州新豆栏街租赁房屋设立眼科医院，试图通过为市民诊疗疾病来进行传教活动。该医院是中国首家西医院，后定名为博济医院。

公元1837—1901年

世界

英国

维多利亚时代　通常指维多利亚女王统治时期（1837—1901）。她是英国在位期最长的君主，其统治前期适逢社会转型，矛盾丛生；中期繁荣昌盛，英国成为世界加工厂和“日不落帝国”，伦敦成为国际金融、文化中心；后期则出现新的分裂和动荡。维多利亚时代，英国经济发展，民主推进，教育普及，报业、出版业发达，中产阶级地位上升，在思想文化领域对各种学派兼容并包，出现了全盛发展的局面。其间涌现出大批杰出学者和文人。

公元1838年

中国

清宣宗道光十八年

英国对华鸦片贸易 1773和1797年，英国东印度公司先后取得鸦片的专卖和制造权，随即开始了对华鸦片倾销。据统计，1800年（嘉庆五年）输入鸦片为4570箱；1838年（道光十八年）剧增为40200箱。在39年中，英国鸦片贩子从中国掠夺了价值三四亿银元的财富，且严重损害了中国人的健康。后来，英国通过两次鸦片战争（1840—1842；1856—1860），迫使清政府准许英国商人在通商口岸销售鸦片，每百斤收关税银三十两。鸦片由此成为合法的进口商品。

公元1839年

中国

清宣宗道光十九年

林则徐虎门销烟 鸦片流毒引起有识之士的关注。1838年，湖广总督林则徐（1775—1850）上书朝廷，请求查禁鸦片。清政府任他为钦差大臣，前往广州办理禁烟。是年，林则徐在两广总督邓廷桢（1776—1846）协助下，在广州查禁鸦片，收缴鸦片1.9万余箱，约合110多万公斤。6月3日至25日，这批鸦片在虎门海滩当众销毁。

《粤海关志》成书 梁廷枏（1796—1861）编著。粤海关是广州海关的旧称，1684年（康熙三十三年）始设。该书共30卷，辑选了鸦片战争前中外贸易的大批珍贵资料，其中有西方殖民者在华活动的情况、清政府处理有关涉外事务的文件等，对研究鸦片战争前的中外关系有重要参考价值。

世界

土耳其

御园敕令（Noble Edict of the Rose Chamber） 又称花厅御诏或玫瑰园敕令，土耳其苏丹阿卜杜尔·默哲德一世（Abdül Mecid I，1839—1861在位）颁布的改革敕令。其主要内容是：保证帝国各族臣民享有人身、名誉和财产的不可侵犯权；设立法制机构；改革税收制度；实行常备兵役制；改革教育制度，陆续开办海军、陆军、工程、医学、军事科学等院校，以及外交、行政学院。该敕令的颁布是奥斯曼帝国“唐吉马特”（土耳其文的音译，意即革新或改良）运动的起点。

公元1840年

中国

清宣宗道光二十年

鸦片战争爆发 是年4月，英国议会通过侵华战争决议。6月21日，以乔治·懿律（George Admiral Elliot，1784—1863）为司令的英国舰队到达中国广东洋面，并封锁珠江口，战争爆发。由于这次战争是英国强行向中国倾销鸦片引起的，史称“鸦片战争”。学界一般以此年标记中国近代史（1840—1911）的开端。

岩间圣母
［意］达芬奇（1452—1519）
油画　约完成于公元1503—1506年
巴黎卢浮宫藏

雅典学派
［意］拉斐尔（1483—1520）
壁画　约完成于公元1511年
梵蒂冈博物馆藏

在巴哈拉寺院向群众演说的成吉思汗
［伊拉克］朱奈德（活动时期14世纪）
蒙古史诗《香夏的故事》插图
绘于公元1397—1398年　伦敦大英博物馆藏

وعظ کفتن جنکزخان
بر مسجد بخارا را

葡萄牙人到日本
屏风图（局部）
绘于公元1594—1618年
纸本 设色
波尔图博物馆收藏

苍翠凌云图（轴）
清・髡残（1612—1692）
纸本 设色
南京市博物院藏

北京故宫
明清皇宫（1420—1911）

吉祥纹梅瓶
粉彩瓷　清代乾隆年间（1736—1795）
北京故宫博物院藏

英国环球剧场
［英］乔治·谢菲尔德
水彩画　伦敦大英博物馆印本

弘历射猎图（轴）

清・郎世宁（1688—1766）

绢本 设色 北京故宫博物院藏

圣瓦西里大教堂
建于公元1555—1561年
莫斯科

路易十四胸像

［意］贝尔尼尼（1598－1680）

大理石雕塑　完成于公元1665年

凡尔赛国家博物馆藏

拿破仑跨越阿尔卑斯山（局部）
［法］大卫（1748—1828）
油画　约完成于公元1802年
凡尔赛国家博物馆藏

倚靠窗户的女孩
［荷兰］伦勃朗（1606—1669）
油画　创作于公元1645年
伦敦多维茨画廊藏

爱斯达克海

［法］塞尚（1839—1906）

油画　约创作于公元1882—1885年

巴黎奥赛博物馆藏

公元1841年

中国

清宣宗道光二十一年

龚自珍（1792—1841）　浙江仁和（今属杭州）人，清思想家、文学家。在经学上，他提倡“通经致用”。面对晚清积贫积弱的时局，要求“更法”、“改图”，开知识界“慷慨论天下事”的风气。痛斥英国鸦片侵略，主张抵御外侮。他的诗文想象丰富，富有时代气息，《己亥杂诗·九州生气恃风雷》尤为脍炙人口。今人编有《龚自珍全集》。

公元1842年

中国

清宣宗道光二十二年

中英南京条约　鸦片战争中清政府战败，是年8月29日，被迫完全按照英方提出的条件，签订《中英南京条约》。主要内容是：中国割让香港，开放五口（广州、厦门、福州、宁波、上海）通商，赔款2100万银元，协定关税（中国抽收进出口货的税率需由中英双方共同议定）等。这是中国近代史上外国侵略者强迫清政府签订的第一个不平等条约。

魏源与《海国图志》　魏源（1794—1857），湖南邵阳人。学识渊博，能诗文。受林则徐委托，据《四洲志》译稿及中外文献资料，编成《海国图志》一书。该书介绍世界各国的地理分布和历史政情，分析鸦片战争经验教训，探求富国强兵抵御外侮之道，主张学习西方先进科学技术，尤其是战舰、火器的制造技术，师夷长技以制夷。为当时中国人自编的最为详备的世界史地、科技的参考书。

中英五口通商章程　是年，中英两国在香港分别议定和签署了《中英五口通商章程》和《中英五口通商附粘善后条款》。英国据此进一步取得在华领事裁判权和片面最惠国待遇等特权。

中国近代的通商口岸　又称“条约口岸”（Treaty Ports），指近代中国据条约向外开放的特定通商地区。先有据中英《南京条约》开放的“五口通商”口岸——广州、厦门、福州、宁波和上海。之后其他口岸陆续增开。这些口岸是中国最早向西方打开的窗口，对当时中国的经济结构、文化生活以及人们的价值观有较大的影响。

女子学校之始　英国东方妇女教育促进会在宁波开办女子学塾，此为中国第一所教会女校。此后40年间，传教士在五处通商口岸和天津、北平等处设立了多所女子教会学校，对中国女子教育起到促进的作用。

邹伯奇开创中国早期摄影技术　邹伯奇（1819—1869），广东南海人，通晓天文、数学、物理学、仪器制造、地理测绘等。曾制有计算尺、显微镜、望远镜以及多种天文仪器。他最重要的成就是自己研究制成了中国的首部照相机，并用自己所制的感光材料，拍摄下历久不退色的照片。这与欧洲银版照相法的发明几乎同时。他是开创中国摄影技术的先驱。

公元1845年

中国

清宣宗道光二十五年

租界始设 是年十一月，英国驻沪领事巴富尔（George Balfour，1809—1894）胁迫清苏松太道宫慕久签订《上海租地章程》。该章程划定以黄浦江为自然界限，洋泾浜（今延安东路）以北、李家厂（今北京东路）以南地区租与英人，“为建筑房舍及居住之用”。这是西方列强在中国强租的第一块租界。

公元1847年

中国

清宣宗道光二十七年

留学欧美之始 是年，在澳门马礼逊学堂求学的容闳，黄胜、黄宽等，随校长布朗（Sev. Samuel B.Brown）去美国，进麻省芒松学校。后黄胜因病退学回香港，其余学生于1849年毕业。容闳1854年于耶鲁大学毕业；黄宽赴英国苏格兰爱丁堡大学学医，1857年毕业回国。他们是中国留学欧美的第一批学生。

公元1848年

中国

清宣宗道光二十八年

《瀛环志略》 清京师同文馆大臣徐继畬（1795—1873）著。中国近代最早介绍外国历史、地理知识的书籍之一。其中对亚洲、欧洲和北美洲的介绍尤为详细，对当时中国人了解很少的南美洲、大洋洲和非洲也都有所记述。书中对欧美民主政治制度作了比较详细的介绍，并给予好评。

世界

英国

《共产党宣言》发表 马克思和恩格斯共同为共产主义者同盟撰写的纲领，1848年2月在伦敦发表。该纲领阐述人类历史是阶级斗争史的唯物史观；批判当时存在的空想社会主义等各种思潮；说明无产阶级必将通过斗争消灭私有制，成为统治阶级，无产阶级执政后，要在发展生产力的基础上逐步进行巨大的社会改造，进而消灭阶级，实现共产主义；号召“全世界无产者，联合起来”。这是国际社会主义运动史上传播最广、影响最大的文献。

欧洲

1848年欧洲革命 是年，欧洲农业歉收、经济萧条、失业率居高不下，加上自由主义、民族主义和社会主义思潮的推波助澜，最终引发了革命风潮。它几乎波及所有欧洲国家——英国发生宪章运动，法国和奥地利爆发革命，意大利半岛和德意志地区诸小国则图谋统一。虽然这些革命和努力大多失败，但在一定程度上推动了欧洲政治和民主的发展，如德意志地区和哈布斯堡王朝废除庄园制、法国实现男性普选、奥地利废除农奴制、普鲁士设立议会等。

公元1850年

中国

清宣宗道光三十年

京剧 1790年（乾隆五十五年）四

大徽班陆续进京演出，受到欢迎。此后，他们与湖北汉调艺人合作，相互影响，又接受了昆腔、秦腔的曲调和表演手法，并和一些民间声腔和北京方言相融合，约于清道光年间（1821—1850）逐渐形成独立的剧种——京剧。京剧在中国北方地区十分流行，有“国剧”之称，至今仍有广泛影响。

传教士丁韪良（William Alexander Parsons Martin，1827—1916）　美国北长老派传教士，是年来华，前后在中国生活了62年（1850－1916年间），是清末在华外国人中首屈一指的“中国通”。除传教外，他还从事翻译、教育的工作。曾任益智书会（The School and Textbook Series Committee）主席，长期担任京师同文馆和京师大学堂的总教习，对中国近代教育事业有相当的影响。他将惠顿氏（H.Wheaton）的《万国公法》（*International Law*）译为汉文，著有《中国人：他们的教育、哲学和文字》（*The Chinese: Their Education, Philosophy and Letters*）、《中国知识》（*The Intellect of China*）、《中国的觉醒》（*The Awakening of China*）等书。此外，还写有不少汉文的宗教书籍。1916年死于北京。

世界

法国

巴尔扎克（Honoré De Balzac，1799—1850）　小说家，文学巨匠，现实主义大师。其作品《人间喜剧》，以人物相衔接，将他创作的90余部小说汇集成一部巨著。他思想深邃，有深刻的洞察力，常深入社会各个层面，生动描述转型中的法国社会，以及旧道德崩溃、拜金主义盛行之下家庭、个人生活的悲喜剧。他是善用幽默和讽刺的语言大师，对人物的刻画入木三分，其笔下的主人公多给读者留下深刻印象，似乎都可以在现实生活中找到原型。

公元1851年

中国

清文宗咸丰元年

太平天国起义　1843年（清宣宗道光二十三年），洪秀全（1814—1864）创立宗教组织“拜上帝会”。1851年，他率领其会众在广西桂平县金田村举行武装起义，建号“太平天国”，起义军称太平军。从此开始了历时十几年、席卷半个多中国的太平天国运动。太平军作战勇猛，连连打败清军，极大地撼动了清朝的统治，直至1868年方为清军彻底镇压。

世界

伦敦

大英博览会　世界上第一次国际博览会。它由维多利亚女王的丈夫、时任英国皇家艺术协会会长的阿尔伯特亲王参与倡议和组织。为此专门在海德公园建造巨大的玻璃和钢铁结构的展厅，人称“水晶宫”。博览会历时5个多月，约1.7万名参展商展出了来自世界各地的10万余件商品，共吸引600余万参观者。它不仅向世界展示了大英帝国的雄厚实力，也展现了工业革命的成就，反映了当时工业和科学发展带给人们的骄傲和信心。

公元1853年

中国

清文宗咸丰三年

捻军的反清斗争 “捻”是淮北方言，意思是“一股一伙”；捻子是民间的秘密组织，约产生于明末清初，成员多为游民。是年在太平天国运动影响下起事，成为北方一支重要的农民起义军。捻军在华北持续开展反清斗争，1868年被清军镇压。

公元1853—1855年

世界

法国

《论人类种族的不平等》（*Essai sur l'inégalité des races humaines*） 作家、思想家哥比诺（Joseph Arthur De Gobineau，1818—1882）在这一4卷本的论著中提出人种决定文明发展的观点。他认为白人人种的素质高于黑人和黄种人，其中又以日耳曼民族最为优秀；但日耳曼人同其他种族通婚造成的血统不纯正导致了文明的堕落，且这一过程不可逆转。这一种族主义论调被长期居住于德国的政治哲学家休斯顿·张伯伦（Houston Chamberlain，1855—1927）继承和发挥，后来成为希特勒对犹太人实施种族屠杀的理论依据。

公元1853—1856年

世界

土耳其、俄国、英国、法国、撒丁王国

克里米亚战争 也称“东方战争”，俄国与英、法、撒丁王国、奥斯曼土耳其人之间发生的战争。因主要战场在克里米亚而得名。19世纪中叶，俄国试图进一步控制土耳其，从而控制黑海，染指巴尔干，进入地中海。此举与英法的近东利益相冲突，最终酿成战争。1853年7月，俄国借口保护土耳其境内的东正教居民权利，出兵占领俄土边境的多瑙河诸公国。10月，土耳其人对俄宣战。不久，英、法和撒丁王国参战。1854年秋，英法土军队在克里米亚登陆，翌年9月攻占俄国海军基地塞瓦斯托波尔，俄国战败。1856年3月，双方签订结束战争的《巴黎条约》。这场战争使双方损失兵员达25万之众；俄国在近东的扩张受到严重打击，并加深了国内农奴制的危机。

公元19世纪50年代中期

世界

日本

日本开国 1852年，美国海军准将马休·佩里（Matthew Calbraith Perry）率领舰队进入江户湾（今东京湾）岸的浦贺港，要求与德川幕府谈判，史称“黑船事件”。1854年，日本与美国签订了神奈川《日美亲善条约》，同意向美国开放除长崎外的下田和箱馆（函馆）两个港口，并给予美国最惠国待遇。日本从此结束闭关锁国时代，打开了对外开放的门户。

公元1855—1870年

世界

意大利

意大利半岛统一 激进的共和派和

自由派贵族共同推进了意大利半岛的统一，但皮埃蒙特的自由派首相加富尔（Camillo Benso di Cavour，1810—1861）居功至伟。他推行发展经济的政策，增强国力；筹建“意大利民族协会”，宣传统一理念；联合法国对奥地利作战，收复了意大利大部；在他的扶助下，皮埃蒙特国王艾曼纽尔二世（Victor Emmanuel II，1848—1878在位）于1861年成为意大利王国的国王。1870年，意大利利用普奥战争和普法战争，驱逐奥、法，之后灭教皇国，完成意大利半岛的统一。

公元1856—1860年

中国

清文宗咸丰六年—十年

第二次鸦片战争　是年10月，英法联军借口“马神甫事件”、“亚罗号事件”进犯广州。这两起事件，前者是与传教士相关的教案，后者因广东水师查获英国走私船只而起。第二次鸦片战争自此开始。中国在这场战争中遭受巨大损失，最终被迫与英、法、美、俄等国签订了一系列不平等条约，中国的独立主权又一次受到严重损害。

公元1857年

中国

清文宗咸丰七年

中俄瑷珲条约　是年5月，沙俄乘英法联军进攻中国天津、威胁北京之际，用武力胁迫清朝黑龙江将军奕山签订的不平等条约。依该约，俄国割去了黑龙江以北、外兴安岭以南60多万平方公里的中国领土，并将乌苏里江以东40万平方公里的中国领土划为中俄“共管”。

中俄、中美、中英、中法天津条约　第二次鸦片战争结束，中国被迫与战胜国英国、法国相继签订了《天津条约》，英法除了获得新的通商口岸和赔款外，还取得进入中国内地和长江航行的特权。俄、美因参与调停战争，也获得了上述除赔款外的其他特权。

世界

法国

孔德（Auguste Comte，1798—1857）哲学家，实证主义和社会学的创始人。他认为人类认知发展的前两个阶段，即神学和形而上阶段,都是不完善的；而最后的实证阶段高于前两者，因为所认识到的现象及其属性、相互关系，均可通过实证科学进行印证。他最早使用“社会学”一词，并将实证主义应用于对社会行为的研究，建立了社会学的框架。他认为实证主义应该推及其他领域，用科学标准来判断知识的真伪。孔德学说对西方思想有深刻影响。重要著述有《实证哲学教程》（*Cours de philosophie positive*）和《实证政治体系》（*Système de politique positive*）。

公元1858年

世界

日本

安政条约　是年（日本安政5年），日本分别与美国、荷兰、俄国、英国、法国签定的不平等条约的总称，亦称《五国通商条约》。内容包括增设开放港口、在港口派驻领事、外国人可在开放港口自由贸易和设居留地、外国人享有领事裁判权和片面最惠国待遇、实行协定关税等。这些条约的签定，使日本国家主权受到严重侵害。

公元1859年

中国

清文宗咸丰九年

中英、中法、中俄北京条约 是年10月，中英、中法先后签订《北京条约》。这两个条约除确认《天津条约》有效外，还规定增开天津为商埠，割香港九龙司地方一区给英国，增加战争赔款等。同年11月，中俄签订《北京条约》，该条约将《中俄瑷珲条约》原定为“两国共管”的乌苏里江以东40万平方公里的中国领土划归俄国。

世界

英国

达尔文发表《物种起源》 自然博物学家、生物学家达尔文（Charles Darwin，1809—1882）在该书中提出了进化论。依据随英国海军考察船比格尔号访问南半球期间的地理考察、动植物研究和标本收集，达尔文发现自然界存在物种变异。在探究变异的原因时，他受马尔萨斯人口论的启迪，提出“物竞天择，适者生存”的自然选择法则。1859年《物种起源》发表时引起巨大反响；而今进化论早已为人接受，但自然选择法则仍颇有争议。

公元1860年

中国

清文宗咸丰十年

传教士林乐知（Young John Allen，1836—1907） 美国新教监理会传教士，1860年受派来华，在中国生活了47年。林乐知有“教会报人”之称，从1868年起，他自费创办并主持《教会新报》（*Review of the Times*，后改称《万国公报》），直至死去。该报曾风行一时，在当时的教会报刊中发行的时间最久，影响最大。他致力于教育事业，1879年在苏州办博习书院；1882年在上海办中西书院（Anglo-Chinese Methodist School）；1890年又创办上海中西女塾（McTyeire High School）。他赞同并宣扬中国的变法维新。著述颇丰，有《中东战纪本末》（*War between China and Japan, 1894—1895*）八卷、《中国在国际间之地位》（*China's Place among the Nations*）、《各国妇女》（*Women in All Lands*）》等。1907年死于上海。

“闯关东”与东北开禁 清初，为了限制蒙古人内迁和汉民外迁，清政府曾沿明朝辽东边墙旧址筑了约450公里长的“柳条边”（篱笆墙）。边内居民若要出关只能“闯”。19世纪中叶，面对俄国的步步进逼，清政府于是年下令开放今哈尔滨以北的呼兰河平原，次年又开放吉林西北草原，由此开始了向东北地区的大规模移民。至1904年（光绪三十年）全面开放东北各边荒地。

世界

德意志

叔本华（Arthur Schopenhauer，1788—1860）　哲学家，深受康德、柏拉图和印度哲学的影响，最主要的著作是四卷本《意志和表象的世界》（*The World as Will and Idea*）。该书论及认知论、自然哲学、美学和伦理学，提出重要的哲学概念——"意志"，其理论影响了尼采、弗洛伊德和存在主义哲学。

英国

伦敦地铁动工　是年，伦敦"大都会铁路"修建，它连接法灵顿街和帕丁顿的主教路，全长六公里。1863年建成通车，是世界上第一条地铁。

公元1861年

中国

清文宗咸丰十一年

总理衙门　1861年清廷设立，全称为"总理各国事务衙门"。这是中国近代史上第一个正式意义的外交机构。它总揽清政府外交及与对外事务相关的财政、军事、教育、矿务、交通等方面的大权，实际上起到"内阁"的作用。1901《辛丑条约》签订后改为外务部。

洋务运动　19世纪60至90年代，清政府内主张学西方的官员进行的学习西方军事、政治、经济、文教等方面的活动。这些官员被称为"洋务派"。他们主张发展工商业以增国力，练兵制器以强国防。他们建立起清政府的新式海军——北洋海军，创办了一批军事工业和民用的工矿运输业，建立起培养翻译人员的同文馆，向美国派遣了第一批留学生。洋务运动的目的是为国家"自强"和"求富"，但由于当时国力衰弱并没有取得成功。主要人物有恭亲王奕䜣（1836—1918）、曾国藩（1811—1872）、李鸿章（1823—1901）、张之洞（1837—1909）、左宗棠（1812—1885）等。

慈禧太后和辛酉政变　慈禧（叶赫那拉氏，1835—1908）是咸丰帝的皇贵妃，同治皇帝的生母。咸丰病逝后，同治即位，她被尊为皇太后，是年（农历辛酉年）发动政变，杀死顾命大臣肃顺等人，改元"同治"，实行太后垂帘听政制度。从此，慈禧在同治（1862—1874）、光绪（1875—1908）两朝，实际掌权40多年。

传教士傅兰雅（John Fryer，1839—1928）　英国圣公会传教士。1861年来华，曾先后任香港圣保罗书院院长、京师同文馆英文教习、上海江南制造局编译处编译。1876至1892年间，他创办并主编了中国第一个科普月刊——《格致汇编》（*Chinese Scientific Magazine*），介绍外国科学家的生平和成就，以及浅近的西方科学知识。1885年创办第一家科技书店——格致书室，销售几百种中外学者的科学技术译著，及地图、人物画像、仪器等。1879年兼任益智书会总编辑，其间编纂了30种教科书。他先后翻译的英文原著达143种，是在华传教士中向中国介绍西学译作最多者，被誉为西学传播大师。1911年，他赞助创办了上海盲童学堂。

公元1861—1865年

世界

美国

南北战争 美国工业发达的北部诸州同以农业为根基的南部诸州之间的战争。随着南北差异扩大，尤其是对奴隶制态度迥异，南部诸州渐生脱离联邦之心。1860年反对奴隶制的林肯当选总统，南部诸州宣布脱离联邦，成立美利坚诸州联盟（常称邦联，the Confederacy）。1861年联邦和邦联间爆发战争。此后四年，联邦军队力图控制南方，并通过一系列陆上战役和海上封锁，迫使邦联军队于1865年投降。约62万人死于战争，南部诸州遭受重创。南北战争表明美国是一个在强有力的中央政府领导下的统一国家，战争加速了国内的工业化和城市化进程；战后奴隶制被废止，但黑人仍备受歧视。

公元1861—1881年

世界

俄国

亚历山大二世改革 克里米亚战争的失利使俄国人深刻认识到本国的落后。1861年，沙皇亚历山大二世（Alexander II，1855—1881在位）颁布法令废除农奴制，并随之进行了行政、司法和军事方面的全面改革。主要包括：农民由村社管理，并增设基层行政官员——村书记一职；在省、县建立经选举产生的地方自治局；参照西欧模式，建立近代司法体系和律师制度；实行兵役制，规定所有适龄男青年都有服兵役义务。改革废除了农奴制，尽管并不彻底，但使社会经济基础发生了深刻变革，为工业化和现代化奠定了基础。

公元1862年

中国

清穆宗同治元年

京师同文馆 亦称同文馆，清末培养翻译人员的学校，附属于清廷总理衙门，设有英文馆、法文馆、俄文馆、德文馆、日文馆和算学馆，并设天文、物理、化学和国际公法等课程。除汉文外，其他课程多由外国人任教。1902年并入京师大学堂（今北京大学前身）。

公元1863年

中国

清穆宗同治二年

赫德始掌中国海关 是年，英国人赫德（Robert Hart，1835—1911）被正式任命为中国海关总税务司。他任此职长达48年，制定并推行一套由外国人管理的半殖民地海关制度。

公元1864—1876年

世界

伦敦

第一国际 1864年，英国和法国的工会领袖在伦敦建立国际工人协会，史称“第一国际”，总部设在伦敦，在法国、瑞士、比利时、意大利和美国等地建有支部。第一国际的实际领袖是马克思。1876年，因内部各派意见严重分歧，遂宣告解散。第一国际支持当时英、法、比、瑞等国的工人罢工，传播马克思主义，在19世纪下半叶的欧洲工人运动中起了不可忽视的作用。

公元1865年

世界

美国

林肯（Abraham Lincoln，1809—1865）　美国第16任总统（1861—1865），被誉为美国国家的拯救者。他出生于农民家庭，通过自学成为律师，1860年当选美国总统。任内，他领导联邦政府取得南北战争的胜利，维护了国家的统一；颁布《解放宣言》（*Emancipation Proclamation*），解放南部诸州的奴隶，催生了关于废除奴隶制的宪法第13条修正案。他口才极佳，1863年在葛底斯堡国家公墓落成仪式上的演说是不朽的散文名篇，其中所提的“民有、民治、民享”，成为现代民主的重要内涵。1865年遇刺身亡。

公元1866年

中国

清穆宗同治五年

福州船政局　也称马尾船政局。洋务运动中建立的新式造船厂，由铁厂、船厂和学堂三部分组成。是年创办，至1907年的40余年间共造船40艘，其性能较弱，多用作巡防缉私。是为中国近代船舶制造业之始。

福建船政学堂　福州船政局的一部分，是清末最早的海军学校。分前后两学堂：前学堂习法文、造船；后学堂习英文、驾驶、管轮。学堂所设科目有数学、物理、化学、天文学、地质学、绘图等；重视生产实习，引进西方军事教育的体制及内容，对中国近代海军教育的形成有重要影响。

首家缫丝厂　陈启沅（约1825—1905）创办。陈是广东南海商人，年轻时曾去南洋经商，生意之余考察和学习机器之学。他见暹罗（泰国）丝厂使用法国机器所生产的产品精良，遂回家乡创办继昌隆缫丝厂，招募女工六七百人，采用自己设计的机器缫丝。该厂出丝精美，行销欧美，遂获厚利。中国机器制丝是以开先河。

公元1867年

中国

清穆宗同治六年

清廷遣使西洋　清政府以美国卸任公使蒲安臣（Anson Burlingame，1820—1870）为使节，出使美、英、法、普、俄等国。是为中国近代向西洋派遣使节之始。

世界

奥地利、匈牙利

双君主制　1859和1866年奥地利帝国两次战败，迫使皇帝约瑟夫（Francis Joseph，1848—1916在位）同匈牙利贵族订立协议，以平息内乱并获取后者的军事支持。协议确立双君主制，即奥地利皇帝兼任匈牙利王国国王，但奥、匈各有宪法、政府和议会。协议打破了原奥地利帝国境内非德意志民族间的平等地位，引起斯拉夫人，包括克罗地亚人、斯洛伐克人、捷克人的不满和反抗。

英国、加拿大

英属北美法案 英国议会通过该法案，同意加拿大获得自治领地位。据此，英属北美的三个殖民地，即加拿大、新斯科舍（Nova Scotia）和新不伦瑞克（New Brunswick）三省共同组成名为加拿大的联邦自治领；加拿大省分为魁北克和安大略两省，分别制定各自的宪法。该法案还规定了联邦中央政府和地方政府的机构组成和权力划分。该法案在1982年被《加拿大宪法法案》取代之前，一直是加拿大的宪法。

公元1867—1886年

世界

法国

印象主义 印象主义最初指诞生于法国的绘画流派，它发展了由库尔贝（Gustave Courbet，1819—1877）开创的现实主义，摆脱了绘画对历史、神话、宗教题材的依赖，用直接外光写生的方式，力求客观地捕捉和描绘视觉现实中的种种生动印象。代表画家有马奈（Édouard Manet，1832—1883）、莫奈（Claude Monet，1840—1926）和雷诺阿（Pierre Auguste Renoir，1841—1919）等。印象主义画派存在时间虽然短暂，却使后来的西方绘画得以解除画家和题材之间既定的束缚，在艺术史上堪称为一次革命。直接受其影响，法国作曲家德彪西（Claude Debussy）以其《牧神的午后》(*Prélude à l'aprés-midi d'un faune*）等作品开创了印象主义音乐。

公元1868年

中国

清穆宗同治七年

江南制造局翻译馆 江南制造局是清廷经营的新式军用企业，翻译馆为其属下机构。该馆所译书籍，包括算学、测量、化学、地理、天文、博物、医学、工艺、兵法、造船、国史等，共163种。一批中外知名学者曾先后受聘在此工作。该馆开中国大规模翻译西方书籍之先河。

世界

日本

明治维新 19世纪后期日本发生的政治、经济和社会变革运动。1868年倒幕运动推翻德川幕府，建立明治政府。新政府以西方强国为榜样，实行全面的社会改革，其主要措施是：(1)废藩置县，结束日本长期以来的封建割据局面，建立以天皇为中心的中央集权政府；(2)殖产兴业，引进西方先进技术、设备和管理方法，改革土地制度，实施新的地税政策，统一货币，大力扶植工商业发展；(3)文明开化，提倡学习西方文化，发展近代教育，提高国民知识水平；(4)改革军警制度，实行征兵制，建立新式军队和警察队伍，创办和发展军工业。明治维新使日本在短时间内国力大增，加速其工业化和西方化，为后来的迅速发展打下了基础。

公元1869年

世界

俄国

门捷列夫完成“元素周期表”　化学家门捷列夫（Dmitry Ivanovich Mendeleyev，1834—1907）出于教授化学、编著化学教材的需要，深入研究化学元素，探索诸元素间的规律性，发现了元素的周期律，即元素性质随着原子量的增加而发生的周期性变化。依据此律，他编制了第一张《元素周期表》。他在1871年改进《元素周期表》，预言有15种以上的元素尚未发现，并在表上预留了它们的位置。其后多种新元素的发现印证了门捷列夫的预言。他随《元素周期表》完成的《化学原理》被视为经典化学教材，译有多种文版。

美国

太平洋铁路开通　太平洋铁路西起加利福尼亚州的萨克拉门托（Sacramento），东至内布拉斯加州的奥马哈（Omaha），全长2900公里，是北美第一条横贯东西的铁路。1862年林肯总统签署法案，将这条铁路分东西两段交由联合太平洋铁路公司（the United Pacific）和中央太平洋铁路公司（the Central Pacific）承建。东段穿越内华达山脉，共开凿9条隧道，工程极为艰巨；1万余名华工是修建此段铁路的主力，许多华工为此献出了生命。西段经过广袤的平原，穿过落基山山口，工程较为顺利，主要由美国南北战争的退伍军人和爱尔兰移民完成。经过连续7年的艰苦努力，太平洋铁路终告竣工。这大大方便了美国的东西交通，促进了经济发展。

公元1869—1870年

世界

梵蒂冈

第一次梵蒂冈大会　19世纪，理性主义、自由主义和物质主义影响日强，引起教会的不安。教皇庇护九世（Pius IX，1846—1878在位）在梵蒂冈主持召开天主教第20次公会议，共700余名主教出席。会议通过两项决议：《神子》（*Dei Filius*），论述信仰、理性及其相互关系；《永恒的牧者》（*Pastor Aeternus*），明确教皇永无谬误，在教会拥有最高裁判权和教诲权。1870年，会议尚未结束，意大利军队占据罗马，教皇国灭亡，庇护九世退居梵蒂冈，宣布会议无限期休会。

公元1870年

中国

清穆宗同治九年

传教士李提摩太（Timothy Richard，1845—1919）　英国浸礼会传教士，1870年受派来华。初在山东、山西传教，后到北京、天津从事文学及编辑工作。曾任天津《时报》主笔。1891年到上海任同文书会（基督教传教士创立的出版机构，1906年更名为广学会）总干事，从事普及和宣传基督教的活动，主持工作达25年之久。出版《万国公报》等十几种报刊，翻译了大量书籍和小册子。甲午战争后著《新政策》，提出清政府应用外国人为总管。著有《华夏诸神表》（*Calendar of the Gods in China*）、《万众皈依》（*Conversion by the Million in China*）和《留华四十五年记》（*Forty-five Years in China Reminiscences*）等书，还译有不少佛教著作。1916年5月回国。

世界

英国

狄更斯（Charles Dickens，1812—1870） 小说家，维多利亚时期代表作家之一，共完成14部长篇小说、许多短篇小说和其他作品，创办并主编过三种周刊。其作品雅俗共赏，主要描写工业化早期的城市生活，关注工业化和城市化带来的问题，揭示资本主义金钱社会的无情、冷漠和残酷。代表作有《远大前程》（*Great Expectations*）、《大卫·科波菲尔》（*David Copperfield*）、《圣诞颂歌》（*A Christmas Carol*）、《荒凉山庄》（*Bleak House*）和《双城记》（*A Tale of Two Cities*）等。

欧洲

教育脱离教会管理 自中世纪以来，教会长期管理学校，主导教育。1870年，英国通过教育法案，允许政府出资建造由校董事会管理的学校。法国、德国等欧洲主要国家也就此先后通过立法。政府由此取代教会管理学校教育。

公元1871年

世界

德国

德意志帝国建立 意大利半岛的统一激励了德意志民族，为解决普鲁士的王权危机，首相俾斯麦对外发动以统一德意志为目的的丹麦战争（1864）和普奥战争（1866），迫使奥地利退出德意志事务，成立以普鲁士为首的北德意志联盟。在其后的普法战争（1870—1871）中，普鲁士军队屡战屡胜，促使德意志南部四邦与北德联邦合并。1871年1月，普鲁士国王威廉一世（William I，1861—1888在位）在凡尔赛宫宣告德意志帝国成立。一个统一的工业化强国由此诞生。

法国

巴黎公社起义 普法战争失败后，法国选举产生了君主派占多数的国民议会。新国民议会的政策，包括缔结法德和约、恢复债务等引起主张共和的巴黎市民的强烈不满；政府下令解除巴黎国民自卫军的武装，由此引发起义。起义者击退政府军，产生自己的政权——巴黎公社。公社虽然只存在72天，但采取了一些促进民主和民生的措施，包括政教分离、给予女性选举权、实行10小时工作制等等。里昂、圣艾蒂安、马赛和图卢兹等地相继效仿。起义后被政府军镇压，战斗中约2万巴黎公社战士阵亡；事后，有3.8万人被捕，7000人被流放。马克思和恩格斯对巴黎公社予以高度评价，称之为“无与伦比的壮举”和“第一次无产阶级专政”。

日本

岩仓使节团 明治初期日本政府向欧美各国派出的大型使节团。其目的是与西方列强谈判，要求修改此前签订的不平等条约，同时考察西方制度，以吸收可用于日本改革的经验。谈判未能成功，考察却大有收获，它使明治政府得以实地接触西方资本主义社会，了解到各国政治、外交、法律、军事、经济、文化教育、风俗习惯等方面的情况，并引为借鉴。使团归国后，日本政府重新改组，一批具有改革思想和真才实学的人进入政府担任要职。该团正使岩仓具视、副使木户孝允、大久保利通、伊藤博文等都在随后的日本社会变革中发挥了重要作用。

公元1872年

中国

清穆宗同治十一年

《申报》创刊　“申”为上海之别称。《申报》由英商美查（Ernest Major）等人在上海创办，由中国人主笔，发表政论文章。该报较重视新闻真实性，注重反映社会实际，发行量颇大。后转让给中国报人史量才，成为著名大报。至1949年5月停刊，是旧中国历史最长的报纸。

首批留美学童赴美　中国历史上最早的官派留学生。1872年到1875年间，由容闳倡议，在曾国藩、李鸿章的支持下，清政府先后派出四批共120名学生赴美国留学。这批学生出洋时的平均年龄为12岁。他们中的50多人，曾进入哈佛大学、耶鲁大学、哥伦比亚大学、麻省理工学院等美国学府。至1881年，这一原定为15年的留学计划中途夭折，清廷下令将全部学生召回国。

曾国藩（1811—1872）　湖南湘乡（今湖南省双峰县）人，清廷权臣，著名军事家、政治家，也是散文“湘乡派”的创立人。曾组建湘军镇压太平天国运动，挽救了当时处于危机中的清王朝。为富国强兵，先后与李鸿章、左宗棠等人创办上海江南制造局、福州马尾船政局等军事工业，是洋务运动的主要代表之一。

上海轮船招商局　中国最早设立的轮船航运企业。是年，李鸿章奏准清廷在上海试办轮船招商公司，成立时有轮船六艘，从事客运和漕运等运输业务。次年7月，改轮船招商公司为轮船招商局。名义上商办，实际上是官商合办，大权由官方掌握。为洋务运动新政之一。

公元1873年

世界

法国

拿破仑三世（Napoléon III，1852—1870在位）　拿破仑·波拿巴之侄，法兰西第二共和国总统，恢复帝制后成为法国皇帝。他重视并善于利用民意，构筑信用体系，建立仲裁机构；重视发展工农业，兴建铁路，鼓励发明创新；任命奥斯曼男爵（Baron Haussmann）重新规划和改建巴黎城，奠定现代花都的框架，为工人建造卫生的住宅。他治理下的法国经历了20年的稳定和繁荣发展时期，殖民势力一度扩大到中印和西非地区。1870年普法战争中被俘，遭罢黜，在英国度过余生。

苏格兰

利文斯通（David Livingstone，1813—1873） 长老会传教士、探险家。早年立志赴中国传教并提供医疗帮助，勤学希腊语、神学和医学。1840年，因鸦片战争爆发，转而赴南非传教。此后30年间，他辗转于非洲南部、中部和东部从事传教活动。其间大量著述，介绍非洲地理、技术、医学、社会发展等方面的情况，对欧洲人认识非洲有重要的影响。

公元1875年

中国

清德宗光绪元年

光绪继位和慈禧专权 是年，同治帝病逝，庙号清穆宗。同治无嗣，慈禧为便于自己专权，令醇亲王奕譞之子、同治帝之堂弟，时年5岁的载湉继皇帝位，是为光绪帝（1875—1908在位）。慈禧作为皇太后，以垂帘听政方式把持朝政。

《书目答问》撰成 朝廷派往各地主持考试的官员称“学政”。张之洞（1837—1909）任四川学政期间，为回答诸生“应读何书、书以何本为善”等问题，委托学者缪荃孙（1844—1919）撰《书目答问》一书。全书五卷，附录二卷，收书2200余种，较系统地介绍中国古籍梗概及目录版本常识，是旧学书籍的综合性选目，被视作有价值的导读书目，流传颇广。

约公元1875—1914年

世界

新帝国主义的对外扩张 19世纪70年代始，随着工业国大量资本输出，殖民主义进入新的历史阶段。此时德国、美国、比利时、意大利、日本等国海外殖民的步伐迅速加快，到第一次世界大战前，列强和他们的殖民地占全球陆地总面积的85%。殖民地国家原本自给自足的经济体迅速瓦解，被迫沦为工业大国的原材料供应地和产品市场，本民族的文化发展也受到很大的阻滞和影响。

公元1876年

中国

清德宗光绪二年

清廷首派驻外公使 是年，清廷派郭嵩焘（1818—1891）赴英处理马嘉理案，同时出任驻英公使，1878年兼驻法公使。此为中国对外派遣常驻公使之始。郭嵩焘把出使见闻写成《使西纪程》，称赞西洋政教制度，提出中国政治应效仿西方的建议，但为朝廷所不容，书被官方毁版禁印。

公元1877年

中国

清德宗光绪三年

自来水厂始建 是年，旅顺口始用铸铁管从“龙引泉”引水，供水师营驻军用水。当时，人们称水源为“水龙”，取龙王喷水之意；自来水的阀门称为“水龙头”，此名称一直沿用至今。旅顺口自来水厂为中国近代第一座自来水厂。

开平矿物局 李鸿章筹办，是年在河北唐山开平镇正式成立。1881年全面投产。后来，开平矿务局与1906年开办的滦州煤矿合并，由中英合办，称"开滦煤矿"。这是中国近代最早的煤矿之一。

世界

日本

西乡隆盛（1828—1877）　日本明治维新时期政治家，军事家。出身鹿儿岛下级武士家庭，早年参加尊王攘夷运动（19世纪50年代—60年代中期），因在倒幕运动中功劳显赫而获升迁，身居高位，曾参与主持明治政府初期的多项重大社会政治改革。1877年参与领导地方的反政府武装叛乱，战败自杀。

木户孝允（1833—1877）　日本近代政治家，明治维新领导人之一。曾参加尊王攘夷运动，主张学习西方先进政治文化，借鉴西欧立宪制度。在实现日本统一及建立天皇制政府等方面起过重大作用。

公元1878年

世界

日本

大久保利通（1830—1878)　日本明治维新时期政治家，推翻幕府统治运动的领导人之一，与西乡隆盛、木户孝允并称"维新前三杰"。他倡导的一系列改革为日本社会向资本主义过渡奠定了基础。

公元1880年

世界

法国

福楼拜（Gustave Flaubert，1821—1880）　著名作家，法国现实主义文学的杰出代表。受实证主义哲学影响，毕生将作品的客观性作为最高艺术准则，认为作者在作品中应该像上帝在宇宙一样，"虽无处不在，却无处可寻"。他在写作上追求尽善尽美，要求自己的文字具有诗的韵律和科学的精确性。在其代表作《包法利夫人》（*Madame Bovary*）中，他通过人物与场景的互动极其细微地刻画人物的内心世界。他的写作，丰富和发展了小说的表现手法，对当时和后世的作家均有很大的影响。

公元1881年

世界

俄国

陀思妥耶夫斯基（Fyodor Dostoyevsky，1821—1881）　作家，俄国文学巨匠。他的小说站在哲学和心理学的高度"描绘人的灵魂的全部深度"，其对灵魂的探索富有深刻的哲理，不仅对20世纪小说产生巨大的影响，也促进了心理学、神学和文学批评的发展。他宣扬精神不朽，强调人不能仅仅为面包而生活。其代表作有《地下室手记》（*Notes from the Underground*），长篇小说《罪与罚》（*Crime and Punishment*）、《白痴》（*The Idiot*）、《群魔》（*The Demons and the Devils*）和《卡拉马佐夫兄弟》（*The Brothers Karamazov*）。

英国

迪斯累里（Benjamin Disraeli，1804—

1881） 政治家，两度出任英国首相（1868；1874—1880），与其政治对手格莱斯顿共同主导英国政坛约30年。任上，对外推行帝国主义的外交政策，扩大英国的影响，成功地为英国购买了苏伊士运河公司50%的股份；在内政方面，主持通过了一系列的关乎民生的社会改革法案，包括改善穷人住房、实行一周56小时工作制、保障食品安全等等。

公元1882年

中国

清德宗光绪八年

中国首家股票公司 上海平准股票公司开业。此为中国首家股票公司。

中国电业之始 上海公共租界电灯公司始发电，是为中国电业之始。

李善兰（1811—1882） 浙江海宁人，清代数学家。1868年（同治七年）任北京同文馆算学总教习。他对三角函数与对数的幂级数展开式、尖锥求积术、高阶等差级数求和等数学问题皆有研究，著有《则古昔斋算学》13种24卷等，还翻译了《几何原本》等一批国外的数学著作。他翻译的赫歇尔（J.Herschel）的《谈天》（*The Outlines of Astronomy*）正确介绍了哥白尼的学说。

公元1883年

中国

清德宗光绪九年

中法战争 法国侵略越南和中国引发的战争。1882年，法国进攻河内等地，攫取了对越南的"保护权"；是年，向中国军队发动进攻，挑起中法战争。战争过程中，双方互有胜败；法军一度进入中国海面，侵入台湾、福州、广西，被击退。1885年，双方签署《中法新约》，法国退出台湾、澎湖，但取得越南宗主权；云南、广西两省的中越边界开埠通商。从此，法国势力得以进入云南、广西。

世界

德国

卡尔·马克思（Karl Marx，1818—1883） 革命家、社会学家、历史学家、经济学家、国际共产主义运动的奠基者。早年受黑格尔和费尔巴哈哲学思想的影响，移居巴黎后接触工人运动和社会主义思潮，成为共产主义者。他与恩格斯共同创立马克思主义，是第一国际的精神领袖；创立了共产主义理论，对国际工人运动和社会主义运动有巨大影响。他学识渊博，研究成果丰厚，主要著作有《1844年经济学哲学手稿》（*Economic and Philosophic Manuscripts of 1844*）、《资本论》，以及与恩格斯合作的《共产党宣言》、《德意志意识形态》（*The German Ideology*）等。在这些著作中，马克思系统阐述了历史唯物主义、哲学、政治经济学、阶级斗争的理论和异化理论，说明实现共产主义是人类历史发展的必然。

瓦格纳（Richard Wagner，1813—1883） 作曲家，德国歌剧史上最杰出的人物，其音乐与剧场观念对其后德国的艺术发展有巨大影响。他独创“音乐戏剧”，独立完成剧情、歌词和音乐的创作，创造了“主导动机”的表现方法。他的音乐戏剧融合音乐与诗歌，用歌咏和管弦乐共同表现剧情和人物的心理变化，作品的象征性强、哲理深刻、有浓烈的宗教和神秘主义色彩。他历时29年创作的音乐戏剧《尼伯龙根的指环》（*Der Ring des Nibelungen*），剧长达19个小时，由《莱茵之金》（*Das Rheingold*）、《女武神》（*Die Walküre*）、《齐格弗里德》（*Siegfried*）和《诸神的黄昏》（*Gtterdmmerung*）组成，是其最经典的作品。瓦格纳独特的音乐风格，以及晚年所持的极端国家主义和反犹立场，使他成为音乐史上的争议人物。

公元1884年

中国

清德宗光绪十年

徐寿（1818—1884）　江苏无锡人，科学家、翻译家。对当时西方自然科学、工程技术颇有研究。曾国藩在安庆、江宁创设制造局，他曾参与谋事，主持试造出中国第一批木质机动轮船和第一台蒸汽机，并自制镪水棉花、药汞、炸药。先后翻译西方科技图书百余种。为中国近代科学先驱之一。

公元1885年

中国

清德宗光绪十一年

左宗棠（1812—1885）　湖南湘阴人，清廷权臣。曾先后率军镇压太平天国、捻军等农民起义；并攻灭侵占新疆的浩罕汗国的阿古柏政权，收复乌鲁木齐、和阗（今和田）等地，阻遏了俄英对新疆的侵略。他也是著名的“洋务派”代表人物，曾主持建立福州马尾造船厂等近代新式制造企业。

天津北洋武备学堂　李鸿章创办，是年开设于天津。聘德国军官为教习，传授西洋军事技术和“军事操典”。为中国近代最早的陆军军官学校。

世界

法国

雨果（Victor Hugo，1802—1885）　诗人、小说家、剧作家，法国浪漫主义的主要代表。一生中经历了19世纪多种文艺思潮的兴衰，其创作丰富多彩，且有重要的历史和文化意义。他的《克伦威尔》（*Cromwell*）剧作自序和历史小说《巴黎圣母院》（*Notre-Dame de Paris*）分别是法国浪漫主义的宣言和代表作；小说《悲惨世界》（*Les Misérables*）“以博爱为基础，以进步为顶点”，内容丰富、思想博大。他的最高成就是诗歌，代表作有诗集《惩罚集》（*Les Châtiments*）、《静观集》（*Les Contemplations*）和《历代传说集》（*La Légende des siècles*）等。

印度

印度国民大会党　印度政党，简称“国大党”，是年12月在孟买成立。成立初期，政治主张仅限于实行代议制，每年举行会议通过一些温和改革的决议。20世纪20年代，为争取英国当局同意印度自治，在圣雄甘地的倡导下，开展“非暴力不合作运动”；至1942年，发起群众性的非暴力运动，要求英国“离开印度”。1947年，印度正式独立，并分裂为印度和巴基斯坦两个自治领。国大党成为印度执政党。

公元1886年

世界

德国

兰克（Leopold von Ranke, 1795—1886） 史学家，他的理论、著述和教学给史学发展带来巨大影响。兰克认为史学研究应客观地“如实再现历史”，因此必须从第一手资料入手，尽可能准确地阐释史料；他强调历史事物和事件的“历史性”，认为历史的发展前后关联，只有认识其源头，才能真正对之有所了解。他的重要史学著作有：《1494—1514年拉丁和条顿民族史》（*The Geschichte der romanischen und germanischen Völker von 1494 bis 1514*）、《奥斯曼人与16、17世纪的西班牙帝国》（*Fürsten und Völker von S ü d-Europa im sechzehnten und siebzehnten Jahrhunde*）、《教皇史》（*Die römischen Päpste in den letzen vier Jahrhunderten*）、《宗教改革时期德意志史》（*Deutsche Geschichte im Zeitalter der Reformation*）等。兰克注重史学研究方法，曾在柏林大学创设相关课程，培养了一大批优秀的史学家。他们继承兰克的史学理念，人称“兰克学派”。

公元1888年

中国

清德宗光绪十四年

颐和园 皇家古典园林，修建于1750年（乾隆十五年），名为清漪园。1860年（咸丰十年）被入侵北京的英法联军焚毁，是年重建，改称颐和园，至1895（光绪二十一年）工程完成。该园以万寿山为中心，前临昆明湖，亭台楼阁，错落有致；后山苍林修竹，景色幽静。外借西山玉泉之景，景外有景；内有谐趣园，园中有园。其布局别致，是中国园林艺术的精品。

《盛世危言》 郑观应（1842—1922）著。全书宣传变易原理，主张“主以中学，辅以西学”，在中国设议院实行君主立宪政体；提出振兴民族工商业，同西方国家进行商业竞争；主张改革科举，广办学校、报纸，普及教育等。该书在当时知识界影响颇广。

公元1889年

世界

巴黎

第二国际诞生 是年，巴黎举行国际社会主义者纪念攻克巴士底狱100周年大会，第二国际就此诞生。它是一个主要由欧美社会主义政党和工会组成的国际组织，对“一战”爆发前的欧洲工人运动有重要影响。它虽倡言奉行马克思主义，但成员中有多个政党在其本国议会中占有席位，在政治上倾向修正主义和非革命方式。“一战”爆发后，其成员大多支持各自政府，第二国际解体。

日本

日本帝国宪法　第二次世界大战前的日本宪法。1889年由明治天皇（1867—1912在位）正式颁布。宪法确定了近代天皇制，规定天皇有至高无上的权力，天皇对军队的统帅权由军部辅佐，不受内阁干涉。同时也规定了臣民的权利与义务。宪法以法律形式肯定了明治维新后的各项改革成果，对近代亚洲有重大影响，但也为后来军部擅权埋下了隐患。1947年《日本国宪法》实施，帝国宪法被废除。

约公元1890—1920年

世界

美国

美国进步主义运动　进步主义是美国社会对工业化带来的种种问题的反思。政治上，提出总统初选制（参与竞选总统的候选人需由选举产生的制度）、参议员直选制和妇女普选权；在经济和社会生活方面，呼吁保护弱者，实现“公义”，包括立法反垄断、禁止童工、保护工人和消费者权益等等。1890—1920年间，它主导美国政坛，得到许多政治人物，包括总统西奥多·罗斯福（Theodore Roosevelt, 1901—1909在位）和伍德罗·威尔逊（Woodrow Wilson，1913—1921在位）的认同。它的影响遍及宗教、新闻、教育、社会科学、文学、社会工作等领域，这一时期被称为进步主义时期。

公元1891年

世界

梵蒂冈

利奥十三的《新通喻》（*Rerum Novarum*）　工业化和社会主义运动带来了劳资纠纷和社会动荡，对此，教皇利奥十三世（1878—1903在位）颁布《新通喻》，界定资本和劳工、政府和公民之间的相互关系与责任；呼吁关注工人阶级的状况，要求实现公平工资；认为工人有权组建工会；并认可私有财产的合法性。利奥认为政府有义务促进社会公义，而教会必须关注社会问题，纠正社会不公，以实现社会的和谐。

公元1894—1895年

中国

清德宗光绪二十年—二十一年

甲午战争　日本为控制朝鲜半岛并企图进入中国大陆而蓄意挑起的与清朝的战争。因爆发于中国农历甲午年，故称。是年朝鲜发生东学党农民起义，朝鲜政府镇压失败，请求清廷派兵援助。清朝应邀出兵，而日本图谋乘机霸占朝鲜侵略中国，也随之派兵进入朝鲜。东学党起义很快被镇压。此时日本却拒绝清朝提出的共同撤军的要求，继续增兵朝鲜，激起战端。清政府被迫应战，战争中节节失利，北洋海军全军覆没；战后被迫和日本签订《马关条约》。

兴中会创建　是年11月，孙中山（1866—1925）在檀香山创办“兴中会”。在秘密入会誓词中提出“驱逐鞑虏，恢复中华，创立合众政府”的纲领。该会参加者多为华商。后分别在横滨、长崎、台湾、河内、旧金山等地成立分会，在华侨中发展组织。此为近代中国第一个革命团体，是领导1911年辛亥革命的中国同盟会的前身。

公元1895年

中国

清德宗光绪二十一年

中日马关条约 中国在甲午战争中战败，是年4月17日，被迫与日本签订该条约。主要内容为：割让辽东半岛、台湾、澎湖列岛给日本，赔偿军费两亿两白银；开放沙市、重庆、苏州、杭州为通商口岸；准许日本在中国通商口岸设领事馆和开办工厂等。《马关条约》是一个非常苛刻的不平等条约，它大大削弱了清廷的财力，加深了中国的民族危机。

公车上书 《马关条约》签订的消息传到北京，正在北京参加科举考试的康有为（1858—1927）等联合参加会试的18省举人上书光绪皇帝，反对签订丧权辱国的条约，并提出变法自强的主张。古时入京应试的举人又称“公车”，故这一事件称“公车上书”。

世界

法国

巴斯德（Louis Pasteur，1822—1895） 化学家、微生物学家。他发现有机物的发酵与腐败是微生物引起的，酒类变质源于杂菌污染，他用加温处理法以防酒类变质，成功地解决了当时酿酒业的难题，由此发明了“巴氏消毒法”。此外，他还研制出了狂犬病、炭疽病、鸡霍乱的疫苗。

德国

伦琴射线 物理学家伦琴（Wilhelm Röentgen，1845—1923）在实验中偶然发现一种射线，可以穿透纸、木、铝等不透明物体，并能穿透皮肉，使人得以透视骨骼。伦琴将它命名为“X射线”，后人称之为“伦琴射线”。伦琴的这一发现为放射学奠定了基础，也为后来物理学的发展创造了条件。1901年，他成为诺贝尔物理学奖的第一位得主。

恩格斯（Friedrich Engels，1820—1895） 社会主义理论家，马克思主义的创始人之一。他是马克思的亲密战友，长期为马克思提供经济援助，与马克思共同完成《德意志意识形态》、《共产党宣言》等著述；马克思逝世后，整理完成马克思的巨著《资本论》第二、三卷，并领导国际共产主义运动。他的早期著作《英国工人阶级的状况》（*The Condition of the Working Class in England*）被认为是论述工业革命后工人阶级状况的经典著作。

公元1896年

中国

清德宗光绪二十二年

《时务报》 戊戌变法时期维新派的重要刊物之一，1896年8月9日在上海创刊，梁启超主笔，汪康年总（经）理。此为中国人办的第一份刊物。该刊以变法图存为宗旨，分设论说、谕折、京外近事、域外报译等栏目，以宣传维新变法、救亡图存为宗旨。代表梁启超维新变法思想的《变法通议》曾在该报上连载21期，影响颇大。由于该报议论新颖，文字通俗，数月之内销行万余份，对维新运动起到舆论宣传的作用。1898年8月8日停刊。

世界

犹太复国运动 犹太复国主义又称锡安主义（锡安为耶路撒冷的一座山，古犹太人的政治、宗教中心），是散居世界各地的犹太人要求重返其祖先的国土巴勒斯坦、重建犹太国的主张。19世纪80—90年代，欧洲出现新的反犹浪潮，催生了犹太复国运动。奥地利犹太人赫茨尔（Theodor Herzl，1860—1904）撰写《犹太国》（*The Jewish State*），召集犹太人代表大会，组建世界犹太复国组织（the World Zionist Organization）。由此，犹太复国运动成为世界关注的政治运动。英国政府发表了所谓的贝尔福宣言，支持犹太人在巴勒斯坦建立家园。1948年，犹太人建以色列国。

法国

发现放射性 是年，法国物理学家贝克勒尔（Henri Becquerel，1852—1908）通过实验发现铀具有天然放射性。但直到1898年居里夫妇等科学家发现钍的放射性，以及放射性元素钋和镭之后，贝克勒尔科学发现的意义才充分显现。

公元1897年

中国

清德宗光绪二十三年

商务印书馆创办 是年创办于上海。初时主要印刷商业簿册，后由著名出版家张元济（1867—1959）主持编务，以出版教科书、古籍、科学、文艺及工具书等为主要业务，是中国最早的出版机构，至今仍在运营。

第一部西洋翻译小说 是年，饱读诗书却不谙外语的林纾（1852—1924）与精通法文的王寿昌合译法国小仲马《巴黎茶花女遗事》，该书于1899年刊行。这是中国出版的第一部西洋翻译小说，一时风行全国。其后，林纾先后共译作品180余种，影响甚大，曾被人誉为“译界之王”。

“不缠足会”成立 妇女缠足是中国古代社会的陋习。清朝初年曾一度禁止，但并不奏效。是年，主张变法图强的维新派人士发起“不缠足会”，设总会于上海，并在一些主要城市州县设立分会。该会规定入会人员所生的女孩不得缠足，已缠足的8岁以下的女孩一律放足；所生男孩长大后不得娶缠足之女子。北京、天津、广州、潮州、福州、嘉定和湖南等城市，均组有“不缠足会”。

公元1897年

世界

英国

发现电子 物理学家汤姆逊（J. J. Thomson，1856—1940）在实验中发现质量比原子小得多的微粒，它是原子的组成部分，后人称之为“电子”。电子的发现打破了“原子不可再分”的旧观念，将原子物理引入全新的领域。

公元1898年

中国

清德宗光绪二十四年

中国通商银行创办 是年，清廷委任盛宣怀（1844—1916）督办中国铁路总公司事务，在上海开设中国通商银行。这是中国人自办银行的开始。

《天演论》 英国自然科学家赫胥黎（1825—1895）著；是年，由中国学者严复（1854—1921）翻译的中文版出版。该书系统介绍了进化论，认为生物界“物竞天择，适者生存”的法则也适合于人类社会。该说为主张变法的维新运动提供了科学依据，对当时中国思想界产生了重要影响。天演之说一度成为晚清读书人最常使用的理论。

“中体西用” 是年，张之洞（1837—1909）著《劝学篇》，主张“旧学为体，新学为用”，“中学治身心，西学应世事”，强调以中国的纲常名教作为决定国家社会命运的根本，同时采用西方的近代科学技术，效仿西方国家在教育、赋税、武备、律例等方面的一些具体措施。此说在当时得到不少读书人的认同。

戊戌变法 是年为中国农历的戊戌年。光绪帝接受康有为等人的改革方案，于6月11日下诏宣布变法：政治上改革旧机构；经济上保护和发展工商业，改革财政，编制国家预算；军事上裁减旧军、编练新军；教育上改革科举制度，提倡西学，创办新学校，学习西方的科技和文化。康有为等维新人士得到重用，参预新政；一些反对变法的官员遭罢免。然而，这些改革为慈禧太后为首的后党所不容。9月21日，慈禧太后发动政变，幽禁光绪帝，下令抓捕维新人士，废除所有新政，变法失败。变法从开始到失败，共103天，故又称“百日维新”。

晚清白话文运动 长久以来，中国的书面语言多用文言文，白话文则指口头语言，说与写的表述为两套体系。1887年上海《申报》发行的附刊《民报》，是近代中国第一份白话报。是年，裘廷梁（1857—1943）的名文《论白话文为维新之本》在“百日维新”中发表，明确提出“崇白话而废文言”。《无锡白话报》创刊并刊载该文，被视作晚清白话文运动的开始。此后，白话文报刊大量涌现。据统计，从1900到1911年，共出版了111种白话报，有力促进了白话文的普及。

京师大学堂 中国近代最早的国立大学。是年7月开办于北京，为戊戌变法的新政措施之一。美国传教士丁韪良被聘为总教习。变法失败后，该校一度只设儒家经典课程。至20世纪初叶，课程始改设为经、法、文、农、工、商、格致（声光化电等自然科学）七科。1912年中华民国建立后，该校改称北京大学。

世界

英国

格莱斯顿（William Gladstone，1809

—1898）　政治家，四度出任英国首相（1868—1874，1880—1885，1886和1892—1894），和政治对手迪斯累里轮流主导英国政坛约30年。他认为政治应该推动道德建设，任中促成议会通过英国历史上最重要的扩大政治权利的法案，其内容包括实行无记名投票、扩大选举权、给予所有儿童受教育的权利、工会组织合法化等。

德国

俾斯麦（Otto von Bismarck，1815—1898）　政治家，任普鲁士首相28年、德国宰相10年，被称为“铁血宰相”。他认定德意志的统一是无法阻止的，统一的进程应以普鲁士为主导。上任后，他发动了普丹战争（1864）、普奥战争（1866）和普法战争（1870—1871），最终实现了德意志的统一，建立起以普鲁士为核心的德意志帝国。对外，为谋求德意志帝国的欧洲霸主地位，他积极斡旋，组建德、俄、奥匈三皇同盟（1873）、德奥同盟（1879）、和德、意、奥匈三国同盟（1882），以争取有利于德国的和平环境；对内，他试图通过采取部分国家社会主义的政策瓦解社会民主运动。1890年辞职。著有回忆录。

非洲

法绍达冲突　英法两国为争夺非洲殖民地在苏丹发生的一场危机。19世纪末英法两国在非洲的扩张企图存在尖锐矛盾，1898年两国在尼罗河上游苏丹的法绍达形成对峙，几乎导致战争。后法国主动作出妥协，双方基本上以乍得湖、刚果河、尼罗河流域为分界线划分势力范围。法绍达冲突的和平解决为后来英法在第一次世界大战中共同对付德国奠定了基础。

公元1899年

中国

清德宗光绪二十五年

莫高窟藏经洞见世　莫高窟位于今甘肃敦煌东南25公里的鸣沙山的断崖上，俗称“千佛洞”，始建于十六国的前秦时期。是年，莫高窟藏经洞被发现。洞中藏有经卷、文书、织绣等文物五万多件。但随后遭到西方“探险家”和文物贩子的严重破坏和盗窃，造成大批珍贵文物流失。

义和团运动　义和团原名“义和拳”，本是长期活动于山东、直隶（今河北）一带的民间秘密会社。早年曾以“反清复明”为口号进行抗清斗争，遭到清政府镇压。19世纪末年，面临西方分裂瓜分中国的威胁，清廷转而承认义和团的合法性，企图利用义和团对西方列强施加压力。义和团以“扶清灭洋”为口号，反对外国侵略，打击教会势力，后在一些地区发展成为针对西方在华人士（包括在华传教士）及其宗教的群众暴力运动。八国联军发动侵华战争后，义和团运动失败。

公元1899—1902年

世界

非洲

英布战争　为争夺南非土地和矿产资源，英国同荷兰移民后裔布尔人建立的德兰斯瓦共和国和奥兰治自由邦之间进行的一场战争。英国先后动员了44万兵员，布尔人则有8.8万人参战，最终布尔人战败。双方签定和约：德兰斯瓦和奥兰治领土并入英联邦，由此英国攫取了该地区丰富的矿产资源；布尔人则得到了英国给予的关于继续维持他们政权的承诺。布尔人在南非政治生活中的绝对优势得到维护，而黑人的权利受到严格限制。1910年南非联邦成立，英国人控制了南非经济，布尔人则获得了政治控制权。

公元1900年

中国

清德宗光绪二十六年

八国联军侵华　是年6月，英、法、德、俄、美、日、意、奥八国组成联合军队进犯北京。清廷向各国宣战。8月14日，北京失陷，此后八国联军在北京进行了烧杀抢掠。其间，皇家宫廷、园林、寺观、官邸、民宅被焚，国家档案、文牍、图籍损失严重，大量珍宝、文物、图书、字画、天文仪器被劫。次年7月，清政府被迫接受列强提出的“议和大纲”，签订了屈辱的《辛丑条约》。

楼兰故城见世　是年，瑞典人斯文·赫定（Sven Anders Hedin，1865—1952）第三次进入中国的塔克拉玛干大沙漠，发现汉代的楼兰故城。楼兰是西域的一个古国，位于古代“丝绸之路”的南、北两道分道处。城垣近方形，面积10万多平方米，风蚀严重，但民居、寺院、官署遗迹仍可辨认。楼兰故城的发现对研究新疆以至中亚的古代史、丝路之路的历史变迁等具有重要价值。

世界

德国

尼采（Friedrich Nietzsche，1844—1900）　哲学家，思想家、文学家。尼采哲学思想很大程度上以其视角主义（Perspectivism）为基础。他否定普世价值观，将道德归结为“主的道德”和“奴的道德”，抨击犹太教和基督教道德观，批判功利主义道德观和民主。他认为实证主义肢解了哲学和神学中的绝对真理，也瓦解了传统价值观，故曰“上帝死了”。面对虚无主义的危机，他认为“超人”是人类的希望，权力意志（will to power）可以使人突破束缚，真正把握自我。主要著作有《悲剧的诞生》（*The Birth of Tragedy*）和《查拉图斯特拉如是说》（*Thus Spoke Zarathustra*）等。尼采试图用充满激情的非理性神话取代传统哲学的理性神话，其学说对哲学、神学、心理学和文学有深远影响。

奥地利

《梦的解析》　心理学家、精神病医师、精神分析学派的创始人弗洛伊德（Sigmund Freud，1856—1939）的代表作。他在书中提出潜意识的概念，认为解析梦是“认识潜意识的绝佳途径”。书中还总结了前人解梦：以大量他本人以及他的病人的梦为实例，说明梦在心理构建中的重要作用，并说明梦同里比多（libido，主要是指与性冲动相关的生理或心理本能）的关系。该书被认为是弗洛伊德对心理学的最大贡献。

德国

普朗克辐射定律　物理学家普朗克（Mac Planck，1858—1947）提出了一个适用于电磁波谱所有波段的经验公式。他认为光之类的辐射不是连续的，而是以分立的能量或量子一份一份地发射、传递和吸收；能量（E）的大小由辐射的频率（v）和普朗克常数（h）的量值来决定，即E=hv。这一学说打破了经典物理学关于能量连续传递的论断，创立了量子物理学。该理论和爱因斯坦相对论共同奠定了20世纪理论物理的基础。

公元1901年

中国

清德宗光绪二十七年

辛丑条约　清末最严重的不平等条约，清廷与俄、英、美、日、德、法、意、奥、比、西、荷11国于9月7日签订。主要内容是：中国赔款白银4.5亿两，分39年还清本息，共计9.8亿多两，以海关税、盐税等作抵押；划北京东交民巷为使馆区，界内各国驻兵管理；毁大沽炮台及京津军事设防，由西方列强军队驻扎；禁止中国民众成立和参加各种仇外组织；将总理衙门改为外务部，专理外交事务。

李鸿章（1823—1901）　安徽合肥人，晚清权臣，掌管外交、军事、经济大权。主张“外须和戎，内须变法”。对内，他曾成功镇压太平军、捻军；对外，他曾多次代表清廷进行对外交涉。晚年致力于“自强求富”的洋务事业，引进西方军事装备、机器及科学技术，主持开办了一批近代军事和民用企业。

清末新政　清朝末年进行的经济和政治体制改革。八国联军入侵和《辛丑条约》的签订对中国打击甚大，朝廷中相对保守的人亦主动要求变法。1901年，在慈禧太后的默许下，清政府对朝政进行了一些改革，其内容多与1898年的戊戌变法所行措施相类。新政一直延续至清朝灭亡。许多近代化的新制度由此开始设立。

留日热潮　是年，清权臣刘坤一（1830—1902）和张之洞联名向朝廷上疏，提出育才兴学、培养政治精英、鼓励出国留学的建议。当时，社会舆论比较认同于通过东邻日本来学习西方。受此影响，从这一年起，留学日本人数逐渐增长，1901年为280人，到1905年剧增至8600人。这批留日学生后来在中国近代的政治、文化、社会各方面起到重要作用。

世界

日本

福泽谕吉（1835—1901）　日本明治时代启蒙思想家和教育家，为当时民间最有影响的人物之一。早年曾随日本第一批遣欧使节出国，回国后著《西洋情况》，介绍西方，倡导文明开化。明治维新后，政府请其出仕，始终未受。主张采取议会制度，普及教育。1868年创办庆应义塾，后来成为日本著名的大学。一生著述甚丰。

公元1902年

中国

清德宗光绪二十八年

中国教育会 著名教育家蔡元培（1868—1940）、章太炎（1869—1936）等在上海发起成立。以“编订教科书，改良教育，恢复国权”为宗旨，开展编印新教材、倡导新学、创办爱国学社和爱国女学，办《中国白话报》和书局等活动，在江浙一带通过教育宣传革命，是清末很有影响的文化教育团体。

梁启超首倡“新史学” 是年，梁启超发表长文《新史学》，提出历史是“叙述进化现象者的学问”，从而确立了历史进化论。他批判传统的“旧史学”不过是为帝王将相作家谱，呼吁进行史学革命，建立新史学，根本目的在于提倡民族主义以自强。这一观点对中国现代史学的发展产生了深远的影响。

《大公报》 是年在天津创办，宗旨为“忘己之为大，无私之谓公”。该报标榜中立，以言论驰名社会，甚为各界人士所关注。曾先后出版沪、汉、渝、桂、港版；至今港版仍存，是中国历史上寿命最长的一家报纸。

《原富》译本出版 《原富》，即英国古典政治经济学体系的建立者亚当·斯密（1723—1790）所著《国富论》，严复翻译。该书为介绍到中国来的第一部西方经济学著作。

警察制度始行 是年，清廷核准推行警察制度。并开始设置机构，招募人员。1906年4月，诏令将清军的绿营兵一律改为巡警。传统上的清军绿营兵由汉人组成，以绿旗为标志，故名。

华蘅芳（1833—1902） 江苏无锡人，晚清著名数学家，著有《行素轩算稿》六种，译作有《代数术》、《微积溯源》等，以及有关概率论、矿物学、地质学的著作多种。他还曾与徐寿首创中国第一台蒸汽机及第一艘机动轮船；曾制成第一个中国的氢气球，并在天津放飞成功。

世界

英国

卢瑟福的元素蜕变理论 物理学家卢瑟福（Ernest Rutherford，1871—1937）发现物质的放射性源自于原子内部的变化，放射过程使一种原子改变成另一种原子。这一理论打破了元素不会变化的传统观念，使物理研究进入到原子内部，故卢瑟福被称为“核物理之父”。

公元1903年

世界

俄国

布尔什维克诞生 是年，俄国社会民主工党召开第二次代表大会，在制定党章时分成两派：一派坚持传统社会主义，认为革命的基础是发展壮大的工人阶级；另一派以列宁（Vladimir Ilich Lenin，1870—1924）为首，坚持党员应限于职业革命家，主张建立组织严明的政党领导革命。后者在选出的中央委员会中占微弱多数，称为“布尔什维克”（俄文“多数派”）。1912年列宁主持召开布尔什维克代表大会，一个新型的无产阶级政党由此诞生。

美国、拉美

美支持巴拿马独立　美国认识到控制和开凿巴拿马运河对其安全和繁荣至关重要，遂以支付1000万美元的代价，取得单独开凿运河的权利及对运河区的永久租赁权。因当地哥伦比亚政府不积极配合，在美国政府支持下，巴拿马脱离哥伦比亚而独立。1904年运河开始动工，1914年首次通航；美国长期控制巴拿马运河，直至1999年。

公元1904年

中国

清德宗光绪三十年

癸卯学制　又称“奏定学堂章程”，是年颁行，为中国近代由政府颁布的第一个在全国范围内推行的系统学制。它对新式学堂的办学宗旨、学制、课程设置等方面作了全面的规定。该章程规定的学制是：小学九年、中学五年、高等学堂及大学六至七年。这对以后各级教育学制的构成和形式影响甚大。

《东方杂志》　旧中国历史最长的大型综合性杂志。是年3月，商务印书馆创办于上海。初为月刊，后改半月刊。其内容分社论、谕旨、内务、军事、外交、教育、实业、宗教、小说、译文、调查、大事记等。至1948年12月停刊，共出44卷。它记录了中国近半个世纪的历史变迁，有重要的资料价值。

公元1904—1905年

世界

日本、俄国

日俄战争　20世纪初日俄两国为争夺朝鲜和中国东北的霸权而进行的战争，以中国东北为主要战场。战后，战胜方日本从俄国“接收”了其在中国的一切权益，中国东北南部由此成为日本的势力范围。日本还割取库页岛南半部，并获得了对朝鲜的实际控制权。俄国的战败使其国内原有矛盾近一步激化，导致1905年革命的爆发。

公元1905年

中国

清德宗光绪三十一年

中国同盟会成立　同盟会是孙中山在日本联合一些海外华侨革命团体的成员成立的全国规模的革命政党，是年8月20日成立于东京，孙中山被推选为总理。该会以“驱逐鞑虏，恢复中华，建立民国，平均地权”为政治纲领。同年，孙中山又将之概括为民族、民权、民生的“三民主义”。该会是1911年辛亥革命的主要力量。1912年改组为中国国民党。

废止科举制　是年9月2日，袁世凯、张之洞奏请立停科举、推广学堂。清廷诏准从第二年（1906）停止科举。科举制始创于606年（隋大业二年），后成为历朝设科考试选拔官吏的制度，前后历1300年，于是年废止。

黄遵宪（1848—1905）　广东嘉应（今梅县）人。曾出任日本公使馆参赞，驻旧金山、新加坡总领事，驻英公使馆参赞等职。在美任上，曾尽力保护华侨和华工的正当权益。在日时，悉心研究明治维新的历史，著有《日本国志》。中日《马关条约》签订后，出资创办《时务报》，以救亡图存为己志。戊戌政变时因参与维新运动遭弹劾。为中国近代著名诗人，其作品反映了近代中国的许多重大历史事件。

《民报》 中国同盟会机关报，于是年11月26日在日本东京创刊。初为月刊，后不定期出版。1908年出至24期后被日本政府查禁。1910年又秘密印刷两期，后停刊。该报宣传同盟会革命纲领和民主思想，孙中山在发刊词中第一次将同盟会的革命纲领概括为民族、民权、民生三大主义。

世界

德国

爱因斯坦的狭义相对论 物理学家爱因斯坦（Albert Einstein，1879—1955）发表论文《论运动物体的电动力学》（*On the Electrodynamics of Moving Bodies*），阐述宇宙中唯一不变的是光在真空中的速度，而其他因素，包括速度、长度、质量和经过的时间，都随观察者的参考系而变化，并导出等式：$E=MC^2$，即能量（E）等于质量（M）乘以光速（C）的平方。狭义相对论构建了由时间、长、宽、高共为坐标的四维空间框架，否定了牛顿关于时间和空间是绝对的并相互独立的观点，因而改变了牛顿以来物理学的根基。

《新教伦理与资本主义精神》（*The Protestant Ethic and the Spirit of Capitalism*）社会学家、政治经济学家马克斯·韦伯（Max Weber，1864—1920）最知名也是最具争议的论著。书中分析了基督教道德同社会、经济发展之间的关系，从宗教思想中寻找资本主义精神的根源，认为在早期资本主义发展中，新教伦理，如服从上帝的召唤、勤劳致富、奉行克己的生活准则等等，对教徒积累财富乃至取得经济上的成功起了重要作用。韦伯关于宗教、社会和经济关系的研究，曾长久影响西方的历史思潮，他也因此被视为宗教社会学的创始人之一。

公元1906年

世界

挪威

易卜生（Henrik Ibsen，1828—1906）剧作家、诗人。他的戏剧常以个人精神反叛为主题，探讨伦理和社会问题，极富批判性，对北欧乃至世界戏剧都有重大影响。代表作有《布兰德》（*Brand*）、《社会支柱》（*Pillar of Society*）、《玩偶之家》（*A Doll's House*）、《群鬼》（*Ghosts*）和《人民公敌》（*An Enemy of the People*）。

法国

塞尚（Paul Cézanne，1839—1906）画家，其作品和思想对20世纪美学发展产生重要影响。出于对个性化表现力和作品内在和谐统一的执着追求，他打破传统写实和再现自然结构的绘画模式，创立色彩造型法。代表作有《玩纸牌的人》（*Card Players*）、《圣维多利亚山》（*Mont Sainte-*

Victoire)、《埃斯塔克》(*L'Estaque*)等。塞尚毕生孜孜不倦地探求绘画的表现力，被称为“现代绘画之父”。

公元1907年

中国

清德宗光绪三十三年

南满洲铁道株式会社　1905年日俄战争后，日本取得原沙俄控制的“东清铁路”南段（长春到大连）的权益和财产，并根据日本政府命令设立“南满洲铁道株式会社”（简称“满铁”）。其总社设于大连，分社设于东京。它除了经营铁路运输外，还兼营煤矿开采、水运、电气、仓库各业，并拥有对铁路附近属地的行政管理权。此外，还在大连设立调查部，在沈阳、吉林、哈尔滨、北京、上海等地设立事务所，广泛搜集中国的军事、经济、政治情报。因此，该会社实际上是执行日本国家政策的殖民机构。

秋瑾（1879—1907）　号竞雄，又称鉴湖女侠，浙江山阴（今绍兴）人。1904年，她冲破家庭束缚，自己筹资赴日本留学。1905年加入光复会，旋又加入同盟会。1906年初创办《中国女报》。之后联络会党准备反清起义；事发，在绍兴被捕，是年从容就义。

敦煌卷子星图　该图绘于唐代，绢本，绘有1350颗星。它是中国现存最古老、星数最多的星图，也是世界上现存星数最多的星图之一。是年在敦煌莫高窟藏经洞发现，后流失海外。此图现存英国伦敦博物馆。

欧洲

三国协约形成　德国皇帝威廉二世（1888—1918在位）摈弃了俾斯麦拉拢俄国的政策，法俄为打破被孤立的状态，于1894年结盟。其后，德国的扩张野心日益危及英国在殖民地的利益，促使英国于1904和1907年分别同法国和俄国缔结协约。至此，英、法、俄三国协约的格局正式形成。它与俾斯麦于1882年促成的德、意、奥匈三国同盟成为一度主导欧洲局势的两大对立阵营。

公元1909年

中国

清宣统元年

宣统帝即位　1908年，光绪帝死。次年，年仅三岁的溥仪即帝位，是为宣统皇帝（1909—1911在位）。其父、摄政王载沣监国。宣统帝是中国历史上的末代皇帝，三年后被迫逊位。中国的王朝时代宣告结束。

张之洞（1837—1909）　直隶南皮（今属河北省）人，晚清重要官员。1848年中法战争，起用冯子材，在广西边境击败法军。洋务运动期间，在地方积极兴办实业，曾设立织布、纺织、缫丝、制麻四局，开办铁厂和枪炮厂，并力主筹办铁路。甲午战争后，力主发展实业，以图自强。在其著作《劝学篇》中，提出“旧学为体，新学为用”，在当时影响甚广。

庚款留美　庚款即“庚子赔款”，是庚子年（1900）侵华的西方列强强迫清政府签订《辛丑条约》中所规定的赔款，本息共9.8亿多两白银。是年，美国决议“退还”其庚款大部分，共1078万两，以资送中国学生留美。清廷决定每年选派100名学生前往留学；计划5年后，减为每年派50名。是年首次派出留美人员180名。

京张铁路通车 京张铁路是北京到河北张家口铁路，詹天佑（1861—1919）为总工程师。1905年10月2日开工，是年9月24日剪彩通车。这是中国人自行设计、修筑的第一条铁路。

世界

美国

全美有色人种协进会成立 这是旨在维护非洲裔美国人权利的一个组织。非洲裔美国社会学家、作家杜波伊斯（W. E. B. DuBois，1868—1963）是协进会的发起人，并担任该会刊物《危机》的主编。该会在后来美国的民权运动中起了重要作用。

日本

伊藤博文（1841—1909） 日本近代政治家。曾参加过倒幕运动，明治政府成立后在政府任职。1871年以岩仓使团副使身份出访欧美。1885年出任日本首届内阁制政府首相，主持起草和审议日本第一部宪法。这部宪法于1889年由天皇颁布，翌年成立了日本国会。1895年派兵侵略中国，之后通过《马关条约》，强行向战败的清政府索取巨额战争赔款，并掠夺了台湾和澎湖。1906年任驻朝鲜首任总督。是年被朝鲜独立运动志士安重根刺杀。

公元1909年

中国

清宣统元年

中国红十字会章程颁布 是年，清廷颁布红十字会试办章程，盛宣怀（1844—1916）任红十字会第一任会长。

公元1910年

中国

清宣统二年

冯如（1883—1912） 原名冯九如，广东恩平人，中国第一位飞机设计师、制造者和飞行家。自幼随父亲在美国谋生，同时苦心钻研机械学。1909年，他主持成立广东飞行器公司，并任总工程师。1910年10月至12月，驾驶飞机在奥克兰进行飞行表演大获成功。1912年在飞行表演中失事遇难。

世界

泰国

朱拉隆功（Chulalongkorn，1868—1910在位） 泰国却克里王朝第五代国王。面对西方殖民者入侵，果断地实行了一系列改革：废除奴隶制和封建爵位授田制度，改革地方官制，增加中央税收，建立西式军队，大力兴办西式教育。改革使泰国走上近代化之路，成为近代东南亚唯一保持独立的国家。

日本、韩国

日韩合并条约　日本正式吞并朝鲜的条约。1910年8月22日，日本迫使朝鲜总理大臣李完用签订。通过该条约，实现了“日韩合并”；日本将朝鲜统监府改名为朝鲜总督府，朝鲜完全沦为日本的殖民地。

德国

郭霍（Robert Koch，1843—1910）德国医生，现代细菌学的创始人之一。他创用固体培养基，从标本中分离单一菌落，以便研究各种细菌，并成功培殖出结核菌和霍乱菌。他的实验和理论研究为疾病预防学的发展奠定了基础。

俄国

列夫·托尔斯泰（Leo Tolstoy，1828—1910）小说家、评论家、剧作家、现实主义艺术大师，俄国文学巨匠。他毕生的创作所编成的《托尔斯泰全集》有90卷之巨。其中《战争与和平》（*War and Peace*）、《安娜·卡列尼娜》（*Anna Karenina*）是其代表作，也是文坛少有的精品。它们分别从历史和现实的角度探索俄国社会的出路，深刻挖掘人的内心世界，表现了人性的多样性和复杂性，具有极高的文学价值和思想价值。他的小说《伊凡·伊里奇之死》（*The Death of Ivan Ilyich*）被视为中篇小说的典范。托尔斯泰在晚年致力于研究和宣传福音书，并身体力行反对社会和财富的不平等；他的非暴力不合作主张，对后来圣雄甘地的事业有直接影响。

公元1911年

中国

清宣统三年

黄花岗起义　是年4月中国同盟会在广州举行的武装起义。起义之前，海外华侨捐助了大量钱物。起义革命军计划分10路进攻广州，然后大举北伐，各省革命党人相机响应。起义爆发后，战斗异常激烈，起义军奋战了一昼夜，终因伤亡过重被清军击败，许多革命党人献出了生命。后来收得遗骸72具葬于广州城郊黄花岗。“黄花岗七十二烈士之墓”至今仍存。这次起义震动全国，成为武昌起义的前奏。

辛亥武昌起义　黄花岗起义失败后，长期在军队中开展革命活动的湖北革命团体共进会与文学社决定把目标转向长江流域，他们联合在武昌发动了新的武装起义。是年10月10日夜，革命军打响了第一枪，两日内先后占领武昌、汉口和汉阳，起义取得了胜利。

辛亥革命　武昌起义的胜利掀起全国的革命高潮，各省纷纷响应。一个多月中，共有10多个省宣布独立，清王朝的统治迅速崩溃。该年为中国农历的辛亥年，历史上把这场推翻清政府的革命称为“辛亥革命”。中国2000多年的封建帝制时代至此终结。

孙中山就任临时大总统　孙中山（1866—1925），名文，字逸仙，广东香山人，中国近代伟大的革命家。早年在美国求学，1894年在海外华侨中组织反清革命团体——兴中会。1905年在日本建立全国规模的政党——中国同盟会，立志要推翻清政府，振兴中华，建立民主共和国。曾秘密组织多次起义，失败后仍坚持斗争。1911年，同盟会再次组织发起的武昌起义取得成功，清王朝的统治被推翻。同年12月，孙中山被选举为临时大总统。1912年1月1日，中华民国临时政府成立，孙中山在南京就职。中国历史从此翻开了新的一页。

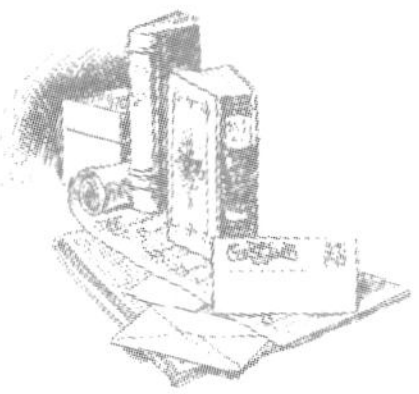

索　引

人　名（含人的群体）

地　名（含相关机构）

事 件

作　品（含报刊）

法案、政令、条约

社会文化形态·学说·制度

文物和古迹

历史时期

其　他

附录

主要参考书目

《二十五史》（清）武英殿本　上海古籍出版社 1986年

《资治通鉴》（宋）司马光著　中华书局 1956年

《通鉴纪事本末》（宋）袁枢撰　中华书局 1979年版

《中国通史》　白寿彝主编　上海人民出版社 2001年

《中国通史》　范文澜著　人民出版社 1965年

《中国通史参考资料》　翦伯赞 郑天挺主编　中华书局 1983年

《中国美术五千年》　编辑委员会编　文物出版社 1991年

《中国天文学史》　陈遵妫著　上海人民出版社 1984年

《中国古代度量衡图集》　丘光明编著　文物出版社 1981年

《中国科学技术史稿》　杜石然等编著　科学出版社 1982年

《中国科学技术史》（英）李约瑟著　科学出版社 1975年

《中国学术名著提要》　周谷城主编　复旦大学出版社 1996年

《中国历史地图集》　谭其骧主编　地图出版社 1982年

《中国大百科全书》　中国大百科全书出版社 1990年

《中国史历日和中西历日对照表》　方诗铭 方小芬编　上海辞书出版社 1987年

《中外历史年表》　翦伯赞主编　中华书局 1961年

《中国历史大事编年》　张习孔主编　北京出版社 1989年

《中国历史大辞典》　编纂委员会编　上海辞书出版社 1995年

《世界文明遗产》　克瑞格等

(*The Heritage of World Civilizations*. vol. 1&2, 4th Edition. Craig, Albert M. and William A. Graham, Donald Kagan, Steven Ozment, Frank M. Turner. New Jersey: Prentice-Hall, Upper Saddle River, 1997.)

《新世界史》　罗伯茨

（*The New History of the World*. Roberts J. M. New York: Oxford University Press, 2003.）

《世界文明史》　拉尔夫等

（*World Civilizations: their history and their culture*. vol. 1&2, 9th Edition. Ralph, Philip Lee and Robert T. Lerner, Standish Meacham, Alan T. Wood, Richard W. Hull Edward McNall Burns. New York: W. W. Norton &Company, Inc., 1997. ）

《世界文明史》（上、下）马克垚主编　北京大学出版社 2004年

《世界史》（古代卷、近代卷）齐世荣主编　高等教育出版社 2006年、2007年

《哲学辞典》

（*A Dictionary of Philosophy*, revised 2nd Edition. New York: St. Martin's Press, 1984.）

《苏格拉底到萨特：哲学史》　斯通普夫

（*Socrates to Sartre: history of philosophy*, Revised 4th Edition. Stumpf, Samuel Enoch. New York: McGraw-Hill Education, 1988.）

《哲学之树》　庞斯奋著　翟鹏霄译　广西师范大学出版社 2005年

《西方哲学简史》　赵敦华　北京大学出版社 2001年

《教会法研究》　彭小瑜　商务出版社 2003年

《西方音乐史》　保·朗多尔米著　朱少坤等译　人民音乐出版社 2002年

《世界美术史》　休·昂纳 约翰·弗莱明著　毛君炎等译　国际文化出版公司 1988年

《世界古代中世纪史》　阎宗临著　广西师范大学出版社 2007年

《欧洲文学史》（第1、2卷）李赋宁总主编　商务印书馆 1999年、2002年

《俄罗斯文化史——历史与现代》（俄）T. C. 格奥尔吉耶娃著　焦东建 董茉莉译　商务印书馆 修订版 2006年

《大不列颠百科全书》（2000年豪华版光盘）

（*Encyclopedia Britannica CD 2000*. (Deluxe Edition) Chicago: Encyclopedia Britannica Incorporated, 2000.）

《大不列颠百科全书》（2002版）

（*Encyclopedia Britannica Set 2002*. Chicago: Encyclopedia Britannica Incorporated, 2002.）

《牛津英美文化词典》（英汉双解）克劳瑟（主编）；黄梅 陆建德译 北京：商务印书馆 2007年

罗森博：《企鹅美国历史百科》

（*The Penguin Encyclopedia of American History*. Rosenbaum, R. A. New York: Penguin Books Ltd., 2003.）

中国历代帝王世系与年代表

古史传说时代（约前2550—约前2140）	
黄帝	前2550—前2450
颛顼	前2450—前2372
帝喾	前2372—前2297
唐尧	前2297—前2179
虞舜	前2179—前2140
夏(约前2140—约前1711)	
禹	前2140—前2095
启	前2095—前2085
太康	前2085—前2056
仲康	前2056—前2043
相	前2043—前2015
少康	前2015—前1999
杼	前1999—前1977
槐	前1977—前1951
芒	前1951—前1933
泄	前1933—前1917
不降	前1917—前1858
扃	前1858—前1837
廑	前1837—前1816
孔甲	前1816—前1785
皋	前1785—前1774
发	前1774—前1763
桀	前1763—前1711
商（约前1711年—约前1046）	
汤	前1711—前1698
外丙	前1698—前1695
中壬	前1695—前1692
太甲	前1692—前1659
沃丁	前1659—前1630
太庚	前1630—前1605
小甲	前1605—前1569
雍己	前1569—前1557
太戊	前1557—前1482
中丁	前1482—前1471
外壬	前1471—前1456
河亶甲	前1456—前1447
祖乙	前1447—前1428
祖辛	前1428—前1412
沃甲	前1412—前1392
祖丁	前1392—前1360
南庚	前1360—前1331
阳甲	前1331—前1324
盘庚（迁殷前）	前1324—前1300
盘庚（迁殷后）	
小辛	前1300—前1251
小乙	
武丁	前1250—前1192
祖庚	
祖甲	前1191—前1148
廪辛	
康丁	
武乙	前1147—前1113
文丁	前1112—前1102
帝乙	前1101—前1076
帝辛（纣）	前1075—前1046
西周（约前1046—前771）	
武王（姬发）	前1046—前1043
成王（姬诵）	前1042—前1021
康王（姬钊）	前1020—前996
昭王（姬瑕）	前995—前977
穆王（姬满）	前976—前922
共王（姬繄扈）	前922—前900
懿王（姬囏）	前899—前892
孝王（姬辟方）	前891—前886
夷王（姬燮）	前885—前878
厉王（姬胡）	前877—前841
共和	前841—前828

宣王（姬静）	前827—前782
幽王（姬宫湦）	前781—前771
东周（前770—前256）	
春秋 （前770—前476)	
平王（姬宜臼）	前770—前720
桓王（姬　林）	前719—前697
庄王（姬　佗）	前696—前682
厘王（姬胡齐）	前681—前677
惠王（姬　阆）	前676—前652
襄王（姬　郑）	前651—前619
顷王（姬壬臣）	前618—前613
匡王（姬　班）	前612—前607
定王（姬　瑜）	前606—前586
简王（姬　夷）	前585—前572
灵王（姬泄心）	前571—前545
景王（姬　贵）	前544—前520
悼王（姬　猛）	前520
敬王（姬　匄）	前519—前476
战国（前475—前256)	
元王（姬　仁）	前475—前469
贞定王（姬介）	前468—前441
哀王（姬去疾）	前441
思王（姬　叔）	前441
考王（姬　嵬）	前440—前426
威烈王（姬午）	前425—前402
安王（姬　骄）	前401—前376
烈王（姬　喜）	前375—前369
显王（姬　扁）	前368—前321
慎靓王（姬定）	前320—前315
赧王（姬　延）	前314—前256
秦（前221—前206）	
秦始皇（嬴　政）	前221—前210
秦二世（嬴胡亥）	前210—前207
秦　王（嬴子婴）	前207—前206
汉（公元前206—公元220）	
西汉（前206—公元25）	
高帝（刘邦）	前206—前195
惠帝（刘盈）	前194—前188
高后（吕雉）	前187—前180
文帝（刘恒）	前179—前157
景帝（刘启）	前156—前141
武帝（刘彻）	前140—前87
昭帝（刘弗陵）	前86—前74
宣帝（刘询）	前73—前49
元帝（刘奭）	前48—前33
成帝（刘骜）	前32—前7
哀帝（刘欣）	前6—公元1
平帝（刘衎）	1—5
孺子（刘婴）	6——8
新朝（王莽）	9— 23
更始帝（刘玄）	23—25
东汉（25—220）	
光武帝（刘秀）	25— 57
明帝（刘庄）	58— 75
章帝（刘炟）	76— 88
和帝（刘肇）	89—105
殇帝（刘隆）	106
安帝（刘祜）	107—125
少帝（刘懿）	125
顺帝（刘保）	126—144
冲帝（刘炳）	145
质帝（刘缵）	146
桓帝（刘志）	147—167
灵帝（刘宏）	168—189
少帝（刘辩）	189
献帝（刘协）	189—220
三国（220—280)	
魏（220—265）	
文帝（曹丕）	220—226
明帝（曹叡）	227—239
齐王（曹芳）	240—254
高贵乡公（曹髦）	254—260
元帝（曹奂）	260—265
蜀（221—263）	
昭烈帝（刘备）	221—223
后主（刘禅）	223—263
吴（222—280）	
大帝（孙权）	222—252

会稽王（孙亮）	252—258
景帝（孙休）	258—264
末帝（孙皓）	264—280
晋（265—420）	
西晋（265—316）	
武帝（司马炎）	265—290
惠帝（司马衷）	290—306
怀帝（司马炽）	307—313
愍帝（司马邺）	313—316
东晋（317—420）	
元帝（司马睿）	317—322
明帝（司马绍）	323—325
成帝（司马衍）	326—342
康帝（司马岳）	343—344
穆帝（司马聃）	345—361
哀帝（司马丕）	362—365
废帝（司马奕）	366—371
简文帝（司马昱）	371—372
孝武帝（司马曜）	373—396
安帝（司马德宗）	397—418
恭帝（司马德文）	419—420
南北朝（420—589）	
南　朝	
宋（420—479）	
武帝（刘裕）	420—422
少帝（刘义符）	423—424
文帝（刘义隆）	424—453
孝武帝（刘骏）	454—464
前废帝（刘子业）	465
明帝（刘彧）	465—472
后废帝（刘昱）	473—477
顺帝（刘準）	477—479
齐（479—502）	
高帝（萧道成）	479—482
武帝（萧赜）	483—493
郁林王（萧昭业）	494
海陵王（萧昭文）	494
明帝（萧鸾）	494—498
东昏侯（萧宝卷）	499—501
和帝（萧宝融）	501—502
梁（502—557）	
武帝（萧衍）	502—548
临贺王（萧正德）	548—549
简文帝（萧纲）	550—551
豫章王（萧栋）	551
武陵王（萧纪）	552
元帝（萧绎）	552—554
贞阳侯（萧渊明）	555
敬帝（萧方智）	555—557
陈（557—589）	
武帝（陈霸先）	557—559
文帝（陈蒨）	560—566
废帝（陈伯宗）	567—568
宣帝（陈顼）	569—582
后主（陈叔宝）	583—589
北　朝	
北魏（386—534）	
道武帝（拓跋珪）	386—409
明元帝（拓跋嗣）	409—423
太武帝（拓跋焘）	424—452
南安王（拓跋余）	452
文成帝（拓跋濬）	452—465
献文帝（拓跋弘）	466—471
孝文帝（元宏）	471—499
宣武帝（元恪）	500—515
孝明帝（元诩）	516—528
孝庄帝（元子攸）	528—530
长广王（元晔）	530—531
节闵帝（元恭）	531
安定王（元朗）	532
孝武帝（元脩）	532—534
东魏（534—550）	
孝静帝（元善见）	534—550
西魏（535—556）	
文帝（元宝炬）	535—551
废帝（元钦）	552—554
恭帝（元廓）	554—556

北齐（550—577）	
文宣帝（高洋）	550—559
废帝（高殷）	560
孝昭帝（高演）	560—561
武成帝（高湛）	561—565
后主（高纬）	565—576
幼主（高恒）	577
北周（557—581）	
孝闵帝（宇文觉）	557
明帝（宇文毓）	557—560
武帝（宇文邕）	561—578
宣帝（宇文赟）	579
静帝（宇文阐）	579—581
隋（581—618）	
文帝（杨坚）	581—604
炀帝（杨广）	605—618
唐（618—907）	
高祖（李渊）	618—626
太宗（李世民）	627—649
高宗（李治）	650—683
中宗（李显）	684
睿宗（李旦）	684
唐·武则天	684—689
周·武则天	690—705
中宗（李显）	705—710
少帝（李重茂）	710
睿宗（李旦）	710—712
玄宗（李隆基）	712—756
肃宗（李亨）	756—762
代宗（李豫）	762—779
德宗（李适）	780—805
顺宗（李诵）	805
宪宗（李纯）	806—820
穆宗（李恒）	821—824
敬宗（李湛）	825—826
文宗（李昂）	827—840
武宗（李炎）	841—846
宣宗（李忱）	847—859
懿宗（李漼）	860—873
僖宗（李儇）	874—888
昭宗（李晔）	889—904
哀帝（李柷）	905—907
五代（907—960）	
后梁（907—923）	
太祖（朱温）	907—912
郢王（朱友珪）	913
末帝（朱友贞）	913—923
后唐（923—936）	
庄宗（李存勖）	923—926
明宗（李嗣源）	926—933
闵帝（李从厚）	934
末帝（李从珂）	934—936
后晋（936—947）	
高祖（石敬瑭）	936—942
出帝（石重贵）	942—947
后汉（947—950）	
高祖（刘知远）	947—948
隐帝（刘承祐）	949—950
后周（951—960）	
太祖（郭威）	951—954
世宗（柴荣）	955—959
恭帝（柴宗训）	960
宋（960—1279）	
北宋（960—1127）	
太祖（赵匡胤）	960—976
太宗（赵炅）	976—997
真宗（赵恒）	998—1022
仁宗（赵祯）	1023—1063
英宗（赵曙）	1064—1067
神宗（赵顼）	1068—1085
哲宗（赵煦）	1086—1100
徽宗（赵佶）	1101—1125
钦宗（赵桓）	1126—1127
南宋（1127—1279）	
高宗（赵构）	1127—1162
孝宗（赵昚）	1163—1189
光宗（赵惇）	1190—1194
宁宗（赵扩）	1195—1224

理宗（赵昀）	1225—1264
度宗（赵禥）	1265—1274
恭宗（赵㬎）	1275—1276
端宗（赵昰）	1276—1278
卫王（赵昺）	1278—1279
辽（916—1125）	
太祖（耶律阿保机）	916—926
太宗（耶律德光）	927—947
世宗（耶律阮）	947—951
穆宗（耶律璟）	951—969
景宗（耶律贤）	969—982
圣宗（耶律隆绪）	983—1031
兴宗（耶律宗真）	1031—1055
道宗（耶律洪基）	1055—1101
天祚帝（耶律延禧）	1101—1125
西夏（1038—1227）	
景宗（李元昊）	1038—1048
毅宗（李谅祚）	1049—1067
惠宗（李秉常）	1068—1086
崇宗（李乾顺）	1086—1139
仁宗（李仁孝）	1140—1193
桓宗（李纯祐）	1194—1206
襄宗（李安全）	1206—1211
神宗（李遵顼）	1211—1223
献宗（李德旺）	1223—1226
末主（李晛）	1226—1227
金（1115—1234）	
太祖（完颜旻）	1115—1123
太宗（完颜晟）	1123—1135
熙宗（完颜亶）	1135—1149
海陵王（完颜亮）	1149—1161
世宗（完颜雍）	1161—1189
章宗（完颜璟）	1190—1208
卫绍王（完颜永济）	1209—1213
宣宗（完颜珣）	1213—1223
哀宗（完颜守绪）	1224—1234
元（1271—1368）	
世祖（忽必烈）	1271—1294
成宗（铁穆耳）	1295—1307
武宗（海山）	1308—1311
仁宗（爱育黎拔力八达）	1312—1320
英宗（硕德八剌）	1321—1323
泰定帝（也孙铁木儿）	1324—1328
天顺帝（阿速吉八）	1328
文宗（图帖睦尔）	1328—1332
宁宗（懿璘质班）	1332
惠宗（妥懽帖睦尔）	1333—1368
明（1368—1644）	
太祖（朱元璋）	1368—1398
惠帝（朱允炆）	1399—1402
成祖（朱 棣）	1403—1424
仁宗（朱高炽）	1425
宣宗（朱瞻基）	1426—1435
英宗（朱祁镇）	1436—1449
代宗（朱祁钰）	1450—1457
英宗（朱祁镇）	1457—1464
宪宗（朱见深）	1465—1487
孝宗（朱祐樘）	1488—1505
武宗（朱厚照）	1506—1521
世宗（朱厚熜）	1522—1566
穆宗（朱载垕）	1567—1572
神宗（朱翊钧）	1573—1620
光宗（朱常洛）	1620
熹宗（朱由校）	1621—1627
思宗（朱由检）	1628—1644
清（1644—1911）	
世祖（福临）顺治	1644—1661
圣祖（玄烨）康熙	1662—1722
世宗（胤禛）雍正	1723—1735
高宗（弘历）乾隆	1736—1795
仁宗（颙琰）嘉庆	1796—1820
宣宗（旻宁）道光	1821—1850
文宗（奕詝）咸丰	1851—1861
穆宗（载淳）同治	1862—1874
德宗（载湉）光绪	1875—1908
逊帝（溥仪）宣统	1909—1911